Direito
Penal
PARTE ESPECIAL

O GEN | Grupo Editorial Nacional – maior plataforma editorial brasileira no segmento científico, técnico e profissional – publica conteúdos nas áreas de concursos, ciências jurídicas, humanas, exatas, da saúde e sociais aplicadas, além de prover serviços direcionados à educação continuada.

As editoras que integram o GEN, das mais respeitadas no mercado editorial, construíram catálogos inigualáveis, com obras decisivas para a formação acadêmica e o aperfeiçoamento de várias gerações de profissionais e estudantes, tendo se tornado sinônimo de qualidade e seriedade.

A missão do GEN e dos núcleos de conteúdo que o compõem é prover a melhor informação científica e distribuí-la de maneira flexível e conveniente, a preços justos, gerando benefícios e servindo a autores, docentes, livreiros, funcionários, colaboradores e acionistas.

Nosso comportamento ético incondicional e nossa responsabilidade social e ambiental são reforçados pela natureza educacional de nossa atividade e dão sustentabilidade ao crescimento contínuo e à rentabilidade do grupo.

Renee do Ó **Souza**
Luiz Fernando Rossi **Pipino**
Andréa **Walmsley** Soares Carneiro

COORDENAÇÃO
Renee do Ó **Souza**

Direito Penal
PARTE ESPECIAL

2ª EDIÇÃO REVISTA, ATUALIZADA E REFORMULADA

■ Os autores deste livro e a editora empenharam seus melhores esforços para assegurar que as informações e os procedimentos apresentados no texto estejam em acordo com os padrões aceitos à época da publicação, e todos os dados foram atualizados pelos autores até a data de fechamento do livro. Entretanto, tendo em conta a evolução das ciências, as atualizações legislativas, as mudanças regulamentares governamentais e o constante fluxo de novas informações sobre os temas que constam do livro, recomendamos enfaticamente que os leitores consultem sempre outras fontes fidedignas, de modo a se certificarem de que as informações contidas no texto estão corretas e de que não houve alterações nas recomendações ou na legislação regulamentadora.

■ Fechamento desta edição: *16.02.2023*

■ Os autores e a editora se empenharam para citar adequadamente e dar o devido crédito a todos os detentores de direitos autorais de qualquer material utilizado neste livro, dispondo-se a possíveis acertos posteriores caso, inadvertida e involuntariamente, a identificação de algum deles tenha sido omitida.

■ **Atendimento ao cliente: (11) 5080-0751 | faleconosco@grupogen.com.br**

■ Direitos exclusivos para a língua portuguesa
Copyright © 2023 by
Editora Forense Ltda.
Uma editora integrante do GEN | Grupo Editorial Nacional
Travessa do Ouvidor, 11 – Térreo e 6º andar
Rio de Janeiro – RJ – 20040-040
www.grupogen.com.br

■ Reservados todos os direitos. É proibida a duplicação ou reprodução deste volume, no todo ou em parte, em quaisquer formas ou por quaisquer meios (eletrônico, mecânico, gravação, fotocópia, distribuição pela Internet ou outros), sem permissão, por escrito, da Editora Forense Ltda.

■ A partir da 2ª edição, esta obra passou a ser publicada pela Editora Método | Grupo GEN, sob o título *Direito Penal: Parte Especial* – Vol. 2.

■ Capa: Bruno Sales Zorzetto

■ **CIP – BRASIL. CATALOGAÇÃO NA FONTE.**
SINDICATO NACIONAL DOS EDITORES DE LIVROS, RJ.

S718d
2. ed.
v. 2

Souza, Renee do Ó
Direito penal: parte especial / Renee do Ó Souza, Luiz Fernando Rossi Pipino, Andréa Walmsley. – 2. ed. – Rio de Janeiro: Método, 2023.
528 p. ; 21 cm. (Método essencial; 2)
Sequência de: Direito penal : parte geral, vol. 1

Inclui bibliografia
ISBN 978-65-5964-731-6

1. Direito penal - Brasil. 2. Serviço público - Brasil - Concursos.
I. Pipino, Luiz Fernando Rossi. II. Walmsley, Andréa. III. Título. IV. Série.

23-82204

CDU: 343.2(81)

Meri Gleice Rodrigues de Souza - Bibliotecária - CRB-7/6439

Sumário

PARTE I

DOS CRIMES CONTRA A PESSOA... **1**

Capítulo 1

Dos crimes contra a vida.. 3

1.1 Homicídio – Art. 121... 3
1.2 Induzimento, instigação ou auxílio a suicídio ou a automutilação – Art. 122... 28
1.3 Infanticídio – Art. 123.. 32
1.4 Aborto.. 34

Capítulo 2

Das lesões corporais.. 41

2.1 Considerações iniciais 41
2.2 Lesões corporais leves – Art. 129, *caput*.................................. 43
2.3 Lesões corporais graves – Art. 129, § 1º.................................. 44
2.4 Lesões gravíssimas – Art. 129, § 2º.................................. 45
2.5 Lesão corporal seguida de morte – Art. 129, § 3º................. 47
2.6 Lesão corporal dolosa privilegiada – Art. 129, § 4º............. 47
2.7 Substituição da pena – Art. 129, § 5º.................................. 48
2.8 Lesão corporal culposa – Art. 129, § 6º.................................. 48
2.9 Aumento de pena – Art. 129, § 7º.................................. 48
2.10 Perdão judicial – Art. 129, § 8º.................................. 49
2.11 Violência doméstica – Art. 129, §§ 9º, 10 e 11.................... 49
2.12 Lesão corporal contra integrantes dos órgãos de segurança pública – § 12.. 50
2.13 Lesão corporal praticada contra mulher por razões da condição do sexo feminino – § 13.................................... 50

vi   Direito Penal: Parte Especial – Vol. 2

Capítulo 3

Da periclitação da vida e da saúde.. 52

3.1	Aspectos gerais..	52
3.2	Perigo de contágio venéreo – Art. 130.................................	53
3.3	Perigo de contágio de moléstia grave – Art. 131	55
3.4	Perigo para a vida ou saúde de outrem – Art. 132	57
3.5	Abandono de incapaz – Art. 133	58
3.6	Exposição ou abandono de recém-nascido – Art. 134	60
3.7	Omissão de socorro – Art. 135	62
3.8	Condicionamento de atendimento médico-hospitalar emergencial – Art. 135-A..	64
3.9	Maus-tratos – Art. 136	66

Capítulo 4

Da rixa – Art. 137 69

4.1	Bem jurídico...	69
4.2	Sujeitos do crime	69
4.3	Tipo objetivo	69
4.4	Tipo subjetivo...	70
4.5	Consumação e tentativa	70
4.6	Pena e forma qualificadora	70
4.7	Ação penal	71

Capítulo 5

Dos crimes contra a honra... 72

5.1	Considerações gerais..	72
5.2	Calúnia – Art. 138	74
5.3	Difamação – Art. 139	78
5.4	Injúria – Art. 140	80
5.5	Causas de aumento de pena...	84
5.6	Exclusão do crime	87
5.7	Retratação...	87
5.8	Pedido de explicações..	88

Sumário **vii**

5.9	Ação penal	89
5.10	Competência em caso de crime cometido pela internet	89

Capítulo 6

Crimes contra a liberdade individual 90

6.1	Considerações iniciais	90
6.2	Crimes contra a liberdade pessoal	90
6.3	Dos crimes contra a inviolabilidade do domicílio	101
6.4	Dos crimes contra a inviolabilidade de correspondência	104
6.5	Dos crimes contra a inviolabilidade dos segredos	104

PARTE II

DOS CRIMES CONTRA O PATRIMÔNIO **109**

Capítulo 7

Breves considerações sobre os crimes contra o patrimônio... 111

Capítulo 8

Furto – Art. 155 112

8.1	Considerações iniciais	112
8.2	Princípio da insignificância	116
8.3	Furto noturno – figura majorada do § 1º do art. 155	116
8.4	Furto privilegiado – Art. 155, § 2º, do CP	117
8.5	Furto qualificado – Art. 155, § 4º, do CP	117
8.6	Furto qualificado pelo emprego de explosivo – Art. 155, § 4º-A	119
8.7	Furto mediante fraude eletrônica ou informática ou cibernética – Art. 155, §§ 4º-B e 4o-C	120
8.8	Furto de veículo automotor – Art. 155, § 5º	121
8.9	Furto de semovente domesticável – Art. 155, § 6º	121
8.10	Furto de substâncias explosivas ou acessórios – Art. 155, § 7º	122
8.11	Furto de coisa comum – Art. 156	122

viii Direito Penal: Parte Especial – Vol. 2

Capítulo 9

Roubo – Art. 157 123

9.1	Considerações iniciais	123
9.2	Espécies de roubo	125
9.3	Roubo majorado ou agravado – Art. 157, § 2º	125
9.4	Roubo majorado do § 2º-A do art. 157	128
9.5	Emprego de arma de uso restrito ou proibido – § 2º-B	128
9.6	Roubo qualificado – Latrocínio	129
9.7	Outros pontos importantes	129

Capítulo 10

Extorsão 130

10.1	Extorsão – Art. 158 do CP	130
10.2	Extorsão mediante sequestro – Art. 159 do CP	132
10.3	Extorsão indireta – Art. 160	134

Capítulo 11

Da usurpação 136

11.1	Alteração de limites – Art. 161	136
11.2	Supressão ou alteração de marcas em animais – Art. 162	138

Capítulo 12

Do dano.. 140

12.1	Dano – Art. 163	140
12.2	Introdução ou abandono de animais em propriedade alheia – Art. 164	141
12.3	Dano em coisa de valor artístico, arqueológico ou histórico – Art. 165	142
12.4	Alteração de local especialmente protegido – Art. 166	142

Capítulo 13

Da apropriação indébita.. 143

13.1	Apropriação indébita – Art. 168	143

Sumário ix

13.2 Apropriação indébita previdenciária – Art. 168-A 144

13.3 Apropriação de coisa havida por erro, caso fortuito ou força da natureza – Art. 169 148

Capítulo 14

Do estelionato e outras fraudes 151

14.1 Estelionato – Art. 171 151

14.2 Fraude com a utilização de ativos virtuais, valores mobiliários ou ativos financeiros – Art. 171-A 156

14.3 Duplicata simulada – Art. 172 158

14.4 Abuso de incapazes – Art. 173 159

14.5 Induzimento à especulação – Art. 174 160

14.6 Fraude no comércio – Art. 175 161

14.7 Outras fraudes – Art. 176 161

14.8 Fraudes e abusos na fundação ou administração de sociedade por ações – Art. 177 162

14.9 Emissão irregular de conhecimento de depósito ou "warrant" – Art. 178 162

14.10 Fraude à execução – Art. 179 163

Capítulo 15

Receptação – Art. 180 164

15.1 Considerações iniciais 164

15.2 Receptação qualificada – Art. 180, § 1º, do CP 166

15.3 Receptação culposa – Art. 180, § 3º 167

15.4 Autonomia da receptação – Art. 180, § 4º 167

15.5 Perdão judicial e minorante – Art. 180, § 5º 167

15.6 Causa de aumento de pena – Art. 180, § 6º 167

15.7 Receptação de animal – Art. 180-A 168

Capítulo 16

Disposições finais sobre crimes contra o patrimônio 169

16.1 Imunidades ou escusas absolutas 169

16.2 Imunidades ou escusas relativas 170

16.3 Exclusão das imunidades 170

x   Direito Penal: Parte Especial – Vol. 2

PARTE III

DOS CRIMES CONTRA A PROPRIEDADE IMATERIAL 171

Capítulo 17

Considerações iniciais sobre crimes contra a propriedade
imaterial 173

Capítulo 18

Dos crimes contra a propriedade intelectual......................... 174

18.1   Violação de direito autoral – Art. 184 174

PARTE IV

DOS CRIMES CONTRA A ORGANIZAÇÃO DO TRABALHO 179

Capítulo 19

Crimes contra a organização do trabalho............................... 181

19.1   Considerações iniciais 181
19.2   Atentado contra a liberdade de trabalho – Art. 197............ 182
19.3   Atentado contra a liberdade de contrato de trabalho e boicotagem violenta – Art. 198 184
19.4   Atentado contra a liberdade de associação – Art. 199 185
19.5   Paralisação de trabalho, seguida de violência ou perturbação da ordem – Art. 200.. 186
19.6   Paralisação de trabalho de interesse coletivo – Art. 201188
19.7   Invasão de estabelecimento industrial, comercial ou agrícola. Sabotagem – Art. 202...................................... 190
19.8   Frustração de direito assegurado por lei trabalhista –
Art. 203 191
19.9   Frustração de lei sobre a nacionalização do trabalho –
Art. 204 192
19.10 Exercício de atividade com infração de decisão administrativa – Art. 205 193

Sumário **xi**

19.11	Aliciamento para o fim de emigração – Art. 206	194
19.12	Aliciamento de trabalhadores de um local para outro do território nacional – Art. 207	195

PARTE V

DOS CRIMES CONTRA O SENTIMENTO RELIGIOSO E CONTRA O RESPEITO AOS MORTOS **197**

Capítulo 20

Crimes contra o sentimento religioso e contra o respeito aos mortos 199

20.1	Considerações iniciais	199
20.2	Ultraje a culto e impedimento ou perturbação de ato a ele relativo – Art. 208	200
20.3	Impedimento ou perturbação de cerimônia funerária – Art. 209	201
20.4	Violação de sepultura – Art. 210	202
20.5	Destruição, subtração ou ocultação de cadáver – Art. 211	203
20.6	Vilipêndio a cadáver – Art. 212	205

PARTE VI

DOS CRIMES CONTRA A DIGNIDADE SEXUAL **207**

Capítulo 21

Crimes contra a dignidade sexual 209

21.1	Introdução	209
21.2	Estupro – Art. 213	209
21.3	Violação sexual mediante fraude – Art. 215	213
21.4	Importunação sexual – Art. 215-A	214
21.5	Assédio sexual – Art. 216-A	216
21.6	Registro não autorizado da intimidade sexual – Art. 216-B	218
21.7	Estupro de vulnerável – Art. 217-A	220
21.8	Corrupção de menores – Art. 218	223

xii Direito Penal: Parte Especial – Vol. 2

21.9	Satisfação de lascívia mediante presença de criança ou adolescente – Art. 218-A	225
21.10	Favorecimento da prostituição ou de outra forma de exploração sexual de criança ou adolescente ou de vulnerável – Art. 218-B	226
21.11	Divulgação de cena de estupro ou de cena de estupro de vulnerável, de cena de sexo ou de pornografia – Art. 218-C	227
21.12	Causa de aumento nos crimes contra a dignidade sexual...	229
21.13	Mediação para servir a lascívia de outrem – Art. 227	230
21.14	Favorecimento da prostituição ou outra forma de exploração sexual – Art. 228	232
21.15	Casa de prostituição – Art. 229	234
21.16	Rufianismo – Art. 230	235
21.17	Promoção de migração ilegal – Art. 232-A	237
21.18	Ato obsceno – Art. 233	239
21.19	Escrito ou objeto obsceno – Art. 234	240
21.20	Ação penal – Art. 225	241
21.21	Segredo de justiça	242

PARTE VII

DOS CRIMES CONTRA A FAMÍLIA... 243

Capítulo 22

Considerações iniciais sobre crimes contra a família........... 245

Capítulo 23

Dos crimes contra o casamento		248
23.1	Bigamia – Art. 235	248
23.2	Induzimento a erro essencial e ocultação de impedimento – Art. 236	252
23.3	Conhecimento prévio de impedimento – Art. 237	254
23.4	Simulação de autoridade para celebração de casamento – Art. 238	256
23.5	Simulação de casamento – Art. 239	257

Sumário **xiii**

Capítulo 24

Dos crimes contra o estado de filiação 259

24.1 Registro de nascimento inexistente – Art. 241 259
24.2 Parto suposto, supressão ou alteração de direito inerente ao estado civil de recém-nascido – Art. 242 260
24.3 Sonegação de estado de filiação – Art. 243 262

Capítulo 25

Crimes contra a assistência familiar 264

25.1 Abandono material – Art. 244 264
25.2 Entrega de filho menor a pessoa inidônea – Art. 245 266
25.3 Abandono intelectual – Art. 246 267
25.4 Abandono moral – Art. 247 269

Capítulo 26

Dos crimes contra o pátrio poder, tutela e curatela 271

26.1 Induzimento a fuga, entrega arbitrária ou sonegação de incapazes – Art. 248 271
26.2 Subtração de incapazes – Art. 249 273

PARTE VIII

DOS CRIMES CONTRA A INCOLUMIDADE PÚBLICA **275**

Capítulo 27

Dos crimes de perigo comum 277

27.1 Incêndio – Art. 250 277
27.2 Explosão – Art. 251 278
27.3 Uso de gás tóxico ou asfixiante – Art. 252 280
27.4 Fabrico, fornecimento, aquisição, posse ou transporte de explosivos ou gás tóxico, ou asfixiante – Art. 253 281
27.5 Inundação – Art. 254 282

xiv Direito Penal: Parte Especial – Vol. 2

27.6	Perigo de inundação – Art. 255	284
27.7	Desabamento ou desmoronamento – Art. 256	285
27.8	Subtração, ocultação ou inutilização de material de salvamento – Art. 257	286
27.9	Formas qualificadas de crime de perigo comum	287
27.10	Difusão de doença ou praga – Art. 259	288

Capítulo 28

Dos crimes contra a segurança dos meios de comunicação e transporte e outros serviços públicos 289

28.1	Perigo de desastre ferroviário – Art. 260	289
28.2	Atentado contra a segurança de transporte marítimo, fluvial ou aéreo – Art. 261	290
28.3	Atentado contra a segurança de outro meio de transporte – Art. 262	292
28.4	Arremesso de projétil – Art. 264	293
28.5	Atentado contra a segurança de serviço de utilidade pública – Art. 265	295
28.6	Interrupção ou perturbação do serviço telegráfico, telefônico, informático, telemático ou de informação de utilidade pública – Art. 266	296

Capítulo 29

Dos crimes contra a saúde pública 298

29.1	Epidemia – Art. 267	298
29.2	Infração de medida sanitária preventiva – Art. 268	299
29.3	Omissão de notificação de doença – Art. 269	300
29.4	Envenenamento de água potável ou de substância alimentícia ou medicinal – Art. 270	301
29.5	Corrupção ou poluição de água potável – Art. 271	303
29.6	Falsificação, corrupção, adulteração ou alteração de substância ou produtos alimentícios – Art. 272	303
29.7	Falsificação, corrupção, adulteração ou alteração de produto destinado a fins terapêuticos ou medicinais – Art. 273	304
29.8	Emprego de processo proibido ou de substância não permitida – Art. 274	306

Sumário **xv**

29.9 Invólucro ou recipiente com falsa indicação – Art. 275...... 307

29.10 Produto ou substância nas condições dos dois artigos anteriores – Art. 276......... 308

29.11 Substância destinada à falsificação – Art. 277 309

29.12 Outras substâncias nocivas à saúde pública – Art. 278...... 310

29.13 Medicamento em desacordo com receita médica – Art. 280 312

29.14 Exercício ilegal da medicina – Art. 282...... 313

29.15 Charlatanismo – Art. 283 315

29.16 Curandeirismo – Art. 284...... 316

PARTE IX

DOS CRIMES CONTRA A PAZ PÚBLICA 319

Capítulo 30

Crimes contra a paz pública...... 321

30.1 Introdução...... 321

30.2 Incitação ao crime – Art. 286 321

30.3 Apologia de crime ou criminoso – Art. 287...... 321

30.4 Associação criminosa – Art. 288...... 322

30.5 Constituição de milícia privada – Art. 288-A 324

PARTE X

DOS CRIMES CONTRA A FÉ PÚBLICA 325

Capítulo 31

Crimes contra a fé pública...... 327

31.1 Breves considerações...... 327

31.2 Moeda falsa – Art. 289 327

31.3 Crimes assimilados ao de moeda falsa – Art. 290...... 329

31.4 Petrechos para falsificação de moeda – Art. 291...... 329

31.5 Emissão de título ao portador sem permissão legal – Art. 292 329

xvi Direito Penal: Parte Especial – Vol. 2

31.6	Falsificação de papéis públicos – Art. 293	330
31.7	Petrechos de falsificação – Art. 294	331
31.8	Falsificação do selo ou sinal público – Art. 296	332
31.9	Falsificação de documento público – Art. 297	332
31.10	Falsificação de documento particular – Art. 298	334
31.11	Falsidade ideológica – Art. 299	335
31.12	Falso reconhecimento de firma ou letra – Art. 300	336
31.13	Certidão ou atestado ideologicamente falso – Art. 301	336
31.14	Falsidade de atestado médico – Art. 302	337
31.15	Reprodução ou adulteração de selo ou peça filatélica – Art. 303	337
31.16	Uso de documento falso – Art. 304	337
31.17	Supressão de documento – Art. 305	338
31.18	Falsificação do sinal empregado no contraste de metal precioso ou na fiscalização alfandegária, ou para outros fins – Art. 306	338
31.19	Falsa identidade – Art. 307	339
31.20	Uso de documento de identidade alheia – Art. 308	340
31.21	Fraude de lei sobre estrangeiro – Art. 309	340
31.22	Fraude de lei sobre estrangeiro – falsidade em prejuízo da nacionalização de sociedade – Art. 310	340
31.23	Adulteração de sinal identificador de veículo automotor – Art. 311	341
31.24	Das fraudes em certames de interesse público – Art. 311-A	342

PARTE XI

DOS CRIMES CONTRA A ADMINISTRAÇÃO PÚBLICA 345

Capítulo 32

Dos crimes praticados por funcionário público contra a administração em geral 347

32.1	Noções gerais	347
32.2	Peculato – Art. 312	350
32.3	Peculato mediante erro de outrem – Art. 313	356
32.4	Inserção de dados falsos em sistema de informação – Art. 313-A	357

32.5	Modificação ou alteração não autorizada de sistema de informaçoes – Art. 313-B	359
32.6	Extravio, sonegação ou inutilização de livro ou documento – Art. 314	360
32.7	Emprego irregular de verbas ou rendas públicas – Art. 315	362
32.8	Concussão – Art. 316	363
32.9	Corrupção passiva – Art. 317	366
32.10	Facilitação de contrabando ou descaminho – Art. 318	369
32.11	Prevaricação – Art. 319	371
32.12	Prevaricação imprópria – Art. 319-A	373
32.13	Condescendência criminosa – Art. 320	375
32.14	Advocacia administrativa – Art. 321	376
32.15	Violência arbitrária – Art. 322	378
32.16	Abandono de função – Art. 323	379
32.17	Exercício funcional ilegalmente antecipado ou prolongado – Art. 324	381
32.18	Violação de sigilo funcional – Art. 325	383
32.19	Violação do sigilo de proposta de concorrência – Art. 326	385
32.20	Funcionário público	385

Capítulo 33

Dos crimes praticados por particular contra a administração em geral 387

33.1	Usurpação de função pública – Art. 328	387
33.2	Resistência – Art. 329	390
33.3	Desobediência – Art. 330	393
33.4	Desacato – Art. 331	398
33.5	Tráfico de influência – Art. 332	402
33.6	Corrupção ativa – Art. 333	405
33.7	Descaminho – Art. 334	407
33.8	Contrabando – Art. 334-A	410
33.9	Impedimento, perturbação ou fraude de concorrência – Art. 335	411
33.10	Inutilização de edital ou de sinal – Art. 336	412

xviii   Direito Penal: Parte Especial – Vol. 2

33.11   Subtração ou inutilização de livro ou documento –
Art. 337 413

33.12   Sonegação de contribuição previdenciária – Art. 337-A..... 414

33.13   Dos crimes praticados por particular contra a administra-
ção pública estrangeira 416

Capítulo 34

Dos crimes em licitações e contratos administrativos......... 419

34.1   Contratação direta ilegal – Art. 337-E.................................. 419

34.2   Frustração do caráter competitivo de licitação – Art. 337-F... 421

34.3   Patrocínio de contratação indevida – Art. 337-G 423

34.4   Modificação ou pagamento irregular em contrato adminis-
trativo – Art. 337-H 425

34.5   Perturbação de processo licitatório – Art. 337-I.................. 426

34.6   Violação de sigilo em licitação – Art. 337-J........................... 428

34.7   Afastamento do licitante – Art. 337-K 429

34.8   Fraude em licitação ou contrato – Art. 337-L........................ 431

34.9   Contratação inidônea – Art. 337-M...................................... 433

34.10 Impedimento indevido – Art. 337-N..................................... 434

34.11 Omissão grave de dado ou de informação por projetista –
Art. 337-O 435

34.12 Alteração da pena de multa – Art. 337-P 437

Capítulo 35

Dos crimes contra a administração da justiça...................... 438

35.1   Considerações gerais... 438

35.2   Reingresso de estrangeiro expulso – Art. 338 438

35.3   Denunciação caluniosa – Art. 339.. 439

35.4   Comunicação falsa de crime ou de contravenção – Art. 340 ... 441

35.5   Autoacusação falsa – Art. 341 442

35.6   Falso testemunho – Art. 342 443

35.7   Falsa perícia – Art. 343.. 445

35.8   Coação no curso do processo – Art. 344............................... 446

35.9   Exercício arbitrário das próprias razões – Art. 345 448

Sumário **xix**

35.10	Subtração ou dano de coisa própria em poder de terceiro – Art. 346	449
35.11	Fraude processual – Art. 347	450
35.12	Favorecimento pessoal – Art. 348	451
35.13	Favorecimento real – Art. 349	453
35.14	Ingresso de celular em prisão – Art. 349-A	454
35.15	Fuga de pessoa presa ou submetida a medida de segurança – Art. 351	455
35.16	Evasão mediante violência contra a pessoa – Art. 352	457
35.17	Arrebatamento de preso – Art. 353	458
35.18	Motim de presos – Art. 354	458
35.19	Patrocínio infiel – Art. 355	459
35.20	Sonegação de papel ou objeto de valor probatório – Art. 356	461
35.21	Exploração de prestígio – Art. 357	461
35.22	Violência ou fraude em arrematação judicial – Art. 358	462
35.23	Desobediência a decisão judicial sobre perda ou suspensão de direito – Art. 359	463

Capítulo 36

Dos crimes contra as finanças públicas 465

36.1	Noções gerais	465
36.2	Contratação de operação de crédito – Art. 359-A	466
36.3	Inscrição de despesas não empenhadas em restos a pagar – Art. 359-B	469
36.4	Assunção de obrigação no último ano do mandato ou legislatura – Art. 359-C	471
36.5	Ordenação de despesa não autorizada – Art. 359-D	473
36.6	Prestação de garantia graciosa – Art. 359-E	476
36.7	Não cancelamento de restos a pagar – Art. 359-F	477
36.8	Aumento de despesa total com pessoal no último ano do mandato ou legislatura – Art. 359-G	479
36.9	Oferta pública ou colocação de títulos no mercado – Art. 359-H	480

xx Direito Penal: Parte Especial – Vol. 2

PARTE XII

DOS CRIMES CONTRA O ESTADO DEMOCRÁTICO DE DIREITO 483

Capítulo 37

Introdução aos crimes contra o Estado Democrático de Direito 485

Capítulo 38

Dos crimes contra a soberania nacional 487

38.1 Atentado à soberania – Art. 359-I 487
38.2 Atentado à integridade nacional – Art. 359-J 488
38.3 Espionagem – Art. 359-K 489

Capítulo 39

Dos crimes contra as instituições democráticas 491

39.1 Abolição violenta do Estado Democrático de Direito – Art. 359-L 491
39.2 Golpe de Estado – Art. 359-M 492

Capítulo 40

Dos crimes contra o funcionamento das instituições democráticas no processo eleitoral 494

40.1 Interrupção do processo eleitoral – Art. 359-N 494
40.2 Violência política – Art. 359-P 495

Capítulo 41

Dos crimes contra o funcionamento dos serviços essenciais 497

41.1 Sabotagem – Art. 359-R 497

Capítulo 42

Disposições comuns 499

42.1 Causa de exclusão da tipicidade 499

Referências 501

PARTE I

DOS CRIMES
CONTRA A PESSOA

1

Dos crimes contra a vida

1.1 Homicídio – Art. 121

Segundo definição de Nelson Hungria (1942, p. 25), *"o homicídio é o tipo central de crimes contra a vida e é o ponto culminante na orografia dos crimes. É o crime por excelência. É o padrão da delinquência violenta ou sanguinária, que representa como que uma reversão atávica às eras primevas, em que a luta pela vida, presumivelmente, se opera com o uso normal dos meios brutais e animalescos. É a mais chocante violação do senso moral médio da humanidade civilizada".*

Dessa forma, o homicídio é a eliminação da vida de alguém levada a efeito por outrem. Embora a vida seja um bem fundamental do ser individual-social, que é o ser humano, sua proteção legal constitui um interesse compartido do indivíduo e do Estado.

O CP prevê três espécies de homicídio:

a) doloso (§§ 1° e 2°): simples, privilegiado e qualificado;
b) culposo (§ 3°); e
c) preterdoloso (art. 129, § 3°).

Esta última modalidade é denominada pelo CP lesões corporais seguidas de morte, razão pela qual será estudada no capítulo em que tratamos das lesões corporais. O homicídio culposo, ainda, pode ser simples (§ 3°) ou majorado (§ 4°, 1ª parte), que não se confunde com qualificado.

1.1.1 Bem jurídico

É a vida humana. O Direito Penal protege a vida desde o momento da concepção até que ela se extinga, sem distinção da capacidade física ou mental das pessoas.

4 Direito Penal: Parte Especial – Vol. 2

1.1.2 Proteção da vida: marco inicial

O direito protege a vida desde a sua formação embrionária, resultante da junção dos elementos genéticos; a partir daí até o início do parto, a sua eliminação tipifica o crime de aborto, uma vez que o ser evolutivo ainda não é uma criatura humana.

Tem-se que a vida começa com o início do parto – com o rompimento do saco amniótico – é suficiente a vida, sendo indiferente a capacidade de viver. Assim, antes do início do parto, o crime será de aborto; e após, a simples destruição da vida biológica do feto, no início do parto, já constitui o crime de homicídio.

─────────── **Atenção!** ───────────

O Supremo Tribunal Federal, na ADPF 54, considerou inconstitucional a interpretação de a interrupção da gravidez de feto anencéfalo ser conduta típica nos arts. 124, 126 e 128, incisos I e II, do CP.

Ademais, na ADI 3510, o STF considerou constitucional o art. 5º da Lei n. 11.105/2005 (Lei de Biossegurança) que trata de pesquisas científicas com células-tronco embrionárias para fins terapêuticos, inexistindo violação do direito à vida e descaracterização do aborto.

1.1.3 Sujeitos do crime

O sujeito ativo do crime de homicídio pode ser qualquer pessoa, pois em se tratando de crime comum não requer nenhuma condição particular. O sujeito ativo pode agir só ou associado a outrem.

Não se admite como sujeito ativo do homicídio, no entanto, a própria vítima, vez que não é crime matar a si próprio, e, ainda que fosse crime, não seria homicídio, mas suicídio. Essa conduta, isoladamente, constitui um indiferente penal. Típica é a conduta de matar alguém, isto é, terceira pessoa e não a si mesmo.

Já o sujeito passivo pode ser qualquer pessoa, desde que tenha nascido com vida.

Por fim, se a vítima for pessoa menor de 14 anos ou então maior de 60 anos, a pena será aumentada de 1/3, por força da causa de aumento inscrita no art. 121, § 4º, do CP (o juiz irá considerar essa causa de aumento na terceira fase de aplicação da pena).

1.1.4 Tipo objetivo

A conduta típica consiste em matar alguém, isto é, eliminar a vida de outrem. A ação de matar é aquela dirigida à antecipação temporal do lapso dessa vida alheia. Consta que as circunstâncias particulares que ocorrerem na realização do homicídio estão fora do tipo, mas poderão integrar as qualificadoras ou privilegiadoras do crime.

De plano, tem-se que o homicídio é um crime material e, por conseguinte, o resultado integra o próprio tipo penal, isto é, para a sua consumação é indispensável que o resultado ocorra, tanto que, nesses crimes, a ausência do resultado da ação perpetrada caracteriza a tentativa.

1.1.5 Tipo subjetivo

O elemento subjetivo que compõe a estrutura do tipo penal do crime de homicídio é o dolo, que pode ser direto ou eventual. O dolo é a consciência e a vontade de realização da conduta descrita em um tipo penal; no caso do homicídio, é a vontade e a consciência de matar alguém.

No dolo eventual, o agente não quer diretamente a realização do tipo, mas aceita como possível ou até provável, assumindo o risco da produção do resultado. Assumir o risco é alguma coisa a mais do que ter consciência de correr o risco: é consentir previamente no resultado, caso este venha efetivamente a ocorrer, como no caso de embriaguez ao volante com resultado morte (STF, HC 107.801-SP).

Nesse sentido, a embriaguez ao volante pode caracterizar dolo eventual ou culpa consciente, a depender do caso concreto. A tendência jurisprudencial tem sido afastar qualquer consideração apriorística sobre dolo eventual no caso de homicídios praticados por indivíduos que ingeriram bebida alcóolica. Não há que se relacionar de imediato que o indivíduo que provoca um homicídio na condução de veículo automotor embriagado estará imbuído, necessariamente, de dolo eventual. Há que se ponderar as circunstâncias do caso concreto, uma vez que há diferença entre a substância ingerida, a quantidade, a própria conduta etc.

Por fim, o crime de homicídio – na sua concisão e objetividade descritiva típica – não exige elemento subjetivo especial, mas o *especial fim de agir*, que integra as definições de determinados crimes e condiciona ou fundamenta a ilicitude do fato.

1.1.6 Consumação e tentativa

Consuma-se o homicídio quando da ação humana resulta a morte da vítima. Aliás, a consumação, nos crimes materiais, é a fração última e típica do agir criminoso, que passa pelos atos preparatórios, pelos atos executórios e culmina com a produção do resultado.

A execução pode também ser fracionada em vários atos (crime plurissubsistente). Com isso, a tentativa se mostra perfeitamente

6 Direito Penal: Parte Especial – Vol. 2

possível quando o resultado morte não sobrevém por circunstâncias alheias à vontade do agente. Apenas para rememorar, insta dizer que a tentativa pode ser branca/incruenta ou vermelha/cruenta, ou perfeita/acabada ou imperfeita/inacabada. A tentativa é um tipo penal ampliado, um tipo penal aberto, um tipo penal incompleto, mas um tipo penal. Podem ocorrer também as hipóteses de desistência voluntária e arrependimento eficaz.

Em relação ao dolo na tentativa, inexiste dolo especial. No que tange às fases de realização do crime em geral não há distinção quanto ao elemento subjetivo entre o crime consumado e o tentado. Não existe um dolo especial de tentativa, diferentemente do elemento subjetivo informador do crime consumado. O dolo da tentativa é o mesmo do crime consumado. Quem mata age com o mesmo dolo de quem tenta matar.

Por fim, a tipicidade da tentativa de homicídio decorre da conjugação do tipo penal (art. 121) com o dispositivo que a define e prevê a sua punição (art. 14, II).

1.1.7 Materialidade do homicídio e prova testemunhal

A morte prova-se com o exame de corpo de delito, que pode ser direto ou indireto (art. 158 do CPP). O corpo de delito direto é um conjunto de vestígios materiais produzidos pelo crime, sua materialidade é palpável. Assim, são vestígios do crime: marcas, pegadas, impressões, rastros, resíduos, resquícios, instrumentos e produtos do crime.

Quando, por alguma razão, for impossível o exame direto do corpo de delito, será admitido o exame indireto. Não se pode confundir exame indireto com a prova testemunhal, já que naquele reside sempre um juízo de valor feito pelos peritos, algo que não acontece com a prova testemunhal supletiva.

Assim, na impossibilidade desse exame – direto ou indireto – admite-se, supletivamente, a produção de prova testemunhal (art. 167 do CPP), que não se confunde com exame de corpo de delito indireto.

Nesse sentido, somente será admissível a prova testemunhal supletiva quando também for impossível o exame de corpo de delito indireto, e não apenas o direto. Ademais, a própria confissão do acusado não supre a ausência dessa prova qualificada da materialidade de qualquer crime material que deixa vestígio.

Doutrinariamente, há duas correntes; uma majoritária: para a qual exame de corpo de delito indireto e prova testemunhal supletiva são a mesma coisa; e uma minoritária: que distingue exame indireto e prova

Dos crimes contra a vida **7**

testemunhal. Ressalta-se que a jurisprudência dominante endossa a linha doutrinária majoritária.

1.1.8 Homicídio simples

Homicídio simples é a figura básica, elementar, original na espécie. É a realização estrita da conduta tipificada de matar alguém. Na verdade, o homicídio qualificado apenas acrescenta maior *desvalor da ação* representada por particulares circunstâncias que determinam sua maior reprovabilidade, pois a conduta nuclear típica é exatamente a mesma, matar alguém.

Tem-se que o homicídio simples, em tese, não é objeto de qualquer motivação especial, moral ou imoral, tampouco a natureza dos meios empregados ou dos modos de execução apresenta algum relevo determinante, capaz de alterar a reprovabilidade para além ou aquém da simples conduta de ceifar a vida de outrem.

1.1.8.1 *Homicídio simples e crime hediondo*

Quando o homicídio simples é cometido em atividade típica de grupo de extermínio, mesmo por um único executor, é definido como crime hediondo (art. 1º, I, da Lei n. 8.072/1990, com redação da Lei n. 14.344/2022).

1.1.8.2 *Caracterização de ação de extermínio*

Extermínio é a matança generalizada, é a chacina que elimina a vítima pelo simples fato de pertencer a um determinado grupo ou determinada classe social ou racial. Caracteriza-se a ação de extermínio mesmo que seja morta uma única pessoa, desde que se apresente a impessoalidade da ação, ou seja, pela razão exclusiva de pertencer ou ser membro de determinado grupo social, ético, econômico, étnico entre outros.

1.1.9 Homicídio privilegiado

As circunstâncias especialíssimas elencadas no § 1º do art. 121 minoram a sanção aplicável ao homicídio, tornando-o um *crimen exceptum*. Contudo, não se trata de elementares típicas, mas de causas de diminuição de pena, que não interferem na estrutura da descrição típica, que permanece inalterada. Por essa razão, as "privilegiadoras" não se comunicam na hipótese de concurso de pessoas, conforme art. 30 do CP.

O homicídio será privilegiado quando praticado: por motivo de relevante valor social; motivo de relevante valor moral; e sob o domínio de violenta emoção, logo em seguida a injusta provocação da vítima.

a) Relevante valor social

No que se trata do motivo de relevante valor social é aquele que tem motivação e interesse coletivos, ou seja, a motivação fundamenta-se no interesse de todos os cidadãos de determinada coletividade, ou seja, que seja de interesse de todos em geral. Assim, o relevante valor social é aquele que diz respeito ao interesse da coletividade. Ex.: matar o traidor da pátria, matar o maníaco estuprador da cidade.

b) Relevante valor moral

Já o relevante valor moral, por sua vez, é aquele que diz respeito ao interesse particular do agente, como os sentimentos de piedade, misericórdia e compaixão. Faz-se necessário que se trate de valor considerável, isto é, adequado aos princípios éticos dominantes, segundo aquilo que a moral média reputa nobre e merecedor de indulgência. Ex.: eutanásia.

c) Sob o domínio de violenta emoção

Não é qualquer emoção que pode assumir a condição de privilegiadora no homicídio, mas somente a emoção intensa, violenta, absorvente – logo em seguida a injusta provocação da vítima – que seja capaz de reduzir quase que completamente a via eletiva, em razão dos motivos que a eclodiram, dominando, segundo os termos legais, o próprio autocontrole do agente. É o chamado homicídio emocional. Ex.: marido que mata a mulher em flagrante adultério.

Ressalta-se, a emoção não deve ser leve nem passageira, mas sim violenta – o agente atua em choque emocional. A reação deve ser imediata, embora a lei não trouxesse um período certo de tempo, isto é, não fixou qualquer critério temporal, de modo que a imediatidade do revide deve ser analisada à luz de cada caso concreto. Com efeito, a reação tem de ser imediata, ou seja, é necessário que entre a causa da emoção – injusta provocação – e esta, praticamente inexista intervalo.

Requisitos da terceira privilegiadora são:

- domínio de emoção violenta;
- injusta provocação da vítima;
- imediatidade entre provocação e reação.

Por fim, é necessário que haja injusta provocação da vítima, cujo ato não precisa ser necessariamente um crime ou uma agressão, bastando que seja uma conduta incitante ou desafiadora.

Assim, uma vez reconhecida qualquer das circunstâncias caracterizadoras do privilégio (a, b ou c), o juiz **poderá** diminuir a pena de um 1/6 a 1/3.

1.1.9.1 Privilegiadora e atenuante

Se a emoção for menor, apenas influenciando a prática do crime, ou não for logo em seguida, não constituirá a privilegiadora, mas a atenuante genérica do art. 65, III, "c", última parte. A distinção situa-se na intensidade da emoção sentida e na imediatidade da reação. No homicídio privilegiado, o agente age sob o domínio de violenta emoção, e logo após a provocação da vítima; na atenuante genérica, ele se encontra sob a influência da emoção, sendo indiferente o requisito temporal (RTJ, 94:438; RT, 620:340).

1.1.9.2 Concurso com qualificadoras subjetivas

Essas privilegiadoras não podem concorrer com as qualificadoras subjetivas, por absoluta incompatibilidade. Respondendo positivamente os quesitos das privilegiadoras, ficam prejudicados os quesitos referentes às qualificadoras subjetivas. No entanto, nada impede que as privilegiadoras concorram com as qualificadoras objetivas.

1.1.9.3 Redução obrigatória da pena

Há grande divergência doutrinária sobre a obrigatoriedade ou faculdade de redução da minorante prevista nesse dispositivo. No entanto, o Supremo Tribunal Federal sumulou cominando nulidade absoluta à não formulação de quesito da defesa antes das circunstâncias agravantes.

———————————— **Atenção!** ————————————

Súmula 162 do STF traz que: "É absoluta a nulidade do julgamento pelo júri, quando os quesitos da defesa não precedem aos das circunstâncias agravantes".

Trata-se de um quesito de defesa. Com efeito, reconhecido pelo Conselho de Sentença, ante a soberania do júri (art. 5º, XXXVIII, da CF), a redução se impõe. O *quantum* de redução (1/6 a 1/3), este sim, ficará a critério da discricionariedade prudente do juiz.

1.1.9.4 Homicídio privilegiado e crime hediondo

Há incompatibilidade entre este e aquele. Assim, o homicídio simples só é hediondo quando praticado em atividade típica de grupo de extermínio. Logo, não se compatibiliza com relevante valor social ou moral ou logo em seguida a injusta provocação da vítima.

1.1.10 Homicídio qualificado

As circunstâncias que qualificam o homicídio dividem-se em:

10 Direito Penal: Parte Especial – Vol. 2

a) motivos (paga, promessa de recompensa ou outro motivo torpe ou fútil – I e II);

b) meios (veneno, fogo, explosivo, asfixia, tortura ou outro meio de que possa resultar perigo comum – III);

c) modos (traição, emboscada, mediante dissimulação ou outro recurso que dificulte ou torne impossível a defesa da vítima – IV);

d) fins (para assegurar a execução, ocultação, impunidade ou vantagem de outro crime – V).

a) Mediante paga ou promessa de recompensa

Esse é um crime típico de execução atribuída aos famosos "jagunços"; um crime mercenário. É uma das modalidades de torpeza na execução de homicídio, esta especificada. Na paga o agente recebe previamente a recompensa pelo crime, o que não ocorre na promessa de recompensa, na qual há somente a expectativa de paga.

A qualificadora não se aplica ao mandante por se tratar de circunstância de caráter subjetivo (art. 30 CP – não se comunicam as circunstâncias e as condições de caráter pessoal, salvo quando elementares do crime).

O reconhecimento da qualificadora da "paga ou promessa de recompensa" (inciso I do § 2º do art. 121) em relação ao executor do crime de homicídio mercenário não qualifica automaticamente o delito em relação ao mandante, nada obstante este possa incidir no referido dispositivo caso o motivo que o tenha levado a empreitar o óbito alheio seja torpe. (STJ, REsp 1.209.852/PR, Sexta Turma, Rel. Min. Rogerio Schietti Cruz, julgamento: 15.12.2015 – Informativo 575).

■ **Mandados gratuitos: não qualificam**

A maior reprovabilidade do "crime mercenário" repousa na venalidade do agente. Os mandados gratuitos não qualificam o crime, tampouco eventuais benefícios concedidos *a posteriori*, onde não haja acordo prévio.

■ **Autoria bilateral: concurso necessário**

Respondem pelo crime qualificado o que praticou a conduta e o que pagou ou prometeu a recompensa. É indispensável a participação de, no mínimo, duas pessoas: quem paga para o crime ser cometido e quem o executa pela paga ou recompensa.

b) Motivo torpe

Torpe é o motivo repugnante, abjeto, ignóbil, vil, que repugna à consciência média. É o motivo que atinge mais profundamente o sentimento ético-social da coletividade.

O motivo não pode ser ao mesmo tempo torpe e fútil. A torpeza afasta naturalmente a futilidade.

■ O ciúme

O ciúme, por si só, como um sentimento comum à maioria da coletividade, não se equipara ao motivo torpe. Na verdade, o ciúme patológico tem a intensidade exagerada de um sentimento natural do ser humano que, se não serve para justificar a ação criminosa, tampouco serve para qualificá-la.

■ Vingança e motivo torpe

Nem sempre a vingança é caracterizadora de motivo torpe, pois a torpeza do motivo está exatamente na causa da sua existência. Assim, a morte do usuário de drogas motivada pela dívida do tráfico caracteriza uma vingança torpe. Contudo, o pai vingativo que mata o abusador da filha não comete o crime por motivo torpe, senão por motivo de relevante valor moral.

■ Incomunicabilidade dos motivos

Os motivos que qualificam o crime de homicídio, na hipótese de concurso de pessoas, são incomunicáveis, pois a motivação é individual, e não constituem elementares típicas, segundo o melhor entendimento doutrinário.

c) Motivo fútil

Fútil é o motivo insignificante, banal. Motivo fútil não se confunde com motivo injusto, uma vez que o motivo justo pode, em tese, excluir a ilicitude, afastar a culpabilidade ou privilegiar a ação delituosa.

■ Ausência de motivo

Motivo fútil não se confunde com ausência de motivo. Esta é uma grande aberração jurídico-penal. A presença de um motivo, fútil ou banal, qualifica o homicídio. No entanto, prevalece que a ausência de motivo, que deveria tornar mais censurável a conduta, pela gratuidade e maior reprovabilidade, não o qualifica.

■ Vingança e motivo fútil

Vingança não é motivo fútil, embora, eventualmente, possa caracterizar motivo torpe. O ciúme, por exemplo, não se compatibiliza com motivo fútil. Motivo fútil, segundo a Exposição de Motivos, é aquele que, "pela sua mínima importância, não é causa suficiente para o crime". Na verdade, essa declaração da Exposição de Motivos não é das mais

12 Direito Penal: Parte Especial – Vol. 2

felizes, porque se for "causa suficiente para o crime" justificá-lo-á, logo será excludente de criminalidade.

■ Motivo fútil e motivo justo

Motivo fútil não se confunde com motivo injusto, pois este não apresenta aquela desproporcionalidade referida na Exposição de Motivos. E um motivo aparentemente insignificante pode, em determinadas circunstâncias, assumir certa relevância. Por outro lado, sendo justo o motivo, não se poderá falar em crime.

■ Há compatibilidade entre o motivo fútil e o dolo eventual? Divergência doutrinária e jurisprudencial

1ª Corrente: sim. O fato de o réu ter assumido o risco de produzir o resultado morte, aspecto caracterizador do dolo eventual, não exclui a possibilidade de o crime ter sido praticado por motivo fútil, uma vez que o dolo do agente, direto ou indireto, não se confunde com o motivo que ensejou a conduta, mostrando-se, em princípio, compatíveis entre si (STJ, REsp 912.904/SP, Quinta Turma, Rel. Min. Laurita Vaz, julgamento: 06.03.2012).

2ª Corrente: não. A qualificadora de motivo fútil é incompatível com o dolo eventual, tendo em vista a ausência do elemento volitivo. (STJ, HC 307.617-SP, Sexta Turma, Rel. Min. Nefi Cordeiro, Rel. para acórdão Min. Sebastião Reis Júnior, julgamento: 19.04.2016 – Info 583).

d) Emprego de veneno: dissimulação

A utilização de veneno só qualifica o crime se for utilizado com dissimulação, como artimanha, como cilada. Sua administração forçada ou com conhecimento da vítima não qualifica o crime. Se for ministrado com violência poderá caracterizar o meio cruel.

■ Emprego de veneno: meio insidioso

O emprego de veneno é um meio insidioso excepcional, e o seu êxito está vinculado exatamente à dissimulação em seu uso.

■ Definição de veneno

Veneno é toda substância, biológica ou química, que, introduzida no organismo, pode produzir lesões ou causar a morte. Veneno, para fins penais, é qualquer substância, vegetal, animal ou mineral, que tenha idoneidade para provocar lesão ao organismo humano. Uma substância teoricamente inócua pode assumir a condição de venenosa, segundo as condições especiais da vítima.

■ Natureza da substância venenosa

O que caracteriza o veneno não é a forma de introdução no organismo, nem seu aspecto insidioso, mas a sua maneira de agir no

Dos crimes contra a vida **13**

organismo, alterando a saúde ou causando a morte por processo químico ou bioquímico, distinguindo-se, nesse particular, de outras substâncias de ação física, como água quente, ferro candente etc.

■ **Descaracterização de "veneno"**

Sua administração forçada ou com conhecimento da vítima não qualifica o crime. Se for ministrado com violência poderá caracterizar o meio cruel *lato sensu*, se tiver o propósito de causar grave sofrimento à vítima, mas não constituirá meio insidioso.

■ **Necessidade de prova pericial**

Convém destacar, desde logo, que o envenenamento exige a prova pericial toxicológica, nos termos do art. 158 e seguintes do CPP.

e) Emprego de fogo ou explosivo

Exemplifica-se o emprego de fogo com a utilização de combustível inflamável seguido do ateamento de fogo. Fogo pode constituir meio cruel ou meio de que pode resultar perigo comum, dependendo das circunstâncias. O emprego de explosivo pode ocorrer com o uso de dinamite ou qualquer outro material explosivo, *v. g.*, bomba caseira, coquetel Molotov.

■ **Emprego de fogo: meio cruel**

Nada impede que possa, casuisticamente, constituir meio cruel, como ocorre, por exemplo, nos ateamentos de fogo em moradores em situação de rua das grandes cidades nos últimos tempos.

■ **Definição de explosivo**

Explosivo é qualquer objeto ou artefato capaz de provocar explosão ou qualquer corpo capaz de se transformar rapidamente em explosão.

f) Emprego de asfixia

Asfixia é o impedimento da função respiratória com a consequente falta de oxigênio no sangue do indivíduo. Essa supressão do oxigênio, por determinado período, leva a vítima à morte.

■ **Modalidades de asfixia**

A asfixia pode ser:

a) mecânica – enforcamento, afogamento etc.;

b) tóxica – uso de gás asfixiante.

Do exposto, a asfixia mecânica, segundo doutrina e jurisprudência, pode ser produzida por meio de enforcamento, estrangulamento,

14 Direito Penal: Parte Especial – Vol. 2

afogamento, esganadura ou sufocação, que são processos de sua provocação.

g) Emprego de tortura

Tortura é meio que causa prolongado, atroz e desnecessário padecimento. A nosso juízo, a tortura é uma modalidade de meio cruel, distinguindo-se somente pelo aspecto temporal, exigindo ação um pouco mais prolongada.

O Decreto n. 40/1991, que promulgou a Convenção Contra a Tortura e Outros Tratamentos ou Penas Cruéis, Desumanos ou Degradantes, dispõe que:

> Qualquer ato pelo qual dores ou sofrimentos agudos, físicos ou mentais, são infligidos intencionalmente a uma pessoa a fim de obter, dela ou de uma terceira pessoa, informações ou confissões; de castigá-la por ato que ela ou uma terceira pessoa tenha cometido ou seja suspeita de ter cometido; de intimidar ou coagir esta pessoa ou outras pessoas; ou por qualquer motivo baseado em discriminação de qualquer natureza; quando tais dores ou sofrimentos são infligidos por um funcionário público ou outra pessoa no exercício de funções públicas, ou por sua instigação, ou com o seu consentimento ou aquiescência. Não se considerará como tortura as dores ou sofrimentos que sejam consequência unicamente de sanções legítimas, ou que sejam inerentes a tais sanções ou delas decorram.

h) Meio insidioso e cruel

■ **Meio insidioso**

Meio insidioso é aquele utilizado com estratagema, perfídia, mediante uma armadilha que visa atingir a vítima sem que ela note o ato criminoso, como ocorre com as sabotagens dos equipamentos de segurança em geral (no freio de um veículo, cilindro de oxigênio do mergulhador etc.).

■ **Meio cruel**

Meio cruel é a forma brutal de perpetrar o crime, é meio bárbaro, martirizante, que revela ausência de piedade, v. g., pisoteamento da vítima, dilaceração do corpo a facadas etc. Meio cruel é o que causa sofrimento desnecessário à vítima. Pelo meio cruel, o agente objetiva o padecimento de sua vítima; revela sadismo.

■ **Crueldade após a morte: descaracterização**

A crueldade realizada após a morte da vítima não qualifica o crime. Nesse sentido, não há perversidade brutal ou crueldade naquele que, depois, de matar a vítima, mutila-lhe o cadáver ou lhe esquarteja o corpo para fazer desaparecer os rastros do crime. Assim, os atos que podem traduzir a crueldade somente são tais enquanto a pessoa está com vida.

i) Possa resultar perigo comum

Meio de que pode resultar perigo comum é aquele que pode atingir um número indefinido ou indeterminado de pessoas. Nada impede que haja concurso formal do homicídio com um crime de perigo comum, se houver "desígnios autônomos".

■ Qualificadora e crimes de perigo comum

Distinguem-se as qualificadoras do homicídio que resultar em perigo comum daqueles denominados crimes de perigo comum (Título VIII, Capítulo I), porque a finalidade do agente é a morte da vítima e não o perigo comum. A diferença está no elemento subjetivo.

j) Traição

É o ataque sorrateiro, inesperado, v. g., tiro pelas costas (que não se confunde com tiro nas costas). É chamado de homicídio *proditorium*. Não se configura a traição se a vítima pressente a intenção do agente, não se configurando igualmente se houver tempo para a vítima fugir.

■ Ocultação moral ou física da intenção

Traição, como qualificadora de homicídio, é a ocultação moral ou mesmo física da intenção do sujeito ativo, que viola a confiança da vítima; é a deslealdade. Não se caracteriza unicamente por haver o golpe letal ter sido desferido pelas costas da vítima.

k) Emboscada

É a tocaia, a espreita, verificando-se quando o agente se esconde para surpreender a vítima. É a ação premeditada de aguardar oculto a presença da vítima para surpreendê-la com o ataque indefensável. Emboscada é a espera dissimulada da vítima em lugar onde esta terá de passar.

■ Emboscada: crime premeditado

O homicídio qualificado pela emboscada é sempre um crime premeditado, pois o sujeito ativo desloca-se com antecedência, examina o local, projeta os próximos passos, coloca-se à espera da passagem da vítima para, com segurança e sem risco, abatê-la.

■ Emboscada: impossibilidade de defesa

A vítima, nessa modalidade, não tem nenhuma possibilidade de defesa. Trata-se de uma das formas mais covardes da ação humana criminosa.

16 Direito Penal: Parte Especial – Vol. 2

l) Mediante dissimulação

O agente esconde ou disfarça o seu propósito para surpreender a vítima desprevenida. É uma modalidade de surpresa. Tanto a ocultação do propósito quanto o disfarce utilizado para se aproximar da vítima qualificam o homicídio.

■ Dissimulação: modalidade de surpresa

Dissimulação é a ocultação da intenção hostil, do projeto criminoso, para surpreender a vítima. O sujeito ativo dissimula, isto é, mostra o que não é, faz-se passar por amigo, ilude a vítima, que, assim, não tem razões para desconfiar do ataque e é apanhada desatenta e indefesa. Por meio de dissimulação o agente esconde ou disfarça o seu propósito para surpreender a vítima desprevenida.

m) Recurso que dificulta ou impossibilita a defesa

Somente poderá ser hipótese análoga à traição, emboscada ou dissimulação, do qual são exemplificativas. Em outros termos, é necessário que "o outro recurso" tenha a mesma natureza das qualificadoras elencadas no inciso. Exemplo típico é a surpresa.

n) Surpresa

A surpresa constitui um ataque inesperado, imprevisto e imprevisível; além do procedimento inesperado, é necessário que a vítima não tenha razão para esperar ou suspeitar da agressão. Não basta que a agressão seja inesperada; é necessário que o agressor atue com dissimulação, procurando, com sua ação repentina, dificultar ou impossibilitar a defesa da vítima.

■ Caracterização da surpresa

Para que haja configurada a surpresa, isto é, recurso que torna difícil ou impossível a defesa do ofendido, é necessário que, além do procedimento inesperado, não haja razão para a espera ou, pelo menos, suspeita da agressão, pois é a dificuldade ou mesmo impossibilidade de a vítima defender-se que fundamenta a qualificadora.

■ Surpresa e traição

Por vezes, a surpresa confunde-se com a traição. Se, por exemplo, ao matar a vítima dormindo, estiver violando a confiança e a lealdade que a vítima lhe depositava, como é o caso de quem convive sob o mesmo teto. No entanto, haverá surpresa se o sujeito ativo, ao procurar a vítima para matá-la, encontra-a adormecida, exterminando-lhe a vida.

Dos crimes contra a vida **17**

o) **Para assegurar a execução, ocultação, impunidade ou vantagem de outro crime**

Essas qualificadoras constituem o elemento subjetivo do tipo, representado pelo especial fim de agir. O outro crime pode ter sido praticado por outra pessoa. Fala-se em qualificadora por conexão. Nesse caso, o homicídio é cometido para garantir a prática de outro crime ou evitar a sua descoberta.

p) **A premeditação**

A premeditação não qualifica o crime. A preordenação criminosa nem sempre será causa de exasperação de pena diante da maior censurabilidade da conduta. Poderá, muitas vezes, significar relutância, resistência à prática criminosa, em vez de revelar intensidade de dolo. O art. 59 será a sede adequada para avaliar a natureza dessa circunstância (RT, 534:396).

■ **Abrangência do dolo: necessidade**

Os meios, modos e fins que qualificam o homicídio referem-se à exacerbação da natureza ilícita da conduta, integrando a própria figura típica, razão pela qual devem ser abrangidos pelo dolo, podendo, consequentemente, ser excluídos pela ocorrência de erro.

q) **Feminicídio**

Não existe crime de feminicídio como tipo penal autônomo, ao contrário do que se tem apregoado, pois "matar alguém" continua sendo homicídio, que, se for motivado pela discriminação da condição de mulher, ou seja, por razões de gênero, será qualificado, e essa qualificadora recebeu expressamente o *nomen iuris* de "feminicídio".

Essa qualificadora foi incluída pela Lei n. 13.104/2015, que acrescentou o inciso VI ao § 2º do art. 121 do CP, tornando mais grave o homicídio cometido contra a mulher por razões da condição de sexo feminino. E, em seguida, o próprio texto legal define objetivamente o que seja "razões de gênero", acrescentando o § 2º-A, *in verbis*:

> Considera-se que há razões de condição de sexo feminino quando o crime envolve:
>
> I — violência doméstica e familiar;
>
> II — menosprezo ou discriminação à condição de mulher.

Tratando-se tão somente de uma modalidade qualificada do crime de homicídio, o sujeito ativo pode ser qualquer pessoa, homem ou mulher, independentemente do gênero masculino ou feminino. Não há exigência de qualquer qualidade ou condição especial para ser autor

18 Direito Penal: Parte Especial – Vol. 2

dessa forma qualificada de homicídio, basta a conduta adequar-se à descrição típica, e que esteja presente, alternativamente, a situação *caracterizadora* de (i) violência doméstica ou familiar, (ii) ou *motivadora* de menosprezo ou discriminação à condição de mulher (§ 2°-A do art. 121, CP).

No que se refere ao sujeito passivo, é, via de regra, uma mulher, ou seja, *pessoa do sexo feminino*, e que o crime tenha sido cometido *por razões de sua condição de gênero*, ou que ocorra em situação caracterizadora de violência doméstica ou familiar.

A doutrina moderna defende a possibilidade de a transexual ter seu tratamento digno, visível, conforme a característica nova após a cirurgia de transgenitalização e até mesmo com a mudança no registro civil. Essa compreensão se abarca no princípio da dignidade humana e também da isonomia. Assim, quando reconhecida como mulher, o direito da transexual também se estenderá ao Direito Penal.

Atenção!

O STF, na ADI 4275, reconheceu o direito de as pessoas transexuais alterarem seu registro civil mesmo sem a realização da cirurgia de redesignação de sexo.

Causas de aumento do feminicídio

Reforçando a maior punição dessa infração penal, o legislador criou também uma majorante "feminicista", no § 7°, prevendo o acréscimo de 1/3 até a metade se o crime for praticado:

I — durante a gestação ou nos 3 (três) meses posteriores ao parto;

II – contra pessoa maior de 60 (sessenta) anos, com deficiência ou com doenças degenerativas que acarretem condição limitante ou de vulnerabilidade física ou mental

III — na presença física ou virtual de descendente ou de ascendente da vítima;

IV – em descumprimento das medidas protetivas de urgência previstas nos incisos I, II e III do *caput* do art. 22 da Lei n° 11.340, de 7 de agosto de 2006.

Atenção!

O agente deve ter conhecimento de tais circunstâncias, sob pena do emprego da responsabilidade penal objetiva.

Aproveitou, ainda, o legislador contemporâneo para atribuir a qualidade de hediondo a esse homicídio qualificado, aliás, apenas atualizou o art. 1º da Lei n. 8.072/1990, pois, como homicídio qualificado, a hedionez é uma decorrência natural.

r) Homicídio contra integrantes de órgãos de segurança pública e seus familiares

São as autoridades ou os agentes descritos nos arts. 142 e 144 da Constituição Federal (elencados a seguir), integrantes do sistema prisional e da Força Nacional de Segurança Pública, no exercício da função ou em decorrência dela, ou contra seu cônjuge, companheiro ou parente consanguíneo até terceiro grau, em razão dessa condição.

Art. 142: Integrantes das Forças Armadas (Marinha, Exército e Aeronáutica).

Art. 144: Polícia Federal, Polícia Rodoviária Federal, Polícia Ferroviária Federal, Polícias Civis, Polícias Militares e Corpos de Bombeiros Militares e Polícias penais federal, estaduais e distrital.

- Guardas municipais também se incluem (art. 144, § 8º, CF).
- Integrantes da Força Nacional de Segurança Pública.

───────────────── **Atenção!** ─────────────────

A preocupação desse dispositivo foi com a função pública exercida e não propriamente com a pessoa atingida.

s) Homicídio com emprego de arma de fogo de uso restrito ou proibido

Trata-se de qualificadora que entrou em vigor depois que o Congresso Nacional rejeitou, em abril de 2021, o veto aplicado pelo Presidente da República a esta disposição inserida originalmente na Lei n. 13.964/2019 (Pacote Anticrime).

A justificativa político-criminal para a criação dessa qualificadora parece residir na maior letalidade das armas de fogo de uso proibido e restrito, geralmente dotadas de maior poder vulnerante do que as armas de fogo de uso permitido, o que incrementa as chances objetivas de alcançar a morte da vítima. Outrossim explica a qualificação do crime a maior danosidade social da conduta, perceptível na ordinária absorção do crime de porte de armas (Lei n. 10.826/2003, art. 16) pelo homicídio praticado, mas inegavelmente capaz de atingir aspectos a paz pública. Por fim, também pode ser apontado como fundamento para a novel norma a inegável periculosidade do agente que planeja e executa o assassinato mediante emprego de instrumento de difícil obtenção e cujo poder de fogo indica a veemência de sua atuação ilícita, atos reveladores de uma maior predisposição à prática do crime.

Aliás, no tocante as locuções arma de fogo de uso restrito ou proibido, a qualificadora é exemplo de norma penal em branco heterogênea, preenchida pelo art. 3º, parágrafo único, incisos II e III do Anexo I do Decreto 10.030/19, de autoria do Poder Executivo, que assim define arma de fogo de uso restrito e de uso proibido.

É, também, norma penal em branco ao quadrado, haja vista ser encontradiço, na Portaria n. 1.222/2019 Anexo B, a listagem de calibres nominais que se enquadram como armas de uso restrito.

É dizer: o art. 121 do CP é interpretado à luz do Decreto n. 10.030/2019 que, por seu turno, é preenchido pela Portaria n. 1.222/2019. Trata-se, em verdade, de prática parlamentar cada vez mais comum de "afunilamento" legislativo, em que leis, decretos e portarias são criadas para detalhar e/ou delimitar o alcance hermenêutico de outra lei.

Também cumpre anotar que a novel qualificadora, porque relacionada a dado estranho às qualidades do autor e da vítima, tem natureza objetiva. Dessarte, é perfeitamente possível que seja combinada com outras qualificadoras de natureza objetiva e subjetiva previstas no § 2º do art. 121. Assim, pode haver crime de homicídio duplamente qualificado, pelo motivo torpe e praticado com emprego de arma de fogo de uso restrito ou proibido, por exemplo. Por se tratar de circunstância de natureza objetiva, é qualificadora que se comunica ao mandante do crime de homicídio.

Questão tormentosa é quanto ao reconhecimento da qualificadora nas hipóteses em que arma de fogo não foi apreendida e periciada.

Embora a identificação das espécies e calibres de uso restrito e proibido das armas de fogo reclame algum conhecimento técnico, não se deve descartar que, além da perícia realizada diretamente no artefato, outros meios de provas possam servir para tanto, ainda que produzidas a partir de vestígios indiretos produzidos pelo crime, como exames realizados nas cápsulas ou munições deflagradas encontradas em locais ligados à sua prática e perícias médico-legais produzidas na vítima. Nesse último caso, mostra-se perfeitamente possível que no laudo de exame necroscópico seja identificada a elevada capacidade da propulsão da arma usada, a partir da extensão e características do orifício de entrada e saída provocados pelo disparo, bem como a partir dos danos causados na cavidade interna produzida pelo trajeto do projétil e danos causados aos tecidos e órgãos internos da vítima. Além disso, não se pode descurar de que outros meios de prova, como eventuais testemunhas que possuam algum conhecimento técnico possam servir a tal propósito, bem como filmagens ou vídeos que registrem o uso da arma possam servir para essa finalidade.

t) Homicídio contra menor de 14 (quatorze) anos

A Lei n. 14.344/2022, popularmente chamada de Lei Henry Borel, acrescentou a qualificadora do inciso IX, tornando qualificado o crime de homicídio praticado contra menor de 14 (quatorze) anos, pouco importando, vale anotar, que o crime tenha sido ou não praticado em contexto de violência doméstica ou familiar.

Trata-se de qualificadora de natureza objetiva, relacionada à qualidade da vítima, absolutamente conectada com as disposições constitucionais inscritas no art. 227 da Carta Magna, cujo dispositivo veicula como dever do Estado assegurar à criança e ao adolescente, com absoluta prioridade, o direito à vida. Assim sendo, a majoração da pena se justifica, não apenas em razão de circunstâncias fáticas que naturalmente aumentam a reprovabilidade do homicídio praticado em face de pessoas de tenra idade, mas também por causa da força normativa daquele mandamento constitucional.

Naturalmente, para a incidência da nova qualificadora, é necessário que o agente tenha ciência a respeito da idade da vítima por ocasião do cometimento do crime, já que o Direito Penal é regido pelo princípio da responsabilidade subjetiva (ou princípio da culpabilidade), não havendo falar-se, assim, em responsabilidade penal objetiva. Se o agente não tiver ciência a respeito da idade do ofendido, haverá erro de tipo e a qualificadora não poderá incidir ao caso.

É importante destacar, por oportuno, o entendimento consolidado pela jurisprudência no sentido de que as qualificadoras objetivas são compatíveis com o dolo eventual. É inclusive a posição adotada pelo Superior Tribunal de Justiça (AgRg no AgRg no REsp 1.836.556/PR, Quinta Turma, Rel. Min. Joel Ilan Paciornik, julgamento: 15.06.2021, publicação: 22.06.2021). Portanto, incidirá a qualificadora no caso em que o agente, apesar da dúvida a respeito da idade da vítima (se é ou não menor de 14 anos), ainda assim comete o delito doloso contra a vida com a aceitação da possibilidade dessa idade.

A idade da vítima deve ser verificada no momento da prática da conduta, por força da adoção da teoria da atividade (CP, art. 4°). Nessa perspectiva, na hipótese em que o agente dispara arma de fogo contra um adolescente na véspera do dia em que completa 14 anos, ainda que o óbito ocorra uma semana depois, deverá a qualificadora incidir, vez que no momento da conduta homicida, a vítima ainda era menor de 14 anos.

Muito embora haja entendimento em sentido contrário, somos da opinião de que a prova da idade da vítima pode se dar por qualquer meio idôneo admitido em Direito, pois a lei não impôs, aqui, um sistema da tarifação ou da prova tarifada (sistema adotado apenas excepcionalmente

22 Direito Penal: Parte Especial – Vol. 2

pelo direito processual penal pátrio, a exemplo do art. 62 do CPP). Logo, por força do sistema do livre convencimento motivado (persuasão racional), é prescindível a certidão de nascimento da vítima se outros meios probatórios puderem revelar a idade do ofendido, a exemplo dos elementos de informação contidos em auto de prisão em flagrante, boletim de ocorrência, declarações prestadas perante a autoridade policial, laudo de exame de corpo de delito, termo de identificação cadavérico etc.

De mais a mais, diferentemente de alguns, pensamos que a inclusão dessa qualificadora revogou tácita e parcialmente a segunda parte do § 4º do art. 121 do CP, que assim dispõe: "Sendo doloso o homicídio, a pena é aumentada de 1/3 (um terço) se o crime é praticado contra pessoa menor de 14 (quatorze) ou maior de 60 (sessenta) anos". Trata-se de revogação tácita, pois a prática do crime de homicídio contra menor de 14 anos, a partir da alteração legislativa, passou a qualificar o delito doloso contra a vida (alteração do balizamento punitivo), e não mais pode servir como causa de aumento de pena. Naqueles casos em que concorrerem mais de uma qualificadora, é certo que uma das circunstâncias será utilizada para qualificar o delito, ao passo que as demais serão valoradas na segunda fase da dosimetria (caso correspondam a uma agravante) ou na primeira etapa da aplicação da pena como circunstância judicial desfavorável (caso não correspondam a uma agravante). É essa, por sinal, a posição adotada pelo Superior Tribunal de Justiça (HC n. 308.331/RS – 5ª Turma – Relator Ministro Reynaldo Soares da Fonseca – Julgamento em 16.03.2017 – Publicação em 27.03.2017). É bom deixar alerta, contudo, que a revogação não alcançou a segunda parte da norma que majora a pena no caso de crime de homicídio praticado contra pessoa maior de 60 anos.

Causas de aumento

A Lei Federal n. 14.344/2022 (Lei Henry Borel) ainda inseriu novas majorantes aplicáveis, exclusivamente, ao crime de homicídio praticado contra menor de 14 anos de idade. Trata-se do § 2º-B do art. 121 do CP, que assim dispõe:

> § 2º-B. A pena do homicídio contra menor de 14 (quatorze) anos é aumentada de:
> I – 1/3 (um terço) até a metade se a vítima é pessoa com deficiência ou com doença que implique o aumento de sua vulnerabilidade;
> II – 2/3 (dois terços) se o autor é ascendente, padrasto ou madrasta, tio, irmão, cônjuge, companheiro, tutor, curador, preceptor ou empregador da vítima ou por qualquer outro título tiver autoridade sobre ela.

A primeira causa de aumento diz respeito ao homicídio praticado em face de crianças e adolescentes menores de 14 anos portadores de

Dos crimes contra a vida **23**

enfermidades que as tornam hipervulneráveis. Nesses casos, o aumento da pena se justifica ante a maior reprovabilidade da conduta, revestida de maior insensibilidade e intensamente facilitada ante a fragilidade presumida dessas vítimas.

Já a segunda causa de aumento está relacionada ao parentesco ou à proximidade de convivência entre sujeito ativo e vítima. É norma semelhante àquela inscrita no art. 226, inciso II, do CP. Embora a disposição fale em "autor", pensamos que a majorante não se restringe apenas ao executor do delito, pelo que também alcança o partícipe que se encontrar em quaisquer dessas condições.

Por se tratar de rol taxativo, a majorante não incidirá no caso de crime praticado por parentes colaterais e afins. A parte final do texto legislativo, todavia, permite a incidência da norma de forma mais ampla, desde que haja relação de autoridade, entendida como aquela revestida de alguma capacidade debilitante da vítima frente ao ataque, seja em razão da reverência ou do vínculo emocional existente entre autor e vítima.

A nova qualificadora ora estudada é, inegavelmente, um incremento protetivo de pessoas consideradas vulneráveis pela legislação brasileira alcançado pela coação psicológica e dissuasão de futuras ofensas jurídicas. Além disso, a modificação penal serve para inserir o CP em uma Política Criminal voltada para o enfrentamento estratégico da cultura da violência contra crianças e adolescentes.

1.1.11 Homicídio culposo

Admite a forma culposa, desde que presentes os seguintes requisitos: comportamento humano voluntário; descumprimento do dever de cuidado objetivo; previsibilidade objetiva do resultado; morte involuntária.

1.1.11.1 *Excepcionalidade do crime culposo*

As legislações modernas adotam o princípio da excepcionalidade do crime culposo, isto é, a regra é de que as infrações penais sejam imputadas a título de dolo, e só excepcionalmente a título de culpa, e, nesse caso, quando expressamente prevista a modalidade culposa da figura delituosa (art. 18, parágrafo único). Por isso, quando o sujeito pratica o fato culposamente e a figura típica não admite a forma culposa, não há crime.

1.1.11.2 *Modalidades de culpa*

a) Imprudência é a prática de uma conduta arriscada ou perigosa e tem caráter comissivo. É a imprevisão ativa (*culpa in faciendo* ou *in committendo*). Com isso, a conduta imprudente é aquela que se caracteriza pela intempestividade, precipitação, insensatez ou imoderação.

b) Negligência é a displicência no agir, a falta de precaução, a indiferença do agente, que, podendo adotar as cautelas necessárias, não o faz. É a imprevisão passiva, o desleixo, a inação (*culpa in ommittendo*). É não fazer o que deveria ser feito.

c) Imperícia é a falta de capacidade, despreparo ou insuficiência de conhecimentos técnicos para o exercício de arte, profissão ou ofício. Imperícia não se confunde com erro profissional. O erro profissional é um acidente escusável, justificável e, de regra, imprevisível, que não depende do uso correto e oportuno dos conhecimentos e regras da ciência.

1.1.11.3 Cuidado objetivamente devido

A inobservância do cuidado objetivamente devido resulta da comparação da direção finalista real com a direção finalista exigida para evitar as lesões dos bens jurídicos. A infração desse dever de cuidado representa o injusto típico dos crimes culposos. Todavia, é indispensável investigar o que teria sido, *in concreto*, para o agente, o dever de cuidado.

1.1.11.4 Relação causal

É indispensável que o resultado seja consequência da inobservância do cuidado devido, sendo necessário que este seja a causa daquele. Com efeito, quando for observado o dever de cautela, e ainda assim o resultado ocorrer, não se poderá falar em crime culposo. Atribuir, nessa hipótese, a responsabilidade ao agente cauteloso constituirá autêntica responsabilidade objetiva.

—————————————— **Atenção!** ——————————————

Crime culposo não é compatível com a tentativa (exceção feita à culpa imprópria. O agente age dolosamente, mas em erro). Na tentativa há dolo idêntico ao da consumação do crime. No crime culposo não há dolo.

1.1.11.5 Inevitabilidade do resultado: atipicidade

Os limites da norma imperativa encontram-se no poder de seu cumprimento pelo sujeito; por isso, o dever de cuidado não pode ir além desses limites. A inevitabilidade do resultado exclui a própria tipicidade. Em outros termos, é indispensável que a inobservância do cuidado devido seja a causa do resultado tipificado como crime culposo.

1.1.11.6 Concurso de pessoas em crime culposo

A doutrina brasileira, por unanimidade, admite a coautoria em crime culposo, rechaçando, contudo, a participação. Pode existir na verdade um vínculo subjetivo na realização da conduta, que é voluntária, inexistindo, contudo, tal vínculo em relação ao resultado, que não é desejado. Os que cooperam na causa, isto é, na falta do dever de cuidado objetivo, agindo sem a atenção devida, são coautores.

1.1.11.7 Coautoria e participação

No exemplo do passageiro que induz o motorista de táxi a dirigir em velocidade excessiva e contribui diretamente para um atropelamento, que para os alemães seria autor, para os espanhóis seria simples partícipe; já para a doutrina brasileira seria coautor.

1.1.11.8 Homicídio culposo no trânsito: maior punição

É de uma clareza meridiana a diferença e a maior desvalia entre as ações "descuidadas" praticadas no trânsito e aquelas demais ações culposas que podem ocorrer no cotidiano social.

1.1.11.9 Menor desvalor da conduta

O desvalor do resultado é idêntico ao do homicídio doloso. O que é substancialmente menor é o desvalor da conduta, já que a morte advém de uma escolha equivocada, de imprudência, negligência e imperícia, e não de um agir deliberado para produzir a morte.

1.1.11.10 Majorantes do crime de homicídio

a) **Inobservância de regra técnica de profissão, arte ou ofício** — essa majorante não se confunde com a imperícia (modalidade de culpa), que indica inaptidão, inabilidade profissional ou insuficiência de capacidade técnica. Nessa majorante, o agente conhece a regra técnica, mas não a observa; haveria uma displicência a respeito da regra técnica. O fundamento da culpa é outro; essa desatenção somente graduaria a culpa. Por isso, essa majorante, ao contrário da imperícia, a nosso juízo, aplica-se somente à profissional (contra: RTJ, 56:695).

b) **Omissão de socorro à vítima** — aqui a omissão de socorro não constitui crime autônomo (o crime continua a ser de resultado morte), mas simples majorante. A presença de risco pessoal afasta essa majorante. Em razão da especialidade dessa previsão, afastam-se as normas dos arts. 135 e 13, § 2º, "c", ambos do CP.

26 Direito Penal: Parte Especial – Vol. 2

c) **Não procura diminuir as consequências do comportamento** – isso não passa de uma especificação de omissão de socorro. Por isso, a referência é redundante (FRAGOSO, 1989, p. 47).

d) **Fuga para evitar prisão em flagrante** – essa majorante constitui o elemento subjetivo do tipo majorado. Normalmente, ela se confunde com a omissão de socorro. A dificuldade da identificação de uma ou outra é, aparentemente, indiferente, na medida em que se aplica somente uma majoração. No entanto, exige-se redobrada cautela da defesa, pois a omissão de socorro não exige elemento subjetivo do tipo. Por isso, o risco pessoal iminente afasta a tipicidade da própria conduta omissiva, e não somente a majorante, descaracterizando o crime.

1.1.11.11 *Homicídio doloso contra menor*

A segunda parte da disposição do § 4º do art. 121 tinha sido incluída pela Lei n. 8.069/1990 (Estatuto da Criança e do Adolescente). Atualmente, contudo, como visto, foi tacitamente revogada pela Lei n. 14.344/2022 que prevê essa circunstância como qualificadora do homicídio (inciso IX do § 2º do art. 121 do CP).

1.1.11.12 *Proteção do idoso*

Resta em vigor, contudo, a majorante de 1/3 prevista na disposição legal, referente ao crime praticado em face de pessoa maior de 60 anos. Trata-se de causa de aumento de natureza objetiva e de aplicação obrigatória em qualquer das modalidades do homicídio: simples, privilegiado ou qualificado.

1.1.11.13 *Menoridade e grupo de extermínio*

Embora essa previsão incluída pelo ECA tenha endereço certo – os grupos de extermínio –, sua aplicação atinge a todos os sujeitos ativos, quando o homicídio for praticado contra menor de 14 anos, majorando a pena em um terço.

1.1.11.14 *Homicídio culposo no trânsito*

A ação que tipifica o crime culposo no trânsito de veículo automotor é consideravelmente mais desvaliosa do que as outras condutas produtoras de crimes culposos no cotidiano social. O maior desvalor das ações "descuidadas" praticadas no volante está diretamente relacionado à quantidade produzida de resultados desvaliosos. Com isso, deverá ser aplicado o previsto no art. 302 do CTB (Lei n. 9.503/1997), em virtude do princípio da especialidade. Aqui as penas são maiores do que as previstas no CP.

1.1.11.15 *Isenção de pena ou perdão judicial*

Refere-se à hipótese em que o agente é punido diretamente pelo próprio fato que praticou. A gravidade das consequências deve ser aferida em função da pessoa do agente, não se cogitando aqui de critérios objetivos. As consequências de que se cogita não se limitam aos danos morais, podendo constituir-se de danos materiais.

Quando as consequências atingirem o agente, via indireta, exige-se entre este e a vítima vínculo afetivo de importância significativa.

Se estiverem presentes os requisitos exigidos, não poderá deixar de conceder o perdão judicial por mero capricho ou qualquer razão desvinculada do referido instituto. Trata-se de um direito público subjetivo de liberdade do indivíduo. Causa extintiva de punibilidade não pode ficar relegada ao puro arbítrio judicial.

Com previsão no art. 121, § 5º: "Na hipótese de homicídio culposo, o juiz poderá deixar de aplicar a pena, se as consequências da infração atingirem o próprio agente de forma tão grave que a sanção penal se torne desnecessária".

Vale constar, ainda, que o princípio da infração bagatelar imprópria traz que um fato típico, ilícito e culpável, porém, a punibilidade resta afastada. O Estado entende desnecessária a aplicação de penal àquele indivíduo que praticou o fato criminoso, já que as consequências desse crime já exercem a função retributiva da pena e somente pode ser concedido por sentença.

──────────────── **Atenção!** ────────────────

A Súmula 18 do STJ dispõe que: "A sentença concessiva do perdão judicial é declaratória da extinção da punibilidade, não subsistindo qualquer efeito condenatório".

Ainda de acordo com o STJ, é necessário que haja vínculo de parentesco ou afinidade entre agente e vítima; deve existir uma relação muito próxima, íntima entre vítima e autor.

Em caso de concurso formal de crimes, o perdão judicial concedido para um deles não necessariamente deverá abranger o outro. O fato de os delitos terem sido cometidos em concurso formal não autoriza a extensão dos efeitos do perdão judicial concedido para um dos crimes, se não restou comprovada, quanto ao outro, a existência do liame subjetivo entre o infrator e a outra vítima fatal.

Exemplo: réu, dirigindo seu veículo imprudentemente, causa a morte de sua noiva e de um amigo; o fato de ter sido concedido perdão judicial para a morte da noiva não significará a extinção da punibilidade no que tange ao homicídio culposo do amigo (STJ, REsp 1.444.699/RS, Sexta Turma, Rel. Min. Rogério Schietti Cruz, julgamento: 01.06.2017 – Informativo 606).

1.2 Induzimento, instigação ou auxílio a suicídio ou a automutilação – Art. 122

1.2.1 Bem jurídico

Vida humana extrauterina.

1.2.2 Sujeitos do crime

Cuida-se de crime comum, isto é, que não demanda do sujeito ativo uma especial qualidade.

Segundo a doutrina majoritária, o sujeito ativo (mãe) pode agir só ou associado a outrem (coautoria ou participação), por força do que dispõe o art. 29 do CP.

O sujeito passivo é a pessoa humana, salvo nas hipóteses dos §§ 6 ° e 7° desse artigo.

1.2.3 Tipo objetivo

O tipo penal foi alterado por força da Lei n. 13.968, de 2019.

Antes da referida mudança legislativa, somente se punia a conduta de induzir, instigar ou auxiliar alguém à prática do suicídio, o qual consiste na ação voluntária e imediata de ceifar a própria vida. O suicídio, em si, embora indesejado pela sociedade, não constitui infração penal. Agora, tem-se também a punição em se tratando de automutilação, qual seja, a causação de dano à própria saúde ou à integridade física. Assim como o suicídio, a automutilação, *de per si*, não constitui infração penal.

O tipo prevê três núcleos específicos:

a) induzir: fazer criar na mente da vítima da ideia suicida;
b) instigar: reforçar a ideia suicida preexistente;
c) auxiliar: prestar ajuda material ao suicídio, desde que não se trate do ato próprio e específico de ceifar a vida humana.

Em todas as hipóteses, faz-se necessário que a conduta do sujeito ativo se refira a pessoa ou pessoas determinadas.

Advertem Salim e Azevedo (2020):

> O art. 122 é classificado como um **tipo misto alternativo,** de sorte que basta que o agente pratique um dos comportamentos típicos para a configuração do crime. Mesmo que venha a praticar duas ou mais ações, contra a mesma vítima (ex.: induz e auxilia), responderá por apenas um crime.

1.2.4 Tipo subjetivo

O elemento subjetivo que compõe a estrutura do tipo penal do crime é o dolo, qual seja, a consciência e a vontade de realização da conduta descrita no tipo penal. A lei não demanda elemento subjetivo específico do tipo. Admite-se o dolo direto ou eventual.

1.2.5 Consumação e tentativa

Consuma-se o delito quando a prática de uma das condutas descritas no tipo, independentemente da efetiva produção de resultado (suicídio ou automutilação).

A lei prevê algumas soluções a depender de eventual ocorrência de resultado naturalístico:

a) se não há produção de lesão corporal grave, gravíssima ou morte: pena de reclusão de seis meses a dois anos (*caput*). É a solução para a hipótese de lesão corporal leve;

b) se há produção de lesão corporal grave ou gravíssima: pena de reclusão de um a três anos (§ 1º);

c) se há produção de resultado morte: pena de reclusão de dois a seis anos (§ 1º).

A execução da conduta do *caput* pode ser fracionada em vários atos (crime plurissubsistente). Com isso, a tentativa se mostra perfeitamente possível quando o resultado pretendido não sobrevém por circunstâncias alheias à vontade do agente. Nas hipóteses dos §§ 1º e 2º, é impossível a tentativa porque a consumação depende da produção dos resultados ali previstos. Se não houver a referida produção de lesão corporal grave, gravíssima ou morte, restará a punição a título do art. 122, *caput*, CP.

1.2.6 Causas de aumento de pena

Consuma-se o delito quando há a prática de uma das condutas descritas no tipo, independentemente da efetiva produção de resultado (suicídio ou automutilação).

30 Direito Penal: Parte Especial – Vol. 2

Dispõe o § 3º:

A pena é duplicada:

I – se o crime é praticado por motivo egoístico, torpe ou fútil;

II – se a vítima é menor ou tem diminuída, por qualquer causa, a capacidade de resistência.

a) **Motivo egoístico, torpe ou fútil**: vide comentários ao crime de homicídio qualificado.

b) **Vítima menor**: menor de 18 anos, salvo nas hipóteses dos §§ 6º e 7º desse artigo.

Dispõe o § 4º: "A pena é aumentada até o dobro se a conduta é realizada por meio da rede de computadores, de rede social ou transmitida em tempo real".

Majorante incluída pela Lei n. 13.968, de 2019. Justifica-se em razão do maior potencial de alcance a vítimas e, portanto, maior reprovabilidade da conduta.

Dispõe o § 5º: "Aumenta-se a pena em metade se o agente é líder ou coordenador de grupo ou de rede virtual".

Majorante incluída pela Lei n. 13.968/2019. Justifica-se em razão da maior reprovabilidade da conduta do líder ou coordenador. É o caso do conhecido e lamentável episódio do "jogo da baleia azul", que induzia ou instigava adolescentes à automutilação.

1.2.7 Lesão corporal gravíssima

Dispõe o § 6º:

Se o crime de que trata o § 1º deste artigo resulta em lesão corporal de natureza gravíssima e é cometido contra menor de 14 (quatorze) anos ou contra quem, por enfermidade ou deficiência mental, não tem o necessário discernimento para a prática do ato, ou que, por qualquer outra causa, não pode oferecer resistência, responde o agente pelo crime descrito no § 2º do art. 129 deste Código.

Na hipótese de a vítima ser menor de 14 anos ou não possuir discernimento, por enfermidade ou deficiência mental, ou, ainda, por ausência de resistência, responderá o sujeito ativo, caso haja produção e lesão corporal gravíssima, pelo tipo do art. 129, § 2º, CP. Somente é possível falar no crime do art. 122 do CP se a vítima tiver alguma capacidade de resistência ou determinação.

1.2.8 Homicídio

Dispõe o § 7º:

Se o crime de que trata o § 2º deste artigo é cometido contra menor de 14 (quatorze) anos ou contra quem não tem o necessário discernimento para a prática do ato, ou que, por qualquer outra causa, não pode oferecer resistência, responde o agente pelo crime de homicídio, nos termos do art. 121 deste Código.

Na hipótese de a vítima ser menor de 14 anos ou não possuir discernimento, ou, ainda, por ausência de resistência, responderá o sujeito ativo, caso haja produção e morte, pelo tipo do art. 121 do CP. Somente é possível falar no crime do art. 122 do CP se a vítima tiver alguma capacidade de resistência ou determinação.

1.2.9 Ação penal

Ação penal pública incondicionada.

1.2.10 Questões especiais

- **Roleta russa:** prática em que se tem apenas um projétil no tambor do revólver. Se houver morte, o(s) sobrevivente(s) responderá(ão) pelo art. 122, § 2º, desde que não tenha(m) apertado o gatilho. Se o fez(fizeram), responderá(ão) pelo crime de homicídio (art. 121, CP);
- **Duelo faroeste:** homicídio;
- **Duelo à americana:** assemelha-se à roleta russa, mas há sorteio de armas e apenas uma delas se encontra municiada. Se houver morte, o(s) sobrevivente(s) responderá(ão) pelo art. 122, § 2º, desde que não tenha apertado o gatilho;
- **Pacto de morte em câmara de gás (ambicídio):** d.1) se ambos sobrevivem, aquele que acionou a passagem do gás responderá por tentativa de homicídio. O outro sobrevivente responderá pelo art. 122, *caput*; d.2) se o sujeito que acionou a passagem do gás morre, o sobrevivente responde pelo art. 122, § 2º; d.3) se a passagem do gás é acionada por um terceiro, responderá este por homicídio consumado ou tentado (em concurso de crimes, se houver a morte de ambos); d.4) se o sujeito que acionou a passagem do gás não morre, mas causa a morte do segundo agente, haverá homicídio consumado.

1.2.11 Competência

Por se cuidar de crime doloso contra a vida (quando se produz o resultado morte), atrai a competência do Tribunal do Júri, nos termos do art. 5º, XXXVIII, "d", CF. Na hipótese de automutilação, não se cuida de crime doloso contra a vida e, portanto, não atrai a competência do Tribunal do Júri, nos termos do art. 5º, XXXVIII, "d", CF.

1.3 Infanticídio – Art. 123

1.3.1 Bem jurídico

Vida humana extrauterina, qual seja, do indivíduo neonato ou nascente.

1.3.2 Sujeitos do crime

Cuida-se de crime próprio, isto é, que demanda do sujeito ativo uma especial qualidade, o vínculo materno com a vítima. A parturiente, entretanto, necessita ainda estar sob influência do estado puerperal, para que não haja incidência do art. 121 do CP (homicídio).

Segundo a doutrina majoritária, o sujeito ativo (mãe) pode agir só ou associado a outrem (coautoria ou participação), por força do que dispõe o art. 29 do CP, respondendo todos os agentes pelo crime de infanticídio, a teor da comunicabilidade estampada no art. 30 do CP.

O sujeito passivo, por outro lado, é a pessoa humana nascente ou recém-nascida.

1.3.3 Tipo objetivo

A conduta típica consiste em causar a morte do próprio filho, durante o parto ou logo após, sob a influência do estado puerperal.

Segundo Damásio de Jesus (2020, p. 93):

> A mulher, em consequência das circunstâncias do parto, referentes à convulsão, emoção causada pelo choque físico etc., pode sofrer perturbação de sua saúde mental. O Código fala em influência do estado puerperal. Este é o conjunto das perturbações psicológicas e físicas sofridas pela mulher em face do fenômeno do parto. Não é suficiente que a mulher realize a conduta durante o período do estado puerperal. É necessário que haja uma relação de causalidade entre a morte do nascente ou neonato e o estado puerperal. Essa relação causal não é meramente objetiva, mas também subjetiva.

A influência do estado puerperal não se confunde com a inimputabilidade ou a semi-imputabilidade do agente, consoante prescreve o art. 26 do CP, respectivamente em seu *caput* e parágrafo único.

Caso as alterações da saúde mental da mulher, em razão do estado puerperal, impliquem sua inteira incapacidade de entender o caráter ilícito do fato ou de se determinar de acordo com esse entendimento, a solução será a sua absolvição imprópria por exclusão de culpabilidade (inimputabilidade), com aplicação de medida de segurança.

Por outro lado, se as alterações da saúde mental da mulher, em razão do estado puerperal, impliquem ausência de inteira capacidade de entender o caráter ilícito do fato ou de se determinar de acordo com esse entendimento, a solução é a condenação por infanticídio, com redução da pena de um a dois terços.

A questão controversa na doutrina diz respeito ao significado da expressão "logo após" o parto. Não há uma prévia fixação de horas, dias ou semanas. A solução depende da análise de cada hipótese isoladamente. Na prática, quanto mais próximo ao momento do parto, mas factível se torna a possibilidade de prova da influência do estado puerperal na conduta da agente.

A causação da morte do sujeito passivo pode se dar de maneira comissiva ou omissiva. Nesta última hipótese, há de se afirmar que a mãe ocupa a função de garante ou garantidora, de modo que, se podia agir para evitar o resultado morte, deverá ser por ele responsabilizada, nos termos do art. 13, § 2º, "a", do CP.

1.3.4 Tipo subjetivo

O elemento subjetivo que compõe a estrutura do tipo penal do crime é o dolo, qual seja, a consciência e a vontade de realização da conduta descrita no tipo penal. A lei não demanda elemento subjetivo específico do tipo. Admite-se o dolo direto ou eventual.

A doutrina diverge na hipótese de causação da morte culposa sob influência do estado puerperal. A primeira corrente (Damásio), entende se tratar de fato atípico; a segunda (César Bittencourt e Hungria, dentre outros), aponta a existência de homicídio culposo.

1.3.5 Consumação e tentativa

Consuma-se o delito quando da efetiva produção de resultado, ou seja, quando a vítima morre. Cuida-se, portanto, de crime material, ou seja, aquele cuja consumação exige produção de resultado naturalístico.

A execução da conduta comissiva pode também ser fracionada em vários atos (crime plurissubsistente). Com isso, a tentativa se mostra perfeitamente possível quando o resultado pretendido não sobrevém por circunstâncias alheias à vontade do agente.

1.3.6 Ação penal

Ação penal pública incondicionada.

1.3.7 Competência

Por se cuidar de crime doloso contra a vida, atrai a competência do Tribunal do Júri, nos termos do art. 5º, XXXVIII, "d", da Constituição Federal.

1.4 Aborto

Do ponto de vista vernacular, o CP não andou bem. Aborto é o resultado do abortamento. Cuida-se da morte do produto da concepção, ainda que o perecimento se dê fora do ventre materno.

Segundo Rogério Sanches Cunha (2020, p. 577), "O termo inicial da prática do aborto é o começo da gravidez, que, do ponto de vista da biologia, se dá com a fecundação. Todavia, prevalece na ótica jurídica que a gestação tem início com a implantação do óvulo fecundado no endométrio, isto é, com sua fixação no útero materno (nidação). Pouco importa para a caracterização do crime se a gravidez é natural (fruto de cópula carnal) ou não (inseminação artificial)".

No julgamento da ADPF 54, o Supremo Tribunal Federal se manifestou sobre o aborto do feto anencéfalo, em decisão paradigmática que afastou a incidência dos tipos arts. 124, 126 e 128, incisos I e II, do CP:

> Estado – Laicidade. O Brasil é uma república laica, surgindo absolutamente neutro quanto às religiões. Considerações. Feto anencéfalo – interrupção da gravidez – mulher – liberdade sexual e reprodutiva – saúde – dignidade – autodeterminação – direitos fundamentais – crime – inexistência. Mostra-se inconstitucional interpretação de a interrupção da gravidez de feto anencéfalo ser conduta tipificada nos arts. 124, 126 e 128, incisos I e II, do CP (ADPF 54/DF, Tribunal Pleno, Rel. Min. Marco Aurélio. j. 12.04.2012, publicação: 30.04.2013).

1.4.1 Aborto provocado pela gestante ou com seu consentimento – Art. 124

1.4.1.1 Bem jurídico

Vida humana intrauterina.

1.4.1.2 Sujeitos do crime

Há duas figuras na descrição típica, o autoaborto e o consentimento para a prática do aborto.

Cuida-se de crime próprio, isto é, que demanda do sujeito ativo uma especial qualidade, de forma que somente pode ser cometido pela mulher grávida.

Segundo a doutrina majoritária, o sujeito ativo (mulher grávida) pode agir só ou associado a outrem (coautoria ou participação). Entretanto, aqui se verifica regra à teoria monista ou unitária do crime, uma vez que o terceiro responderá pelo crime do art. 126 do CP.

O sujeito passivo, por outro lado, é o ser humano em gestação, qualquer que seja o estágio do desenvolvimento do produto da concepção. Se a gravidez for gemelar, haverá concurso formal impróprio (art. 70, *caput*, 2ª Parte do CP).

1.4.1.3 *Tipo objetivo*

As condutas típicas consistem em:

a) provocar: dar causa ao perecimento do produto da concepção, por qualquer meio. A causação do abortamento pode se dar de maneira comissiva ou omissiva. Nesta última hipótese, há de se afirmar que a gestante ocupa a função de garante ou garantidora, de modo que, se podia agir para evitar o resultado morte, deverá ser por ele responsabilizada, nos termos do art. 13, § 2º, "a", do CP;

b) conferir consentimento (necessariamente válido) para que um terceiro provoque o abortamento.

No caso de uso de pílula do dia seguinte, Salim e Azevedo (2020, p. 88) lecionam: "Posições: 1.a) haverá o aborto, uma vez que já existe a gravidez com a fecundação, independentemente da nidação; entretanto, considerando a autorização estatal, não haverá delito (há um exercício regular do direito – art. 23, III); 2.a) não haverá aborto, pois ainda não há gravidez, que ocorre apenas com a nidação".

1.4.1.4 *Tipo subjetivo*

O elemento subjetivo que compõe a estrutura do tipo penal do crime é o dolo, qual seja, a consciência e a vontade de realização da conduta descrita no tipo penal. A lei não demanda elemento subjetivo específico do tipo. Admite-se o dolo direto ou eventual.

A doutrina aponta que a causação do aborto de forma culposa por terceiro importa na sua responsabilização por lesão corporal gravíssima (em que o aborto se produz a título de culpa, sendo, portanto, crime preterdoloso) ou lesão corporal culposa, se houver culpa em causar lesões e o próprio aborto.

1.4.1.5 Consumação e tentativa

Consuma-se o delito quando da efetiva produção de resultado, ou seja, quando do perecimento do produto da concepção. Cuida-se, portanto, de crime material, ou seja, aquele cuja consumação exige produção de resultado naturalístico.

A execução da conduta comissiva pode também ser fracionada em vários atos (crime plurissubsistente). Com isso, a tentativa se mostra perfeitamente possível quando o resultado pretendido não sobrevém por circunstâncias alheias à vontade do agente.

1.4.1.6 Ação penal

Ação penal pública incondicionada.

1.4.1.7 Competência

Por se cuidar de crime doloso contra a vida, atrai a competência do Tribunal do Júri, nos termos do art. 5°, XXXVIII, "d", da Constituição Federal.

1.4.2 Aborto provocado por terceiro – Art. 125

1.4.2.1 Bem jurídico

Vida humana intrauterina.

1.4.2.2 Sujeitos do crime

Cuida-se de crime comum, isto é, que não demanda do sujeito ativo uma especial qualidade.

O sujeito ativo pode agir só ou associado a outrem (coautoria ou participação), por força do que dispõe o art. 29 do CP, respondendo todos os agentes pelo crime, nos termos da teoria unitária ou monista do concurso de agentes.

Os sujeitos passivos, por outro lado, são necessariamente dois, quais sejam, o produto da concepção e a grávida, qualquer que seja o estágio do desenvolvimento do produto da concepção. Se a gravidez for gemelar, haverá concurso formal impróprio (art. 70, *caput*, 2ª Parte do CP).

1.4.2.3 Tipo objetivo

A conduta típica consiste em provocar, dar causa ao perecimento do produto da concepção, por qualquer meio, embora o mais comum envolva a prática de atos violentos.

A causação do aborto pode se dar de maneira comissiva ou omissiva. Nesta última hipótese, o sujeito ativo deve ocupar a posição de garante ou garantidor, de modo que, se podia e devia agir para evitar o resultado, deverá ser por ele responsabilizado, nos termos do art. 13, § 2°, do CP.

1.4.2.4 Tipo subjetivo

O elemento subjetivo que compõe a estrutura do tipo penal do crime é o dolo, qual seja, a consciência e a vontade de realização da conduta descrita no tipo penal. A lei não demanda elemento subjetivo específico do tipo. Admite-se o dolo direto ou eventual.

1.4.2.5 Consumação e tentativa

Consuma-se o delito quando da efetiva produção de resultado, ou seja, quando do perecimento do produto da concepção. Cuida-se, portanto, de crime material, ou seja, aquele cuja consumação exige produção de resultado naturalístico.

A execução da conduta comissiva pode também ser fracionada em vários atos (crime plurissubsistente). Com isso, a tentativa se mostra perfeitamente possível quando o resultado pretendido não sobrevém por circunstâncias alheias à vontade do agente.

1.4.2.6 Ação penal

Ação penal pública incondicionada.

1.4.2.7 Competência

Por se cuidar de crime doloso contra a vida, atrai a competência do Tribunal do Júri, nos termos do art. 5°, XXXVIII, "d", da Constituição Federal.

1.4.3 Aborto provocado por terceiro, com o consentimento da gestante – Art. 126

1.4.3.1 Bem jurídico

Vida humana intrauterina.

1.4.3.2 Sujeitos do crime

Cuida-se de crime comum, isto é, que não demanda do sujeito ativo uma especial qualidade.

38 Direito Penal: Parte Especial – Vol. 2

Aqui se tem uma exceção à teoria unitária ou monista do concurso de agentes, uma vez que a gestante que consente para a prática do abortamento em si responde pelo tipo do art. 124 do CP.

O sujeito passivo, por outro lado, é o produto da concepção, qualquer que seja o estágio do seu desenvolvimento. Se a gravidez for gemelar, haverá concurso formal impróprio (art. 70, *caput*, 2ª Parte do CP).

1.4.3.3 Tipo objetivo

A conduta típica consiste em provocar, dar causa ao perecimento do produto da concepção, por qualquer meio, desde que com o consentimento válido da grávida.

A causação do aborto pode se dar de maneira comissiva ou omissiva. Nesta última hipótese, o sujeito ativo deve ocupar a posição de garante ou garantidor, de modo que, se podia e devia agir para evitar o resultado, deverá ser por ele responsabilizado, nos termos do art. 13, § 2º, do CP.

1.4.3.4 Tipo subjetivo

O elemento subjetivo que compõe a estrutura do tipo penal do crime é o dolo, qual seja, a consciência e a vontade de realização da conduta descrita no tipo penal. A lei não demanda elemento subjetivo específico do tipo. Admite-se o dolo direto ou eventual.

1.4.3.5 Consumação e tentativa

Consuma-se o delito quando da efetiva produção de resultado, ou seja, quando do perecimento do produto da concepção. Cuida-se, portanto, de crime material, ou seja, aquele cuja consumação exige produção de resultado naturalístico.

A execução da conduta comissiva pode também ser fracionada em vários atos (crime plurissubsistente). Com isso, a tentativa se mostra perfeitamente possível quando o resultado pretendido não sobrevém por circunstâncias alheias à vontade do agente.

1.4.3.6 Presunção de dissenso ou consentimento inválido

Prevê o parágrafo único a invalidez do consentimento se a gestante não é maior de 14 anos, ou é alienada ou débil mental, ou se o consentimento é obtido mediante fraude, grave ameaça ou violência.

1.4.3.7 Ação penal

Ação penal pública incondicionada.

1.4.3.8 Competência

Por se cuidar de crime doloso contra a vida, atrai a competência do Tribunal do Júri, nos termos do art. 5°, XXXVIII, "d", da Constituição Federal.

1.4.4 Aborto majorado pelo resultado

Cuida-se de causa de aumento de pena (majorante) aplicável aos arts. 125 e 126 do CP em patamares distintos:

a) aumento de 1/3, se, em consequência do aborto ou dos meios empregados para provocá-lo, a gestante sofre lesão corporal de natureza grave;

b) penas duplicadas, se, por qualquer dessas causas, sobrevém-lhe a morte.

Inaplicável à figura típica do art. 124 do CP porque o ordenamento pátrio não pune a autolesão.

Ambas as figuras são preterdolosas, isto é, os resultados estampados nas alíneas acima são produzidos a título de culpa, ao passo que o abortamento é necessariamente doloso.

Advertem Salim e Azevedo (2020, p. 92): "no caso de não ocorrer o aborto, mas sim o resultado agravador (morte ou lesão grave) em consequência dos meios empregados para provocá-lo, o delito estará tentado ou consumado? 1.a Posição: haverá tentativa de aborto com aumento de pena (Fragoso, Hungria, Mirabete e Masson); 2.a posição: o crime estará consumado (Capez). Da mesma forma que ocorre no latrocínio (Súmula 610 do STF), havendo o resultado qualificador, o crime resta consumado".

1.4.5 Aborto permitido ou legal

Quanto à natureza jurídica, Salim e Azevedo (2020, p. 92-93) apontam três posições:

1ª) Predomina na doutrina que as duas hipóteses são de causas de exclusão da ilicitude. Nesse sentido: Fragoso, Damásio, Bitencourt, Mirabete, Nucci e Masson.

2ª) Para Luiz Flávio Gomes, o art. 128, I, é uma causa de exclusão da ilicitude (trata-se de exercício regular de direito com forma de reação contra um perigo à vida da gestante), ao passo que o art. 128, II, é uma causa de exclusão da tipicidade material (trata-se de exercício regular de direito que expressa liberdade de ação). Segundo essa concepção, o exercício regular de direito pode, dependendo da hipótese, figurar como excludente da ilicitude ou da tipicidade material.

3ª) Entendemos que o art. 128, I, é uma causa de justificação (excludente da ilicitude), e a hipótese do art. 128, II, é uma causa dirimente (excludente de culpabilidade em face da inexigibilidade de conduta diversa, considerando que, no balanço de bens envolvidos no conflito, a vida deve prevalecer sobre a dignidade da pessoa humana ou mesmo sobre a sua saúde mental. Com efeito, na segunda hipótese o fato será típico e ilícito, mas não haverá reprovação.

O *caput* do art. 128 do CP exige que ao aborto seja realizado especificamente por médico. São duas as hipóteses:

a) Aborto necessário ou terapêutico: inciso I. Ocorre "se não há outro meio de salvar a vida da gestante". A lei não exige o consentimento da gestante.

Observe-se, todavia, que neste caso, considerando o risco iminente para a vida da mulher, é possível que o aborto seja realizado por qualquer pessoa, tendo em vista a incidência da causa de exclusão da antijuridicidade do estado de necessidade de terceiro (art. 24, CP);

b) Aborto piedoso, humanitário, sentimento ou ético: inciso II. Ocorre "se a gravidez resulta de estupro e o aborto é precedido de consentimento da gestante ou, quando incapaz, de seu representante legal". A doutrina majoritária também insere no âmbito da aplicação dessa espécie de aborto aquele decorrente de estupro de vulnerável (art. 217-A do CP). A lei não exige, a despeito de entendimento contrário de parte da doutrina (ex.: Nucci e Salim), a apresentação de boletim de ocorrência como pressuposto necessário.

2

Das lesões corporais

2.1 Considerações iniciais

O crime de lesão corporal inicia o segundo capítulo do título referente aos crimes contra a pessoa. É tipo penal que, como será visto, protege a incolumidade pessoal do indivíduo, ou seja, tanto sua integridade física, como a saúde fisiológica (correto funcionamento do organismo) e a saúde mental do indivíduo. Essa objetividade jurídica é no art. 5° da CADH, *in verbis*: 1. Toda pessoa tem o direito de que se respeite sua integridade física, psíquica e moral.

Como será visto, as lesões podem ser dolosas ou culposas. As lesões dolosas (*animus laedendi ou nocendi*) podem ser:

- Leves (*caput*). Infração de menor potencial ofensivo. Submetida à ação penal condicionada à representação.
- Graves (§ 1°).
- Gravíssimas (§ 2°).
- Seguida de morte (§ 3°). Crime preterdoloso.
- Violência doméstica e familiar (§§ 9° e 10). Não necessariamente contra a mulher, a vítima também poderá ser homem.

Observação: As lesões leves do art. 129, CP, *caput*, são obtidas por exclusão. Se não enquadradas nas hipóteses dos parágrafos, será considerada lesão leve.

2.1.1 Bem jurídico

O bem jurídico penalmente protegido é a integridade corporal e a saúde da pessoa humana, isto é, a incolumidade do indivíduo. A proteção legal abrange não só a integridade anatômica como também a normalidade fisiológica e psíquica.

2.1.2 Sujeitos do crime

O sujeito ativo pode ser qualquer pessoa, não requerendo nenhuma condição particular, pois se trata de crime comum, e o tipo penal não faz qualquer referência relativa ao sujeito ativo.

Em relação ao sujeito passivo também pode ser qualquer pessoa humana viva, com exceção das figuras qualificadas (§§ 1º, IV, e 2º, V). Nessas figuras, somente a mulher grávida pode figurar na condição de sujeito passivo do crime de lesões corporais. Eventuais danos produzidos em cadáver, à evidência, não se adequam à conduta descrita no art. 129. As restrições à autoria são aquelas próprias limitadas pela própria dogmática penal, que afastam a imputabilidade.

2.1.3 Tipo objetivo

A conduta típica do crime de lesão corporal consiste em ofender, isto é, lesar, ferir a integridade corporal ou a saúde de outrem. Ofensa à integridade corporal compreende a alteração anatômica ou funcional, interna ou externa, do corpo humano, como hematomas, luxações, queimaduras, cortes, mutilações, fraturas, entre outros.

■ *Cirurgia médica e lesões corporais*

O corte de uma pele ou algum órgão de algum paciente por um médico não configura o crime de lesão corporal porque está acobertado pela excludente do estado de necessidade de terceiro ou pelo exercício regular de um direito.

■ *O corte de cabelo ou de barba não consentido é crime?*

Pode configurar lesão corporal, mas é indispensável que a ação provoque alteração desfavorável no aspecto exterior do indivíduo. Caso contrário, essa conduta pode configurar injúria real ou vias de fato.

2.1.4 Tipo subjetivo

O elemento subjetivo do crime de lesões corporais é representado pelo dolo, que consiste na vontade livre e consciente de ofender a integridade física ou a saúde de outrem. É conhecido como como *animus laedendi* ou *animus nocendi*.

Das lesões corporais **43**

2.1.5 Consumação e tentativa

Consuma-se com a lesão efetiva à integridade ou à saúde de outrem e por isso é considerado crime material; consuma-se no exato momento em que se produz o dano resultante da conduta ativa ou omissiva. A pluralidade de lesões infligidas num único processo de atividade não altera a unidade do crime, que continua único.

A tentativa é possível nas lesões dolosas, especialmente se o crime for plurissubsistente (se desempenharem diferente atos em diferentes momentos). Incabível na lesão culposa e na lesão seguida de morte.

Por fim, a autolesão não é punida, a menos que viole outro bem jurídico tutelado (fraude para recebimento de seguro – art. 171, § 2º, V, CP).

■ **Vias de fato e tentativa de lesões corporais**

Não há tentativa de vias de fato (art. 21 da LCP) se o meio empregado pelo agente é capaz de causar dano à incolumidade física da vítima. Na contravenção, o dolo é de agredir, sem lesionar. Ex.: empurrão; vias de fato – não atinge a integridade física da vítima.

2.1.6 Ação penal

As lesões corporais de natureza leve e as culposas (art. 129, *caput* e § 6º, do CP) são crimes de ação penal pública condicionada à representação (art. 88 da Lei n. 9.099/1995). As demais espécies são de ação penal pública incondicionada.

Na primeira hipótese, tem-se o prazo decadencial de seis meses do conhecimento da autoria delitiva para se promover a representação, que é uma condição de procedibilidade da ação penal (art. 88 da Lei n. 9.099/1995).

As lesões resultantes de violência doméstica – art. 129, § 13, do CP (Lei Maria da Penha) – resulta em ação penal de natureza pública incondicionada, conforme prevê a Súmula 542 do STJ: A ação penal relativa ao crime de lesão corporal resultante de violência doméstica contra a mulher é pública incondicionada.

2.2 Lesões corporais leves – Art. 129, *caput*

Será identificada por exclusão, ou seja, será lesão leve quando não se caracterizar uma forma mais grave prevista na lei.

Relembre-se que o consentimento do ofendido é, aqui, uma causa supralegal (ou extralegal) de exclusão da ilicitude. Há diversas práticas

44 Direito Penal: Parte Especial – Vol. 2

do cotidiano que produzem lesão corporal, mas são consentidas pelo ofendido, como na prática de esportes, lutas, tatuagens, *piercings* etc. Prevalece que o consentimento deve ser expresso (oral ou escrito); livre (sem coação ou ameaça); respeitar os bons costumes (aquilo que é socialmente aceito); ser manifestado previamente à prática do ato; capacidade do ofendido em consentir (maior de idade e o uso e gozo das faculdades mentais).

Consentimento **não** é admitido nos demais tipos de lesão (grave, gravíssima e seguida de morte).

2.2.1 Princípio da insignificância ou criminalidade de bagatela

Tem-se reconhecido a incidência da insignificância na lesão corporal dolosa de natureza leve e na lesão corporal culposa (CP, art. 129, *caput*, e § 6º), quando a conduta acarreta ofensa ínfima à integridade corporal ou à saúde da pessoa humana.

2.3 Lesões corporais graves – Art. 129, § 1º

Alcançados qualquer um dos resultados do § 1º do art. 129 do CP, haverá crime de lesão corporal grave. Trata-se de crime de médio potencial ofensivo.

Caso sejam produzidas diversas formas de lesão grave, estará configura um único crime de lesão grave. Vejamos cada uma das espécies:

2.3.1 Incapacidade para as ocupações habituais, por mais de 30 dias

O primeiro inciso do § 1º do art. 129 do CP trata da figura mais comum: será lesão grave aquela **incapacitante para as ocupações habituais por mais de 30 dias**. Trata-se de crime a prazo, que depende do implemento de uma condição futura e que somente se verifica após o transcurso do prazo previsto em lei.

Entende-se como ocupação habitual qualquer atividade corporal rotineira, não necessariamente ligada a trabalho ou ocupação, ainda que não lucrativa.

Para restar configurada, são necessários dois exames periciais. Conforme dispõe o art. 168, § 2º, do CPP, há necessidade de um exame pericial inicial e outro complementar, decorrido o prazo de 30 dias. Só assim haverá prova da materialidade do crime.

Cuidado: o § 3º do art. 168 do CPP prevê que a falta de exame complementar poderá ser suprida pela prova testemunhal.

2.3.2 Perigo de vida

Deve ser concreto, comprovado por perícia médica; não basta a mera impressão subjetiva do indivíduo de que correu perigo de vida. Só é admitida se preterdoloso, ou seja, se houver dolo na lesão e culpa no perigo de vida. Se o sujeito assume o risco de causar perigo de vida à vítima, trata-se de tentativa de homicídio.

2.3.3 Debilidade permanente de membro, sentido ou função

Debilidade é a diminuição ou o enfraquecimento da capacidade funcional, de forma duradoura e de recuperação incerta. Basta o prognóstico médico sobre a irreversibilidade da debilidade.

Membros são os braços, pernas, mãos e pés. Sentidos são os mecanismos pelos quais a pessoa humana constata o mundo à sua volta. São cinco: visão, audição, tato, olfato e paladar. Função é a atividade inerente a um órgão ou aparelho do corpo humano. Destacam-se, entre outras, as funções secretoras, respiratória, circulatória etc.

Tratando-se de órgãos duplos (ex.: rim, olho, pulmão), a perda de um deles caracteriza lesão grave pela debilidade permanente, enquanto a perda de ambos configura lesão gravíssima pela perda ou inutilização.

2.3.4 Aceleração de parto

Essa forma mais grave ocorre quando em razão da conduta do agente há uma antecipação do parto, ou seja, o feto nasce antes do período natural previsto para tanto.

É imprescindível que bebê sobreviva porque, caso contrário, haverá lesão gravíssima do inciso V do § 2º do art. 129 do CP.

Também pressupõe conduta necessariamente culposa, em que o agente jamais quis ou assumiu o risco da expulsão do feto; se assim não fosse, responderia pelo crime de aborto tentado ou consumado.

A fim de evitar a responsabilidade penal objetiva, é imprescindível que o agressor saiba que a vítima era mulher grávida.

2.4 Lesões gravíssimas – Art. 129, § 2º

Observe que o CP não utiliza o termo "gravíssima", empregado didaticamente pela doutrina dada a maior reprovabilidade do resultado danoso provocado na vítima. Nesses casos, regidos pelo § 2º do art. 129 do CP, a pena cominada é de reclusão de dois a oito anos. Vejamos os casos previstos na lei:

46 Direito Penal: Parte Especial – Vol. 2

2.4.1 Incapacidade permanente para o trabalho

Apenas a incapacitação para o trabalho em geral (qualquer tipo de trabalho) é que torna gravíssima a lesão. Se o agente pode exercer outras atividades laborativas, a lesão será considerada apenas grave.

2.4.2 Enfermidade incurável

Consiste na transmissão de doença (patologia) sem cura. Deve ser comprovada por laudo médico. A qualificadora não se aplica quando há tratamento ou cirurgia simples, mas a vítima se recusa injustificadamente a adotá-lo.

Admite-se que a enfermidade incurável decorra tanto do comportamento culposo quanto doloso do agente.

------------------------------ **Atenção!** ------------------------------

A *transmissão intencional de HIV configura essa espécie de crime?* Há divergência nessa questão:

Primeira corrente: dada a capacidade de matar inerente à doença, o agente responde por homicídio (consumado ou tentado). É a posição de Cleber Masson (2018, p. 52), Rogério Greco (2017, p. 506) e Julio F. Mirabete (2014, p. 29).

Segunda corrente: atualmente, trata-se de enfermidade incurável, mas não necessariamente letal, razão pela qual o agente deve responder pela lesão corporal de natureza gravíssima. É a posição de Juarez Tavares (2000, p. 289-290). Nesse sentido já decidiu o STJ (HC 160.982/DF, Rel. Min. Laurita Vaz, Quinta Turma, julgamento: 17.05.2012, *DJe* 28.05.2012) e o STF (HC 98.712/RJ, Rel. Min. Marco Aurélio, Primeira Turma, *DJe* 17.12.2010).

2.4.3 Perda ou inutilização de membro, sentido ou função

Perda é a destruição, como decepação, extirpação, mutilação de braço ou da perna (perda de membros), ou da visão ou audição (perda de sentidos), ou ainda se em razão da agressão a vítima não puder mais ter filhos (perda da função reprodutora).

Ocorre a inutilização quando o órgão se torna incapaz para desempenhar sua função como no caso de paralisia completa de braço ou perna ou quando se faz com que a vítima só consiga enxergar vultos ou imagens distorcidas etc.

2.4.4 Deformidade permanente

Há aqui uma modificação duradoura de parte do corpo. Prevalece que deve ser permanente, ou seja, irreversível. Por isso que a correção da deformidade mediante uso de próteses ou óculos não afasta a qualificadora.

Exige-se ainda que o dano seja visível e de certa monta, ou seja, deve haver um dano razoável, que cause realmente alguma perda estética.

Além disso: "A qualificadora prevista no art. 129, § 2º, inciso IV, do CP (deformidade permanente) abrange somente lesões corporais que resultam em danos físicos". (STJ, HC 689.921-SP, Rel. Min. Laurita Vaz, Sexta Turma, julgamento: 08.03.2022 – Info 728).

──────────────── **Atenção!** ────────────────

E se a vítima fizer uma plástica e a deformidade desaparecer por completo?
Há divergência: para uma corrente, a lesão não será considerada gravíssima; a lesão continuará sendo gravíssima porque o resultado deve ser aferido no momento do crime. Neste sentido: STJ, HC 306.677/RJ, Rel. Min. Ericson Maranho [Desembargador convocado do TJ-SP], Sexta Turma, Rel. para acórdão Min. Nefi Cordeiro, julgamento: 19.5.2015 – Informativo 562).

2.4.5 Aborto

Trata-se de crime preterdoloso, no qual o agressor possui apenas dolo de lesionar e culposamente provoca o aborto. Caso o agressor, desde o início, queira provocar o aborto dolosamente, responderá pelo crime de aborto.

Para responder por essa qualificadora, o agente deve ter conhecimento da gravidez da vítima, sob pena de responsabilidade penal objetiva.

2.5 Lesão corporal seguida de morte – Art. 129, § 3º

Haverá lesão corporal seguida de morte quando o agente lesiona dolosamente a vítima e provoca sua morte de forma culposa. É assim uma espécie de crime preterdoloso, em que não há dolo de matar. Nesse caso, a pena é de reclusão de 4 a 12 anos.

2.6 Lesão corporal dolosa privilegiada – Art. 129, § 4º

Haverá lesão corporal privilegiada se o agente comete o crime impelido por motivo de relevante valor social ou moral ou sob o domínio de violenta emoção, logo em seguida a injusta provocação da vítima.

48 Direito Penal: Parte Especial – Vol. 2

Trata-se de causa de diminuição de pena, aplicável a todas as figuras anteriores da lesão corporal. Prevalece que não é cabível na lesão culposa.

2.7 Substituição da pena – Art. 129, § 5º

A norma prevê um caso de substituição de pena de detenção pela de multa, desde que:

1) As lesões não sejam graves;

2) Se houver a figura privilegiada acima;

3) Se as lesões forem recíprocas.

2.8 Lesão corporal culposa – Art. 129, § 6º

A lesão corporal culposa é a ofensa à integridade física de outrem por negligência, imprudência ou imperícia (*culpa como elemento normativo do tipo penal*). É apenada com detenção, de 2 meses a 1 ano.

Trata-se de infração de menor potencial ofensivo, cuja ação penal depende de representação (Lei n. 9.099/1995, art. 88).

Anote-se que **a intensidade da lesão é irrelevante na aferição do dolo ou da culpa para efeito de tipificação,** podendo ter consequências na dosimetria da pena. É a intenção do agente que será verificada para aferição da lesão culposa. Isso significa que a lesão não deixa de ser culposa caso tenha gerado um resultado de natureza grave ou de natureza gravíssima.

2.9 Aumento de pena – Art. 129, § 7º

As disposições do art. 129, §§ 7º e 8º, são causas de aumento cabíveis quando:

- O crime resultar de inobservância de regra técnica de profissão, arte ou ofício;
- O agente deixar de prestar imediato socorro à vítima;
- O agente não procura diminuir as consequências do seu ato;
- O agente foge para evitar prisão em flagrante.

As hipóteses anteriores se referem à lesão corporal culposa.

O mesmo parágrafo é aplicável, no caso de lesão corporal dolosa (ou preterdolosa), se ocorrer qualquer das hipóteses do art. 121, § 4º, 2ª Parte, ou seja, se o delito for praticado contra pessoa menor de 14 ou maior de 60 anos.

Ademais, o § 7º do art. 129 estabelece causa de aumento de pena nos casos em que a lesão corporal for praticada por milícia privada, sob o pretexto de prestação de serviço de segurança, ou por grupo de extermínio.

2.10 Perdão judicial – Art. 129, § 8º

Admite-se o perdão judicial no caso de lesão corporal culposa, nas mesmas circunstâncias em que se admite perdão judicial no crime de homicídio culposo. Nesse sentido, o STJ entende que, para aplicar o perdão judicial, é preciso uma destas situações:

- Vítima tenha relação de parentesco com o agente do crime.
- Vítima tenha relação de afeto com o agente do crime.
- Agente do crime tenha sofrido sequelas físicas.

Portanto, não é toda e qualquer situação que envolva a prática de uma lesão culposa que pode ensejar o perdão judicial como causa extintiva da punibilidade e aplicação do princípio da bagatela imprópria. Se a lesão corporal for dolosa, não caberá perdão judicial.

A lesão corporal culposa praticada na direção de veículo automotor é regida pelo art. 303 do CTB, norma especial, portanto.

2.11 Violência doméstica – Art. 129, §§ 9º, 10 e 11

O § 9º do art. 129 do CP prevê que se a lesão for praticada contra ascendente, descendente, irmão, cônjuge ou companheiro, ou com quem conviva ou tenha convivido, ou, ainda, prevalecendo-se o agente das relações domésticas, de coabitação ou de hospitalidade, a pena será de detenção de 3 meses a 3 anos. Trata-se de qualificadora aplicável às lesões leves vez que o § 10 do art. 129 prevê que, nessas circunstâncias, se a lesão for grave, gravíssima ou seguida de morte, aumenta-se a pena em 1/3.

Referida norma criminaliza a violência doméstica praticada por qualquer pessoa, seja homem, seja mulher, e busca tutelar de modo mais eficaz o convívio pacífico na unidade doméstica.

Essa qualificadora será aplicável às lesões corporais cometidas contra homem no âmbito das relações domésticas, sem os consectários da Lei n. 11.340/2006, naturalmente. Somente se a vítima for mulher, é que o caso será regido pela aplicação da Lei Maria da Penha. Nesse caso, deve-se atentar para as circunstâncias especiais previstas no § 13 do art. 129 do CP.

50　Direito Penal: Parte Especial – Vol. 2

O § 11 do art. 129 do CP prevê uma causa de aumento especial para os casos de violência doméstica praticada contra pessoa portadora de deficiência. Nesse caso, a pena será aumentada de um terço.

2.12 Lesão corporal contra integrantes dos órgãos de segurança pública – § 12

A Lei n. 13.142/2015 acrescentou a majorante no caso de lesão dolosa, em qualquer modalidade, leve, grave, gravíssima ou seguida de morte, se a lesão for praticada contra autoridade ou agente descrito nos arts. 142 e 144 da Constituição Federal, integrantes do sistema prisional e da Força Nacional de Segurança Pública, no exercício da função ou em decorrência dela, ou contra seu cônjuge, companheiro ou parente consanguíneo até terceiro grau, em razão dessa condição, a pena é aumentada de um a dois terços.

——————————————— **Atenção!** ———————————————

A lesão corporal pode ser crime hediondo: A Lei n. 13.142, de 2015, inseriu o inciso I-A, ao art. 1º da Lei n. 8.072/1990, passando a considerar como hedionda a lesão corporal dolosa de natureza gravíssima (art. 129, § 2º, do CP), e também a lesão corporal seguida de morte (art. 129, § 3º, do CP), quando praticadas contra autoridade ou agente descrito nos arts. 142 e 144 da Constituição Federal, integrantes do sistema prisional e da Força Nacional de Segurança Pública, no exercício da função ou em decorrência dela, ou contra seu cônjuge, companheiro ou parente consanguíneo até terceiro grau, em razão dessa condição.

2.13 Lesão corporal praticada contra mulher por razões da condição do sexo feminino – § 13

A Lei n. 14.188/2021 acrescentou o § 13 ao art. 129 do CP para prever mais uma majorante, aplicável no caso de lesão praticada contra a mulher, por razões da condição do sexo feminino, nos termos do § 2º-A do art. 121 desse Código, caso em que a pena passa a ser de reclusão, de um a quatro anos.

A norma se remete ao § 2º-A do art. 121 do CP que prevê que considera que há razões de condição de sexo feminino quando o crime envolve (i) violência doméstica e familiar ou (ii) menosprezo ou discriminação à condição de mulher.

Assim, será aplicável essa qualificadora nos casos em que a violência doméstica se relacione com o gênero feminino, desde que esteja presente a condição de vulnerabilidade decorrente da condição de mulher, ou desde que presente o elemento discriminatório motivado pela simples condição de ser mulher, como acontece nos crimes praticados por machismo. Exemplo: sujeito agride a mulher porque ela usa uma roupa muito curta.

Desse modo, ausente essas situações, o crime será processado na forma do § 9º anteriormente estudado, como no caso de uma lesão praticada por uma colega de trabalho em razão de desentendimentos meramente profissionais.

3

Da periclitação da vida e da saúde

3.1 Aspectos gerais

O capítulo III é batizado como "Da periclitação da vida e da saúde", caracterizado pela tipificação de crimes de perigo que dispensam a ocorrência de dano. Eles se dividem em duas espécies:

a) Crime de perigo concreto: é necessária a comprovação da situação de perigo na hipótese fática. Ex.: crime de perigo de vida (art. 132 do CP).

b) Crime de perigo abstrato (presumido, *juris et de jure*): é desnecessário que se comprove a situação de perigo porque a lei presume que essas condutas acarretam perigo a bens jurídicos. Ex.: art. 130 do CP (perigo de contágio venéreo).

--- **Atenção!** ---

"A criação de crimes de perigo abstrato não representa, por si só, comportamento inconstitucional por parte do legislador penal. A tipificação de condutas que geram perigo em abstrato, muitas vezes, acaba sendo a melhor alternativa ou a medida mais eficaz para a proteção de bens jurídico-penais supraindividuais ou de caráter coletivo, como, por exemplo, o meio ambiente, a saúde etc. Portanto, pode o legislador, dentro de suas amplas margens de avaliação e de decisão, definir quais as medidas mais adequadas e necessárias para a efetiva proteção de determinado bem jurídico, o que lhe permite escolher espécies de tipificação próprias de um direito penal preventivo. Apenas a atividade legislativa que, nessa hipótese, transborde os limites da proporcionalidade, poderá ser tachada de inconstitucional." (STF, HC 104.410, Rel. Min. Gilmar Mendes, Segunda Turma, julgamento: 06.03.2012).

3.2 Perigo de contágio venéreo – Art. 130

3.2.1 Bem jurídico

O bem jurídico protegido é a incolumidade física e a saúde da pessoa humana.

3.2.2 Sujeitos do crime

O sujeito ativo pode ser qualquer pessoa, homem ou mulher, desde que sejam portadores de moléstia venérea. Estar contaminado ou portar moléstia venérea é uma condição particular exigida por esse tipo penal. A ausência dessa "condição" torna atípica a conduta do agente, ainda que aja com dolo de expor o ofendido à contaminação.

O sujeito passivo também pode ser qualquer pessoa, sem qualquer condição particular.

3.2.3 Tipo objetivo

A ação consiste em expor (colocar em perigo) a contágio de moléstia venérea de que sabe ou devia saber ser portador. O perigo deve ser direto e iminente, isto é, concreto, demonstrado e não presumido (por isso é crime de perigo concreto). A possibilidade incerta ou remota é irrelevante. É suficiente a exposição ao perigo, sendo desnecessário o dano, que, se ocorrer, constituirá, em tese, somente o exaurimento do crime.

O meio de exposição a contágio venéreo é somente por meio de relações sexuais ou qualquer outro ato libidinoso. Assim sendo, não há crime de perigo de contágio venéreo se o perigo provier de qualquer outra ação física, como ingestão de alimentos, aperto de mão, amamentação, uso de utensílios domésticos etc.

■ **Tipo penal aberto e norma penal em branco**

A definição de moléstia venérea compete à medicina. Assim, são admitidas como moléstias venéreas, para efeitos penais, somente aquelas que o Ministério da Saúde catalogar como tais, e esse rol deve variar ao longo do tempo, acompanhando não só a evolução dos costumes, mas, particularmente, os avanços da própria ciência médica.

Exemplos de moléstias venéreas: aquelas transmitidas pelo contato sexual, atos libidinosos ou conjunção carnal; sífilis e gonorreia.

─── **Atenção!** ───

Atente-se que a aids não é considerada moléstia venérea (pois pode ser transmitida de outras maneiras diversas da relação sexual), e sua transmissão intencional pode ser

54   Direito Penal: Parte Especial – Vol. 2

uma tentativa de lesão corporal de natureza gravíssima, por se tratar de uma enfermidade incurável ou tentativa de homicídio.

3.2.4 Tipo subjetivo

Esse tipo penal contém figuras distintas: a) o agente sabe que está contaminado; b) não sabe, mas deveria saber que está contaminado. Dessa distinção se origina a diversidade de elemento subjetivo: 1ª) (de que sabe) dolo de perigo, direto ou eventual; 2ª) (deve saber) dolo eventual de perigo: aqui a culpa é equiparada ao dolo eventual, para fins de reprovação.

Supondo que a mulher saiba que o parceiro tenha a moléstia venérea e consinta que o agente pratique o ato sem o uso de preservativo, o crime ocorrerá da mesma forma, pois se trata de um bem indisponível (integridade física, saúde). Portanto, o consentimento é ineficaz para ilidir a prática delitiva.

3.2.5 Consumação e tentativa

Por se tratar de crime de perigo abstrato, não é preciso comprovar que a pessoa foi submetida a uma situação de risco, bastando que se comprove a prática do ato sexual, ainda que a vítima não tenha sido contaminada. Trata-se de crime formal, prescinde do resultado naturalístico, a exposição do bem já se presume já que o bem foi ofendido.

A tentativa é admissível, mas de difícil comprovação.

Embora haja presunção de perigo, se ficar demonstrado que, por meio do ato sexual, a vítima não foi posta em perigo em momento algum, pois era impossível o seu contágio, não haverá o crime, a conduta é atípica. Ex.: o agente usou preservativo. Nesse caso, o sujeito não agiu com dolo direto nem com dolo eventual. Assim, se for demonstrado que era impossível o contágio, não haverá o crime.

O agente somente responderá pelo crime se não alcançar o intento danoso que tinha, pois se tiver alcançado, haverá outro crime (lesão corporal). Dessa forma, aplica-se o princípio da consunção (o crime de dano absorve o de perigo).

Se o agente quer efetivamente transmitir a doença e consegue contaminar a vítima, produzindo o resultado danoso à saúde do indivíduo que pretendia produzir, estaremos diante de uma lesão corporal, podendo ser de natureza grave, gravíssima ou até mesmo seguida de morte, já que se trata de crime preterdoloso.

3.2.6 Figura qualificada

Se é intenção do agente é transmitir a moléstia e não apenas expor a vítima ao perigo de contágio, o dolo não é mais de perigo, e sim dolo de dano, já que o sujeito pretende alcançar o resultado, o que caracteriza a forma qualificada do § 1°, cuja pena é de reclusão, de 1 a 4 anos, e multa. O delito passa a ser de médio potencial ofensivo, admitindo a suspensão condicional do processo (ou *sursis* processual), nos termos do art. 89 da Lei n. 9.099/1995.

3.2.7 Ação penal

Segundo o § 2° do art. 130, é crime de ação penal pública condicionada à representação.

3.3 Perigo de contágio de moléstia grave – Art. 131

3.3.1 Bem jurídico

O bem jurídico protegido é a incolumidade física e a saúde da pessoa humana.

3.3.2 Sujeitos do crime

Sujeito ativo pode ser qualquer pessoa, homem ou mulher, desde que esteja contaminado por moléstia grave e contagiosa.

Já o sujeito passivo, igualmente, pode ser qualquer pessoa, desde que não esteja contaminada por igual moléstia.

3.3.3 Tipo objetivo

A ação típica punível é praticar, isto é, realizar ato capaz de transmitir moléstia grave. A transmissão pode ocorrer por meio de qualquer ato (inclusive libidinoso) capaz de produzir o contágio da moléstia grave, desde que não seja venérea. O ato precisa ter idoneidade para a transmissão e a moléstia, além de grave, deve ser contagiosa.

Ademais, o perigo de contágio de moléstia grave deve ser concreto, e por isso precisa ser efetivamente comprovado. A gravidade da moléstia, bem como a sua contagiosidade e a relação de causalidade entre a conduta do agente e o perigo concreto de contágio também devem ser pericialmente comprovados.

São moléstias graves e contagiosas, dentre outras, varíola, tuberculose, cólera, lepra, tifo, independentemente de constarem de Regulamento do Ministério da Saúde.

56 Direito Penal: Parte Especial – Vol. 2

Trata-se de crime de execução livre, ou seja, não é necessário que o ato se dê por meio sexual, podendo ser qualquer ato capaz de produzir o contágio. A moléstia grave pode, inclusive, ser transmitida através de ato libidinoso e, desde que não seja venérea, tipificará o crime do art. 131; se, ao contrário, for venérea, tipificará o crime do art. 130. Da mesma forma, se a moléstia grave for venérea, mas o ato não for libidinoso, a sua transmissão poderá tipificar o crime deste art. 131.

3.3.4 Tipo subjetivo

O crime exige dolo direto e o fim especial de transmitir a moléstia. Por isso, diante do fim específico, não há dolo de perigo, mas de dano. Não se admite o dolo eventual, por conta da exigência do dolo específico.

Trata-se de um crime de perigo com dolo de dano, que só se caracteriza quando o agente pratica a ação e quer transmitir a moléstia. Em outros termos, o tipo subjetivo do crime de perigo de contágio de moléstia grave compõe-se do (a) dolo direto – que é o elemento subjetivo geral do tipo – e do (b) elemento subjetivo especial do injusto – representado pelo especial fim de agir, que é a intenção de transmitir a moléstia grave.

3.3.5 Consumação e tentativa

O crime de perigo de contágio de moléstia grave consuma-se com a prática do ato idôneo para transmitir a moléstia, sendo indiferente a ocorrência efetiva da transmissão, que poderá ou não ocorrer. Trata-se de crime formal, de consumação antecipada.

Se o contágio ocorrer e resultar lesão corporal leve, esta ficará absorvida pelo crime de perigo de contágio de moléstia grave. Por outro lado, se ocorrer uma lesão corporal de natureza grave, ou se resultar em morte, o sujeito responderá por lesão corporal de natureza grave ou pelo homicídio preterdoloso, eis que haverá a consunção (o crime de perigo será absorvido pelo crime de dano).

A tentativa é possível, se houver uma conduta plurissubsistente.

3.3.6 Ação penal

O art. 131 não fala de representação da vítima, motivo pelo qual a ação penal é pública incondicionada.

Da periclitação da vida e da saúde 57

3.4 Perigo para a vida ou saúde de outrem – Art. 132

3.4.1 Considerações iniciais

O art. 132 só será utilizado na hipótese de existir *soldado de reserva*, caso não se verifique o dolo de praticar uma conduta mais grave. Ex.: se o indivíduo tem a intenção de lesionar/matar pessoa específica, não incidirá no crime do art. 132, CP; responderá pela lesão corporal ou homicídio.

O parágrafo único é a majorante que se destina a proteger os trabalhadores rurais, vulgo "boias frias".

3.4.2 Bem jurídico

A vida e a saúde da pessoa humana.

3.4.3 Sujeitos do crime

Qualquer pessoa poderá praticar esse crime.

O ofendido deve ser uma pessoa determinada. Se a infração coloca em risco um número indeterminado de pessoas, haverá crime de perigo comum (arts. 250 e seguintes do CP).

3.4.4 Tipo objetivo

O núcleo verbal é expor, ou seja, colocar em perigo a vida ou a saúde de alguém. O perigo deve ser direto – em relação a pessoa determinada – e iminente (prestes a acontecer), isto é, concreto, efetivo, presente, imediato, demonstrado e não presumido. É desnecessário o dano, sendo suficiente a exposição a perigo. O perigo deve ser individual; se ocorrer perigo comum, isto é, extensivo a um número indeterminado de pessoas, o crime poderá ser "contra a incolumidade pública".

Portanto, o perigo produzido pela conduta do agente deve expor pessoa certa e determinada, o que não impede que mais de uma pessoa possa ser exposta ao perigo, desde que perfeitamente individualizadas.

3.4.5 Tipo subjetivo

O crime deve ser doloso (dolo direto ou eventual). O dolo é de perigo e não de dano. O sujeito quer ou assume o risco de expor a vida ou a saúde de outrem a uma situação de perigo concreto. Se a intenção é de provocar um mal, o crime será de lesão corporal ou homicídio. Trata-se de subsidiariedade expressa.

58   Direito Penal: Parte Especial – Vol. 2

3.4.6 Consumação e tentativa

A consumação se dá quando há o efetivo risco, ou seja, quando a pessoa é exposta a uma situação de risco a sua saúde ou a sua vida.

Se da conduta perigosa sobrevier um dano à pessoa, deverá ser verificado se o dano é mais grave ou mais leve do que o crime em apreço. Sendo mais leve, o sujeito responde pelo crime de perigo para a vida ou saúde de outrem. Mas se o crime for mais grave, o indivíduo passará a responder pelo crime mais gravoso.

A tentativa é admissível quando o crime for comissivo.

3.4.7 Ação penal

Diante da inexistência de qualquer ressalva no texto legal, a ação é pública incondicionada.

3.5 Abandono de incapaz – Art. 133

3.5.1 Aspectos gerais

O CP preferiu tratar o abandono de incapaz em duas figuras distintas: o abandono de incapaz (art. 133) e o abandono do recém-nascido (art. 134), que seria a figura privilegiada, praticada por motivo de honra.

3.5.2 Bem jurídico

O bem jurídico é a segurança da pessoa humana, o seu bem-estar pessoal, particularmente do incapaz, de proteger-se contra situações de perigo decorrentes de abandono.

3.5.3 Sujeitos do crime

Somente pode ser quem tenha a autoridade sobre o incapaz, ou que tenha sob seus cuidados ou vigilância. Trata-se de crime próprio.

Somente pode ser vítima quem está sob a vigilância ou autoridade do sujeito ativo. Não necessariamente o sujeito passivo será um menor, podendo ser um ébrio, alcoólatra doentio etc.

3.5.4 Tipo objetivo

Abandonar significa deixar desassistido, desamparado, incapaz de defender-se dos riscos resultantes do abandono, que se encontre na especial relação de assistência já referida.

Da periclitação da vida e da saúde **59**

Pune-se o abandono da própria pessoa e não o abandono do dever de assisti-la. É indiferente que o abandono seja temporário ou definitivo, desde que seja por espaço juridicamente relevante, isto é, capaz de colocar a vítima em risco.

Segundo o art. 133, é crime a conduta de abandonar pessoa que está sob seu cuidado, guarda, vigilância ou autoridade, e, por qualquer motivo, incapaz de defender-se dos riscos resultantes do abandono. Ex.: babá deixa a criança sozinha em casa ou genitor que deixa filho de tenra idade em seu veículo sozinho para conversar com amigos.

3.5.5 Tipo subjetivo

O crime exige um dolo de perigo, ou seja, o dolo de abandonar, colocando o incapaz numa situação de risco. O dolo de dano altera a natureza da infração penal, pois se o sujeito abandonar a criança para que ela morra, o dolo será de matar, estando diante de um homicídio.

Não admite forma culposa.

3.5.6 Consumação e tentativa

A consumação se dá no exato momento do abandono, colocando o incapaz em uma situação de risco concreto, com o abandono efetivo do incapaz, desde que este corra perigo real, efetivo, isto é, concreto, ainda que momentâneo, pois é irrelevante a duração do abandono.

É indispensável que fique demonstrado que a vítima efetivamente ficou exposta a perigo, pois o perigo abstrato ou meramente presumido não tipifica esse crime.

É possível a tentativa, especialmente na forma comissiva, ainda que de difícil configuração. A consumação realiza-se num só momento, embora a situação criada possa prolongar-se no tempo. Isso não impede que possa haver um iter criminis, que pode ser interrompido a qualquer momento, possibilitando, em outros termos, a tentativa; tal como a intervenção de terceiros.

3.5.7 Pena cominada e formas majoradas

A pena é de detenção, de 6 meses a 3 anos. É uma infração de médio potencial ofensivo, cabendo suspensão condicional do processo.

O § 1º diz que, se do abandono resulta lesão corporal de natureza grave, a pena será de reclusão de 1 a 5 anos. Ainda caberá suspensão condicional do processo.

Todavia, resultando em morte o abandono de incapaz, a pena será de reclusão de 4 a 12 anos.

Em qualquer uma dessas qualificadoras, haverá um crime preterdoloso (dolo quanto ao abandono, culpa quanto ao consequente, ao resultado, seja lesão grave, seja a morte), visto que o agente não tinha a intenção de causar a morte ou a lesão grave.

O § 3º diz que as penas serão aumentadas de 1/3: (i) se o abandono ocorre em lugar ermo; (ii) se o agente é ascendente ou descendente, cônjuge, irmão, tutor ou curador da vítima; ou (iii) se a vítima é maior de 60 anos.

Observe que não está escrito o companheiro, motivo pelo qual não será considerado, sob pena de analogia *in malam partem*.

3.5.8 Ação penal

Diante da inexistência de qualquer ressalva, será pública incondicionada.

3.6 Exposição ou abandono de recém-nascido – Art. 134

3.6.1 Bem jurídico

O bem jurídico protegido é a segurança do recém-nascido.

3.6.2 Sujeitos do crime

Há divergência sobre o sujeito ativo do crime. Para Cezar Bitencourt (2017, p. 304), o crime só pode ser cometido pela mãe. Mas a maioria da doutrina entende que qualquer pessoa pode cometê-lo.

O sujeito passivo é o recém-nascido, entendido como aquele que possui poucos dias de vida.

3.6.3 Tipo objetivo

A conduta é a de expor ou abandonar o recém-nascido, colocando em risco concreto para ocultar uma desonra própria. Essa exposição decorre da disposição do recém-nascido, mediante seu deslocamento para algum local em que permanecerá desamparado, mas não somente. O abandono pode dar-se assim com um não fazer. Nesse caso, o agente não transporta a vítima de um para outro lugar onde venha a ficar em perigo, mas sim recusa-se apenas a prestar-lhe os cuidados de que necessita.

O termo *desonra* está relacionado a questões sexuais, fruto de gravidez indesejada, advinda de estupro, incesto etc.

Da periclitação da vida e da saúde **61**

3.6.4 Tipo subjetivo

O elemento subjetivo é o dolo de perigo, com especial fim de agir, representado pela vontade e consciência de abandonar o recém-nascido, expondo-o a perigo. Assim, o dolo de dano exclui o dolo de perigo e altera a natureza do crime, passando a ser de dano: tentativa (ou consumação), homicídio, infanticídio, lesão corporal etc.

Não há modalidade culposa. No entanto, se, em decorrência de abandono culposo, resultarem danos para a vítima, o agente responderá por eles, como, se for o caso, por lesão corporal culposa ou homicídio culposo, como crimes autônomos, e não como formas qualificadas desse tipo penal.

3.6.5 Consumação e tentativa

Consuma-se esse crime com o abandono efetivo do recém-nascido, desde que este corra perigo efetivo, isto é, concreto, ainda que momentâneo, pois é irrelevante a duração do abandono, ou melhor, da situação de perigo provocada pelo abandono.

A tentativa é possível, já que pode haver um *iter criminis*, a exemplo do abandono de incapaz, que pode ser interrompido a qualquer momento, possibilitando, em outros termos, a tentativa. O agente pode abandonar um recém-nascido, por exemplo, nas circunstâncias descritas pelo tipo penal, mas a pronta e imediata intervenção de alguém pode impedir que o risco se concretizasse.

É necessária a demonstração de efetivo perigo.

3.6.6 Pena e formas qualificadas

Há duas figuras qualificadas (§§ 1º e 2º): se do abandono resultar a) lesão corporal de natureza grave e b) se resultar a morte da vítima. Ambas representam crimes preterdolosos, cujos resultados mais graves devem ser, no mínimo, provenientes de culpa (art. 19).

Se do abandono do recém-nascido resulta lesão corporal de natureza grave, há uma pena de detenção de 1 a 3 anos. Admite-se a suspensão condicional do processo.

Contudo, se ocorre a morte, por conta do abandono, a pena será de detenção de 2 a 6 anos.

Em qualquer um desses casos, o crime será preterdoloso (dolo quanto ao abandono, culpa quanto ao resultado lesão grave ou morte), causando o resultado culposamente.

62 Direito Penal: Parte Especial – Vol. 2

3.6.7 Ação penal

A ação penal, a exemplo do que ocorre com o similar crime de abandono de incapaz, é pública incondicionada, não se exigindo qualquer manifestação do ofendido ou de seu representante legal.

3.7 Omissão de socorro – Art. 135

3.7.1 Bem jurídico

O bem jurídico protegido é a preservação da vida e da saúde do ser humano, e o fundamento da criminalização da omissão de socorro é o desrespeito ao dever de solidariedade humana, um princípio moral erigido, por esse dispositivo, à condição de dever jurídico.

Essa previsão legal tornou imperativo o auxílio a quem, mesmo sem culpa de terceiros, encontre-se em situação de perigo e do qual não possa defender-se sozinho.

3.7.2 Sujeitos do crime

Sujeito é ativo é qualquer pessoa, sendo um crime comum visto que o dever de assistência recai sobre todas as pessoas.

O crime de omissão de socorro admite coautoria? Prevalece que não porque o dever de solidariedade incumbe a todos os omitentes. Assim, diante de uma situação em que várias pessoas podem ajudar alguém, mas todas omitem o socorro, cada uma pratica o crime de omissão de socorro, mas se apenas uma pessoa ajudar a vítima, nenhuma das outras cometerá o crime, pois estaria desaparecida a obrigação.

O tipo diz que são vítimas a criança abandonada ou extraviada (idade inferior a 12 anos); o inválido ou ferido desamparado; aquele que se achar em grave e iminente perigo.

3.7.3 Tipo objetivo

O crime é omissivo puro (ou próprio). O tipo descreve uma abstenção penalmente relevante, que não se caracteriza pelo simples não fazer ou fazer coisa diversa, mas pelo não fazer o que a norma jurídica determina. A omissão de socorro pode ser praticada de duas formas, direta ou imediata e indireta ou mediata, ou seja, o art. 135 contém duas figuras típicas:

a) deixar de prestar assistência: o dever de assistência é pessoal e direto. Ex.: médico demora para atender paciente em situação de risco.

b) não pedir socorro a autoridade pública: indireta, há o dever de pedir socorro à autoridade competente.

A omissão somente tipifica o delito quando, nas circunstâncias, for possível prestar assistência ou pedir o socorro à autoridade pública sem risco pessoal.

3.7.4 Tipo subjetivo

O elemento subjetivo é o dolo (de perigo), representado pela vontade de omitir com a consciência do perigo, isto é, o dolo deve abranger a consciência da concreta situação de perigo em que a vítima se encontra. O dolo poderá ser eventual, por exemplo, quando o agente, com sua conduta omissiva, assume o risco de manter o estado de perigo preexistente.

Não há forma culposa. O erro quanto à existência do perigo exclui o dolo. No entanto, sobrevindo dano (lesão corporal ou morte), o agente responderá pelo crime culposo (art. 20 e § 1º).

3.7.5 Consumação e tentativa

O crime se consuma com a omissão de socorro no lugar e no momento em que a atividade devida tinha de ser realizada, isto é, onde e quando o sujeito ativo deveria agir e não o fez.

A consumação realiza-se num só momento, embora a situação criada possa prolongar-se no tempo.

Não admite a tentativa, pois se trata de crime omissivo próprio ou puro por excelência, assim, não exige um resultado naturalístico produzido pela omissão.

3.7.6 Pena e formas majoradas

A pena é de detenção, de 1 a 6 meses, **ou** multa. É uma infração de menor potencial ofensivo.

O parágrafo único diz que a pena é aumentada de metade, se da omissão resulta lesão corporal de natureza grave. Incide na terceira fase da dosimetria.

A pena será triplicada, se resulta a morte. Ainda que tenha resultado morte, a infração continuará sendo de menor potencial ofensivo, mas a pena é majorada.

O crime tem a sua pena aumentada de:

64 Direito Penal: Parte Especial – Vol. 2

- metade: resultar lesão corporal de natureza grave;
- triplicada: resultar em morte.

Em qualquer dos casos, a infração continuará sendo de menor potencial ofensivo.

─────────────── **Atenção!** ───────────────

Se a morte do periclitante for inevitável, responderá o agente pela omissão do comportamento devido, apesar de este não ter a capacidade para evitar o resultado danoso?

Não responderá, na medida em que a atuação do omitente não evitaria o resultado. Exige-se para a incidência da qualificadora que se prove no caso concreto que a conduta omitida seria capaz de impedir o resultado mais gravoso. Ex.: se a morte da vítima se deu por lesões no cérebro, cuja assistência prestada jamais impediria a superveniência do evento letal, não há como atribuir esse resultado ao agente.

3.7.7 Ação penal

A ação penal é pública incondicionada, sendo desnecessária qualquer condição de procedibilidade.

3.7.8 Questões finais

Convém ressaltar que no CTB (Lei n. 9.503/1997) a omissão de socorro poderá caracterizar majorante do crime ou até mesmo delito autônomo.

Há também previsão específica quanto à omissão de socorro ao idoso, nos moldes do art. 97 da Lei n. 10.741/2003.

3.8 Condicionamento de atendimento médico-hospitalar emergencial – Art. 135-A

3.8.1 Bem jurídico

Esse tipo penal surgiu para combater condutas abusivas em hospitais particulares. Por isso o delito visa preservar a vida e a saúde das pessoas que necessitam de atendimento médico de emergência. É uma espécie de omissão de socorro, portanto.

3.8.2 Sujeitos do crime

Somente poderá ser sujeito ativo do crime os administradores, gestores, gerentes ou encarregados de departamento de hospitais

Da periclitação da vida e da saúde **65**

particulares. Isso porque hospital público não pode exigir garantia, pois, nesse caso, poderia haver outro crime, como o de concussão.

A recepcionista do hospital poderá ser autora executora da conduta, não lhe sendo aproveitável a excludente da culpabilidade da obediência hierárquica porque esta pressupõe uma relação de direito público.

O sujeito passivo é a pessoa em estado de emergência. Assim, mesmo que a exigência seja feita para um parente da pessoa enferma, somente esta será sujeito passivo.

3.8.3 Tipo objetivo: adequação típica

O núcleo do tipo é exigir, que significa impor como condição para o atendimento o cheque caução, nota promissória ou qualquer garantia, bem como o preenchimento prévio de formulários administrativos.

Embora haja entendimento de que há um duplo requisito cumulativo no tipo, devendo haver uma prestação de garantia e o preenchimento de formulário, prevalece o entendimento que tanto a exigência de um como a exigência do outro tipificam o crime.

O tipo fala em situação emergencial, que é definida como a constatação médica de condições de agravo à saúde que impliquem risco iminente de vida ou sofrimento intenso, que exigem, portanto, tratamento médico imediato (art. 1º, § 2º, da Resolução CFM n. 1451/1995).

Cuidado: se o hospital fizer alguma exigência financeira (como um cheque caução, por exemplo) para atendimento médico-hospitalar não emergencial, ainda que o paciente necessite destes serviços, não haverá o crime em estudo.

Esse tipo penal é alvo de críticas, considerando o caráter fragmentário, subsidiário, *ultima ratio* do direito penal. Muitos doutrinadores entendem que tais situações seriam mais bem solucionadas no juízo cível, já que não se trataria propriamente crime, mas de uma situação que poderia ser resolvida no âmbito do direito do consumidor ou cível.

3.8.4 Tipo subjetivo

O crime é praticado de forma dolosa. Não há modalidade culposa.

3.8.5 Consumação e tentativa

O crime se consuma com a exigência indevida, condicionando o atendimento emergencial à prestação de uma garantia ou à prestação

66 Direito Penal: Parte Especial – Vol. 2

de um formulário. É crime de perigo concreto, pelo que deve restar demonstrada a situação de perigo.

A tentativa será possível, desde que, antes que exija, alguém atenda sem ter sido imposta essa condição.

3.8.6 Formas majoradas

A pena é aumentada até o dobro se a negativa de atendimento resultar em lesão corporal de natureza grave. E será aumentada até o triplo se resultar na morte da vítima.

3.8.7 Ação penal

Diante da ausência de dispositivo legal em sentido contrário, é pública incondicionada.

3.9 Maus-tratos – Art. 136

3.9.1 Bem jurídico

Os bens jurídicos protegidos são a vida e a saúde da pessoa humana, ou seja, a integridade fisiopsíquica do ser humano, especialmente daqueles submetidos à autoridade, guarda ou vigilância para fins de educação, ensino, tratamento ou custódia.

3.9.2 Sujeitos do crime

Poderá ser sujeito ativo do crime a pessoa que tenha autoridade, vigilância ou guarda em relação à vítima da infração penal (crime próprio).

Há uma discussão doutrinária se o companheiro poderia praticar esse crime em face do seu enteado. Para uma primeira corrente, é possível, desde que comprove que a vítima estivesse sob a sua autoridade, vigilância ou guarda. Para a segunda corrente, não poderia praticar o crime de maus-tratos, pois o agente não tem o poder correcional sobre o enteado.

Pela legalidade estrita, não é possível. Portanto, prevalece a segunda corrente, vedando a analogia in malam partem.

Somente a pessoa que se encontre subordinada para fins de educação, ensino, tratamento ou custódia pode ser sujeito passivo. Subordinação ou submissão, para qualquer outra finalidade, além dessas relacionadas no tipo, não configurará o crime de maus-tratos.

3.9.3 Tipo objetivo

Há três condutas caracterizadoras do crime de maus-tratos aptas a expor a perigo a vida ou a saúde de pessoa sob a autoridade, guarda ou vigilância do sujeito ativo, para fim de educação, ensino, tratamento ou custódia. Essas três condutas são:

a) privação de alimentação ou cuidados indispensáveis;
b) sujeição a trabalho excessivo ou inadequado; e
c) abuso de meios de correção ou disciplina.

Trata-se, portanto, de crime de ação vinculada.

3.9.4 Tipo subjetivo

Além da vontade e da consciência de praticar o fato material, é indispensável a consciência do abuso cometido. Para configurar o dolo é indispensável que o agente tenha vontade e consciência da ação, dos meios escolhidos e do excesso que pratica, no exercício da atividade que desempenha (autoridade, guarda ou vigilância) para o fim declinado no tipo, qual seja, de educação, ensino, tratamento ou custódia.

3.9.5 Consumação e tentativa

O crime é de ação múltipla, ou de conteúdo variado, podendo ser cometido pela privação de alimentos, ou sujeitando a vítima a trabalho excessivo etc. A consumação se dá no momento em que o agente cria o perigo real, visto que há perigo concreto. Deve ser demonstrada a situação de perigo para que fique tipificado o delito.

No caso do abuso do meio corretivo ou disciplinar, o meio empregado para expor a perigo, a vida ou a saúde do corrigido ou do disciplinado deve ser idôneo para tanto.

Se não se verificar que houve a exposição do perigo ou da vida, ou ainda da saúde da vítima punida gravosamente, ainda que seja vexatória a punição, não há que se falar em crime de maus-tratos. Ex.: a mãe que raspa os cabelos da filha não comete o crime de maus-tratos, pois não houve perigo à vida da filha nesse caso.

Atente-se que essa conduta de maus-tratos não se confunde com o crime de tortura, previsto no art. 1º, II, Lei n. 9.455/1997. No caso da **tortura**, a vítima deverá ser submetida a intenso sofrimento físico ou mental. A intensão do agente é ocasionar o intenso sofrimento físico ou mental na vítima. No crime de maus-tratos, basta a exposição à situação de perigo à saúde ou à vida da pessoa. A intenção do agente pode ser a disciplina, mas exerce abusando desse poder.

Apesar de difícil, é possível ocorrer a tentativa, desde que o *eventus periculli* não ocorra por circunstâncias estranhas à vontade do agente. Portanto, quando o fato for suscetível de fracionamento, isto é, quando apresentar um *iter criminis*, será perfeitamente possível a tentativa.

3.9.6 Pena e formas qualificadas

A pena será a de detenção, de 2 meses a 1 ano, ou multa. Admite-se a suspensão condicional do processo e transação penal, eis que se trata de infração de menor potencial ofensivo.

Segundo o § 1°, se do fato resulta lesão corporal de natureza grave, a pena será de reclusão de 1 a 4 anos.

Se resulta a morte, a pena será de reclusão de 4 a 12 anos.

Se o crime é praticado contra pessoa menor de 14 anos, haverá o aumento de 1/3, não havendo *bis in idem*, ou seja, pode ser aplicada a majorante ainda que se trate da forma qualificada do crime.

3.9.7 Ação penal

A ação penal é pública incondicionada, sendo desnecessária qualquer condição de procedibilidade.

4

Da rixa – Art. 137

4.1 Bem jurídico

A incolumidade da pessoa humana.

4.2 Sujeitos do crime

O crime é comum, podendo ser praticado por qualquer pessoa. O agente, no crime de rixa, **será sujeito ativo e simultaneamente sujeito passivo**, pelo que é espécie de crime de condutas contrapostas.

Além disso, é crime de concurso necessário (obrigatório), pois exige ao menos três pessoas brigando entre si. Computa-se nesse caso o inimputável, visto que a imputabilidade não é exigência do tipo.

A participação da rixa pode ser material, mas nada impede que seja moral, como é o caso do indivíduo que incentiva/motiva/instiga moralmente os demais a brigarem.

Os próprios rixosos são também sujeitos passivos, além de eventuais não participantes que possam ser atingidos pela rixa.

4.3 Tipo objetivo

Rixa é uma briga entre mais de duas pessoas, acompanhada de vias de fato ou violência recíprocas. A conduta tipificada é participar de rixa, que se caracteriza pela existência de agressões recíprocas generalizadas. Essa participação pode ocorrer desde o início do conflito ou integrar-se durante a sua realização, desde que ocorra antes de cessada a luta.

Segundo a doutrina, quando o CP não faz referência expressa ao número exato de pessoas para a tipificação da conduta, entende-se que a lei prevê a necessidade de, ao menos, três indivíduos.

70 Direito Penal: Parte Especial – Vol. 2

Assim, não há rixa quando a contenda tem apenas altercação verbal, ofensas ou trocas de xingamentos verbais. A rixa pressupõe o contato físico, agressões, vias de fato.

4.4 Tipo subjetivo

O elemento subjetivo desse crime é o dolo, representado pela vontade e consciência de participar de rixa, isto é, consiste no conhecimento de que se trata de uma rixa e na vontade consciente de participar dela.

Há aqui o dolo de perigo, que é a vontade consciente de tomar parte na briga.

Não há previsão na forma culposa.

4.5 Consumação e tentativa

O crime de rixa se consuma no momento em que tem início o conflito, sendo um crime de perigo presumido ou abstrato, não sendo necessário comprovar nenhum resultado naturalístico (dano, perigo concreto), isto é, que o efetivo risco à incolumidade física ou mental ocorreu.

Trata-se de um crime unissubsistente, motivo pelo qual prevalece que o crime de rixa não admite tentativa (rixa subitânea ou de improviso – a que acontece instantaneamente, sem prévio ajuste, por exemplo, as que ocorrem em bares, estádios de futebol etc.). A doutrina aponta ser possível a tentativa na rixa preordenada ou premeditada, quando há um prévio acordo entre os indivíduos.

──────────── **Atenção!** ────────────

Há legítima defesa na rixa?

Via de regra, não se admite legítima defesa em caso de rixa, pois um dos requisitos da legítima defesa é que a agressão seja injusta, e, portanto, quem repele a agressão agride justamente quem agride injustamente.

No caso da rixa, todos estão agredindo injustamente. Logo, **por não haver agressão injusta, não há falar em legítima defesa**.

A doutrina traz uma exceção, possibilitando a legítima defesa na rixa quando esta tiver um padrão, mas um dos rixosos sai do padrão. **Ex.:** a briga é de socos e chutes, mas um dos indivíduos pega uma arma de fogo. Logo após, sofre uma pedrada de um dos indivíduos, havendo legítima defesa.

4.6 Pena e forma qualificadora

Segundo o art. 137, configura o crime a conduta de participar de rixa, **salvo para separar os contendores** (sem o dolo de agredir). A pena é

Da rixa – Art. 137 **71**

de detenção, de 15 dias a 2 meses, **ou** multa (infração de menor potencial ofensivo – competência do JECrim).

Se ocorrer morte ou lesão corporal de natureza grave, aplica-se, pelo fato da participação na rixa, a pena de detenção de 6 meses a 2 anos. Trata-se de uma **rixa qualificada**, mas continuará sendo infração de menor potencial ofensivo, cabendo transação penal e suspensão condicional do processo.

Se houver vários homicídios, a rixa qualificada será uma só, sendo os demais homicídios delitos autônomos.

Caso o agente tenha participado da rixa, mas deixou o local antes da ocorrência do resultado morte, ou seja, **se a morte ocorreu posteriormente à saída desse indivíduo, responderá pela rixa qualificada.** Isso porque a participação do indivíduo deu condições para que o evento morte ou lesão corporal grave viesse a ocorrer.

--------------------------- **Atenção!** ---------------------------

Existem alguns sistemas que justificam a punição dos rixosos no tocante as outras infrações:

- **Sistema da solidariedade absoluta**: todos os participantes da rixa vão responder também pelo outro crime mais grave, lesão corporal grave ou homicídio, ainda que não tenham sido os provocadores diretos do resultado mais gravoso.

- **Sistema da cumplicidade correspectiva**: havendo morte ou lesão grave, e não sendo possível apurar quem foi o autor da morte ou da lesão corporal grave, todos responderão pelo crime. No entanto, a pena será a média da sanção do autor e do partícipe. Nesse sistema, há uma pena atenuada para aqueles que participaram da rixa, mas não causaram o resultado agravador.

- **Sistema da autonomia**: a rixa é punida por si mesmo, independentemente do resultado agravador. Caso tenha ocorrido, haverá qualificação do crime de rixa. Pelo resultado agravador, só responderá aquele que o praticou. **Ex.:** João, José, Carlos e Antônio participaram de uma rixa. Antônio morreu. Os outros três respondem por rixa qualificada. Contudo, se João foi quem matou, responderá por rixa qualificada e pelo homicídio.

Há uma autonomia em relação aos crimes, somente o indivíduo que provocar o resultado de morte responderá em concurso pela rixa qualificada e homicídio. **Esse é o sistema adotado pelo CP.**

4.7 Ação penal

A ação penal é pública incondicionada, sendo desnecessária qualquer condição de procedibilidade para instaurá-la ou, no caso da autoridade policial, para iniciar as investigações.

5

Dos crimes contra a honra

5.1 Considerações gerais

A Constituição Federal prevê, em seu art. 5º, X: "são invioláveis a intimidade, a vida privada, a honra e a imagem das pessoas, assegurado o direito a indenização pelo dano material ou moral decorrente de sua violação".

A honra é tutelada pelo direito penal porque considerada imprescindível para as relações sociais.

A honra é o conjunto de qualidades físicas, morais e intelectuais de uma pessoa que a tornam merecedora de respeitabilidade no seio social.

5.1.1 Bem jurídico

Segundo Salim e Azevedo (2020, p. 151), a honra, dividida em:

a) Honra objetiva (honra externa): é o conceito que o indivíduo possui perante os seus pares em relação aos seus atributos morais, éticos, físicos e intelectuais. Refere-se ao apreço e respeito da pessoa no grupo social. É, em suma, a reputação social da pessoa.

b) Honra subjetiva (honra interna): é o conceito que o indivíduo possui de sua própria dignidade (honra-dignidade = qualidades morais) e decoro (honra-decoro = qualidades físicas e intelectuais). Trata-se do autoconceito dos atributos morais, éticos, físicos e intelectuais. Refere-se ao nosso amor-próprio e autoestima.

c) A honra também é classificada em: **honra comum** (honra do indivíduo como pessoa) e **honra especial ou profissional** (honra do indivíduo como profissional).

Dos crimes contra a honra **73**

5.1.2 Tipo subjetivo

O elemento subjetivo que compõe a estrutura do tipo penal do crime é o dolo, qual seja, a consciência e a vontade de realização da conduta descrita no tipo penal. A lei exige o elemento subjetivo específico do tipo.

No Superior Tribunal de Justiça, prevalece o entendimento "de que, 'na peça acusatória por crimes contra a honra, exige-se demonstração mínima do intento positivo e deliberado de lesar a honra alheia', ou seja, o denominado *animus injuriandi vel diffamandi* (APn 724/DF, Rel. Ministro Og Fernandes, Corte Especial, julgado em 20.08.2014, *DJe* de 27.08.2014) (APn 887/DF, Rel. Min. Raul Araújo, Corte Especial, julgado em 03.10.2018, *DJe* 17.10.2018).

O mesmo STJ ainda assevera que há de se fazer uma distinção quanto ao tratamento da honra do homem público e do cidadão comum:

> Direito penal. Crime contra a honra do presidente da república. Injúria. Liberdade de expressão. Posição preferencial. Direito das minorias. Limite. Atuação estatal. Restrição. ADPF 130. Caso concreto. Homem público. Críticas mais contundentes. Mitigação do direito à honra. Jurisprudência do STF. ADI 4451. Debate público. *Animus injuriandi*. Inexistência. Crítica política. Direito penal. *Ultima ratio*. Ordem concedida. 1. O Supremo Tribunal Federal tem reiteradas decisões no sentido de que as liberdades de expressão e de imprensa desfrutam de uma posição preferencial por serem pré-condição para o exercício esclarecido dos demais direitos e liberdades inerentes ao Estado democrático de Direito. 2. O respeito às regras do jogo democrático, especialmente a proteção das minorias, apresenta-se como um limite concreto a eventuais abusos da liberdade de expressão. (...) 6. No caso concreto, as críticas não despontaram para imputações mais ou menos concretas. Restringiram-se a uma análise política e subjetiva da gestão empregada pelo Presidente da República, que, da mesma forma que é objeto de elogios para alguns, é alvo de críticas para outros. Por esse motivo, não estão demonstradas, nos autos, todas as elementares do delito, notadamente o especial fim de agir (*animus injuriandi*). Como cediço, os crimes contra a honra exigem dolo específico, não se contentando com o mero dolo geral. Não basta criticar o indivíduo ou sua gestão da coisa pública, é necessário ter a intenção de ofendê-lo. Nesse sentido: "os delitos contra a honra reclamam, para a configuração penal, o elemento subjetivo consistente no dolo de ofender na modalidade de 'dolo específico', cognominado *animus injuriandi* (APn 555/DF, Rel. Min. Luiz Fux, Corte Especial, julgado em 1º.04.2009, DJe de 14.05.2009). Em igual direção: APn 941/DF, Rel. Min. Raul Araújo, Corte Especial, julgado em 18.11.2020, *DJe* 27.11.2020. 7. É de suma importância também ressaltar que o Direito Penal é uma importante ferramenta conferida à sociedade. Entretanto, não se deve perder de vista que este instrumento deve ser sempre a *ultima ratio*. Ele somente pode ser acionado em situações extremas, que denotem grave violação aos valores mais importantes e compartilhados socialmente. Não deve servir jamais de mordaça, nem tampouco instrumento de perseguições políticas aos que pensam diversamente

do Governo eleito. 8. Ordem de habeas corpus concedida para trancar a persecução criminal. (HC 653.641/TO, Rel. Min. Ribeiro Dantas, Terceira Seção, julgado em 23.06.2021, *DJe* 29.06.2021).

Segundo Salim e Azevedo (2020, p. 151): "Não configura o delito quando o agente possui apenas *animus narrandi* (intenção de narrar o fato), *defendendi* (intenção de defender-se), *corrigeni* (intenção de corrigir, como ocorre na educação dada aos filhos pelos pais) ou *jocandi* (intenção de gracejar). Nesse sentido: STF, HC 98237, julgamento: 15.12.2009; STJ, Corte Especial, APn 555, julgamento: 01.04.2009".

5.2 Calúnia – Art. 138

5.2.1 Bem jurídico

Honra objetiva, qual seja, conceito social atribuído à vítima.

5.2.2 Sujeitos do crime

Cuida-se de crime comum, isto é, que não demanda do sujeito ativo uma especial qualidade. Segundo a doutrina majoritária, o sujeito ativo pode agir só ou associado a outrem (coautoria ou participação), por força do que dispõe o art. 29 do CP.

O sujeito passivo, por outro lado, é a qualquer pessoa. O STF, na decisão proferida no bojo da Pet 8481/DF, asseverou que não seria possível a pessoa jurídica figurar como vítima do crime de calúnia. Ousamos discordar. A pessoa jurídica pode ser vítima de calúnia no que tange à falsa imputação de crime ambiental, a teor do que dispõem o art. 225, § 3º, da CF e Lei n. 9.605/1998.

Os adolescentes e as crianças também podem ser vítimas, ainda que não pratiquem crimes, mas atos infracionais. Da mesma forma, também podem figurar como ofendidos os inimputáveis. Em realidade, a razão para tal conclusão é a de que o tipo penal não exige a prática de crime em seu conceito tripartido (fato típico, antijurídico e culpável), mas de "fato definido como crime".

Desonrados também podem ser vítimas, na medida em que, em todo caso, remanesce algum grau de honra que pode ser ofendido pela conduta em apreço.

O § 2º expressamente admite os mortos como sujeitos passivos da conduta.

Dos crimes contra a honra **75**

5.2.3 Tipo objetivo

A conduta típica consiste em imputar *falsamente* fato definido como crime.

O tipo penal exige alguns requisitos para a sua configuração:

a) imputação de fato certo ou determinado, não caracterizando o crime a imputação de uma qualidade negativa (pode configurar injúria);
b) falsidade da imputação, seja pela inocorrência do fato ou pela indicação de autor(es) diverso(s) do(s) verídico(s);
c) o fato imputado deve, em tese, subsumir-se a um tipo que prevê um crime. Se se tratar de contravenção penal, poderá haver o crime de difamação (art. 139, *caput*).

Segundo Rogério Sanches Cunha (2020, p. 191):

> (...) pacificou-se entendimento, tanto na doutrina quanto na jurisprudência, de que o consentimento da vítima exclui o delito (a honra é disponível). Contudo, tal anuência tem de ser manifestada pela própria vítima, não admitindo consentimento dado por interposta pessoa (representante), vez que o bem jurídico (honra) não lhe pertence.

A calúnia pode se classificar em:

a) inequívoca ou explícita;
b) equívoca ou implícita;
c) reflexa: dirigida a pessoa distinta da ofendida.

Há também a figura típica quando o sujeito, sabendo falsa a imputação, a propala ou divulga. Aqui a punição se justifica porque o autor do crime, conquanto não tenha criado a imputação falsa, difundiu-a, levando ao conhecimento de um número maior de pessoas.

5.2.4 Tipo subjetivo

O elemento subjetivo que compõe a estrutura do tipo penal do crime é o dolo, qual seja, a consciência e a vontade de realização da conduta descrita no tipo penal. A lei demanda elemento subjetivo específico do tipo, qual seja, *animus caluniandi*. Admite-se o dolo direto ou eventual na figura do *caput*. A figura do § 1º somete admite o dolo direto, uma vez que o tipo exige que o sujeito ativo conheça a falsidade da imputação e, ainda assim, a propala ou divulga.

Como dito anteriormente, não há crime no caso de *animus narrandi, defendendi, corrigeni* ou *jocandi*.

76 Direito Penal: Parte Especial – Vol. 2

5.2.5 Consumação e tentativa

Consuma-se o delito quando terceira pessoa toma conhecimento da imputação falsa de fato definido como crime. Dispensável a efetiva produção de resultado, qual seja, a lesão à honra objetiva. Cuida-se, portanto, de crime formal, ou seja, aquele cuja consumação não exige produção de resultado naturalístico.

A execução da forma verbal, segundo maioria da doutrina, não pode ser fracionada em vários atos (crime unissubsistente). Com isso, a tentativa, em regra, impossível. Entretanto, se a ofensa se dá por meio escrito, o *iter criminis* pode ser fracionado em vários atos (crime plurissubsistente). Com isso, a tentativa se mostra perfeitamente possível quando o resultado pretendido não sobrevém por circunstâncias alheias à vontade do agente.

5.2.6 Ação penal

Será estudada em capítulo próprio.

5.2.7 Exceção da verdade

Dispõe o § 3º:

§ 3º Admite-se a prova da verdade, salvo:

I – se, constituindo o fato imputado crime de ação privada, o ofendido não foi condenado por sentença irrecorrível;

II – se o fato é imputado a qualquer das pessoas indicadas no nº I do art. 141;

III – se do crime imputado, embora de ação pública, o ofendido foi absolvido por sentença irrecorrível.

Sobreleva aqui o interesse público e a moralidade ao se permitir ao autor do crime em tese a possibilidade de demonstrar a verdade da sua imputação. Como o tipo penal utiliza-se da elementar "falsamente", caso a imputação seja verdadeira, ainda que se trate de crime em tese, não haverá calúnia. Exclui-se a própria tipicidade formal.

No inciso I, tem-se a hipótese de crime de ação penal privada e não houve definição expressa do Poder Judiciário sobre a responsabilidade penal do ofendido. No inciso II, a importância e a relevância das pessoas indicadas; no I do art. 141, não autorizam a *exceptio veritatis*. No inciso III, a questão, embora atinente a crime de ação penal pública, já fora conhecida e decidida definitivamente pelo Poder Judiciário, de sorte a não mais se admitir qualquer discussão a seu respeito.

A respeito dessa limitação à exceção da verdade, parte da doutrina defende sua inconstitucionalidade, visto que, por se tratar de um

Dos crimes contra a honra **77**

meio de defesa, seria inconstitucional seu decote legal, por afronta ao princípio constitucional da ampla defesa.

Dispõe o art. 85 do CPP:

> Nos processos por crime contra a honra, em que forem querelantes as pessoas que a Constituição sujeita à jurisdição do Supremo Tribunal Federal e dos Tribunais de Apelação, àquele ou a estes caberá o julgamento, quando oposta e admitida a exceção da verdade.

Por força do dispositivo anterior, em caso contendo querelante deputado federal, entendeu o STF que a exceção da verdade haveria de ser julgada por aquela Suprema Corte:

> Direito constitucional, penal e processual penal. Competência. Denúncia por crimes contra a honra de ex-governador de estado, agora deputado federal. Exceção da verdade apresentada pelo réu: julgamento desta pelo STF. improcedência da exceção. 1. A denúncia foi apresentada pelo Ministério Público federal, perante a 7ª Vara da Justiça Federal, em Vitória, Espírito Santo, contra (...), ora excipiente, após Representação oferecida pelo ex-Governador e atual Deputado Federal (...), ora excepto. 2. O Juiz recebeu a denúncia, rejeitou preliminares e admitiu a Exceção da Verdade, suscitadas na defesa prévia, processando-a, em seguida, com a inquirição de uma testemunha arrolada pelo Excipiente e cinco pelo Excepto. Ao final, determinou a remessa dos autos a esta Corte, para o julgamento da Exceção, tudo na conformidade da jurisprudência, baseada no art. 85 do Código de Processo Penal (RTJ 57/474, 69/1, 71/691 e 91/755, APn n. 246 e APn n. 261) (v. tb., Exceções da Verdade – Inq. 234; PETQO-765; PETQED-765; Inq. 745). 3. A única prova produzida pelo Excipiente, a respeito do que nela alegou, consistiu no depoimento da testemunha (...), que nada soube informar de relevante. 4. Exceção da Verdade julgada improcedente, nos termos do voto do Relator. Devolução dos autos ao juízo de origem, para a sequência do processo, como de direito. 5. Decisão unânime. (Inq 1754 exceção da verdade/ES, Rel. Min. Sydney Sanches, julgamento: 31.10.2001, Tribunal Pleno, *DJ* 14.12.2001).

Dispõe ainda o art. 523 do CPP sobre a exceção da verdade e da notoriedade:

> Quando for oferecida a exceção da verdade ou da notoriedade do fato imputado, o querelante poderá contestar a exceção no prazo de dois dias, podendo ser inquiridas as testemunhas arroladas na queixa, ou outras indicadas naquele prazo, em substituição às primeiras, ou para completar o máximo legal.

A ideia atrelada ao instituto em questão é a de que, se o fato é notório, isto é, conhecido de (quase) todos, não há que se falar em crime contra a honra.

5.2.8 Conflito aparente de normas

Dispõe o art. 339 do CP sobre o crime de denunciação caluniosa:

78 Direito Penal: Parte Especial – Vol. 2

Art. 339. Dar causa à instauração de inquérito policial, de procedimento investigatório criminal, de processo judicial, de processo administrativo disciplinar, de inquérito civil ou de ação de improbidade administrativa contra alguém, imputando-lhe crime, infração ético-disciplinar ou ato ímprobo de que o sabe inocente:

Pena – reclusão, de dois a oito anos, e multa.

§ 1º A pena é aumentada de sexta parte, se o agente se serve de anonimato ou de nome suposto.

§ 2º A pena é diminuída de metade, se a imputação é de prática de contravenção.

Como se pode perceber, o crime de denunciação caluniosa é mais amplo do que o de calúnia. E mais, no primeiro, o bem jurídico tutelado é a administração da Justiça; no segundo, a honra. Assim, na hipótese de conflito aparente de normas, prevalece o crime do art. 339 do CP.

5.3 Difamação – Art. 139

5.3.1 Bem jurídico

Honra objetiva, qual seja, conceito social atribuído à vítima.

5.3.2 Sujeitos do crime

Cuida-se de crime comum, isto é, que não demanda do sujeito ativo uma especial qualidade. Segundo a doutrina majoritária, o sujeito ativo pode agir só ou associado a outrem (coautoria ou participação), por força do que dispõe o art. 29 do CP.

O sujeito passivo, por outro lado, é qualquer pessoa. O STF, na decisão proferida no bojo da Pet 8481/DF, afirmou que seria possível a pessoa jurídica figurar como vítima do crime de difamação. Ademais, a Súmula 227 do STJ prevê: "A pessoa jurídica pode sofrer dano moral".

Os adolescentes e as crianças também podem ser vítimas, assim como os inimputáveis e os desonrados.

Não existe previsão de mortos como sujeitos passivos da conduta.

5.3.3 Tipo objetivo

A conduta típica consiste em *difamar alguém, imputando-lhe fato ofensivo à sua reputação.*

O tipo penal exige alguns requisitos para a sua configuração:

a) imputação de fato certo ou determinado, não caracterizando o crime a imputação de uma qualidade negativa (pode configurar injúria);

b) desnecessidade de falsidade da imputação, basta que se trate de fato ofensivo à reputação da vítima.

Dos crimes contra a honra **79**

Não há previsão expressa das condutas de propalar e divulgar, ao contrário do que se dá com o crime de calúnia.

Conforme já dito linhas atrás, a honra é bem jurídico disponível, de modo que o consentimento do ofendido se mostra como causa supralegal de exclusão da ilicitude.

5.3.4 Tipo subjetivo

O elemento subjetivo que compõe a estrutura do tipo penal do crime é o dolo, qual seja, a consciência e a vontade de realização da conduta descrita no tipo penal. Admite-se o dolo direto ou eventual. A lei demanda elemento subjetivo específico do tipo, qual seja, o *animus diffamandi*, qual seja, o intento de ofender.

Como dito anteriormente, não há crime no caso de *animus narrandi*, *defendendi*, *corrigeni* ou *jocandi*.

5.3.5 Consumação e tentativa

Consuma-se o delito quando terceira pessoa toma conhecimento da imputação do fato ofensivo à reputação. Dispensável a efetiva produção de resultado, qual seja, dispensável a lesão à honra objetiva. Cuida-se, portanto, de crime formal, ou seja, aquele cuja consumação não exige produção de resultado naturalístico.

A execução da forma verbal, segundo maioria da doutrina, não pode ser fracionada em vários atos (crime unissubsistente). Com isso, a tentativa, em regra, impossível. Entretanto, se a ofensa se dá por meio escrito, o *iter criminis* pode ser fracionado em vários atos (crime plurissubsistente). Com isso, a tentativa se mostra perfeitamente possível quando o resultado pretendido não sobrevém por circunstâncias alheias à vontade do agente.

5.3.6 Ação penal

Será estudada em capítulo próprio.

5.3.7 Exceção da verdade

Prevê o art. 139, parágrafo único: "A exceção da verdade somente se admite se o ofendido é funcionário público e a ofensa é relativa ao exercício de suas funções".

Em realidade, no crime de difamação, não se exige que a imputação do fato ofensivo à reputação seja falsa. A existência de uma exceção da verdade, nessa hipótese, está ligada ao interesse público em se verificar a conduta praticada pelo funcionário público e se ela está de acordo

80 Direito Penal: Parte Especial – Vol. 2

com as normas reguladoras das suas funções. Dessa forma, conclui-se que a procedência da *exceptio veritatis* não tem o condão de afastar a tipicidade formal da conduta, mas constitui causa de exclusão a ilicitude (exercício regular de direito – art. 23, III, do CP).

Sobre o cabimento da exceção da verdade em razão de conduta imputada a magistrado, a decisão abaixo:

> Processo penal. *Habeas corpus* substitutivo de recurso próprio. Não conhecimento. Apreciação de eventual constrangimento ilegal. Paciente denunciado por calúnia e difamação, por ter imputado a magistrados a prática de prevaricação e de atos desonrosos no exercício da função pública. Exceção da verdade. Possibilidade. Anulação de todos os atos decisórios desde quando esta deveria ter sido processada. Flagrante ilegalidade evidenciada. Ordem concedida de ofício. 1. Por se tratar de habeas corpus substitutivo de recurso próprio, a impetração não deve ser conhecida, segundo orientação jurisprudencial do Supremo Tribunal Federal – STF e do próprio Superior Tribunal de Justiça – STJ. Contudo, considerando as alegações expostas na inicial, razoável a análise do feito para verificar a existência de eventual constrangimento ilegal. 2. É cabível a exceção da verdade no crime de calúnia imputada a Magistrado, bem como no delito de difamação praticado pelo mesmo no exercício de função pública. 3. Na hipótese, o paciente afirma que os querelantes praticaram o crime de prevaricação e fatos desonrosos na qualidade de funcionários públicos – examinadores de Concurso Público para Tabelião e Notário. 4. Desta forma, anula-se a Ação Penal originária n. 1.0000.14.001161-0/000, desde o indeferimento da exceção da verdade, inclusive do acórdão que condenou o ora paciente.5. Habeas Corpus não conhecido, ordem concedida, de ofício. (HC 316.319/MG, Rel. Min. Joel Ilan Paciornik, Quinta Turma, julgado em 06.11.2018, *DJe* 16.11.2018).

5.4 Injúria – Art. 140

5.4.1 Bem jurídico

Honra subjetiva, qual seja, conceito próprio da vítima sobre suas qualidades e atributos.

5.4.2 Sujeitos do crime

Cuida-se de crime comum, isto é, que não demanda do sujeito ativo uma especial qualidade. Segundo a doutrina majoritária, o sujeito ativo pode agir só ou associado a outrem (coautoria ou participação), por força do que dispõe o art. 29 do CP.

O sujeito passivo, por outro lado, é a qualquer pessoa física que possua capacidade de compreensão, na medida em que a injúria tem por bem jurídico tutelado a honra subjetiva. Mesmo os desonrados podem ser vítimas. O STF, na decisão proferida no bojo da Pet 8481/DF, afirmou que seria impossível a pessoa jurídica figurar como vítima do crime de injúria. De fato, a doutrina majoritária entende de forma idêntica, uma vez que o ente moral não possui honra subjetiva.

Não existe previsão de mortos como sujeitos passivos da conduta.

5.4.3 Tipo objetivo

A conduta típica consiste em **injuriar alguém, ofendendo-lhe a dignidade ou o decoro.**

O tipo penal exige a atribuição de qualidades negativas ao ofendido, as quais precisam ser expressamente descritas na peça inicial da ação penal. Não há imputação de fato certo e determinado, mas a revelação de um juízo de valor ofensivo à dignidade (atributos morais) ou ao decoro (atributos intelectuais e físicos).

Segundo o STJ: "A respeito do delito de injúria, é sabido que, para seu cometimento, não se imputa um fato determinado, mas é irrogado juízo de valor, contendo qualificação negativa ou defeitos que importam menoscabo, ultraje ou vilipêndio de determinada pessoa. No caso, as expressões tidas como injuriosas são genéricas e dirigidas de forma indeterminada. Na resposta escrita acostada aos autos, a querelada desfaz qualquer ilação de que tenham tais expressões sido irrogadas diretamente ao querelante quando afirma que "não direcionou suas palavras a nenhuma das partes específicas do processo, mas sim aos envolvidos, visando à pacificação dos ânimos. (APn 881/DF, Rel. Min. Og Fernandes, Corte Especial, julgamento: 15.08.2018, *DJe* 21.08.2018)".

Não há previsão expressa das condutas de propalar e divulgar, ao contrário do que se dá com o crime de calúnia.

Conforme já dito linhas atrás, a honra é bem jurídico disponível, de modo que o consentimento do ofendido se mostra como causa supralegal de exclusão da ilicitude.

Segundo Salim e Azevedo (2020, p. 171):

> Não se pode confundir *injúria absoluta* com *injúria relativa*. Quando a expressão é tida como ofensiva à dignidade ou ao decoro de alguém independentemente do lugar, do modo de execução e da pessoa da vítima, haverá **injúria absoluta.** Por outro lado, quando a expressão somente é tomada como ofensiva à dignidade ou ao decoro de alguém em face da forma pela qual é proferida, do lugar em que é explanada ou quando depende especificamente da pessoa da vítima, haverá **injúria relativa.**
>
> **Injúria reflexa:** é a que atinge alguém em ricochete (Hungria), ou seja, para a prática do crime, o agente se vale do meio que acaba por alcançar terceira pessoa. Ex.: quando A diz que B é "corno", está, reflexamente, atingindo a honra da esposa de B.

82 Direito Penal: Parte Especial – Vol. 2

5.4.4 Tipo subjetivo

O elemento subjetivo que compõe a estrutura do tipo penal do crime é o dolo, qual seja, a consciência e a vontade de realização da conduta descrita no tipo penal. Admite-se o dolo direto ou eventual. A lei demanda elemento subjetivo específico do tipo, qual seja, o *animus diffamandi vel injuriandi*, qual seja, o intento de ofender.

Como dito anteriormente, não há crime no caso de *animus narrandi, defendendi, corrigeni* ou *jocandi*.

5.4.5 Consumação e tentativa

Consuma-se o delito quando a vítima toma conhecimento da "qualificação negativa ou defeitos que importam menoscabo, ultraje ou vilipêndio de determinada pessoa. No caso, as expressões tidas como injuriosas são genéricas e dirigidas de forma indeterminada. (...) (APn 881/DF, Rel. Ministro Og Fernandes, Corte Especial, julgado em 15.08.2018, *DJe* 21.08.2018)" imputação do fato ofensivo à reputação. Dispensável da efetiva produção de resultado, qual seja, dispensável a lesão à honra subjetiva. Cuida-se, portanto, de crime formal, ou seja, aquele cuja consumação não exige produção de resultado naturalístico.

A execução da forma verbal, segundo maioria da doutrina, não pode ser fracionada em vários atos (crime unissubsistente). Com isso, a tentativa, em regra, impossível. Entretanto, se a ofensa se dá por meio escrito, o *iter criminis* pode ser fracionado em vários atos (crime plurissubsistente). Com isso, a tentativa se mostra perfeitamente possível quando o resultado pretendido não sobrevém por circunstâncias alheias à vontade do agente.

5.4.6 Ação penal

Será estudada em capítulo próprio.

5.4.7 Exceção da verdade

Não há previsão legal. Em realidade, não haveria razão para a exceção da verdade, uma vez que, na injúria, não se imputa um fato específico, mas uma qualidade negativa ou defeito.

5.4.8 Perdão judicial

Cuida-se de causa de extinção da punibilidade, nos termos do art. 107, IX, do CP.

Duas são hipóteses, previstas no § 1º:

Dos crimes contra a honra **83**

a) quando o ofendido, de forma reprovável, provocou diretamente a injúria;

b) no caso de retorsão imediata, que consista em outra injúria.

Na primeira hipótese, a lei não exige que a provocação seja uma infração penal, mas há necessidade de que as partes estejam no mesmo espaço, embora não necessariamente face a face.

No segundo caso, cuida-se de reação a uma injúria inicial, perpetrada pelo ofendido pela conduta de revide.

5.4.9 Injúria real

Dispõe o § 2º: "Se a injúria consiste em violência ou vias de fato, que, por sua natureza ou pelo meio empregado, se considerem aviltantes".

Quanto à menção à violência, entende-se se cuidar da figura das lesões corporais (art. 129), ainda que praticadas de forma tentada; as vias de fato correspondem à contravenção penal prevista no art. 21 do DL n. 3.688/1941.

Nessa hipótese específica, além da honra subjetiva da vítima, tutela-se também a sua saúde e integridade física e corporal do ofendido.

5.4.10 Injúria preconceituosa

Dispõe o § 3º: "Se a injúria consiste na utilização de elementos referentes a religião ou à condição de pessoa idosa ou com deficiência".

Essa modalidade qualificada de injúria ocorre quando são utilizados na ofensa elementos referentes à religião ou à condição de pessoa idosa ou com deficiência. A Lei Federal n. 14.532/2023, publicada no dia 11.01.2023, promoveu alteração nessa figura do § 3º do art. 140 do Código Penal e deslocou a injúria racial (que até então era prevista no Código Penal) para a Lei dos Crimes de Preconceito, com uma pena maior. Assim, a injúria motivada por preconceito de raça, cor, etnia ou procedência nacional está agora prevista no art. 2º-A da Lei Federal n. 7.716/1989, com pena de 2 a 5 anos de reclusão (além de multa), cuja reprimenda será aumentada de metade se o crime for cometido mediante concurso de duas ou mais pessoas.

Anote-se que o Supremo Tribunal Federal já entendia que injúria preconceituosa é espécie do gênero racismo e, portanto, crime imprescritível. Neste sentido:

Habeas corpus. Matéria criminal. Injúria racial (art. 140, § 3º, do CP). Espécie do gênero racismo. Imprescritibilidade. Denegação da ordem. 1. Depreende-se das normas do texto constitucional, de compromissos internacionais e de julgados do Supremo Tribunal Federal o reconhecimento objetivo do racismo estrutural como dado da realidade brasileira ainda a ser superado por meio da soma de esforços do Poder Público e de todo o conjunto da sociedade. 2. O crime de injúria racial reúne todos os elementos necessários à sua caracterização como uma das espécies de racismo, seja diante da definição constante do voto condutor do julgamento do HC 82.424/RS, seja diante do conceito de discriminação racial previsto na Convenção Internacional Sobre a Eliminação de Todas as Formas de Discriminação Racial. 3. A simples distinção topológica entre os crimes previstos na Lei 7.716/1989 e o art. 140, § 3º, do CP não tem o condão de fazer deste uma conduta delituosa diversa do racismo, até porque o rol previsto na legislação extravagante não é exaustivo. 4. Por ser espécie do gênero racismo, o crime de injúria racial é imprescritível. 5. Ordem de habeas corpus denegada. (HC 154.248/DF Rel. Min. Edson Fachin, julgamento: 28.10.2021, *DJ* 23.02.2022).

Entende a doutrina majoritária ser inaplicável o perdão judicial (§ 1º) à hipótese da injúria preconceituosa (§ 3º).

Atenção!

Você sabe qual a diferença entre injúria racial (art. 2º-A da Lei n. 7.716/1989) e o crime de racismo (art. 20 da Lei n. 7.716/1989)?

Prevalece o entendimento de que a distinção entre esses tipos é feita a partir das suas vítimas. Haverá o primeiro crime no caso de ofendido determinado ou ofendidos determinados; no segundo, a ofensa é dirigida à coletividade, sem identificação de vítima certa e determinada.

5.5 Causas de aumento de pena

Dispõe o art. 141, *caput* e seus incisos:

Art. 141. As penas cominadas neste Capítulo aumentam-se de um terço, se qualquer dos crimes é cometido:

I – contra o Presidente da República, ou contra chefe de governo estrangeiro;

II – contra funcionário público, em razão de suas funções, ou contra os Presidentes do Senado Federal, da Câmara dos Deputados ou do Supremo Tribunal Federal;

III – na presença de várias pessoas, ou por meio que facilite a divulgação da calúnia, da difamação ou da injúria.

IV – contra criança, adolescente, pessoa maior de 60 (sessenta) anos ou pessoa com deficiência, exceto na hipótese prevista no § 3º do art. 140 deste Código.

Cuida-se de majorante de fração fixa (um terço), a ser considerada na terceira fase de aplicação das penas privativas de liberdade.

O inciso I se justifica em razão da dignidade e da importância dos cargos de Presidente da República e chefe de governo estrangeiro.

A Lei n. 7.170/1983, revogada pela Lei n. 14.197/2021, previa em seu art. 26:

> Art. 26. Caluniar ou difamar o Presidente da República, o do Senado Federal, o da Câmara dos Deputados ou o do Supremo Tribunal Federal, imputando-lhes fato definido como crime ou fato ofensivo à reputação. Pena: reclusão, de 1 a 4 anos.
>
> Parágrafo único – Na mesma pena incorre quem, conhecendo o caráter ilícito da imputação, a propala ou divulga.

Em contrapartida, a Lei n. 14.197/2021 alterou a redação do inciso II do art. 141 para fazer constar:

> Art. 141 (...)
>
> II – contra funcionário público, em razão de suas funções, ou contra os Presidentes do Senado Federal, da Câmara dos Deputados ou do Supremo Tribunal Federal.

O inciso II, primeira parte, justifica-se em razão de se cuidar de crime contra a honra, praticado em desfavor de funcionário público, desde que em razão das funções públicas exercidas. Seria o caso, por exemplo, de imputar ao funcionário público a alcunha de "ímprobo".

Veja-se, o conceito de funcionário público é conferido pelo art. 327, *caput*, do CP: "Considera-se funcionário público, para os efeitos penais, quem, embora transitoriamente ou sem remuneração, exerce cargo, emprego ou função pública".

Assim, se a vítima era funcionário público à época da ofensa (ainda posteriormente demitido ou aposentado) e a ofensa estava relacionada às suas funções públicas, incide a causa de aumento de pena em referência.

Ademais, a Súmula 714 do STF assim prevê: "É concorrente a legitimidade do ofendido, mediante queixa, e do Ministério Público, condicionada à representação do ofendido, para a ação penal por crime contra a honra de servidor público em razão do exercício de suas funções".

A segunda parte do inciso II foi acrescentada pela Lei n. 14.197/2021, que adicionou o Título XII na Parte Especial do CP, relativo aos crimes contra o Estado Democrático de Direito, e ainda revogou a Lei n. 7.170/1983, além de trazer alterações ao CPP.

O inciso III se refere ao crime praticado na presença de várias pessoas, ou por meio que facilite a divulgação da calúnia, da difamação ou da injúria.

86 Direito Penal: Parte Especial – Vol. 2

A doutrina entende que várias pessoas são, pelo menos, três, excluído(s) o(s) sujeito(s) ativo(s) e o (s) sujeito(s) passivo(s).

A facilidade da divulgação advém dos meios utilizados para tanto, qual seja, meios aptos a alcançar maior número de destinatários.

Sobre a Lei de Imprensa, no julgamento da ADPF 130, o STF decidiu que "Aplicam-se as normas da legislação comum, notadamente o CC, o CP, o CPC e o CPP às causas decorrentes das relações de imprensa". Assim, não há incidência dos tipos penais previstos naquela lei especial (Lei n. 5.250/1967), por força de sua incompatibilidade com a ordem constitucional vigente.

O inciso IV cuida da vítima criança, adolescente, pessoa maior de 60 anos ou pessoa com deficiência, exceto na hipótese prevista no § 3º do art. 140 desse Código. O dispositivo foi alterado recentemente pela Lei n. 14.344/2022 (Lei Henry Borel), que incluiu na hipótese normativa as vítimas crianças e adolescentes.

Cabe observar que majorante alcança vítimas crianças e adolescentes, ou seja, qualquer pessoa com menos de 18 anos de idade. Deve-se lembrar ainda de que a injúria pressupõe capacidade de entendimento, vez que atinge o íntimo sentimento de dignidade ou decoro da pessoa, razão pela qual crianças em tenra idade, porque destituídas dessa capacidade, não poderão ser vítimas de injúria. Consequentemente, também não terá aplicabilidade a majorante.

Dispõe o § 1º do art. 141 que, se o crime for cometido mediante paga ou promessa de recompensa, aplica-se a pena em dobro. Cuida-se de dispositivo cuja redação foi conferida pela Lei n. 13.964/2019. Esse é um crime mercenário. É um motivo torpe. Na paga, o agente recebe previamente a recompensa pelo crime, o que não ocorre na promessa de recompensa, na qual há somente a expectativa de paga.

A majorante não se aplica ao coautor ou ao partícipe por se tratar de circunstância de caráter subjetivo (art. 30 do CP – não se comunicam as circunstâncias e as condições de caráter pessoal, salvo quando elementares do crime).

Dispõe o § 2º que, se o crime for cometido ou divulgado em quaisquer modalidades das redes sociais da rede mundial de computadores, aplica-se em triplo a pena. Cuida-se de dispositivo cuja redação foi conferida pela Lei n. 13.964/2019. A punição exacerbada se justifica em razão do grande potencial de alcance as ofensas difundidas por quaisquer modalidades das redes sociais da rede mundial de computadores. Ex.: Instagram, Twitter, Facebook.

Deve-se atentar que a disposição alcança tanto o autor como o mero divulgador do crime.

5.6 Exclusão do crime

Causas aplicáveis apenas à injúria e à difamação, consoante disposição expressa do *caput* do art. 142. Como a calúnia se refere a fato definido como crime, existe nítido interesse social (coletivo) em apurar a realização de eventual conduta indesejada à comunidade.

A respeito da natureza jurídica das causas referidas, Salim e Azevedo (2020, p. 182) asseveram: "Discute-se a natureza jurídica das excludentes, havendo várias orientações: 1.a) causa de extinção de pena (política criminal); 2.a) causa de exclusão da ilicitude (fato típico autorizado); 3.a) atipicidade (*falta de animus offendendi*); 4.a) atipicidade material em face da norma permissiva".

São causas de natureza pessoal e, portanto, não se comunicam a agentes distintos daqueles enumerados nos três incisos do art. 142.

Cuida o inciso I da ofensa irrogada em juízo, na discussão da causa, pela parte ou por seu procurador. Cuida de expressão da imunidade judiciária, ligada à ampla defesa (art. 5°, LV, da CF). Abrange as partes, os procuradores, o Ministério Público. Excluem-se as eventuais ofensas irrogadas a jurados, testemunhas, peritos, delegados de Polícia, oficiais de Justiça e magistrados.

Cuida o inciso II da opinião desfavorável da crítica literária, artística ou científica, salvo quando inequívoca a intenção de injuriar ou difamar. Aqui, claramente, ausente a intenção de injuriar ou difamar, não há elemento subjetivo específico do tipo necessário para a configuração do crime contra a honra.

Cuida o inciso III do conceito desfavorável emitido por funcionário público, em apreciação ou informação que preste no cumprimento de dever do ofício. Trata-se de estrito cumprimento do dever legal, causa de exclusão da ilicitude, nos termos do art. 23, III, do CP.

Dispõe ainda o parágrafo único que, nos casos dos incisos I e III, responde pela injúria ou pela difamação quem lhe dá publicidade.

5.7 Retratação

Dispõe o art. 143 que o querelado que, antes da sentença, retrata-se cabalmente da calúnia ou da difamação, fica isento de pena.

Cuida-se do instituto da retratação, causa de extinção da punibilidade, nos termos do art. 107, VI, CP.

Na hipótese do art. 143, somente se admite a retratação no bojo da ação penal privada, uma vez que o legislador fez expressa menção à figura do querelado, qual seja, o réu na ação penal privada.

88   Direito Penal: Parte Especial – Vol. 2

Por outro lado, só há possibilidade de retratação na calúnia ou na difamação, espécies típicas em que são imputados ao ofendido fatos específicos e determinados, e não conceitos ou qualidades negativas, como acontece na injúria.

Circunstância de natureza subjetiva, portanto não se comunica a coautores ou partícipes que não se retratarem.

O momento último para a retratação surtir o efeito da extinção da punibilidade é a publicação da sentença de primeiro grau. Após referido momento, a retratação deve ser considerada pelo magistrado quando da fixação da pena.

Para o STJ, incide a extinção da punibilidade em caso de "(...) retratação cabal da calúnia, feita antes da sentença, de forma clara, completa, definitiva e irrestrita, sem remanescer nenhuma dúvida ou ambiguidade quanto ao seu alcance – que é justamente o de desdizer as palavras ofensivas à honra, retratando-se o ofensor do malfeito –, implica a extinção da punibilidade do agente e independe de aceitação do ofendido. Inteligência do art. 143, c.c. o art. 107, VI, do CP. 2. Em se tratando de ofensa irrogada por meios de comunicação – como no caso, que foi por postagem em rede social na internet –, 'a retratação dar-se-á, se assim desejar o ofendido, pelos mesmos meios em que se praticou a ofensa' (art. 143, parágrafo único, do CP; grifei). 3. A norma penal, ao abrir ao ofendido a possibilidade de exigir que a retratação seja feita pelo mesmo meio em que se praticou a ofensa, não transmudou a natureza do ato, que é essencialmente unilateral. (...)" (APn 912/RJ, Rel. Min. Laurita Vaz, revisor Min. João Otávio de Noronha, Corte Especial, Julgamento: 03.03.2021, *DJe* 23.03.2021, *RMPRJ* vol. 80 p. 419).

Dispõe o parágrafo único que, "nos casos em que o querelado tenha praticado a calúnia ou a difamação utilizando-se de meios de comunicação, a retratação dar-se-á, se assim desejar o ofendido, pelos mesmos meios em que se praticou a ofensa".

5.8 Pedido de explicações

Dispõe o art. 144 do CP: "Se, de referências, alusões ou frases, se infere calúnia, difamação ou injúria, quem se julga ofendido pode pedir explicações em juízo. Aquele que se recusa a dá-las ou, a critério do juiz, não as dá satisfatórias, responde pela ofensa".

Cuida-se de providência que de natureza processual, de caráter facultativo, que não constitui condição de procedibilidade de ação penal, utilizada quando houver dúvidas acerca de eventual prática de crime contra a honra.

Dos crimes contra a honra **89**

Não há previsão de procedimento próprio no CPP, de modo que a doutrina majoritária entende aplicável o rito das notificações e interpelações do processo civil (arts. 726 a 729 do CPC).

Na decisão do procedimento, o juízo competente para o pedido de explicações deve ser ater às questões formais e não deve se imiscuir no mérito, ou seja, existência ou não de crime contra a honra, pois a referida matéria deve ser decidida pelo juízo da demanda criminal.

5.9 Ação penal

Em regra, a ação penal dos crimes contra a honra é privada. O *caput* do art. 145 assim determina ao utilizar-se o legislador da expressão: "somente se procede mediante queixa".

O mesmo *caput* do art. 145 traz a primeira exceção à regra: será pública incondicionada na hipótese de injúria real, salvo quando se tratar de lesão corporal de natureza leve. Nesse caso, por força do art. 88 da Lei n. 9.099/1995, e para garantir a coerência do sistema, a ação penal será pública condicionada à representação. Quando resultar em vias de fato, não há falar em violência, logo a ação penal será privada.

As demais exceções contam do parágrafo único. Será condicionada à requisição do Ministro da Justiça no caso de crime contra o Presidente da República, ou contra chefe de governo estrangeiro. Será pública condicionada à representação na hipótese do § 3º do art. 140 deste Código e quando proferida contra funcionário público no exercício de suas funções.

Quanto ao crime contra a honra do funcionário público no exercício de suas funções, o STF entende que haveria legitimidade concorrente para a ação penal, a teor da sua Súmula 714: "É concorrente a legitimidade do ofendido, mediante queixa, e do Ministério Público, condicionada à representação do ofendido, para a ação penal por crime contra a honra de servidor público em razão do exercício de suas funções".

5.10 Competência em caso de crime cometido pela internet

Conforme restou decidido pelo STJ, "o crime de injúria praticado pela internet por mensagens privadas, as quais somente o autor e o destinatário têm acesso ao seu conteúdo, consuma-se no local em que a vítima tomou conhecimento do conteúdo ofensivo". (STJ, CC 184.269/PB, Rel. Min. Laurita Vaz, Terceira Seção, Informativo 724).

6

Crimes contra a liberdade individual

6.1 Considerações iniciais

Como se sabe, a única limitação à autonomia individual é a lei, que, sempre tendo em vista parâmetros razoáveis, pode exigir que as pessoas façam ou deixem de fazer determinado ato. Isso implica perceber que o indivíduo é livre para dispor da sua vida como bem entender, fazendo ou deixando de fazer o que, em cada momento, aprouver-lhe. Esse é o objetivo dos crimes contra a liberdade individual, entendidos como aqueles que atingem de forma direta o bem jurídico "liberdade", no sentido de conduta limitada apenas pela força da lei, principal primado do Estado de Direito.

O capítulo é dividido em quatro seções:

a) crimes contra a liberdade pessoal (arts. 146 a 149-A);
b) crimes contra a inviolabilidade do domicílio (art. 150);
c) crimes contra a inviolabilidade de correspondência (arts. 151 e 152); e
d) crimes contra a inviolabilidade dos segredos (arts. 153 a 154-B).

6.2 Crimes contra a liberdade pessoal

São os crimes que atingem a formação e atuação da vontade individual, além da tranquilidade e possibilidade de ir e vir.

Crimes contra a liberdade individual **91**

6.2.1 Constrangimento ilegal – Art. 146

6.2.1.1 Considerações iniciais

Como principal crime que protege a liberdade do indivíduo, o constrangimento ilegal é caracterizado como "constranger alguém, mediante violência ou grave ameaça, ou depois de lhe haver reduzido, por qualquer outro meio, a capacidade de resistência, a não fazer o que a lei permite, ou a fazer o que ela não manda".

A pena é de detenção, de três meses a um ano, ou multa.

6.2.1.2 Bem jurídico

Liberdade individual.

6.2.1.3 Sujeitos do crime

Qualquer pessoa pode ser sujeito ativo do crime. Caso o agente seja funcionário público no exercício de suas funções, poderá restar caracterizado outro delito, como aqueles da Lei de Abuso de Autoridade (Lei n. 13.869/2019).

Sujeito passivo é a pessoa tolhida de sua liberdade. Prevalece que estão excluídos os doentes mentais, as crianças totalmente incapazes etc., porque não têm discernimento e capacidade para exercer sua liberdade.

6.2.1.4 Tipo objetivo

O núcleo verbal é constranger, implica obrigar, coagir, forçar.

O constrangimento é realizado para impedir que a vítima faça alguma coisa, ou, ainda, coagir para que o faça quando não queria. O agente pode utilizar-se de violência, que pode ser direita (lesões corporais), ou outro ato que atinja a vítima fisicamente, como acorrentá-la, ou atinja terceira pessoa, e indireta, como o caso de se retirar as muletas de um deficiente.

Além da violência pode o agente conseguir constranger a vítima por meio de grave ameaça ou qualquer outro meio, como o emprego de narcóticos.

É fundamental a comprovação do nexo causal entre o constrangimento e a realização ou não realização do ato.

A coação deve ser ilegítima.

6.2.1.5 Tipo subjetivo

É o dolo, aliado à vontade de obter-se a ação ou omissão da vítima. Sem essa finalidade especial, poderá haver lesão corporal, ameaça ou vias de fato.

6.2.1.6 Consumação e tentativa

A consumação ocorre quando a vítima pratica o ato, ou se omite.

A tentativa é possível quando a vítima, embora constrangida, resiste ao ato ou à omissão imposta.

6.2.1.7 Figuras majoradas

Duas hipóteses: crime cometido com concurso de, ao menos, quatro pessoas (mais de três), desde que todos eles participem da execução do crime.

A segunda é a utilização de arma (pois o potencial ofensivo é maior). Deve necessariamente a arma ser utilizada, não caracterizando a qualificadora o simples porte da arma.

6.2.1.8 Crime subsidiário

O constrangimento ilegal é o maior exemplo de crime subsidiário, pois se o constrangimento for meio para obtenção de resultado diverso, como conjunção carnal no estupro, subtração da coisa móvel alheia no roubo, resgate na extorsão mediante sequestro, o crime será outro e não serão aplicadas as penas do crime em tela.

6.2.1.9 Exclusão da tipicidade

Não há crime se o constrangimento é praticado:

a) a intervenção médica ou cirúrgica, justificada por iminente perigo de vida (caso especial de estado de necessidade): desde que indispensável para a preservação da vida do paciente;

b) a coação para impedir o suicídio (caso especial de legítima defesa de terceiro): ressalte-se que o suicídio, a despeito de não ser crime, constitui ato ilegítimo, pois a ninguém cabe dispor da própria vida.

6.2.2 Ameaça – Art. 147

6.2.2.1 Considerações iniciais

O tipo é lavrado com a seguinte redação: "ameaçar alguém, por palavra, escrito ou gesto, ou qualquer outro meio simbólico, de causar-lhe mal injusto e grave".

A pena é de detenção, de um a seis meses, ou multa.

6.2.2.2 Bem jurídico

A liberdade e o sossego individual.

6.2.2.3 Sujeitos do crime

Qualquer pessoa pode cometer o crime. O sujeito passivo pode ser, também, qualquer pessoa física que têm capacidade de entendimento.

6.2.2.4 Tipo objetivo

Ameaçar é prometer mal, o que pode ser feito por palavra, escrito, por um desenho, um gesto, ou qualquer outro meio simbólico.

A ameaça pode ser direta, quando dirigida pessoalmente à vítima, ou indireta, dirigida por intermédio de outra pessoa, e pode ser, ainda, implícita ou explícita e condicional, quando o mal a ser causado estiver condicionado a um outro fato.

O mal a ser prometido deve ser grave, sério o suficiente para intimidar a vítima. Entende-se ainda que o mal a ser causado deve ser possível, além de estar na dependência do agente. Assim, não há crime quando a pessoa diz à outra "que um raio o parta".

O mal, além de ser possível e verdadeiro, deve ser injusto, mesmo que não seja criminoso, assim, não é ameaça o fato de o agente dizer que vai executar a duplicata da vítima.

6.2.2.5 Tipo subjetivo

O tipo exige o dolo, vontade de ameaçar a pessoa, aliado ao fim especial de agir que é a intimidação da vítima.

6.2.2.6 Consumação e tentativa

A ameaça se consuma quando a vítima toma conhecimento de sua existência.

A tentativa é possível no caso de ameaça realizada por carta.

Observe-se que a ameaça pode ser o meio para a prática de outro crime e, havendo este, não haverá a responsabilização pela ameaça.

6.2.2.7 Ação penal condicionada a representação

Segundo dispõe o parágrafo único do art. 147, o crime de ameaça se processa por ação pública condicionada a representação da vítima ou de seu representante legal.

6.2.3 Perseguição – Art. 147-A

6.2.3.1 Considerações iniciais

Esse tipo penal foi introduzido no CP pela Lei n. 14.132/2021 com a seguinte redação: "Perseguir alguém, reiteradamente e por qualquer

94 Direito Penal: Parte Especial – Vol. 2

meio, ameaçando-lhe a integridade física ou psicológica, restringindo-lhe a capacidade de locomoção ou, de qualquer forma, invadindo ou perturbando sua esfera de liberdade ou privacidade".

O delito tem pena de reclusão, de 6 meses a 2 anos, e multa.

O novo crime, conhecido também pela expressa em inglês *stalking*, visa suprir uma lacuna penal e tornar proporcional a pena para uma conduta que produz efeitos muito prejudiciais na vida dessas vítimas. Com efeito, até a criação desse tipo a conduta ora descrita se inseria no art. 65 do Decreto-lei n. 3.688/1941 (o qual foi revogado pela mesma Lei), cuja pena de prisão simples variando de quinze dias a dois meses era considerada insuficiente para proteger a liberdade das vítimas.

6.2.3.2 Bem jurídico

A liberdade individual e a paz de espírito da vítima.

6.2.3.3 Sujeitos do crime

O crime é bicomum, portanto não exige qualquer característica especial do autor ou da vítima.

Cuidado: se a vítima é criança, adolescente, idoso ou mulher perseguida por razões da condição do sexo feminino, a pena é aumentada de metade (§ 1º). Deve-se atentar ainda para o fato de o crime não se restringir aos casos de violência doméstica contra a mulher, já que a vítima pode ser homem.

6.2.3.4 Tipo objetivo

O núcleo verbal é perseguir, que não deve ser entendido como ir ao encalço de alguém. O verbo tem também um sentido de importunar, transtornar, provocar incômodo e tormento, inclusive com violência ou ameaça. Daí decorre a ideia de persistência.

A redação do tipo indica que a perseguição perturbadora e a insistência assumem três formas (elementos modais):

a) ameaçando a integridade física ou psicológica;
b) restringindo a capacidade de locomoção;
c) invadindo ou perturbando a esfera de liberdade ou privacidade.

Contudo, não se deve confundir: o crime é de ação livre e pode ser praticado de qualquer forma. Ex.: ligações telefônicas, mensagens por aplicativos, *e-mails*, presencialmente mediante vigília nos arredores dos locais frequentados pela vítima, por cartas escritas, gestos, envio de presentes etc.

6.2.3.5 Tipo subjetivo

O dolo é o elemento exigido pelo tipo penal em estudo, não havendo previsão para a modalidade de natureza culposa.

6.2.3.6 Consumação e tentativa

O tipo exige perseguição reiterada, que dá sentido à perturbação e à insistência à conduta do agente, afinal, etimologicamente, a palavra *stalking* vem do inglês *stalker*, que significa comportamento destinado a perseguir obsessivamente determinada pessoa. Tem se entendido que, para tanto, bastam dois atos autônomos de perseguição que podem, inclusive, ser cometidos no mesmo dia.

Diante disso, prevalece tratar-se de crime habitual já que só há crime se houver reiteração de atos, pressuposto para insistência e a obstinação do agente.

Prevalece a posição de que por se tratar de crime habitual é incabível a tentativa.

6.2.3.7 Causa de aumento

§ 1º A pena é aumentada de metade se o crime for cometido:

I – contra criança, adolescente ou idoso;

II – contra mulher por razões da condição de sexo feminino, nos termos do § 2º-A do art. 121 desse Código;

III – mediante concurso de duas ou mais pessoas ou com o emprego de arma.

6.2.3.8 Cláusula de cúmulo material obrigatório

O § 2º prevê que as penas desse artigo são aplicáveis sem prejuízo das correspondentes à violência.

6.2.3.9 Ação penal pública condicionada

Trata-se de crime que somente se procede mediante representação.

6.2.4 Violência psicológica contra a mulher – Art. 147-B

6.2.4.1 Considerações iniciais

Tipo penal incluído no CP pela Lei n. 14.188/2021. O crime de violência psicológica visa preencher uma lacuna e tutelar direito fundamental "a uma vida livre de violência, tanto na esfera pública como na esfera privada" (Convenção de Belém do Pará, Decreto n. 1.973/1996, art. 3º), em especial a liberdade da ofendida de viver sem

96 Direito Penal: Parte Especial – Vol. 2

medo, traumas ou fragilidades emocionais impostos dolosamente por terceiro. Visa assim enfrentar o chamado ciclo de violência.

O tipo penal prevê "causar dano emocional à mulher que a prejudique e perturbe seu pleno desenvolvimento ou que vise a degradar ou a controlar suas ações, comportamentos, crenças e decisões, mediante ameaça, constrangimento, humilhação, manipulação, isolamento, chantagem, ridicularização, limitação do direito de ir e vir ou qualquer outro meio que cause prejuízo à sua saúde psicológica e autodeterminação." A pena cominada é de reclusão, de 6 meses a 2 anos, e multa, se a conduta não constitui crime mais grave.

6.2.4.2 *Bem jurídico*

Liberdade e o sossego individual.

6.2.4.3 *Sujeitos do crime*

Não se exige do sujeito ativo qualquer característica especial.

Somente a mulher pode ser vítima desse crime. Deve se incluir nesse rol de vítimas o transgênero, ainda que não redesignado sexualmente ou cujo nome tenha sido alterado no registro civil.

Cuidado: o crime não se restringe aos casos de violência doméstica contra a mulher.

A vítima pode ser mulher fora do ambiente da violência doméstica.

6.2.4.4 *Tipo objetivo*

O crime consiste em causar dano emocional à mulher que a prejudique e perturbe seu pleno desenvolvimento ou que vise degradar ou controlar suas ações, comportamentos, crenças e decisões. A descrição típica é inadequada porque começa descrevendo o resultado para depois narrar a conduta.

Para haver o crime deve o agente:

a) Causar dano emocional à mulher que a prejudique e perturbe seu pleno desenvolvimento.

b) Causar dano emocional à mulher com o objetivo de degradar ou controlar suas ações, comportamentos, crenças e decisões.

Esse dano emocional pode ser praticado, exemplificativamente, por meio de ameaça, constrangimento, humilhação, manipulação, isolamento, chantagem, ridicularização, limitação do direito de ir e vir, ou qualquer outro meio que cause prejuízo à sua saúde psicológica e autodeterminação.

Observe-se que esses atos são revestidos de desvalor e contrariedade moral ou jurídica pelo que pequenos desentendimentos e dissabores comuns às relações interpessoais não podem ser equiparados à violência psicológica.

6.2.4.5 Tipo subjetivo

O crime é doloso. Admite-se o dolo eventual.

6.2.4.6 Consumação e tentativa

É crime material já que a conduta deve provocar (causar) o dano emocional à vítima (é crime de dano). Cuidado: não é crime habitual porque para consumar-se basta um ato.

A prova do dano emocional pode ser feita por todos os meios em direito admitido: depoimento da ofendida, por depoimentos de testemunhas, relatórios de atendimento médico, relatórios psicológicos ou outros.

A tentativa é possível, mas improvável vez que alguns atos incriminados são preparatórios.

6.2.4.7 Cláusula de subsidiariedade expressa

Somente haverá o crime de violência psicológica se a conduta não caracteriza crime mais grave. Assim, por exemplo, o estupro, que sem nenhuma dúvida provoca intenso dano emocional, absorve esse crime.

6.2.5 Sequestro e cárcere privado – Art. 148

6.2.5.1 Considerações iniciais

É o crime de "privar alguém de sua liberdade, mediante sequestro ou cárcere privado". Na modalidade simples, tem pena de reclusão de um a três anos.

A doutrina costuma diferenciar essas espécies de privação da liberdade, sendo que no sequestro há privação da liberdade, mas sem confinamento. Exemplo: pessoa retida em uma fazenda, mas com possibilidade de caminhar pela propriedade. Já no cárcere privado o confinamento é mais intenso, onde a vítima é mantida dentro de um cômodo, como quarto, sala, banheiro, sem possibilidade de deslocamento.

98 Direito Penal: Parte Especial – Vol. 2

6.2.5.2 Bem jurídico

É a liberdade física do indivíduo, em especial a liberdade de locomoção.

6.2.5.3 Sujeitos do crime

Qualquer pessoa pode ser autor e vítima desse crime.

6.2.5.4 Tipo objetivo

A conduta é privar a liberdade de alguém, sendo o sequestro e o cárcere privado as formas pelas quais pode ocorrer essa privação.

Relembre-se que o consentimento descaracteriza o crime, salvo no caso de menor de 14 anos.

6.2.5.5 Tipo subjetivo

É o dolo, ou seja, a vontade de privar a vítima de sua liberdade, não havendo, no caso, finalidade específica.

Se houver finalidade específica, podemos ter outros crimes:

a) Se a finalidade for escravizar de fato a vítima, poderá ocorrer o crime de redução à condição análoga a de escravo.

b) Se a finalidade for econômica, pode configurar-se o delito de extorsão mediante sequestro ou extorsão qualificada pela privação da liberdade (sequestro-relâmpago).

c) Se a finalidade for fazer justiça privada, pode haver exercício arbitrário das próprias razões.

d) Se a finalidade for causar na vítima intenso sofrimento físico ou mental, pode configurar o crime de tortura.

6.2.5.6 Consumação e tentativa

A consumação ocorre quando a vítima é privada de sua liberdade de locomoção, mesmo que seja por pouco tempo.

Trata-se de crime permanente, isto é, a consumação se protrai no tempo.

A tentativa é possível, quando a privação da liberdade não consome tempo razoável.

6.2.5.7 Formas qualificadas

O crime terá pena de reclusão dois a cinco anos se:

Crimes contra a liberdade individual **99**

a) a vítima é ascendente, descendente, cônjuge ou companheiro do agente ou maior de 60 anos;

b) o crime é praticado mediante internação da vítima em casa de saúde ou hospital;

c) a privação da liberdade dura mais de 15 dias;

d) o crime é praticado contra menor de 18 anos;

e) o crime é praticado com fins libidinosos.

O crime terá pena de reclusão de dois a oito anos se resulta à vítima, em razão de maus-tratos ou da natureza da detenção, grave sofrimento físico ou moral (crime qualificado pelo resultado).

6.2.6 Redução a condição análoga de escravo – Art. 149

6.2.6.1 Considerações iniciais

Reduzir alguém à condição análoga à de escravizado não é o mesmo que escravizar pessoas como no século XIX. Por isso a lei fala em analogia, em que há uma situação semelhante à escravidão, mediante uma redução drástica da liberdade. Visando reduzir a imprecisão do tipo, a Lei n. 10.803/2003 incluiu um detalhamento na descrição legal.

Nesse sentido, a redução a condição análoga à de escravizado consiste em:

- submeter alguém a trabalhos forçados ou a jornada exaustiva;
- sujeitar alguém a condições degradantes de trabalho;
- restringir a locomoção em razão de dívida contraída com empregador ou preposto, com o fim de retê-lo no local de trabalho:
  - □ cercear o uso de meio de transporte pelo trabalhador;
  - □ manter vigilância ostensiva no local de trabalho;
  - □ apoderar-se de documentos ou objetos pessoais do trabalhador.

A pena é de reclusão, de dois a oito anos, e multa, além da pena correspondente à violência.

Trata-se de crime da competência para a Justiça Federal nos termos do art. 109, VI, da CF.

6.2.6.2 Bem jurídico

É a liberdade do indivíduo, principalmente o relacionado entre o poder de mando de outra pessoa.

100 Direito Penal: Parte Especial – Vol. 2

6.2.6.3 Sujeitos do crime

Qualquer pessoa pode cometer e ser vítima desse crime.

6.2.6.4 Tipo objetivo

O tipo fala em submeter a trabalhos forçados ou a jornada exaustiva, sujeitar a condições degradantes de trabalho, restringir, por qualquer meio, a locomoção em razão de dívida contraída com o empregador ou preposto, cercear o uso de qualquer meio de transporte por parte do trabalhador, com o fim de retê-lo no local de trabalho, manter vigilância ostensiva no local de trabalho ou se apoderar de documentos ou objetos pessoais do trabalhador com o fim de retê-lo no local de trabalho.

Prevalece tratar-se de crime de ação vinculada, que somente pode ser praticado por meio de uma das condutas descritas no tipo.

Trata-se de um tipo misto alternativo, de conteúdo múltiplo ou variado, motivo pelo qual se o indivíduo incidir em mais de uma conduta, no mesmo contexto, terá praticado um único crime, devendo ser levada em conta a variedade de comportamentos na primeira fase dosimetria da pena, nas circunstâncias do crime.

6.2.6.5 Tipo subjetivo

É o dolo.

6.2.6.6 Consumação e tentativa

A consumação se dá quando ocorre a redução a condição análoga à de escravizado por meio de uma das formas previstas no tipo penal.

O crime é permanente.

É possível a tentativa.

6.2.6.7 Causa de aumento

Segundo dispõe o § 2º, a pena é aumentada de metade, se o crime for cometido:

I – contra criança ou adolescente;

II – por motivo de preconceito de raça, cor, etnia, religião ou origem.

6.2.7 Tráfico de pessoas – Art. 149-A

6.2.7.1 Considerações iniciais

É crime introduzido pela Lei n. 13.344/2016, que revogou os arts. 231 e 231-A do CP.

6.2.7.2 Bem jurídico

É a liberdade pessoal, a liberdade de locomoção e de trabalho, bem como o respeito ao estado de filiação e à liberdade sexual.

6.2.7.3 Sujeitos do crime

Crime que pode ser praticado por e contra qualquer pessoa.

6.2.7.4 Tipo objetivo

É crime assim, "agenciar, aliciar, recrutar, transportar, transferir, comprar, alojar ou acolher pessoa, mediante grave ameaça, violência, coação, fraude ou abuso, com a finalidade de":

I – remover-lhe órgãos, tecidos ou partes do corpo;

II – submetê-la a trabalho em condições análogas à de escravo;

III – submetê-la a qualquer tipo de servidão;

IV – adoção ilegal; ou

V – exploração sexual.

A pena é de reclusão, de 4 a 8 anos, e multa.

6.2.7.5 Tipo subjetivo

É o dolo, aliado às finalidades específicas pretendidas pelo agente.

6.2.7.6 Consumação e tentativa

Trata-se de crime formal.

6.3 Dos crimes contra a inviolabilidade do domicílio

6.3.1 Violação de domicílio – Art. 150

6.3.1.1 Considerações iniciais

O crime de violação de domicílio tem pena de detenção de um a três meses ou multa.

6.3.1.2 Bem jurídico

É a inviolabilidade domiciliar prevista no art. 5°, inc. XI, da CF:

XI – a casa é asilo inviolável do indivíduo, ninguém nela podendo penetrar sem consentimento do morador, salvo em caso de flagrante delito ou desastre, ou para prestar socorro, ou, durante o dia, por determinação judicial.

6.3.1.3 Sujeitos do crime

Qualquer pessoa pode ser sujeito ativo do crime, inclusive o proprietário, quando a posse estiver em mãos de terceiro, como no caso da locação. Se o autor for funcionário público, poderá cometer o crime do art. 22 da Lei n. 13.869/2019.

Sujeito passivo é o morador ou a pessoa que tem poder para impedir que alguém entre ou permaneça na residência.

No caso de habitações coletivas, qualquer morador poderá ser sujeito passivo, inclusive impedindo a entrada ou permanência no local de uso comum. No caso de existência de duas ou mais pessoas com poder de decisão, basta a proibição de uma delas para a caracterização do crime.

6.3.1.4 Tipo objetivo

A descrição objetiva prevê duas condutas, entrar e permanecer. Entrar é ingressar, ultrapassar os limites demarcadores do domicílio, a partir do momento em que se passa com todo o corpo. Permanecer é não se retirar, após ter entrado legitimamente.

O dissenso, que pode ser tácito ou expresso, é necessário. O ingresso pode ainda ser clandestino, às ocultas, sem que o morador tenha conhecimento do fato e, por fim, pode dar-se por forma astuciosa, com a utilização de fraude. Nos dois últimos casos, presume-se a discordância do morador, denominado dissenso implícito.

A entrada ou permanência deve ocorrer em casa ou em suas dependências. A definição de casa, para efeito do crime em estudo é encontrada no próprio artigo, no § 4° e compreende: qualquer compartimento habitado, aposento ocupado de habitação coletiva ou compartimento não aberto ao público, onde alguém exerce profissão ou atividade.

O legislador prevê no § 5° que não se compreendem na expressão "casa":

> I – hospedaria, estalagem ou qualquer outra habitação coletiva, enquanto aberta, salvo a restrição do n° II do parágrafo anterior; e
>
> II – taverna, casa de jogo e outras do mesmo gênero.

Não há violação na entrada ou permanência em pastagens ou plantações em lotes rurais.

Por fim, a casa deve ser habitada, mesmo não estando presentes os moradores.

Crimes contra a liberdade individual **103**

6.3.1.5 Tipo subjetivo

A subjetividade exige o dolo, a vontade de entrar e permanecer na casa, nas formas expressas pelo legislador, não havendo necessidade de finalidade específica.

6.3.1.6 Consumação e tentativa

A consumação se dá no momento em que o agente transpôs o limite demarcatório da residência ou quando permanece no interior desta após ter sido solicitada a sua saída, não havendo necessidade de ocorrência de resultado danoso, bastando o perigo.

A tentativa é possível em ambos os casos, entrar e permanecer.

6.3.1.7 Qualificadoras do crime

A primeira qualificadora ocorre se o crime é praticado durante à noite. Diverge a doutrina sobre a determinação desse período, sendo:

a) período com ausência de luz;

b) período do repouso noturno;

c) período do entardecer ao amanhecer;

d) das 18 horas de um dia até as 6 horas do outro.

O lugar ermo também qualifica o crime. Ermo é aquele local onde há pequeno ou nenhum trânsito de pessoas ou tráfego de veículos, isolado, afastado, que facilita a prática do crime.

Também qualificam o crime o emprego de violência ou de arma para a prática do crime ou por duas ou mais pessoas, hipóteses em que o crime tem pena de detenção de seis meses a dois anos, além da pena correspondente à violência.

6.3.1.8 Causa de exclusão da antijuridicidade

O § 3º proclama que não constitui crime a entrada ou permanência em casa alheia ou em suas dependências, durante o dia, obedecidas as formalidades legais, para efetuar prisão ou outra diligência, precedido o ato de ordem judicial, ou a qualquer hora do dia ou da noite quando da ocorrência ou iminência de crime, justificada pelo flagrante delito.

Também exclui o crime o caso do desastre, onde a entrada tem a finalidade de prestação de socorro.

104 Direito Penal: Parte Especial – Vol. 2

6.4 Dos crimes contra a inviolabilidade de correspondência

6.4.1 Violação de correspondência – Art. 151

Buscando proteger o direito fundamental à inviolabilidade de correspondência, comunicações telegráficas, de dados e de comunicações telefônicas, o legislador editou o art. 151, *caput*, do CP, prevendo a conduta daquele que devassa indevidamente o conteúdo da correspondência fechada, dirigida a outrem. A pena prevista é de detenção de 1 a 6 meses, ou multa.

Prevalece, todavia, que o dispositivo foi tacitamente revogado pelo art. 40 da Lei n. 6.538/1978, que trata dos delitos contra o serviço postal e contra o serviço de telegrama.

6.4.2 Correspondência comercial – Art. 152

É o crime de abusar da condição de sócio ou empregado do estabelecimento comercial ou industrial para, no todo ou em parte, desviar, sonegar, subtrair ou suprimir correspondência, ou revelar a estranho o seu conteúdo. A pena é de detenção de 3 meses a 2 anos.

Visa proteger a liberdade de correspondência comercial.

Como se nota, é crime próprio, porque só pode ser sujeito ativo o sócio ou o empregado do estabelecimento.

Anote-se que o tipo exige como objeto específico a correspondência comercial, que, se ausente, remeterá a tipificação do crime de violação de correspondência.

O parágrafo único prevê a ação penal condicionada à representação.

6.5 Dos crimes contra a inviolabilidade dos segredos

6.5.1 Divulgação de segredos – Art. 153

6.5.1.1 Considerações iniciais

É o crime de "divulgar alguém, sem justa causa, conteúdo de documento particular ou de correspondência confidencial, de que é destinatário ou detentor, e cuja divulgação possa produzir dano a outrem". Tem pena de detenção, de 1 a 6 meses, ou multa.

Crimes contra a liberdade individual **105**

6.5.1.2 *Bem jurídico*

Busca proteger a liberdade individual de se ter segredos mantidos.

6.5.1.3 *Sujeitos do crime*

O sujeito ativo do crime é o destinatário ou o detentor da correspondência ou do documento, sendo que o remetente somente poderá ser sujeito ativo na modalidade de participação.

Sujeito passivo pode ser qualquer pessoa.

6.5.1.4 *Tipo objetivo*

O tipo exige um objeto material, o documento ou a correspondência, de caráter confidencial ou secreto, isto é, de conhecimento de um número limitado de pessoas e que se deseja manter oculto.

A conduta prevista é de divulgar, ou seja, levar a público, o segredo inscrito no documento ou correspondência.

Contém também o dispositivo, elemento normativo consistente na expressão sem justa causa, como o caso de se utilizar de uma correspondência para defesa em um processo.

6.5.1.5 *Ação penal*

A ação penal é pública condicionada a representação.

6.5.1.6 *Divulgação de segredo da Administração Pública*

A Lei n. 9.983/2000 acrescentou o § 1º-A ao art. 153, que passou a tipificar a conduta daquele que divulga indevidamente informações reservadas ou confidenciais, assim definidas em lei, da Administração Pública. Tem pena de detenção, de 1 a 4 anos, e multa.

6.5.2 Violação do segredo profissional – Art. 154

6.5.2.1 *Considerações iniciais*

Esse delito visa resguardar algumas atividades profissionais que lidam com assuntos sigilosos. Apenado com detenção, de 3 meses a 1 ano, ou multa, prevê o tipo a conduta de "revelar alguém, sem justa causa, segredo, de que tem ciência em razão de função, ministério, ofício ou profissão, e cuja revelação possa produzir dano a outrem".

6.5.2.2 *Bem jurídico*

Sigilo profissional.

106 Direito Penal: Parte Especial – Vol. 2

6.5.2.3 Sujeitos do crime

O crime é próprio, pois o sujeito ativo é aquele que tomou conhecimento do segredo por exercer, na esfera privada, função, ministério, ofício ou profissão. O funcionário público comete crimes dos arts. 325 e 326 do CP.

O sujeito passivo é a pessoa que pode sofrer algum dano com a divulgação do segredo.

6.5.2.4 Tipo objetivo

São elementos integrantes desse crime:

a) Existência de um segredo, ou seja, um fato da vida privada que se deseja ocultar.

b) Seu conhecimento em razão de função, ministério, ofício ou profissão: é indispensável que haja um nexo de causalidade entre o exercício da profissão, ofício etc. e o conhecimento do segredo.

c) Revelação, ou seja, a divulgação do crime para terceiros: é o momento da consumação do crime.

d) Ausência de justa causa: o dever de sigilo não é absoluto, podendo ceder sempre que houver autorização legal. No CP, há um caso expresso de obrigatoriedade de quebra do sigilo funcional: o art. 269 ("omissão de notificação de doença"). Se forem desobrigados por seus clientes, os profissionais podem revelar segredos (CPP, art. 207).

e) Possibilidade de dano a outrem: não basta a lesão à privacidade da vítima, consubstanciada no próprio ato de revelar o segredo.

f) Dolo: vontade livre e consciente de revelar indevidamente informação sigilosa obtida em razão do exercício de função, ministério, ofício ou profissão.

6.5.2.5 Consumação e tentativa

O crime é formal, bastando a divulgação do segredo. Não é preciso que quem tenha o seu segredo revelado sofra qualquer dano.

O crime somente se procede mediante representação.

6.5.3 Invasão de dispositivo informático – Arts. 154-A e 154-B

6.5.3.1 Considerações iniciais

Referidos dispositivos foram introduzidos no CP pela Lei n. 12.737/2012, conhecida como Lei da Carolina Dieckmann.

O tipo penal, também chamado de crime de intrusão informática, prevê que é crime invadir dispositivo informático de uso alheio,

Crimes contra a liberdade individual **107**

conectado ou não à rede de computadores, com o fim de obter, adulterar ou destruir dados ou informações sem autorização expressa ou tácita do usuário do dispositivo ou de instalar vulnerabilidades para obter vantagem ilícita.

A pena é de reclusão, de um mês a quatro anos, e multa.

6.5.3.2 Bem jurídico

É a privacidade, gênero do qual são espécies a intimidade e a vida privada.

6.5.3.3 Sujeitos do crime

É crime que pode ser praticado por qualquer pessoa capaz de invadir dispositivo ou instalar vulnerabilidades (no caso do art. 154-A), ou no caso do seu § 1°, que produza, ofereça, distribua, venda ou difunda dispositivo ou programa.

O sujeito passivo pode ser qualquer pessoa, natural ou jurídica, inclusive aqueles elencados no § 5°, que se utiliza do dispositivo informático invadido.

6.5.3.4 Tipo objetivo

Os verbos invadir e instalar reclamam uma atuação desautorizada do agente no dispositivo informático, tais como computador, *tablet*, *smartphone*, memória externa (HD externo), entre outros.

Anote-se que a invasão pode ou não ser feita por meio da rede de computadores.

6.5.3.5 Tipo subjetivo

É o dolo, aliado ao fim de:

a) obter, adulterar ou destruir dados ou informações do titular do dispositivo; ou

b) instalar vulnerabilidades para obter vantagem ilícita.

6.5.3.6 Consumação e tentativa

Crime formal: independe do resultado, sendo este mero exaurimento e critério para quantificação da pena.

A tentativa é possível. Ex.: o agente iniciou o processo de invasão do computador de um terceiro, mas não consegue concluí-lo porque ocorre uma queda de energia no local.

108 Direito Penal: Parte Especial – Vol. 2

6.5.3.7 Causa de aumento

O § 2º apresenta uma causa de aumento de pena de 1/3 a 2/3 se da invasão resulta prejuízo econômico.

6.5.3.8 Qualificadora

No § 3º há uma figura qualificada, se da invasão resultar a obtenção de conteúdo de comunicações eletrônicas privadas, segredos comerciais ou industriais, informações sigilosas, assim definidas em lei, ou o controle remoto não autorizado do dispositivo invadido com pena de reclusão, de 2 a 5 anos, mais multa.

6.5.3.9 Causa de aumento especial

O § 4º prevê uma causa de aumento especial, aplicável apenas na hipótese do § 3º, e desde que haja divulgação, comercialização ou transmissão a terceiro, a qualquer título, dos dados ou informações obtidas. O aumento será de um a dois terços.

6.5.3.10 Causa de aumento geral

No § 5º, o legislador prevê outra causa de aumento (de um terço à metade) se o crime praticado é contra:

I – presidente da República, governadores e prefeitos;

II – presidente do Supremo Tribunal Federal;

III – presidente da Câmara dos Deputados, do Senado Federal, de Assembleia Legislativa de Estado, da Câmara Legislativa do Distrito Federal ou de Câmara Municipal; ou

IV – dirigente máximo da administração direta e indireta federal, estadual, municipal ou do Distrito Federal.

6.5.3.11 Representação

Como predispõe o art. 154-B, nos crimes de invadir e instalar, definidos no art. 154-A do CP, somente se procede mediante representação, salvo se o crime for cometido contra a administração pública direta ou indireta de qualquer dos Poderes da União, estados, Distrito Federal ou municípios ou contra empresas concessionárias de serviços públicos; quando então será pública incondicionada.

6.5.3.12 Competência

A competência, em regra, é da Justiça Estadual. Lembre-se de que nem sempre o fato de o crime ter sido praticado pela rede mundial de computadores atrai, por si só, a competência da Justiça Federal.

PARTE II

DOS CRIMES CONTRA O PATRIMÔNIO

7

Breves considerações sobre os crimes contra o patrimônio

Como segundo título do CP, os crimes contra o patrimônio são aqueles voltados a tutela penal dos bens, interesses e direitos economicamente relevantes, privados ou públicos. Há, porém, o entendimento que estende a proteção penal àqueles bens que, embora não avaliáveis em dinheiro, tenham valor de afeição ou de utilidade para seu titular, visto que tais bens integram o patrimônio do sujeito, tanto que seu titular poderá mover ação civil para reavê-los de quem injustamente os detenha. Ex.: fotografias de família, cartão de crédito etc.

São protegidos tanto a propriedade, como a posse e a detenção, desde que legítimas, o que demonstra o uso do direito penal para reforçar a proteção conferida pelo Direito Civil ao patrimônio das pessoas.

Anote-se que o patrimônio é bem jurídico disponível motivo pelo qual o consentimento do ofendido, antes ou durante a subtração, torna o fato atípico, ainda que sua anuência seja ignorada pelo agente. Após a subtração, o consentimento é irrelevante, subsistindo intacto o delito.

São tipificados assim os crimes de furto, roubo, extorsão, usurpação, dano, apropriação indébita, estelionato e receptação.

8

Furto – Art. 155

8.1 Considerações iniciais

O furto é, na figura básica, definido pela conduta de "Subtrair, para si ou para outrem, coisa alheia móvel". É considerada infração de médio potencial ofensivo, apenado com reclusão, de um a quatro anos, e multa.

Após a definição do *caput* do art. 155, o CP estabelece várias figuras derivadas de furtos, que serão estudadas a seguir.

8.1.1 Sujeitos do crime

É crime comum, porquanto pode ser praticado por qualquer pessoa. E o se proprietário subtrai coisa móvel sua que está na legitima posse de terceiro? De acordo com a posição doutrinária majoritária, entende-se que nesse caso haverá apenas o crime de exercício arbitrário das próprias razões (art. 345 do CP, ou o crime do art. 346 do CP). Não há crime de furto porque a coisa não é alheia.

Cuidado: o funcionário público que subtrai ou facilita a subtração de bem público ou particular que esteja sob a custódia da administração, não comete o crime de furto, mas sim o crime de peculato furto (art. 312 § 1º do CP). Ex.: Técnico judiciário que, valendo-se das facilidades proporcionadas pelo cargo, subtrai arma de fogo que se encontra apreendida nas dependências do fórum. Observação: É importante frisar que, se o funcionário público praticar o ato de subtração sem se valer de qualquer facilidade proporcionada pelo cargo, aí sim estará caracterizado o crime de furto (art. 155 CP).

Sujeito passivo pode ser qualquer pessoa física ou jurídica (é o proprietário, possuidor ou detentor legítimo da coisa).

Furto – Art. 155 **113**

Cuidado: ladrão que subtrai ladrão pratica o crime de furto, sendo que a vítima, nesse caso, é o real proprietário da coisa.

8.1.2 Tipo objetivo

Ação nuclear é subtrair, que significa apoderar-se ou retirar a coisa de quem de direito. O verbo empregado indica a vontade de o agente inverter o título da posse, com ânimo de tê-la em definitivo para si ou para outrem.

Apenas a **coisa móvel** corpórea pode ser objeto material do crime de furto, como um relógio, automóveis, gado etc. Os bens incorpóreos, como os direitos, não podem ser objeto de furto, salvo se materializados em um título ou documento. A coisa deve ser móvel, ou seja, suscetível de apreensão e transporte. Relembre-se, contudo, que para fins penais, a **energia elétrica** (ou outras que possuam valor econômico) se equiparam a coisa alheia móvel, conforme dispõe o art. 155, § 3º, do CP.

Pessoa humana não é coisa, na acepção jurídica do termo e por isso não pode ser objeto de furto. Sua subtração configura delito de outra natureza, como sequestro, extorsão me- diante sequestro, subtração de incapaz etc.

E o **cadáver**? Não pode ser objeto de furto, sendo que sua subtração pode caracterizar o delito do art. 211 do CP. Haverá furto, porém, no caso de o cadáver possuir valor econômico, como múmia de museu, cadáver entregue à faculdade ou laboratório para fins de pesquisa etc.

Além disso, a coisa móvel deve ser **alheia**, ou seja, deve pertencer a alguém. Assim, a coisa de ninguém (*res nullius*) e a coisa abandonada (*res derelicta*) não podem ser objeto de furto. Se o agente subtrai coisa perdida por alguém (*res desperdicta*), não há falar-se em crime de furto, mas sim na prática do crime de apropriação de coisa achada (art. 169, parágrafo único, inc. II, do CP).

Cuidado: o agente que subtrai objetos deixados dentro de uma sepultura, como os dentes de ouro do cadáver, comete algum crime? Há discussão doutrinária a respeito, havendo duas correntes: 1) Trata-se do crime de violação de sepultura (art. 210 do CP) e não se fala em crime de furto, pois a coisa é abandonada; 2) Trata-se de crime de furto (art. 155 do CP) sobre o fundamento de que os bens ali deixados pertencem aos herdeiros do morto.

Lembre-se de que, excepcionalmente, o furto pode ser cometido por omissão, como no caso do empregado que deixa aberta a porta de casa para ajudar o criminoso a entrar e subtrair objetos de seu interior.

8.1.3 Tipo subjetivo

É o dolo, somando ao especial fim de agir "para si ou para outrem", que revela o ânimo/intenção de assenhoreamento definitivo. Trata-se do denominado *animus furandi* ou *animus rem sibi habendi*, que é a intenção de não mais restituir a coisa à vítima.

Observação: considerando, então, que o crime de furto exige, para a sua perfectibilização, um elemento subjetivo específico (*animus rem sibi habendi*), é fácil concluir que o **furto de uso** é um fato atípico. Mas a doutrina ensina que o furto de uso depende do preenchimento de três requisitos: (i) intenção de apenas usar momentaneamente a coisa; (ii) coisa não pode ser consumível; e (iii) restituição imediata e integral ao ofendido.

––––––––––––––––––––––––– **Atenção!** –––––––––––––––––––––––––

Cuidado com o direito penal militar: o CPM prevê a figura típica do furto de uso no art. 241.

––

O que é **furto famélico**? É aquele cometido pelo agente que se encontra em situação de extrema miséria e penúria, necessitando então subtrair alimentos para saciar a sua fome. O furto famélico não configura hipótese de crime de furto, sendo oportuno consignar que a doutrina e a jurisprudência entendem que nesse caso o agente atua acobertado pelo manto da excludente de antijuridicidade do estado de necessidade (o fato é típico, porém, não é antijurídico). O furto famélico reclama a presença de quatro requisitos: (1) finalidade de satisfazer a fome; (2) o único meio para matar a fome é a subtração de alimento (inevitabilidade do comportamento lesivo); (3) o alimento deve ser capaz de diretamente matar a fome; (4) a ausência ou insuficiência de recursos financeiros.

Não há figura culposa.

8.1.4 Consumação e tentativa

A respeito do momento consumativo do crime de furto existem quatro teorias:

a) Teoria da *contrectatio*: consuma-se quando há o simples contato do agente com a coisa alheia móvel, independentemente de haver o deslocamento da coisa.

b) Teoria da *amotio* ou *apprehensio*: consuma-se quando a coisa é apoderada pelo agente (entra em seu poder), mesmo que por breve intervalo de tempo, não precisando que a posse seja pacífica e tranquila.

c) Teoria da *ablatio*: consuma-se quando o agente depois do apoderamento consegue deslocar a coisa de um local para o outro;

d) Teoria da *ilatio*: consuma-se quando o agente consegue levar a coisa para o local desejado a fim de mantê-la a salva, mediante sua posse mansa e tranquila.

Atualmente, a jurisprudência adota a teoria da *amotio* e o furto se consuma com a inversão da posse do bem. Desnecessária para tanto a posse mansa e pacífica, bem como que a coisa saia da esfera de vigilância da vítima. Nesse sentido, é a **Súmula 582 do STJ**, aplicada analogicamente: "Consuma-se o crime de roubo com a inversão da posse do bem mediante emprego de violência ou grave ameaça, ainda que por breve tempo e em seguida à perseguição imediata ao agente e recuperação da coisa roubada, sendo prescindível a posse mansa e pacífica ou desvigiada".

Por isso prevalece tratar-se de crime material, já que a consumação do furto exige uma modificação no mundo físico, qual seja, a retirada do bem do seu possuidor.

Deve-se destacar que é crime instantâneo, que se consuma no momento da transferência da posse para o agente do crime.

Observação: tratando-se de crime material, é perfeitamente possível a tentativa do crime de furto. Tem-se a tentativa de furto quando o agente não consegue subtrair a coisa alheia móvel por circunstâncias alheias a sua vontade. Ex.: agente quebra a janela da residência, entra no recinto e começa a revirar a casa a procura de objetos valiosos; porém, nada consegue subtrair porque foge antes do local, face a chegada da polícia.

Questão do crime impossível: requer impossibilidade absoluta de ofender o bem jurídico tutelado. Se houver qualquer chance de consumar o crime, o agente responde por tentativa de furto.

Se o ladrão coloca a mão dentro do bolso da vítima, porém nada encontra, é crime de furto tentado? Depende. Se o outro bolso também está vazio, não haverá crime tentado, havendo, a bem da verdade, crime impossível (art. 17 do CP), pois que o patrimônio da vítima não corria risco (impropriedade absoluta do objeto). Por outro lado, e diferentemente haverá crime de furto tentado se a vítima possuía valores no outro bolso.

E no caso de furto ocorrido em estabelecimento com sistema de vigilância? O tema foi objeto da Súmula 567 do STJ, que dispõe que o "sistema de vigilância realizado por monitoramento eletrônico ou por

116 Direito Penal: Parte Especial – Vol. 2

existência de segurança no interior de estabelecimento comercial, por si só, não torna impossível a configuração do crime de furto".

A súmula consolida o entendimento de que não há crime impossível porque há situações em que o furto poderá se consumar, já que nenhum sistema de vigilância é completamente perfeito e apto a evitar todas as situações que se desenvolvem a conduta criminosa.

8.2 Princípio da insignificância

É analisado a partir dos seguintes requisitos objetivos:

a) a mínima ofensividade da conduta do agente;
b) nenhuma periculosidade social da ação;
c) o reduzidíssimo grau de reprovabilidade do comportamento; e
d) a inexpressividade da lesão jurídica provocada.

Embora inexista um tabelamento objetivo, a jurisprudência tem considerado insignificantes furtos de bens cujo valor não ultrapassem 10% do salário mínimo vigente à época do fato.

8.3 Furto noturno – figura majorada do § 1º do art. 155

O crime de furto é majorado (aumento de 1/3 de pena) quando praticado durante o período de repouso noturno, ou seja, no período em que as pessoas da comunidade geralmente dormem. Não é preciso que, no caso de furto em domicílio, os habitantes da casa estejam efetivamente dormindo.

Não há um critério fixo para e definir o que significa o repouso noturno, dependendo sempre da análise de cada caso concreto. Assim, de se ver que o critério é variado, já que deve ser entendido o repouso noturno como sendo o momento em que o local costumeiramente recolhe-se para o descanso.

Parte da doutrina entende que incide a majorante ainda que o local furtado não seja habitado ou ainda que os moradores não estejam dormindo no momento do crime. Todavia, há outro entendimento doutrinário bem distinto, no sentido de que a majorante somente será aplicável se o local for habitado e as pessoas estiverem repousando no momento do crime.

A majorante apenas incide se o crime de furto for simples (art. 155, *caput*). Se o crime de furto for qualificado (art. 155, § 4º), a majorante é inaplicável.

Furto – Art. 155 **117**

8.4 Furto privilegiado – Art. 155, § 2º, do CP

Tecnicamente, não se fala em "privilégio", mas sim em causa de diminuição de pena. O furto será privilegiado quando o criminoso for primário e a coisa subtraída for de pequeno valor. Vê-se, assim, que dois são os requisitos da figura privilegiada, a saber:

- ■ Primariedade do agente.
- ■ Pequeno valor da coisa furtada.

A primariedade é um conceito obtido por exclusão, ou seja, primário é aquele agente que não reincidente.

A legislação penal não trouxe em seu texto o significado da expressão "pequeno valor", o que é entendido pela jurisprudência pátria como aquele que não ultrapassa o valor do salário mínimo vigente.

Cuidado: não confundir valor insignificante com pequeno valor (a insignificância exclui a tipicidade material).

O privilégio é aplicado ao crime de furto qualificado, ou seja, existe a figura do crime de furto qualificado-privilegiado? Por muito tempo predominou o entendimento de que não, pois, o privilégio seria incompatível com a figura qualificada, sob os seguintes argumentos: (a) gravidade do crime qualificado; e (b) posição topográfica do privilégio, indicando que o legislador quis vê-lo aplicado apenas ao crime de furto simples e ao crime de furto majorado. Acontece, porém, que muito recentemente o STJ editou a **Súmula 511**, que passou a admitir a figura do furto qualificado-privilegiado. Dispõe referida súmula: "É possível o reconhecimento do privilégio previsto no § 2º do art. 155 do CP nos casos de crime de furto qualificado, se estiverem presentes a primariedade do agente, o pequeno valor da coisa e a qualificadora for de ordem objetiva".

8.5 Furto qualificado – Art. 155, § 4º, do CP

A pena do crime de furto passa a ser de dois a oito anos e multa caso estejam presentes as circunstâncias enumeradas no § 4º do art. 155, a saber:

- a) **destruição ou rompimento de obstáculo**: o agente inutiliza, estraga, deteriora obstáculos colocados para garantir o patrimônio, como as trancas, fechaduras, portas, janelas ou paredes.

A destruição pode ser total ou parcial e dirigida a atingir diretamente o obstáculo. Assim, se para furtar um veículo o agente quebra o vidro, não pratica o crime qualificado, mas se a destruição do vidro

118 Direito Penal: Parte Especial – Vol. 2

visava subtrair coisas que estavam no interior de veículo, a qualificadora persiste.

Se inexistir destruição do obstáculo não haverá a qualificadora, como no caso em que o agente retira a porta, desparafusando-a, ou remove as telhas, sem destruí-las.

Tratando-se de infração que deixa vestígios, é indispensável o exame pericial para a comprovação da destruição ou rompimento de obstáculo. No entanto, há entendimento jurisprudencial admitindo a prova testemunhal na hipótese de os vestígios terem desaparecido (art. 167 do CPP).

b) **abuso de confiança**: é necessário que haja uma especial relação pessoal entre agente e vítima, com algum vínculo de lealdade ou fidelidade que produz uma sensível diminuição da vigilância sobre a coisa. Para que incida a qualificadora, é necessário que o agente cometa o crime valendo-se da facilidade proporcionada por essa relação de confiança.

Cuidado: a mera relação de emprego não caracteriza, por si só, a qualificadora do abuso de confiança (depende de cada caso concreto), pois que é necessária uma relação especial entre agente e vítima.

---

c) **com fraude**: é o meio enganoso capaz de iludir a vigilância do ofendido, pelo que facilita, pois, a subtração do objeto. Ex.: agente que se fantasia de funcionário da Cemat ou dos Correios para entrar na residência da vítima e dali subtrai objetos.

Observação: não confundir furto mediante fraude com o crime de estelionato: no furto a fraude tem por fim diminuir a vigilância da vítima e facilitar a subtração, de modo que o bem é retirado do ofendido, sem que esta perceba. No estelionato, a fraude se destina a colocar a vítima (ou terceiro) em erro, mediante uma falsa percepção da realidade, fazendo com que ela espontaneamente lhe entregue o bem. Não há subtração: a fraude antecede o apossamento da coisa e é causa para ludibriar sua entrega pela vítima.

――――――――――――――― **Atenção!** ―――――――――――――――

A jurisprudência atual do Superior Tribunal de Justiça consolidou entendimento que a **ligação clandestina de energia elétrica** se trata de furto mediante fraude, cuja punibilidade não se extingue com o pagamento do débito antes do recebimento da denúncia, o qual pode caracterizar arrependimento posterior.

d) **escalada**: é o uso de via anormal para ingressar ou sair do local do furto. É qualquer meio incomum de ingresso. Ex.: chaminé, muro

Furto – Art. 155 **119**

alto, túnel etc. Para que incida essa qualificadora, é preciso que o agente empregue um esforço fora do comum. Assim, atos simples, como pular um muro baixo, não configura a qualificadora.

e) **destreza**: é a habilidade física ou manual do agente que pratica o crime sem que a vítima consiga perceber. Ex.: batedor de carteira.

Para que incida essa qualificadora, é necessário que a vítima traga o bem junto ao seu corpo, pois somente assim poderá se avaliar a habilidade do agente.

A qualificadora da destreza deve ser analisada sob a ótica da vítima, e não de terceira pessoa, ou seja, haverá a qualificadora se a vítima que não pode perceber a subtração por parte do agente.

f) **chave falsa**: é todo objeto, com ou sem a forma de chave, que serve para abrir fechadura. Ex.: grampo, clipes, arame, cópia de chave sem autorização do titular etc. Anote-se que o STJ, no HC 152.079, decidiu que a utilização de mixa para abrir fechadura de automóvel configura a qualificadora do inciso III.

g) **concurso de pessoas**: para que incida essa qualificadora, é necessário que o crime de furto seja praticado por no mínimo duas pessoas (não importa se é coautoria ou participação). Não é necessário que todos os agentes estejam na cena do crime ou participem da fase executiva.

Computam-se, para efeito de contagem de agentes, os inimputáveis e aqueles que porventura não sejam identificados.

O juiz poderia, nesse caso, em vez de aplicar a qualificadora do furto, utilizar a causa de aumento de pena do roubo, valendo-se da analogia *in bonam partem* (favorável ao réu)? O STF acertadamente entende que não. O STJ possui idêntico posicionamento, consagrado na Súmula 442: "É inadmissível aplicar, no furto qualificado, pelo concurso de agentes, a majorante do roubo".

8.6 Furto qualificado pelo emprego de explosivo – Art. 155, § 4º-A

A Lei n. 13.654/2018 passou a prever uma nova qualificadora de natureza objetiva quando o crime de furto for praticado com emprego de explosivo ou de artefato análogo que cause perigo comum, caso em que a pena é de reclusão de quatro a dez anos e multa.

Refere-se ao meio de execução e que, portanto, é comunicável com o concurso de pessoas. O termo perigo comum significa que o crime é praticado contra um número indeterminado de pessoas.

Explosivo é a substância ou artefato que possa produzir explosão, detonação, propulsão ou efeito pirotécnico, com aptidão para produzir destruição.

O objetivo desse novo parágrafo é punir com mais rigor os furtos realizados em caixas eletrônicos localizados em agências bancárias ou em estabelecimentos comerciais. É possível verificar então que essa finalidade não foi alcançada uma vez que antes da nova lei, este mesmo tipo de conduta ensejava a responsabilidade pelo crime de furto qualificado pelo rompimento de obstáculo à subtração da coisa em concurso formal impróprio com o crime de explosão majorada, que somavam uma pena mínima de 6 anos, superior à prevista na nova norma.

8.7 Furto mediante fraude eletrônica ou informática ou cibernética – Art. 155, §§ 4º-B e 4º-C

A Lei n. 14.155/2021 acrescentou a nova figura qualificada do furto praticado mediante fraude cometido por meio de dispositivo eletrônico ou informático, punido com pena de reclusão de 4 a 8 anos, e multa.

Trata-se de qualificadora especial do furto mediante fraude, praticado ciberneticamente.

O agente estará incurso nesta norma quando se vale de meio eletrônico ou informático para subtrair o patrimônio alheio, como acontece quando se vale de um celular ou computador.

O furto eletrônico também pode ser cometido mediante a utilização de programas maliciosos, entendidos como vírus ou *malware* que acessam dados de usuários e executam comandos de operações eletrônicos e bancárias, aptas a desfalcar as vítimas.

Ao final, ao prever que a qualificadora pode ser praticada mediante utilização de qualquer outro meio fraudulento análogo, a norma emprega uma cláusula de encerramento extensiva, mas restrita ao uso de algum tipo de dispositivo semelhante aos mencionados antes. O objetivo assim é alcançar a tipificação penal de condutas que se utilizam de novas tecnologias que podem surgir ao longo do tempo.

Observe-se que não é preciso, para a incidência da qualificadora, que o dispositivo esteja conectado à rede de computadores (internet ou intranet). Além disso, para a prática de crime, é desnecessário que o agente viole mecanismo de segurança, tais como senha, biometria, tokens ou certificado digital.

A mesma lei inseriu também o § 4º-C ao art. 155 do CP, que prevê duas causas de aumento de pena à qualificadora em análise.

A relevância do resultado gravoso, elemento normativo mencionado na cabeça do parágrafo, indica que a magnitude do desfalque patrimonial deve servir para influir, progressivamente, na dosagem das frações aumentativas.

Furto – Art. 155 **121**

A primeira majorante, fixada no patamar de 1/3 a 2/3, incide se o crime é praticado mediante a utilização de servidor mantido fora do território nacional. O servidor é dispositivo que permite o acesso à internet, o envio e recebimento de *e-mail*, o armazenamento de dados em nuvem, a hospedagem de *site* etc. A majoração da pena se assenta na inegável dificuldade impostas às investigações e no rastreamento da máquina utilizada para a prática do delito, tendo em vista que ela se encontra fora do território nacional.

A segunda majorante ocorre se o crime é praticado contra idoso ou vulnerável, quando o aumento será de 1/3 ao dobro. Entende-se como idoso, nos termos do art. 1º da Lei n. 10.741/2003, a pessoa com idade igual ou superior a 60 anos. Vulnerável, por sua vez, nos termos do art. 217-A do CP, abrange o menor de 14 anos, o enfermo ou deficiente mental sem o necessário discernimento e a pessoa que, por qualquer outra causa, não puder oferecer resistência. A fim de evitar a responsabilidade penal objetiva, o agente deve saber que a vítima é idosa ou vulnerável.

O furto eletrônico absorve o delito de invasão de dispositivo informático, previsto no art. 154-A do CP, vez que constitui meio de execução para a subtração cibernética.

8.8 Furto de veículo automotor – Art. 155, § 5º

É qualificadora relacionada a um resultado posterior à subtração, consistente no transporte do veículo automotor (automóveis, utilitários, motos, caminhões, lanchas etc.) para outro estado da federação ou para outro país. Essa figura qualificada pressupõe dois requisitos:

1) O objeto subtraído deve ser um veículo automotor.

2) O veículo deve ser transportado para outro estado ou outro país, ou seja, deve haver a efetiva ultrapassagem de fronteira.

Há controvérsia sobre a possibilidade dessa figura ser processada na forma tentada. Prevalece que é possível, desde que reste demonstrada a intenção de transposição de fronteiras com o objeto furtado já que a consumação do crime ocorre com seu mero apoderamento.

8.9 Furto de semovente domesticável – Art. 155, § 6º

Será a pena de reclusão de dois a cinco anos se o objeto material da conduta de furto for semovente domesticável de produção, ainda que abatido ou dividido em partes no local da subtração.

Por semovente domesticável de produção, deve-se compreender os animais destinados à corte ou produção, como caso de gado bovino (**abigeato**), de caprinos ou suínos, por exemplo. O tipo incriminador abrange em seu elemento normativo os animais vivos, abatidos, ou mesmos fracionados. O dispositivo não é aplicável aos animais selvagens, como onça, paca ou tatu nem aos animais domésticos que não sejam voltados à produção.

8.10 Furto de substâncias explosivas ou acessórios – Art. 155, § 7°

Acrescentado pela Lei n. 13.654/2018, o § 7° do art. 155 do CP prevê uma qualificadora para o furto de substâncias explosivas ou de acessórios que, conjunta ou isoladamente, possibilitem sua fabricação, montagem ou emprego.

Substância explosiva "é aquela capaz de provocar detonação, estrondo, em razão da decomposição química associada ao violento deslocamento de gases".

É possível a incidência das figuras do § 7° (furto do explosivo de empresa especializada) e § 4°-A (furto mediante emprego de explosivo), caso as condutas sejam praticadas de forma sucessiva no tempo vez que são inconfundíveis e atingem patrimônios diversos.

8.11 Furto de coisa comum – Art. 156

Previsto no art. 156, o furto de coisa comum guarda semelhança com o crime de furto, dele distinguindo-se porque:

a) É crime próprio. Só pode ser praticado pelo condômino, coherdeiro ou sócio. No tocante ao sócio, prevalece o entendimento de que o dispositivo só é aplicável ao sócio integrante de sociedade despersonalizada. Se a sociedade tem personalidade jurídica, o crime será de furto comum, pois o patrimônio da pessoa jurídica não se confunde com o de seus sócios.

Nessa figura, os sujeitos passivos são os demais condôminos, coerdeiros ou sócios.

b) O objeto material do crime é a coisa comum, isto é, que pertence, simultaneamente, ao autor e à vítima.

c) Nos termos do § 2° do art. 156, não é punível a conduta que recaia sobre coisa comum fungível, cujo valor não exceda à quota a que teria direito o agente. Trata-se de causa excludente da ilicitude.

d) É crime que se processa mediante representação da vítima, conforme prevê o art. 156, § 1°, do CP.

9

Roubo – Art. 157

9.1 Considerações iniciais

O crime de roubo está definido no art. 157 do CP como a conduta de "Subtrair coisa móvel alheia, para si ou para outrem, mediante grave ameaça ou violência a pessoa, ou depois de havê-la, por qualquer meio, reduzido à impossibilidade de resistência". Nessa configuração básica, tem pena de reclusão, de quatro a dez anos, e multa pelo que é considerada infração grave.

O roubo é exemplo de crime complexo porque decorre da soma do crime de furto e o crime de constrangimento ilegal ou ameaça empreendida contra a pessoa.

9.1.1 Bem jurídico

O crime protege o patrimônio e a integridade física e psíquica das vítimas. Por isso é crime pluriofensivo e não admite a aplicação do princípio da insignificância.

O objeto material é a coisa alheia móvel, ainda que tenha pequeno valor econômico ou mesmo sentimental.

9.1.2 Sujeitos do crime

Trata-se de crime comum porque pode ser praticado por qualquer pessoa, exceto pelo proprietário do bem, pois a lei exige que a coisa seja alheia.

Sujeito passivo é o proprietário, possuidor ou detentor da coisa.

Cuidado: como o roubo é crime complexo, nada impede que uma pessoa sofra a violência ou a ameaça e a outra suporte o prejuízo patrimonial. Haverá, nesse caso, duas vítimas de um mesmo roubo.

9.1.3 Tipo objetivo

O verbo nuclear é subtrair, que significa retirar o objeto, o que pressupõe a inversão da posse do bem. Mas o roubo difere essencialmente do furto porque praticado de três modos:

a) mediante grave ameaça – chamada de violência moral ou *vis compulsiva*, a grave ameaça é caracterizada pela promessa de mal grave, iminente e verossímil. É a intimidação; é a coação psicológica. Prevalece que deve ser levado em consideração, para fins de aferição da gravidade da ameaça, a fragilidade da vítima, o momento e o local do crime etc.

Atenção!

Lembre-se de que o roubo é crime de forma livre, razão pela qual a simulação de arma de fogo ou mesmo o uso de arma com defeito ou de brinquedo podem configurar a grave ameaça; contudo, essa simulação não pode caracterizar a majorante do § 2º-A ou § 2º-B do art. 157.

---

b) mediante violência à pessoa – é a chamada violência própria, violência física, *vis corporalis* ou *vis absoluta*. Consiste no emprego de força contra a vítima, apto a lhe produzir lesão corporal leve ou, ao menos, vias de fato.

c) por qualquer meio que reduza a vítima à impossibilidade de resistência, meios empregados em meio à subtração – é a chamada violência imprópria ou sub-reptícia em que o agente ministra sonífero ou outras substâncias (álcool, drogas) ou técnicas (hipnose) para vencer a resistência da vítima.

9.1.4 Tipo subjetivo

O crime é doloso. Não há intenção de lucro nem previsão de modalidade culposa.

Há um fim especial, já que a subtração deve ser "para si ou para outrem", que é compreendido como a ânimo de assenhoreamento definitivo da coisa, ou seja, o *animus rem sibi habendi*. Mas cuidado porque, ao contrário do que acontece com o furto de uso, **o roubo de uso é crime**. Nesse sentido: "O ânimo de apossamento – elementar do crime de roubo – não implica, necessariamente, o aspecto de definitividade. Ora, apossar-se de algo é ato de tomar posse, dominar ou assenhorear-se do bem subtraído, que pode trazer o intento de ter o bem para si, entregar para outrem ou apenas utilizá-lo por determinado período, como no caso em tela. 3. O agente que, mediante grave ameaça ou violência, subtrai coisa alheia para usá-la, sem intenção de tê-la como própria, incide no tipo previsto no art. 157 do CP. 4. Recurso provido para, afastando a atipicidade da conduta, cassar o acórdão recorrido e a sentença de primeiro grau, e determinar que nova decisão seja proferida em primeira instância" (REsp. 1.323.275/GO, Rel. Min. Laurita Vaz, Quinta Turma, julgamento: 24.04.2014).

9.1.5 Consumação e tentativa

Assim como no crime de furto, a consumação do roubo acontece quando o agente tem a posse do bem, mesmo que venha a perdê-la logo depois. Basta a simples retirada do bem da esfera de disponibilidade da vítima, pelo que se aplica aqui a chamada teoria da *amotio*. Nesse sentido é a Súmula 582 do STJ que prevê que "Consuma-se o crime de roubo com a inversão da posse do bem mediante emprego de violência ou grave ameaça, ainda que por breve tempo e em seguida à perseguição imediata ao agente e recuperação da coisa roubada, sendo prescindível a posse mansa e pacífica ou desvigiada."

9.2 Espécies de roubo

■ Roubo próprio: violência ou grave ameaça aplicadas antes ou durante a conduta.
■ Roubo impróprio: violência ou grave ameaça aplicadas logo depois da subtração.

9.3 Roubo majorado ou agravado – Art. 157, § 2º

O § 2º prevê que a pena do roubo é aumentada de 1/3 até metade, se:

a) *há concurso de duas ou mais pessoas*: o aumento se explica ante a desvantagem da vítima, e resta caracterizado mesmo que um dos comparsas seja inimputável e que apenas um deles pratique atos executórios do crime. Também é indiferente que todos os agentes sejam identificados. Trata-se de exemplo de crime acidentalmente coletivo porque, apesar de ser possível cometer o roubo por uma só pessoa, a pluralidade de agentes enseja a exasperação da pena.

Se o crime for praticado em concurso com um menor de 18 anos de idade, o agente comete dois crimes: o roubo em estudo (majorado) e a corrupção de menores (Lei n. 8.069/1990, art. 244-B)

b) *a vítima está em serviço de transporte de valores e o agente conhece tal circunstância*: só haverá a majorante se a vítima transporta valores alheios, mas não quando os bens lhe pertencem. O objeto material aqui não se restringe a dinheiro em espécie, abrangendo outros bens e produtos que possuam expressão econômica, como cosméticos transportados por funcionários dos Correios, por exemplo. De acordo com a lei, é imprescindível que o agente tenha ciência inequívoca de que a vítima está em serviço de transporte de valores.

c) *a subtração for de veículo automotor que venha a ser transportado para outro Estado ou para o exterior*: esta majorante é semelhante àquela prevista no crime de furto. Assim, está a exigir um resultado posterior à subtração, consistente no transporte do veículo automotor (automóveis, utilitários, motos, caminhões, lanchas etc.) para outro Estado da federação ou para outro país. Pressupõe dois requisitos:

- o objeto subtraído deve ser um veículo automotor;
- o veículo deve ser transportado para outro estado ou outro país, ou seja, deve haver a efetiva ultrapassagem de fronteira.

d) *o agente mantém a vítima em seu poder, restringindo sua liberdade*: restringe-se aos casos em que a privação da liberdade for de curta duração, ou seja, quando esse modo de agir servir como meio para assegurar a consumação do roubo ou a fuga do agente, como acontece quando o agente transporta a vítima até determinado local ermo e a abandona. Caso a privação dure mais do que o necessário para o atingimento de tais finalidades, o agente deverá responder por roubo, em concurso material com o crime de sequestro.

e) *a subtração for de substâncias explosivas ou de acessórios que, conjunta ou isoladamente, possibilitem sua fabricação, montagem ou emprego*:
Essa majorante foi acrescentada pela Lei n. 13.654/2018. Aqui o agente, mediante violência ou grave ameaça, subtrai substância explosiva ou acessório que, conjunta ou isoladamente, possibilite a sua fabricação, montagem ou emprego. Ex.: sujeito que, mediante violência ou grave ameaça, subtrai uma banana de dinamite. Observe-se que a majorante não exige o uso posterior do explosivo.

f) *a violência ou grave ameaça é exercida com emprego de arma branca*: essa majorante foi incluída pela Lei n. 13.964/2019 (Pacote Anticrime) para corrigir uma atecnia cometida pelo legislador em 2018. Isso porque a Lei n. 13.654/2018 havia revogado o inciso I do § 2º do art. 157 do CP que previa a majorante quando o crime era praticado mediante emprego de arma, o que garantia sua aplicação para qualquer espécie de arma, seja a própria, seja a imprópria.

Roubo – Art. 157 **127**

O legislador pretendia tornar ainda mais grave a resposta penal para esses casos, e por isso incluiu o § 2°-A, inciso I, ao art. 157 do CP que prevê o aumento de dois terços nos casos em que se a violência ou ameaça é exercida com emprego de arma de fogo. A nova lei, todavia, deixou de considerar como circunstância majorante o roubo praticado mediante emprego de arma branca, situação que somente foi corrigida com a edição da Lei Anticrime (Lei n. 13.964/2019, que entrou em vigor em 23.01.2020). Referida lei, como já dito, incluiu o inciso VII ao § 2° do art. 157 do CP e passou a prever, como majorante o roubo cuja violência ou grave ameaça é exercida com emprego de arma branca.

Mas além dessa mudança, a Lei Anticrime acrescentou o § 2°-B do art. 157 do CP e passou a prever que a pena do crime de roubo será aplicada em dobro se a violência ou grave ameaça é exercida com emprego de arma de fogo de uso restrito ou proibido.

Assim, a depender da natureza da arma de fogo empregada para a prática de roubo, se branca, de uso permitido ou de uso restrito/proibido, temos três penas diferentes a ser aplicada.

Tipo de arma	Antes da Lei n. 13.654/2018	Após a Lei n. 13.654/2018	Após a Lei n. 13.964/2019
Branca	Majorante: 1/3 até metade	Pena do *caput*	Majorante: 1/3 até a metade
Uso permitido	Majorante: 1/3 até metade	Majorante: 2/3	Majorante: 2/3
Uso restrito ou proibido	Majorante: 1/3 até metade	Majorante: 2/3	Pena de 8 a 20 anos

---
Atenção!

- Não há definição legal para arma branca. Por isso tem prevalecido o entendimento que deve ser entendida como sinônimo de arma imprópria, que é o instrumento criado com outra finalidade, mas que também possa ser usado para matar ou ferir. Ex.: faca de cozinha, barra de ferro, taco de beisebol, caco de vidro.
- A lei fala em emprego de arma, de modo que é insuficiente, para o aumento da pena, o porte oculto do armamento. Exige-se o uso efetivo da arma ou, ao menos, seu porte ostensivo.
- A simulação do emprego de arma, embora permita o reconhecimento da grave ameaça que tipifica o roubo, é insuficiente para o aumento da pena.
- O roubo praticado mediante emprego de arma de brinquedo não autoriza a incidência da majorante vez que destituída de poder *vulnerandi*.

9.4 Roubo majorado do § 2º-A do art. 157

A pena é aumentada de 2/3, se:

a) *se a violência ou ameaça é exercida com emprego de arma de fogo:*

Esta majorante foi incluída no CP pela Lei n. 13.654/2018, conforme analisado anteriormente.

b) *se há destruição ou rompimento de obstáculo mediante o emprego de explosivo ou de artefato análogo que cause perigo comum:*

Essa forma majorada pressupõe dois requisitos: que o roubo tenha resultado em destruição ou rompimento de obstáculo e que essa destruição ou rompimento tenha sido causada pelo fato de o agente ter utilizado explosivo ou artefato análogo que cause perigo comum. Ex.: agente invade uma agência bancária, subjuga as pessoas presentes mediante grave ameaça e utiliza explosivos para abrir um cofre.

9.5 Emprego de arma de uso restrito ou proibido – § 2º-B

Dispõe que se a violência ou grave ameaça é exercida com emprego de arma de fogo de uso restrito ou proibido, aplica-se em dobro a pena prevista no *caput* desse artigo. Trata-se de outra alteração feita pela Lei n. 13.964/2019 (Pacote Anticrime), conforme mencionado anteriormente e que estabelece um progressivo agravamento da pena do roubo praticado mediante emprego desta espécie de arma de fogo.

Conforme dispõe o art. 3º, II, do Anexo I do Decreto n. 10.030/2019, com redação dada pelo Decreto n. 10.627/2021, são de uso restrito as armas de fogo automáticas, de qualquer tipo ou calibre, semiautomáticas ou de repetição que sejam: (a) não portáteis; (b) de porte, cujo calibre nominal, com a utilização de munição comum, atinja, na saída do cano de prova, energia cinética superior a mil e duzentas libras-pé ou mil seiscentos e vinte joules; ou (c) portáteis de alma raiada, cujo calibre nominal, com a utilização de munição comum, atinja, na saída do cano de prova, energia cinética superior a mil e duzentas libras-pé ou mil seiscentos e vinte joules.

São de uso proibido, por sua vez, nos termos do art. 3º, III, do mesmo decreto: (a) as armas de fogo classificadas como de uso proibido em acordos ou tratados internacionais dos quais a República Federativa do Brasil seja signatária; e (b) as armas de fogo dissimuladas, com aparência de objetos inofensivos. Exemplos: armas em forma de caneta ou bengala.

9.6 Roubo qualificado – Latrocínio

Não se confunde com o roubo majorado.

Ocorre se da violência resulta lesão corporal grave, caso em que a pena é de reclusão, de sete a dezoito anos, além da multa; se resulta morte, a reclusão é de vinte a trinta anos, sem prejuízo da multa. Nesta última hipótese, haverá o chamado **latrocínio**, que possui algumas características que o diferencia das demais modalidades de roubo, tais como:

- A morte decorre da violência executada em razão do roubo.
- Se a morte decorrer da grave ameaça, não haverá latrocínio, mas roubo seguido de homicídio.
- Se consuma com a morte da vítima.
- É de competência de juiz singular, e não do tribunal do júri.

A consumação do latrocínio varia de acordo com o advento da morte da vítima. Assim, se houver consumação da morte, independentemente da consumação da subtração, o latrocínio será consumado. É o que prevê a Súmula 610 do STF: "Há crime de latrocínio, quando o homicídio se consuma, ainda que não realize o agente a subtração de bens da vítima". Por outro lado, o latrocínio será tentado se a morte não se consumar, ainda que a subtração tenha sido alcançada pelo agente.

Isso significa que o que determina se o latrocínio é tentado ou consumado é a ocorrência morte. Se ela for tentada, o latrocínio será tentado. Se a morte for consumada, o latrocínio estará consumado.

9.7 Outros pontos importantes

- **Pluralidade de causas de aumento**: na esteira do que prevê o art. 68, parágrafo único, do CP, no concurso de causas de aumento ou de diminuição previstas na parte especial, pode o juiz limitar-se a um só aumento ou a uma só diminuição, prevalecendo, todavia, a causa que mais aumente ou diminua.
- **Hediondez**: Conforme previsto no art. 1º, II, da Lei n. 8.072/199, é hediondo o roubo circunstanciado pela restrição de liberdade da vítima (art. 157, § 2º, V), pelo emprego de arma de fogo (art. 157, § 2º-A, I) ou pelo emprego de arma de fogo de uso proibido ou restrito (art. 157, § 2º-B). Também é considerado hediondo, por força do art. 1º, II, da Lei n. 8.072/1990, o roubo qualificado pelo resultado lesão corporal grave ou morte (art. 157, § 3º).

10

Extorsão

10.1 Extorsão – Art. 158 do CP

10.1.1 Considerações iniciais

A extorsão consiste na conduta de constranger alguém, mediante violência ou grave ameaça e com o intuito de obter vantagem indevida para si ou para outrem, a fazer, tolerar que se faça ou deixar de fazer alguma coisa.

É delito muito parecido com o do roubo, cuja diferença principal está obviamente na ausência do verbo subtração. Na extorsão o agente depende de uma ação positiva por parte da vítima, que terá de fazer ou deixar de fazer alguma coisa para que o autor do delito obtenha a vantagem por ele almejada. Ex.: indivíduo, mediante grave ameaça realizada com arma de fogo, força a vítima a realizar saques em um caixa eletrônico ou a realizar compras utilizando seu cartão de débito.

10.1.2 Bem jurídico

Trata-se de crime pluriofensivo, uma vez que atinge o patrimônio, a integridade física e psíquica e a liberdade pessoal da vítima.

10.1.3 Sujeitos do crime

O crime é comum, pode ser praticado por qualquer pessoa.

O funcionário público também poderá figurar como sujeito ativo, desde que ocorra o emprego de violência física ou ameaça de mal estranho à função. Ex.: exigência de dinheiro, sob ameaça de morte. Se, porém, as ameaças estiverem relacionadas à função do funcionário, haverá concussão (CP, art. 316).

Sujeito passivo é a pessoa que sofre a ameaça ou a violência, bem como aquela que sofre o prejuízo econômico.

10.1.4 Tipo objetivo

A descrição objetiva prevê conduta de constranger alguém, o que pode ser feito por meio da violência ou da grave ameaça. É necessário que o ato seja capaz de intimidar a vítima.

A forma mais comum de extorsão é a chantagem, que o agente exige alguma vantagem para não revelar um segredo envolvendo a vítima.

A vantagem a ser obtida deve ser injusta, pois, se justa, o crime será de exercício arbitrário das próprias razões (CP, art. 345).

10.1.5 Tipo subjetivo

O crime é doloso, acrescido do fim especial de obter uma vantagem econômica ilícita.

10.1.6 Consumação e tentativa

Como assentado na Súmula 96 do STJ, "O crime de extorsão consuma-se independentemente da obtenção da vantagem indevida", razão pela qual, é crime formal.

A tentativa é possível, como exemplo cita-se o caso de a ameaça não chegar ao conhecimento da vítima.

10.1.7 Extorsão majorada – Art. 158, § 1º

A extorsão terá a pena aumentada em um terço até a metade se:

a) o crime for cometido por duas ou mais pessoas;
b) cometida mediante emprego de arma.

10.1.8 Extorsão qualificada – Art. 158, § 3º

Se da violência resulta lesão corporal grave, a pena é de reclusão, de sete a dezoito anos, além da multa; se resulta morte, a reclusão é de vinte a trinta anos, sem prejuízo da multa.

10.1.9 Extorsão mediante restrição da liberdade da vítima – Art. 158, § 3º

Prevê o § 3º do art. 158 que "Se o crime for cometido mediante a restrição da liberdade da vítima, e essa condição é necessária para a

132 Direito Penal: Parte Especial – Vol. 2

obtenção da vantagem econômica, a pena é de reclusão, de 6 (seis) a 12 (doze) anos, além da multa; se resulta lesão corporal grave ou morte, aplicam-se as penas previstas no art. 159, §§ 2° e 3°, respectivamente".

Essa previsão é relativamente mais recente que as demais (foi incluída em 2009 no CP), e tem por objetivo tipificar a conduta apelidada pela mídia como **sequestro relâmpago**.

O sequestro relâmpago difere da extorsão mediante sequestro (art. 159) porque nele não há privação, mas mera restrição da liberdade da vítima.

10.1.10 Hediondez

Antes da vigência da Lei n. 13.964/2019 o delito previsto no art. 158, § 3°, se resultasse lesão grave, não integrava o rol da Lei n. 8.072/1990, de modo que, do ponto de vista puramente legal, não era considerado crime hediondo.

Com a alteração legislativa realizada pela Lei Anticrime, incluiu-se a referida modalidade delitiva no rol do referido diploma legal, *ex vi*, art. 1°, III.

10.2 Extorsão mediante sequestro – Art. 159 do CP

10.2.1 Considerações iniciais

Comete extorsão mediante sequestro aquele que "Sequestrar pessoa com o fim de obter, para si ou para outrem, qualquer vantagem, como condição ou preço do resgate". A pena cominada é de reclusão de oito a quinze anos.

10.2.2 Bem jurídico

Este tipo penal tutela o patrimônio, como também a liberdade de locomoção, a incolumidade pessoal da vítima e, eventualmente, a vida.

10.2.3 Sujeitos do crime

Crime comum, que pode ser cometido por qualquer pessoa.

Sujeito passivo é qualquer pessoa, seja a sequestrada, seja a extorquida.

────────────────── **Atenção!** ──────────────────

É imprescindível que a conduta recaia sobre pessoa. A subtração de animal de estimação, com o intuito de obter alguma vantagem, em troca de sua devolução, não caracteriza extorsão mediante sequestro, mas apenas extorsão.

10.2.4 Tipo objetivo

O verbo sequestrar deve ser entendido como privar alguém de sua liberdade de locomoção, o que pode ser feito mediante o transporte da vítima até um determinado local, ou com sua retenção no lugar em que se encontrava. O crime é de forma livre.

Prevalece que é indispensável que a vantagem seja econômica e indevida. Há entendimento que o resgate pode consistir em qualquer outra vantagem.

10.2.5 Tipo subjetivo

O crime é doloso e exige um elemento subjetivo específico, consistente no fim de obter, para si ou para outrem, qualquer vantagem, como condição ou preço do resgate.

10.2.6 Consumação e tentativa

O delito de extorsão mediante sequestro se consuma com a privação da liberdade do ofendido, de modo que o recebimento ou não da vantagem (resgate) é irrelevante para sua consumação. É desnecessário, inclusive que o sujeito exija o pagamento do resgate, desde que reste comprovado que essa era sua intenção.

Enquanto a vítima for mantida privada de sua liberdade, o crime estará em consumação. Conclui-se tratar-se de crime permanente.

A tentativa é admissível e ocorre quando, iniciada a execução, o agente não consegue sequestrar a vítima, por circunstâncias alheias à sua vontade.

A soltura da vítima, após sua captura, não permite o reconhecimento da desistência voluntária ou do arrependimento eficaz, uma vez que o delito já havia se consumado.

10.2.7 Figuras qualificadas

Conforme prevê o art. 159, § 1º, "Se o sequestro dura mais de 24 (vinte e quatro) horas, se o sequestrado é menor de 18 (dezoito) ou maior de 60 (sessenta) anos, ou se o crime é cometido por bando ou quadrilha", a pena é de reclusão, de doze a vinte anos.

O prazo de 24 horas mencionado na primeira hipótese deve ser contado minuto a minuto, desde a privação da liberdade da vítima, até sua soltura, ainda que o resgate seja pago antes. Trata-se de circunstância que se assenta no maior sofrimento causado na vítima e seus familiares.

134 Direito Penal: Parte Especial – Vol. 2

O sequestro de pessoa menor de 18 anos ou maior de 60 anos se justifica na menor resistência das vítimas. Como esse é um crime permanente, a qualificadora é aplicada quando a vítima não era maior de 60 anos na data de seu arrebatamento, mas adquire essa idade durante o período de privação de liberdade. Para a incidência dessa qualificadora, é necessário que o agente saiba da idade da vítima.

A última circunstância mencionada na norma, qual seja, crime cometido por quadrilha ou bando deve ser entendida como associação criminosa, tipo penal equivalente àquele. Há divergência quanto a possibilidade de punição de alguém que pratica essa extorsão qualificada e pelo crime do art. 288 do CP. Há quem sustente ser possível, como caso de concurso material de delitos, já que os tipos têm objetividades jurídicas, sujeitos passivos e momentos consumativos diversos, o que impediria que um fosse absorvido pelo outro. Uma segunda corrente defende a impossibilidade de ocorrer o concurso de crimes, sob pena de *bis in idem*.

O § 2º prevê que, "se do fato resulta lesão corporal de natureza grave", a pena passa a ser de reclusão, de dezesseis a vinte e quatro anos.

Já o § 3º dispõe que, "se resulta a morte", a pena é de reclusão, de vinte e quatro a trinta anos.

Prevalece que esses resultados podem derivar de dolo ou de culpa, motivo pelo qual absorvem a lesão corporal ou o homicídio.

———————————————— **Atenção!** ————————————————

Para incidência da qualificadora, é preciso que a morte seja do sequestrado, pois, se outra pessoa morrer, haverá crime de homicídio em concurso com a extorsão mediante sequestro.

10.2.8 Delação premiada – Art. 159, § 4º

Visando estimular o desmantelamento de associações voltadas para prática deste crime, o § 4º do art. 159 do CP prevê que se um dos comparsas delata os outros a ponto de ficar fácil o esclarecimento do crime e a liberação da vítima, desde que a polícia consiga libertar a vítima, a pena será diminuída de um a dois terços.

10.3 Extorsão indireta – Art. 160

10.3.1 Considerações iniciais

O art. 160 do CP prevê o crime de extorsão indireta ao descrever a conduta de exigir ou receber como garantia de dívida, abusando

Extorsão **135**

da situação de alguém, documento que pode dar causa a procedimento criminal contra a vítima ou contra terceiro. Exemplo é o do agiota que, para assegurar uma dívida, obtém uma declaração da vítima na qual ela confessa a prática de um crime.

A pena cominada é de reclusão, de um a três anos, e multa.

10.3.2 Bem jurídico

Além de tutelar o patrimônio da vítima, o crime protege a liberdade individual da vítima.

10.3.3 Sujeitos do crime

O crime pode ser praticado por qualquer pessoa que exige ou recebe a garantia. A vítima pode ser qualquer pessoa que cede ou oferece a garantia.

10.3.4 Tipo objetivo

O tipo contém dois núcleos: "exigir" e "receber". Exigir é obrigar alguém a fazer algo, razão pela qual é revestida de um tom de ameaça. Receber, por sua vez, equivale a entrar na posse de algo.

Em qualquer das formas, o crime pressupõe o abuso da situação de dificuldade e vulnerabilidade em que se encontra a vítima (o que caracteriza o chamado dolo de aproveitamento).

10.3.5 Tipo subjetivo

Delito é doloso. Há um elemento subjetivo específico consistente na intenção de obter o documento como garantia de dívida, abusando da situação de dificuldade econômica da vítima. É o chamado dolo de aproveitamento.

10.3.6 Consumação e tentativa

Na modalidade exigir, o crime é formal e a consumação acontece no instante que o documento é exigido. Nessa hipótese, a tentativa somente é possível quando a exigência é por escrito. Ex.: o credor remete uma missiva ao devedor, que se extravia em seu itinerário.

No segundo caso, é crime material, em que é perfeitamente cabível a tentativa. Ex.: um terceiro impede a entrega do documento.

11

Da usurpação

11.1 Alteração de limites – Art. 161

11.1.1 Considerações iniciais

É o primeiro crime do capítulo III desse título, voltado a proteção do patrimônio em relação aos bens imóveis.

O crime de alteração de limites consiste em suprimir ou deslocar tapume, marco ou qualquer outro sinal indicativo de linha divisória, para apropriar-se no todo ou em parte, de coisa imóvel alheia. É o caso do vizinho que invade o terreno do outro, alterando a linha divisória do terreno.

A pena é de detenção de um a seis meses, além da multa.

11.1.2 Bem jurídico

O tipo visa proteger o patrimônio imobiliário.

11.1.3 Sujeitos do crime

O crime pode ser cometido pelo vizinho do terreno da vítima, além do futuro comprador do imóvel vizinho.

O sujeito passivo é proprietário ou possuidor cujas áreas vizinhas sejam alteradas em razão da conduta criminosa do sujeito ativo.

11.1.4 Tipo objetivo

A conduta é suprimir, fazer desaparecer ou deslocar o sinal indicativo da linha divisória, mudando-a de lugar, de maneira a modificar os limites do imóvel.

O objeto material do crime é o tapume, como cercas e muros, ou marcos como tocos ou barras de cimento ou outros sinais indicativos de linha divisória entre os imóveis.

11.1.5 Tipo subjetivo

O crime é doloso, em que o agente pratica a conduta com a vontade de alterar o limite, aliado ao elemento subjetivo do injusto, que é a vontade de se apossar do imóvel.

11.1.6 Consumação e tentativa

A consumação ocorre com a supressão ou deslocamento do sinal divisório, mesmo que o agente não consiga se apropriar da coisa.

É admitida a tentativa.

11.1.7 Usurpação de águas – Art. 161, § 1º, I

Incorre nas mesmas penas quem desvia ou represa em proveito próprio ou de outrem, águas alheias. Há a incriminação do impedimento do uso da água corrente.

Por isso o crime pode ser cometido por qualquer pessoa que impeça o curso normal da água. O sujeito passivo é a pessoa privada do uso e gozo da água.

As condutas são desviar, que significa mudar de rumo, ou represar, que significa conter em determinado local.

Há uma finalidade especial, que é a vontade de obter proveito próprio ou para terceiro.

11.1.8 Esbulho possessório – Art. 161, § 1º, II

Incorre nas mesmas penas ainda quem invade, com violência a pessoa ou grave ameaça, ou mediante concurso de mais de duas pessoas, terreno ou edifício alheio, para o fim de esbulho possessório.

Qualquer pessoa pode cometer o delito. A vítima pode ser tanto o possuidor como o proprietário do imóvel esbulhado.

Comete o crime o agente que invade, ou seja, ingressa à força em terreno ou edifício alheio, da zona rural ou urbana (objetos materiais do crime).

A invasão pode ser por meio de violência ou grave ameaça a pessoa, ou pode ainda ser praticada mediante concurso de mais de duas pessoas.

138 Direito Penal: Parte Especial – Vol. 2

A invasão somente caracterizará o crime quando o agente busca assumir a posse do imóvel.

Cuidado: se a invasão for de imóvel da União, dos estados e dos municípios, haverá crime do art. 20 da Lei n. 4.947/1966; se a invasão for de imóvel do Sistema Financeiro de Habitação, o crime está previsto no art. 9º da Lei n. 5.741/1971 e o julgamento estará afeto à Justiça Federal.

11.1.9 Esbulho possessório por movimentos sociais

Embora vise condicionar a propriedade à sua função social, entende o Supremo Tribunal Federal tratar-se de crime previsto nessa norma penal porque contrário ao Estado de Direito (STF, ADI 2.213 MC/DF, Rel. Min. Celso de Mello, julgamento: 04.04.2002).

11.1.10 Disposições finais – Art. 161, §§ 2º e 3º

- ■ *Pena*: para todos os crimes de usurpação de bem imóvel, a pena é de detenção, de um a seis meses, e multa. São, portanto, infrações penais de menor potencial ofensivo, julgadas nos Juizados Especiais.

- ■ *Violência*: se o crime é praticado mediante violência, haverá cúmulo material correspondente à violência. Assim, caso o agente, para realizar o esbulho possessório, mate alguém, ele responderá pelo crime do art. 161, § 1º, II, conjugado com o crime do art. 121 (homicídio).

- ■ *Ação penal*: em regra, pública incondicionada. Porém, se o imóvel objeto do crime for particular e não houver a utilização de violência, a ação penal é privada, procedendo-se mediante queixa.

11.2 Supressão ou alteração de marcas em animais – Art. 162

11.2.1 Considerações iniciais

Consiste em suprimir ou alterar, indevidamente, em gado ou rebanho alheio, marca ou sinal indicativo de propriedade. A pena é de detenção, de 6 meses a 3 anos, e multa.

11.2.2 Bem jurídico

O crime visa defender a propriedade dos semoventes, considerados imóveis por acepção intelectual, considerados móveis para efeitos penais.

Da usurpação **139**

11.2.3 Sujeitos do crime

Qualquer pessoa pode cometer esse crime, exceto o próprio proprietário do gado ou rebanho. A vítima é o proprietário do animal cuja marca foi modificada ou suprimida.

11.2.4 Tipo objetivo

O núcleo verbal é suprimir (fazer sumir), ou modificar (alterar) a marca ou sinal existente no gado ou rebanho. A marca e sinal são considerados objeto material do crime. Como marca deve se entender aquela feita a fogo no couro do animal. O sinal é todo símbolo como brincos, argolas, corte de parte do chifre do animal etc.

É imprescindível que o gado ou rebanho seja alheio.

11.2.5 Tipo subjetivo

O crime é doloso, entendido como a vontade de suprimir ou alterar a marca ou sinal, desde que indevidamente, face a existência desse elemento normativo.

11.2.6 Consumação e tentativa

O crime se consuma no instante em que o agente suprime ou altera a marca ou sinal no animal, ainda que a conduta atinja um único animal.

A tentativa é possível.

Na hipótese de a supressão do sinal ser feita depois da subtração dos animais, o agente responderá apenas pelo crime de furto ante a inegável absorção.

12

Do dano

12.1 Dano – Art. 163

12.1.1 Considerações iniciais

O crime de dano consiste na conduta de "Destruir, inutilizar ou deteriorar coisa alheia". A pena é de detenção, de um a seis meses, ou multa.

12.1.2 Bem jurídico

É o patrimônio de pessoas físicas e jurídicas.

12.1.3 Sujeitos do crime

Sujeito ativo do crime é qualquer pessoa. Sujeito passivo é o proprietário ou possuidor da coisa que foi destruída, deteriorada ou inutilizada.

12.1.4 Tipo objetivo

Há três modos de cometer o crime, que são: destruir (desfazer, desmanchar), inutilizar (tornar imprestável, impossibilitar o uso) e deteriorar (estragar). É crime de ação livre, que pode ser cometido tanto por ação, como por omissão.

O objeto material é a coisa alheia sobre a qual recai a conduta do sujeito ativo, desde que essa coisa tenha valor econômico.

Por ser crime que deixa vestígios, é obrigatória a realização de exame de corpo de delito para sua configuração.

12.1.5 Tipo subjetivo

O crime é doloso. Há divergência se o agente deve ter a intenção de causar dano a vítima. Não há modalidade culposa, motivo pelo qual acidentes de trânsito que acarretem danos materiais somente poderão ser discutidos na área cível.

12.1.6 Consumação e tentativa

O delito se consuma quando ocorre com a destruição, inutilização ou deterioração da coisa.

A tentativa é perfeitamente possível.

12.1.7 Figura qualificada – Art. 163, parágrafo único, incisos I a IV

a) Crime cometido mediante violência ou grave ameaça à pessoa.
b) Emprego de substância inflamável ou explosiva.
c) Contra o patrimônio da União, de estado, do Distrito Federal, de município ou de autarquia, fundação pública, empresa pública, sociedade de economia mista ou empresa concessionária de serviços públicos.
d) Crime praticado por motivo egoístico ou com prejuízo considerável à vítima.

12.1.8 Ação penal

A ação penal no dano simples e qualificado por motivo egoístico é privada, nos demais casos é pública incondicionada.

12.2 Introdução ou abandono de animais em propriedade alheia – Art. 164

12.2.1 Considerações iniciais

O crime consiste em introduzir ou deixar animais em propriedade alheia, sem o consentimento de quem de direito, desde que o fato resulte prejuízo.

12.2.2 Bem jurídico

O tipo protege a propriedade e a posse, seja ela rural ou urbana.

12.2.3 Sujeitos do crime

Sujeito ativo do crime é qualquer pessoa. Sujeito passivo é o proprietário ou o legítimo possuidor da coisa.

12.2.4 Tipo objetivo

O crime consiste em introduzir (inserir, colocar para dentro) o animal que se encontra fora. Já a conduta deixar (permitir) é realizada quando o agente não retira os animais que já se encontravam dentro da propriedade alheia.

Embora o tipo fale em animais no plural, basta que haja a introdução de somente um, pois o legislador quis referir-se à generalidade de espécies de animais.

O objeto material é a propriedade alheia.

Somente ocorre o crime se restar comprovada a ocorrência efetiva de prejuízo.

Por fim, há um elemento normativo: a conduta será lícita se houver consentimento de quem de direito.

12.2.5 Tipo subjetivo

O crime é doloso e inexiste finalidade especial.

12.2.6 Consumação e tentativa

A consumação ocorre com o prejuízo. Por isso, prevalece inexistir a figura tentada, visto que há prejuízo e o crime se consuma, ou não há e teremos um fato atípico.

12.2.7 Ação penal

É privada.

12.3 Dano em coisa de valor artístico, arqueológico ou histórico – Art. 165

Prevalece o entendimento de que esse crime foi revogado tacitamente pelo art. 62 da Lei n. 9.605/1998 (Lei dos Crimes Ambientais).

12.4 Alteração de local especialmente protegido – Art. 166

Prevalece o entendimento de que esse crime foi revogado tacitamente pelo art. 63 da Lei n. 9.605/1998 (Lei dos Crimes Ambientais).

13

Da apropriação indébita

13.1 Apropriação indébita – Art. 168

13.1.1 Considerações iniciais

Consiste na conduta de apropriar-se de coisa alheia móvel de que tem a posse ou a detenção. A pena é de reclusão, de 1 a 4 anos, e multa.

Da definição, pode-se concluir que pratica o crime o agente que obteve a posse ou detenção da coisa de maneira legítima e depois a retém para si.

13.1.2 Bem jurídico

O crime protege o patrimônio, principalmente a propriedade e a posse da coisa móvel.

13.1.3 Sujeitos do crime

Qualquer pessoa que esteja na posse ou detenção da coisa móvel alheia, desde que posse legítima, pode praticar o crime.

O sujeito passivo do crime é o proprietário e/ou toda pessoa que sofrer um prejuízo com a conduta realizada.

13.1.4 Tipo objetivo

A apropriação indébita consiste na conduta daquele que, recebendo legitimamente a posse ou a detenção de um bem, passa a utilizá-lo como se fosse o proprietário. Constitui crime a recusa em devolver o bem no prazo fixado ou, mesmo não havendo prazo, após a negativa frente o requerimento do proprietário. Pode configurar ainda esse crime a conduta daquele que pratica atos típicos de um proprietário, como a destruição, o consumo, o arrendamento e a tradição do bem.

O objeto material a coisa alheia móvel. O imóvel não é objeto material desse crime. Não existe crime de apropriação de coisas ilícitas ou de origem criminosa.

Atenção!

A apropriação indébita diferencia-se do furto pelo momento de consumação: neste, o crime consuma-se com a subtração da coisa alheia móvel; naquela, o crime consuma-se no momento em que o agente, tendo obtido legitimamente a coisa, transforma sua posse ou detenção em ilegítima ao comportar-se como se fosse proprietário.

13.1.5 Tipo subjetivo

O crime exige, fundamentalmente a presença do dolo, ou seja, a vontade de apropriar-se da coisa alheia móvel, acrescido do dolo específico que consiste na vontade de ter a coisa como proprietário, para si ou para outrem.

13.1.6 Consumação e tentativa

O crime se consuma no instante em que o agente transforma a posse ou detenção em propriedade, fato demonstrado por meio de atitudes do agente, incompatíveis com a vontade de devolver a coisa.

Embora de difícil caracterização é possível a tentativa.

13.1.7 Forma majorada – § 1º do art. 168

a) No caso de apropriação decorrer de depósito necessário.
b) Apropriação praticada por tutor, curador, síndico, liquidatário, inventariante, testamentário ou depositário judicial por houver violação aos deveres impostos a estes encargos.
c) Em decorrência de ofício, emprego ou profissão.

13.1.8 Privilégio

Aplica-se ao crime o privilégio previsto no art. 155, § 2º, do CP.

13.2 Apropriação indébita previdenciária – Art. 168-A

13.2.1 Considerações iniciais

Comete esse crime o agente que "deixar de repassar à previdência social as contribuições recolhidas dos contribuintes, no prazo e forma legal ou convencional".

Da apropriação indébita **145**

A pena é de reclusão, de dois a 5 anos, e multa.

Comete esse crime a pessoa que deixa de repassar ao INSS as contribuições previdenciárias recolhidas dos contribuintes, no prazo e na forma da lei. Por isso que há muitas reclamações quanto a localização deste tipo penal no capítulo que trata da apropriação indébita. Seria mais adequado que esse crime estivesse inserido na Lei n. 8.137/90 (Crimes contra a Ordem Tributária).

13.2.2 Bem jurídico

Crime protege a ordem tributária.

13.2.3 Sujeitos do crime

O sujeito ativo é o responsável tributário (*caput*) ou o contribuinte (§ 1º), que deixou de pagar o benefício previdenciário. Caso a conduta seja realizada em nome de uma pessoa jurídica, os sujeitos ativos do crime são os dirigentes e empregados responsáveis pelo pagamento das contribuições previdenciárias.

A vítima do crime é a previdência social, destinatária das contribuições previdenciárias.

13.2.4 Tipo objetivo

A conduta é de deixar de repassar (deixar de transferir), pelo que a conduta incriminada é omissiva. Aqui não há apropriação das contribuições não repassadas, mas apenas a omissão no dever de transferi-las.

O prazo e a forma como devem ser realizados os repasses estão previstos, respectivamente, nos arts. 30 e 32 da Lei n. 8.212, de 1990. O art. 168-A do CP é, portanto, norma penal em branco.

O crime pressupõe o lançamento do crédito tributário e por isso depende da conclusão do procedimento fiscal que dá exigibilidade à contribuição previdenciária, conforme enunciado na Súmula Vinculante n. 24 do STF.

13.2.5 Tipo subjetivo

É o dolo, entendido como a vontade livre e consciente de apropriar-se dos valores que deveriam ser destinados ao pagamento da contribuição previdenciária.

Não há forma culposa nem elemento subjetivo específico do tipo. Neste sentido:

146 Direito Penal: Parte Especial – Vol. 2

Para a caracterização do crime de apropriação indébita de contribuição previdenciária (art. 168-A do CP), não há necessidade de comprovação do "dolo específico" de se apropriar de valores destinados à previdência social. (STJ, AgRg no Ag 1.083.417/SP, Rel. Min. Og Fernandes, Sexta Turma, julgamento: 25.06.2013 (Informativo 526)) e ainda (STJ, EREsp 1.296.631/RN, Terceira Seção, Rel. Min. Laurita Vaz, julgamento: 11.09.2013 – Info 528).

13.2.6 Consumação e tentativa

O crime é material, pois sua consumação exige a efetiva lesão ao patrimônio da seguridade social, o que somente é realizado após o lançamento tributário definitivo, com exaurimento da via administrativa. Nesse sentido:

––––––––––––––––––––– **Atenção!** –––––––––––––––––––––

"A prescrição da pretensão punitiva do crime de apropriação indébita previdenciária (art. 168-A do CP) permanece suspensa enquanto a exigibilidade do crédito tributário estiver suspensa em razão de decisão de antecipação dos efeitos da tutela no juízo cível. Isso porque a decisão cível acerca da exigibilidade do crédito tributário repercute diretamente no reconhecimento da própria existência do tipo penal, visto ser o crime de apropriação indébita previdenciária um delito de natureza material, que pressupõe, para sua consumação, a realização do lançamento tributário definitivo". (STJ, RHC 51.596-SP, Quinta Turma, Rel. Min. Felix Fischer, julgamento: 03.2.2015 (Info 556)).

Por se tratar de crime omissivo, não admite tentativa.

13.2.7 Figuras equiparadas – Art. 168-A, § 1º

O § 1º prevê as formas equiparadas. Nas mesmas penas incorre quem deixar de:

I – recolher, no prazo legal, contribuição ou outra importância destinada à previdência social que tenha sido descontada de pagamento efetuado a segurados, a terceiros ou arrecadada do público;

II – recolher contribuições devidas à previdência social que tenham integrado despesas contábeis ou custos relativos à venda de produtos ou à prestação de serviços;

III – pagar benefício devido a segurado, quando as respectivas cotas ou valores já tiverem sido reembolsados à empresa pela previdência social.

13.2.8 Extinção da punibilidade pelo pagamento do tributo – Art. 168-A, § 2º

Incluído no CP pela Lei n. 9.983/2000, o dispositivo prevê que "é extinta a punibilidade se o agente, espontaneamente, declara, confessa e

Da apropriação indébita 147

efetua o pagamento das contribuições, importâncias ou valores e presta as informações devidas à previdência social, na forma definida em lei ou regulamento, antes do início da ação fiscal". Deve-se atentar, contudo, que as Leis n. 10.684/2003 e n. 12.382/2011 preveem que o adimplemento do débito tributário, a qualquer tempo, até mesmo depois do trânsito em julgado, é causa extintiva da punibilidade.

13.2.9 Perdão judicial ou forma privilegiada – Art. 168-A, §§ 3º e 4º

Esses dispositivos dispõem sobre a possibilidade de aplicação do perdão judicial ou apenas da pena de multa no caso de pagamento integral do tributo devido. Contudo, restaram sem aplicação prática devido as disposições das Leis n. 10.684/2003 e 12.382/2011, que são penalmente muito mais benéficas.

13.2.10 Outros pontos importantes

A **competência**, em regra, é da Justiça Federal. Exceção feita ao art. 149, § 1º, da CF, quando se tratar de contribuições do regime previdenciário próprio dos Estados, Distrito Federal e municípios. Nesses casos, a competência passa a ser da Justiça Estadual.

O **princípio da insignificância** é utilizado com certa frequência nos crimes tributários, sendo inclusive, no âmbito federal, balizado no patamar equivalente à quantia de R$ 20.000,00, que é o valor mínimo para o ajuizamento da execução fiscal, nos termos da Portaria n. 75/2012 do Ministério da Fazenda. Todavia, no tocante ao crime de apropriação previdenciária há uma tendência em não o aplicar. Neste sentido:

> Agravo regimental no recurso especial. Penal. Sonegação de contribuição previdenciária. Princípio da insignificância. Inaplicabilidade. Valor do débito. Irrelevância. Conduta altamente reprovável. Precedentes. Agravo regimental desprovido.
>
> 1. Ambas as Turmas que compõem o Supremo Tribunal Federal entendem ser inaplicável o princípio da insignificância aos crimes de sonegação de contribuição previdenciária e apropriação indébita previdenciária, tendo em vista a elevada reprovabilidade dessas condutas, que atentam contra bem jurídico de caráter supraindividual e contribuem para agravar o quadro deficitário da Previdência Social.
>
> 2. **A Terceira Seção desta Corte Superior concluiu que não é possível a aplicação do princípio da insignificância aos crimes de apropriação indébita previdenciária e de sonegação de contribuição previdenciária, independentemente do valor do ilícito, pois esses tipos penais protegem a própria subsistência da Previdência Social, de modo que é elevado o grau de reprovabilidade da conduta do agente que atenta contra este bem jurídico supraindividual.**
>
> 3. Agravo regimental desprovido. (AgRg no REsp 1.783.334/PB, Rel. Min. Laurita Vaz, Sexta Turma, julgamento: 07.11.2019, *DJe* 02.12.2019 – grifou-se).

148 Direito Penal: Parte Especial – Vol. 2

13.3 Apropriação de coisa havida por erro, caso fortuito ou força da natureza – Art. 169

13.3.1 Considerações iniciais

Pratica esse crime aquele que se apropriar de coisa alheia vinda ao seu poder por erro, caso fortuito ou força da natureza.

A pena é de detenção, de um mês a um ano, ou multa.

Assim como acontece com a apropriação indébita, aqui o agente também se apropria de coisa alheia, mas a entrega do bem é feita por três meios diferentes:

a) por erro, por ex., carteiro que entrega a correspondência ao destinatário errado;

b) caso fortuito, por ex., animal que ingressa acidentalmente em um terreno; ou

c) força da natureza, por ex., enchente que leva móveis a um terreno.

13.3.2 Bem jurídico

É o patrimônio alheio.

13.3.3 Sujeitos do crime

Crime pode ser cometido por qualquer pessoa. O proprietário da coisa é o sujeito passivo.

13.3.4 Tipo objetivo

Nesse crime, o agente apropria-se, ou seja, apodera-se de bens alheios que lhe foram entregues equivocada ou acidentalmente.

Importa destacar que, em qualquer caso, é preciso que a vítima incida em erro espontâneo e que o agente não o perceba no momento do recebimento do bem. Somente haverá crime se o erro é percebido posteriormente, instante em que o sujeito decide apropriar-se da coisa.

Se o agente levar a vítima à situação de erro, ou se perceber desde logo o equívoco, e mantiver a vítima em tal situação, o crime será de estelionato.

Embora haja equivalência típica entre caso fortuito e força maior, porque ambas significam acontecimento acidental e inevitável, é possível distingui-las:

Da apropriação indébita **149**

■ Caso fortuito deriva de fato humano (ex.: acidente automobilístico).

■ Força da natureza ou força maior decorre de eventos físicos ou naturais, sem a participação humana (ex.: vendaval).

13.3.5 Tipo subjetivo

Crime é doloso, consistente na vontade de apropriar-se da coisa. Prevalece a necessidade de uma finalidade específica que é a utilização da coisa para si ou para outrem.

13.3.6 Consumação e tentativa

A consumação ocorre no instante em que o agente transforma a posse em propriedade. A tentativa é admitida, mas de difícil caracterização.

13.3.7 Outros pontos importantes

Aplica-se o privilégio do art. 155, § 2º.

13.3.8 Apropriação de tesouro – Art. 169, parágrafo único, inciso I

O dispositivo prevê que incorre na pena de detenção, de um mês a um ano, ou multa, quem acha tesouro em prédio alheio e se apropria, no todo ou em parte, da quota a que tem direito o proprietário do prédio.

O objeto material aqui é o tesouro, entendido como o depósito antigo de moeda ou coisas preciosas, enterradas ou ocultas, de cujo dono não haja memória. Há crime porque segundo o art. 1.264 do CC, o tesouro deverá ser dividido por igual entre o proprietário do imóvel e o inventor (quem acha). Deve-se ressaltar que somente haverá o crime se o encontro for casual, caso contrário, haverá furto.

Cuidado: as jazidas e os minerais não são tesouros, porque pertencem à União, de modo que a tomada de suas posses caracterizará crime de furto.

13.3.9 Apropriação de coisa achada – Art. 169, parágrafo único, inciso II

Pela mesma pena, responde quem acha coisa alheia perdida e dela se apropria, total ou parcialmente, deixando de restitui-la ao dono ou legítimo possuidor ou de entregá-la à autoridade competente, dentro no prazo de quinze dias.

O objeto material do crime é a coisa perdida (extraviada), que difere da coisa esquecida (na qual é possível saber onde o dono se encontra) e da coisa abandonada (sem dono), cujo encontro não caracteriza o crime.

A consumação ocorre no instante em que o agente deixa de restituir a coisa ao dono, ou legítimo possuidor, ou de entregá-la a autoridade competente, no prazo de 15 dias. Trata-se de crime a prazo, tendo em vista que a consumação depende do decurso de um lapso de tempo. Todavia, o delito poderá consumar-se antes dos 15 dias, quando o sujeito praticar algum ato que revele, inequivocamente, a inversão da posse.

O crime é doloso, mas pode ocorrer o erro de proibição, quando o agente desconhece a ilicitude do fato e supõe a possibilidade de se apropriar da coisa (achado não é roubado).

14

Do estelionato e outras fraudes

14.1 Estelionato – Art. 171

14.1.1 Considerações iniciais

É o crime caracterizado pela não utilização de violência e pela malícia do agente para a obtenção de uma vantagem indevida. O tipo penal descreve a conduta como "obter, para si ou para outrem, vantagem ilícita, em prejuízo alheio, induzindo ou mantendo alguém em erro, mediante artifício, ardil, ou qualquer outro meio fraudulento". A pena é de reclusão, de um a cinco anos, além da multa.

14.1.2 Bem jurídico

É o patrimônio e, de forma indireta, a regularidade dos negócios jurídicos.

14.1.3 Sujeitos do crime

O sujeito ativo do crime é qualquer pessoa. O sujeito passivo é a pessoa que sofre o prejuízo patrimonial, embora outra possa ser enganada na conduta. A pessoa deve ser determinada, visto que se indeterminada poderá haver crime contra a economia popular (Lei n. 1.521/1951).

14.1.4 Tipo objetivo

O tipo penal indica a existência de quatro elementos essenciais no estelionato: (a) fraude; (b) erro; (c) vantagem ilícita; e (d) prejuízo alheio.

A **fraude** é o engodo utilizado pelo agente para enganar a vítima. Pode ser praticada por meio de:

152 Direito Penal: Parte Especial – Vol. 2

■ Artifício significa fraude material. O agente usa algum objeto para enganar a vítima. Ex.: disfarce, documento falso etc.

■ Ardil é a fraude intelectual, realizado mediante uma conversa enganosa. Ex.: pedido de doação para entidade beneficente inexistente.

■ Qualquer outro meio fraudulento. O legislador remete à interpretação analógica para abranger outro meio que, à semelhança do artifício ou ardil, possa enganar a vítima. Ex.: inadimplemento contratual preconcebido.

───────────── **Atenção!** ─────────────

■ Para a caracterização do crime, é imprescindível que a fraude seja apta a enganar. A fraude grosseira configura crime impossível – chamado de crime oco.

■ Se a falsificação, embora grosseira, tiver aptidão para enganar a vítima, pode configurar o estelionato, conforme prevê a Súmula 73 do STJ: "A utilização de papel moeda grosseiramente falsificado configura, em tese, o crime de estelionato, da competência da justiça estadual".

O **erro** é a falsa percepção da realidade pela vítima. O meio fraudulento é utilizado para induzir ou manter a vítima em erro.

A **vantagem ilícita** é indispensável no crime de estelionato. Prevalece que deve ter natureza econômica. A vantagem indevida é o objeto material do estelionato, que pode ser bem corpóreo ou incorpóreo, móvel ou imóvel.

O estelionato somente se aperfeiçoa com a ocorrência de um duplo resultado: obtenção de vantagem ilícita e **prejuízo alheio**. Esse prejuízo consiste no desfalque patrimonial da vítima, seja em razão das perdas sofridas, seja em razão da perda dos lucros cessantes decorrentes da fraude empregada pelo estelionatário.

14.1.5 Tipo subjetivo

O crime exige o dolo, consistente na vontade de induzir ou manter a vítima em erro, aliado à finalidade específica de obter a vantagem indevida para si ou para outrem.

14.1.6 Consumação e tentativa

O crime de estelionato é crime material. A consumação ocorre no instante em que o agente obtém a vantagem indevida e produz o prejuízo da vítima. Por isso que o ressarcimento do dano não exclui o crime.

A tentativa é possível e ocorre quando o agente emprega o meio apto a induzir ou manter alguém em erro, mas, não consegue obter a vantagem.

14.1.7 Estelionato e torpeza bilateral

A torpeza bilateral ou fraude bilateral é a situação na qual a vítima também atua com má-fé, busca obter para si ou para terceiro uma vantagem ilícita. Há quem sustente que neste caso o crime de estelionato estaria descaracterizado, pois, tanto agente como vítima pretendiam uma vantagem ilícita. Todavia, prevalece a tese de que a fraude bilateral (ou torpeza bilateral) não exclui o crime de estelionato.

14.1.8 Estelionato privilegiado

Existe, ainda a figura privilegiada do estelionato no art. 171, § 1º, quando for o agente primário e de pequeno valor o prejuízo, devendo o valor ser detectado na época da consumação do crime.

14.1.9 Formas equiparadas

São subespécies de estelionato previstas no § 2º do art. 171 do CP:

Inciso I – comete o crime de disposição de coisa alheia como própria, quem vende, permuta, dá em pagamento, em locação ou em garantia coisa alheia como própria.

Inciso II – prevê o crime de alienação ou oneração fraudulenta de coisa própria, cometido por quem vende, permuta, dá em pagamento ou em garantia coisa própria inalienável, gravada de ônus ou litigiosa, ou imóvel que prometeu vender a terceiro, mediante pagamento em prestações, silenciando sobre qualquer dessas circunstâncias.

Inciso III – dispõe sobre a defraudação de penhor, quando o agente defrauda, mediante alienação não consentida pelo credor ou por outro modo, a garantia pignoratícia, quando tem a posse do objeto empenhado.

Inciso IV – é a chamada fraude na entrega de coisa, descrita como a conduta daquele que defrauda substância, qualidade ou quantidade de coisa que deve entregar a alguém.

Inciso V – prevê a fraude para recebimento de indenização ou valor de seguro, que ocorre quando o agente destrói, total ou parcialmente, ou oculta coisa própria, ou lesa o próprio corpo ou a saúde, ou agrava as consequências da lesão ou doença, com o intuito de haver indenização ou valor de seguro.

Inciso VI – descreve a fraude no pagamento por meio de cheque, que comete quem emite cheque, sem suficiente provisão de fundos em poder do sacado, ou lhe frustra o pagamento.

14.1.10 Fraude eletrônica – §§ 2º-A e 2º-B do art. 171

A Lei n. 14.155/2021 introduziu a chamada fraude eletrônica no § 2º-A do art. 171 do CP, ao prever: "§ 2º-A. A pena é de reclusão, de 4 (quatro) a 8 (oito) anos, e multa, se a fraude é cometida com a utilização de informações fornecidas pela vítima ou por terceiro induzido a erro por meio de redes sociais, contatos telefônicos ou envio de correio eletrônico fraudulento, ou por qualquer outro meio fraudulento análogo".

Trata-se de uma figura qualificada de estelionato, praticado ciberneticamente. Aqui, a fraude é empregada pelo agente por algum meio eletrônico como:

a) por meio das redes sociais: o agente se utiliza, por exemplo, de uma conta no Facebook, simulando sorteios para obter dados das vítimas;

b) por meio de contatos telefônicos: o agente telefona para a vítima, fingindo ter sequestrado um ente, obtém alguma vantagem;

c) por meio de envio de correio eletrônico fraudulento: por meio de *e-mail* falso, que simula um comunicado da instituição bancária da vítima, o agente obtém os dados aptos a realizar desfalques;

d) por qualquer outro meio fraudulento análogo: como nas mensagens enviadas em aplicativos de conversas que se utilizam de emblemas de lojas conhecidas para simular algum tipo de promoção e cujo acesso eletrônico permite a obtenção das informações necessárias para a realizar o desfalque.

A mesma Lei inseriu o § 2º-B ao art. 171 do CP, que prevê uma causa de aumento de pena a essa figura qualificada.

A relevância do resultado gravoso indica que a magnitude do desfalque patrimonial deve servir para influir, progressivamente, na dosagem das frações aumentativas.

A majorante, fixada no patamar de 1/3 a 2/3, incide se o crime é praticado mediante a utilização de servidor mantido fora do território nacional. O servidor é o dispositivo que permite o acesso à internet, o envio e recebimento de *e-mail*, o armazenamento de dados em nuvem, a hospedagem de *site* etc. A majoração da pena se assenta na inegável dificuldade imposta às investigações e no rastreamento da máquina utilizada para a prática do delito, tendo em vista que ela se encontra fora do território nacional.

14.1.11 Causa de aumento do § 3º do art. 171

O estelionato circunstanciado ou estelionato agravado está descrito no art. 171, § 3º, do CP: "§ 3º – A pena aumenta-se de um terço, se o crime é cometido em detrimento de entidade de direito público ou de instituto de economia popular, assistência social ou beneficência".

Atenção!

Médico concursado da rede pública de saúde que, no desempenho desse cargo público, costuma registrar o ponto e, em seguida, retirar-se do hospital, deixando de cumprir sua carga horária de trabalho comete crime de estelionato qualificado previsto no art. 171, § 3°, do CP (STJ, AgRg no HC 548.869/RS, Rel. Min. Joel Ilan Paciornik, Quinta Turma, julgamento: 12.05.2020, *DJe* 25.05.2020).

14.1.12 Estelionato contra idoso ou vulnerável

A Lei n. 14.155, de 2021, modificou o § 4° do art. 171 e passou a prever que a pena se aumenta de 1/3 ao dobro, se o crime for cometido contra idoso ou vulnerável, considerada a relevância do resultado gravoso.

No tocante à vítima idoso, trata-se de *novatio legis in mellius* porque, antes dessa lei, a pena prevista nesse dispositivo era dobrada. Agora, ela pode ser aumentada de 1/3 até o dobro.

Já quanto a vítima vulnerável, a norma é mais gravosa e somente pode incidir para os crimes cometidos após a vigência da Lei n. 14.155, o que ocorre precisamente no dia 28 de maio de 2021.

14.1.13 Ação penal – § 5° do art. 171 – Pacote Anticrime

A Lei n. 13.964/2019, conhecida como Pacote Anticrime, modificou o crime de estelionato, que passou a ser, em regra, de ação penal pública condicionada à representação do ofendido.

Excepcionalmente, a norma prevê que será de ação penal pública incondicionada o estelionato praticado contra a administração pública, direta ou indireta, criança ou adolescente, deficiente mental ou pessoas acima de 70 anos ou incapaz.

Atenção!

Há grande divergência sobre a retroatividade dessa norma para os fatos praticados antes da alteração legislativa.

Primeira corrente: entende tratar-se de norma penal com natureza mista, motivo pelo qual, sua retroatividade é obrigatória em todas as hipóteses onde ainda não tiver sido oferecida a denúncia pelo Ministério Público, independentemente do momento da prática da infração penal (STF, HC 187.341, Rel. Min. Alexandre Moraes. 1ª T., unânime). Isso significa que uma vez oferecida a denúncia, ainda que o crime tenha sido praticado antes da nova lei, não é possível falar em retroatividade do § 5° do art. 171 do CP. (STF, RHC 208.320/SP, Rel. Min. Cármen Lúcia, Primeira T., por maioria, julgamento 19.11.2021 a 26.11.2021, *DJ* 10.02.2022).

Segunda corrente: trata-se de norma penal híbrida, que deve, portanto, retroagir porque mais benéfica. (STF, HC 180.421, Segunda Turma, julgamento 22.06.2021).

14.2 Fraude com a utilização de ativos virtuais, valores mobiliários ou ativos financeiros – Art. 171-A

14.2.1 Considerações iniciais

O crime foi inserido no Código Penal pela Lei Federal n. 14.478/2022, que dispõe sobre as diretrizes a serem observadas na prestação de serviços de ativos virtuais e na regulamentação das prestadoras de serviços de ativos virtuais. Trata-se de legislação voltada à regulamentação penal das chamadas criptomoedas ou criptoativos.

O tipo está assim redigido:

> Organizar, gerir, ofertar ou distribuir carteiras ou intermediar operações que envolvam ativos virtuais, valores mobiliários ou quaisquer ativos financeiros com o fim de obter vantagem ilícita, em prejuízo alheio, induzindo ou mantendo alguém em erro, mediante artifício, ardil ou qualquer outro meio fraudulento.

A pena é de reclusão, de 4 (quatro) a 8 (oito) anos, e multa.

14.2.2 Bem jurídico

O patrimônio.

14.2.3 Sujeitos do crime

Trata-se de crime comum, pois pode ser praticado por qualquer pessoa.

A vítima pode ser qualquer pessoa, física ou jurídica.

14.2.4 Tipo objetivo

O novo crime, a exemplo do que acontece com o estelionato, é cometido mediante artifício, ardil ou qualquer outro meio fraudulento, que serve para enganar a vítima e proporcionar ao agente a obtenção da vantagem ilícita. Por isso foi inserido no Capítulo VI – Do estelionato e outras fraudes. Assim, por exemplo, pratica o crime o agente que se

Do estelionato e outras fraudes **157**

utiliza de efeitos especiais e mentiras que simulam a boa gestão de uma carteira de *bitcoin*, fazendo com que a vítima lhe entregue seus recursos.

O tipo se utiliza de cinco verbos nucleares, a saber: organizar (estruturar), gerir (administrar), ofertar (oferecer), distribuir (entregar) ou intermediar (interpor). Trata-se, pois, de crime de ação múltipla.

Os objetos materiais são carteiras ou operações que envolvam ativos virtuais, valores mobiliários ou quaisquer ativos financeiros.

O tipo penal em estudo utiliza-se de elementos abertos para assegurar sua permanente atualidade nos negócios eletrônicos (por isso é norma penal em branco). Assim, no lugar de criptomoedas, a descrição utiliza a expressão "ativos virtuais", que são definidos como a representação digital de valor que pode ser negociada ou transferida por meios eletrônicos e utilizada para a realização de pagamentos ou com o propósito de investimento. Não são considerados ativos virtuais (art. 3º da Lei Federal n. 14.478/2022): i) moeda nacional e moedas estrangeiras; ii) moeda eletrônica, nos termos da Lei Federal n. 12.865/2013; iii) instrumentos que provejam ao seu titular acesso a produtos ou serviços especificados ou a benefício proveniente desses produtos ou serviços, a exemplo de pontos e recompensas de programas de fidelidade; e iv) representações de ativos cuja emissão, escrituração, negociação ou liquidação esteja prevista em lei ou regulamento, a exemplo de valores mobiliários e de ativos financeiros. Os valores mobiliários estão descritos na Lei Federal n. 6.385/1976.

14.2.5 Tipo subjetivo

É o dolo. Há finalidade específica, que é a de obter vantagem ilícita.

Não há modalidade culposa.

14.2.6 Consumação e tentativa

Diferentemente do que ocorre com o estelionato, para a consumação desse crime basta que o agente realize as condutas descritas no tipo com o objetivo de obter vantagem ilícita em prejuízo alheio.

A tentativa é possível. O agente emprega a fraude, mas, por circunstâncias alheias, não consegue enganar a vítima. Nesse caso, a fraude deve ser capaz de enganar a vítima (o que deve ser analisado no caso concreto), sob pena de ocorrer o crime impossível (CP, art. 17).

14.2.7 Outros pontos importantes

Chama atenção a pena imposta, que, dada a sua quantidade elevada, afasta a possibilidade de aplicação do acordo de não persecução penal (CPP, art. 28-A).

A Lei Federal n. 14.478/2022, publicada no dia 22.12.2022, tem um prazo de 180 dias de *vacatio legis*. Por isso, só há falar-se em tipificação se as condutas forem praticadas a partir de sua entrada em vigor.

Diferença para o crime contra a economia popular: O novo crime do art. 171-A do Código Penal exige que a fraude induza ou mantenha **alguém** em erro, além de voltar-se ao prejuízo **alheio**. Sendo assim, exige a identificação de pessoa ou pessoas determinadas. Nos crimes contra a economia popular, todavia, o golpe visa vítimas indeterminadas. Assim, caso o agente pratique as conhecidas "pirâmides" (Lei Federal n. 1.521/1951) por meio de ativos virtuais, incide o crime previsto na lei especial, pois voltado a um número indeterminado de pessoas.

14.2.8 Competência

No tocante aos ativos virtuais, como a Lei Federal n. 14.478/2022 (arts. 8º e 9º) prevê que as prestadoras de serviços dos ativos virtuais somente poderão operar mediante prévia autorização de órgão ou entidade da Administração Pública federal, a competência para processar e julgar o novo crime será da justiça federal.

14.3 Duplicata simulada – Art. 172

14.3.1 Bem jurídico

O patrimônio.

14.3.2 Sujeitos do crime

É crime que somente pode ser cometido por pessoas que podem emitir duplicata ou nota falsas ou falsifica o livro de registro de duplicatas, ou seja, pessoas que devem estar vinculadas a uma sociedade empresária, como gerente ou mesmo mero empregado, ou ser um profissional liberal.

O sujeito passivo é o Estado, titular da exigência de regularidade na escrituração de livros contábeis.

Do estelionato e outras fraudes **159**

14.3.3 Tipo objetivo

Comete o crime aquele que emite fatura, duplicata ou nota de venda que não corresponda à mercadoria vendida, em quantidade ou qualidade, ou ao serviço prestado.

Deve-se atentar para a figura no parágrafo único, que prevê que nas mesmas penas incorrerá aquele que falsificar ou adulterar a escrituração do Livro de Registro de Duplicatas.

O delito resta caracterizado quando o agente emite duplicata que não corresponde à efetiva transação comercial, sendo típica a conduta ainda que não haja qualquer venda de mercadoria ou prestação de serviço. Deve-se atentar que a tipificação abarca não apenas os casos em que há discrepância qualitativa ou quantitativa entre o que foi vendido ou prestado e o que consta na duplicata, mas também aqueles de total ausência de venda de bens ou prestação de serviço.

14.3.4 Tipo subjetivo

O crime é doloso.

14.3.5 Consumação e tentativa

A consumação ocorre com a prática da conduta e a tentativa é possível.

Se a falsificação ocorrer antes da emissão da duplica simulada, será absorvida; se posterior, será impunível.

14.4 Abuso de incapazes – Art. 173

14.4.1 Bem jurídico

O patrimônio do incapaz ou de pessoas a ele relacionadas.

14.4.2 Sujeitos do crime

Qualquer pessoa pode praticar o crime; a vítima deve ser menor, alienado ou débil mental. Os silvícolas e os maiores de 70 anos somente poderão ser incluídos se comprovada a alienação para a prática do ato. Prevalece que o menor emancipado não pode ser vítima deste crime porque é pessoa civilmente capaz.

14.4.3 Tipo objetivo

O crime consiste em abusar, em proveito próprio ou alheio, de necessidade, paixão ou inexperiência de menor, ou da alienação ou debilidade mental de outrem, induzindo qualquer deles a prática de ato suscetível de produzir efeito jurídico, em prejuízo próprio ou de terceiro, apenado com reclusão de dois a seis anos, e multa.

Observe-se que o tipo penal apresenta duas figuras:

a) Abusar: aproveitar-se ou prevalecer-se de determinada condição (tirar vantagem).

b) Induzir: fazer nascer a ideia na mente de outrem.

O tipo não exige artifício ou ardil, dispensando também a efetiva lesão patrimonial, bastando a potencialidade lesiva.

14.4.4 Tipo subjetivo

O delito exige o dolo consistente na vontade do agente persuadir o incapaz à prática do ato, devendo o agente conhecer a deficiência da vítima, aliado à finalidade específica (dolo específico), que é a intenção de obter vantagem indevida para si ou para outrem.

14.4.5 Consumação e tentativa

A infração se consuma no momento da prática do ato pelo incapaz, mesmo sendo a conduta induzir, não sendo necessária a obtenção da vantagem (crime formal). A tentativa é admitida.

14.5 Induzimento à especulação – Art. 174

Segundo o art. 174, constitui crime "abusar, em proveito próprio ou alheio, da inexperiência ou da simplicidade ou inferioridade mental de outrem, induzindo-o à prática de jogo ou aposta, ou à especulação com títulos ou mercadorias, sabendo ou devendo saber que a operação é ruinosa". A pena para o crime é de reclusão, de um a três anos, e multa.

Busca-se tutelar o patrimônio da pessoa ingênua, inexperiente ou crédula e por isso dispensa o uso de ardil ou artifício, no que se distingue, portanto, do estelionato.

O crime é comum, formal, cuja consumação independe do efetivo prejuízo à vítima.

14.6 Fraude no comércio – Art. 175

Configura crime de fraude no comércio a conduta de enganar, no exercício de atividade comercial, o adquirente ou consumidor:

I – vendendo, como verdadeira ou perfeita, mercadoria falsificada ou deteriorada;

II – entregando uma mercadoria por outra.

A pena é de detenção, de seis meses a dois anos, ou multa.

Exemplo: técnico substitui as peças internas de um computador deixado para o conserto, com a intenção de enganar a vítima.

É crime próprio, uma vez que o indivíduo deve estar no exercício da atividade comercial.

Como a atividade comercial pressupõe continuidade, profissionalização e habitualidade, prevalece que uma única venda não configura o delito.

As vítimas são pessoas certas e determinadas, que devem ser efetivamente prejudicadas.

É crime material, que se consuma quando o ofendido é enganado, comprando a coisa, com a tradição da mercadoria.

O § 1º prevê forma qualificada na conduta de alterar, em obra que lhe é encomendada, a qualidade ou o peso de metal ou substituir, no mesmo caso, pedra verdadeira por falsa ou por outra de menor valor, ou vender pedra falsa por verdadeira, ou vender, como precioso, metal de outra qualidade. É figura claramente destinada a joalheiros, ourives e comerciante de joias. A pena passa a ser de reclusão, de um a cinco anos, e multa.

O § 2º prevê uma figura privilegiada, para os casos em que o sujeito é primário e a coisa de pequeno valor, quando o juiz poderá reduzir a pena de 1/3 a 2/3, substituir a pena de reclusão pela de detenção, ou aplicar apenas a pena de multa.

14.7 Outras fraudes – Art. 176

Segundo prevê a norma acima, é crime "tomar refeição em restaurante, alojar-se em hotel ou utilizar-se de meio de transporte sem dispor de recursos para efetuar o pagamento". A pena é de detenção, de 15 dias a dois meses, ou multa.

Observe-se que não haverá crime se o sujeito dispõe de recursos, mas não paga os serviços por mera comodidade ou por desentendimentos. Nestes casos, não estará preenchido o elemento normativo do

162 Direito Penal: Parte Especial – Vol. 2

tipo e haverá um mero ilícito civil (calote), muito comum no chamado dia da "pendura", tradicional nas proximidades das universidades do curso de Direito.

O parágrafo único prevê que somente se procede mediante representação e que o juiz pode, conforme as circunstâncias, deixar de aplicar a pena, ou seja, a depender da situação, será possível o perdão judicial.

14.8 Fraudes e abusos na fundação ou administração de sociedade por ações – Art. 177

O essencial para compreender este tipo é entender que haverá o crime porque o agente promove, de modo fraudulento, a fundação de sociedade por ações.

A fraude é materializada em prospecto ou comunicação dirigida ao público ou à assembleia de acionista, que contém:

a) afirmação falsa sobre a constituição da entidade; ou
b) ocultação fraudulenta de fato a ela relativo.

O agente que é o fundador da sociedade anônima é o autor do crime; a vítima pode ser qualquer pessoa que tenha subscrito o capital.

O delito é formal, ou seja, é desnecessário, para a consumação, qualquer resultado lesivo aos acionistas.

No § 1º, estão dispostos nove incisos que retratam as figuras equiparadas, nas quais há fraudes e abusos na administração de sociedades por ações (e não na sua fundação).

O § 2º estabelece que incorre na pena de detenção, de seis meses a dois anos, e multa, o acionista que, a fim de obter vantagem para si ou para outrem, negocia o voto nas deliberações de assembleia geral. O crime é próprio, pois só o acionista pode praticar. A negociação do voto pode consistir em compra, venda ou qualquer outro tipo de acordo cuja finalidade seja a obtenção de vantagem indevida.

14.9 Emissão irregular de conhecimento de depósito ou "warrant" – Art. 178

Consiste em emitir conhecimento de depósito ou *warrant*, em desacordo com disposição legal. A pena cominada é de reclusão, de um a quatro anos, e multa. As condições para a emissão desses títulos de crédito estão previstas no art. 15 do Decreto n. 1.102, de 1903, que institui regras para o estabelecimento de empresas de armazéns gerais.

Sujeitos ativo e passivo: o agente do crime é o emissor do título de crédito enquanto a vítima é a pessoa que detém esse título.

A consumação ocorre quando o título é colocado em circulação, não havendo necessidade de prejuízo. A tentativa é impossível, pois, ou o título é endossado e entra em circulação, se consumando, ou fica na posse do credor não havendo o crime.

14.10 Fraude à execução – Art. 179

Este tipo protege o patrimônio do credor, quando há discussão judicial e, indiretamente a administração da justiça.

Sujeito ativo é o devedor executado judicialmente; o sujeito passivo é o credor (exequente).

A conduta consiste no agente que tenta impedir que a execução judicial de débito se efetive, por meio das seguintes condutas: alienar, danificar, desviar ou destruir bens; ou simular dívidas. É preciso que a conduta possa efetivamente prejudicar a execução da dívida. Comete o crime, assim, aquele que, durante execução de dívida, doa ou vende bem a terceiro abaixo do preço de mercado. Contudo, aquele que vende algum bem pelo preço real não está desfalcando o patrimônio executável e, por isso, não comete o crime de fraude à execução.

O tipo exige o dolo, ou seja, a vontade de praticar uma das condutas descritas desde que o agente tenha conhecimento da existência do processo de execução, aliada ao dolo específico que é a intenção de frustrar a ação do credor.

A consumação ocorre no momento em que o agente pratica a conduta descrita, devendo haver o prejuízo para o credor, assim se com a conduta o devedor não afeta seu patrimônio, em detrimento do credor, não haverá o crime.

A tentativa é possível.

Trata-se de crime de ação penal privada (art. 179, parágrafo único).

Cuidado: se a execução for promovida pela Fazenda Pública, será crime de ação penal pública incondicionada (CPP, art. 24, § 2º).

15

Receptação – Art. 180

15.1 Considerações iniciais

Prevê o art. 180 do CP que caracteriza o crime de receptação a conduta de "adquirir, receber, transportar, conduzir ou ocultar, em proveito próprio ou alheio, coisa que sabe ser produto de crime, ou influir para que terceiro, de boa-fé, a adquira, receba ou oculte". A pena prevista é de reclusão, de um a quatro anos, e multa.

Na receptação, há uma relação entre o autor do delito pressuposto e o receptador, que adquire, recebe, transporta, conduz, ou oculta à coisa produto de crime.

O crime tem como pressuposto a ocorrência de um crime anterior, motivo pelo qual a receptação é um crime acessório ou parasitário, pois depende sempre da existência anterior de outro.

É desnecessário que esse crime anterior seja contra o patrimônio.

Observe-se ainda que o dispositivo não menciona contravenção penal nem mesmo ato infracional. A elementar crime deve ser interpretada restritivamente. Assim, caso a coisa seja produto de contravenção penal, não se caracteriza o delito do art. 180, considerando a vedação à analogia *in malam partem*.

15.1.1 Bem jurídico

É o patrimônio.

15.1.2 Sujeitos do crime

Qualquer pessoa pode cometer o crime de receptação. Prevalece que qualquer profissional que receba coisa que sabe produto de

Receptação – Art. 180 **165**

crime como honorários de pagamento pode responder pelo crime, inclusive o advogado.

Cometem receptação todos aqueles que, nas sucessivas negociações, tenham ciência da origem criminosa do bem.

É salutar que o receptador não tenha concorrido para o crime anterior, caso em que o recebimento do objeto será um *post factum* impunível. Ex.: dono de oficina mecânica, que "encomenda" carro ao ladrão.

A vítima é a pessoa desfalcada patrimonialmente antes pelo crime antecedente.

15.1.3 Receptação própria – Art. 180, *caput*, 1ª parte

Sua descrição típica é feita com cinco núcleos verbais: adquirir, receber, transportar, conduzir e ocultar.

Adquirir é obter a propriedade, a título oneroso (exemplos: compra, permuta etc.) ou gratuito (exemplo: doação). Receber significa ingressar na posse do bem. Transportar e conduzir é levar a coisa de um local para outro. Ocultar, por fim, é esconder o objeto material.

15.1.4 Tipo subjetivo

O tipo penal exige, expressamente, o dolo direto, contido na expressão "que sabe ser produto de crime", razão pela qual é necessário que o sujeito tenha plena ciência da origem criminosa do bem. A dúvida ou desconfiança sobre esta procedência é insuficiente para a configuração desse crime.

Além disso, o crime exige um especial fim de agir (elemento subjetivo específico), consubstanciado na expressão "em proveito próprio ou alheio". Caso queira beneficiar o autor do crime, responderá pelo crime de favorecimento real (CP, art. 349).

15.1.5 Consumação e tentativa

A receptação própria é crime material e se consuma no instante em que o sujeito adquire, recebe, transporta, conduz ou oculta a coisa produto de crime, ou seja, no momento em que a coisa ingressa na esfera de disponibilidade do agente.

A tentativa é admitida.

15.1.6 Receptação imprópria – Art. 180, *caput*, 2ª parte

É aquela em que o agente influi para que terceiro, de boa-fé, adquira, receba ou oculte a coisa que sabe ser produto de crime.

Direito Penal: Parte Especial – Vol. 2

O núcleo verbal é influir, que significa influenciar, convencer alguém a fazer algo. Incrimina-se assim a conduta daquele que atua como intermediário, pois, consciente da origem criminosa do bem e mediante atos idôneos, incentiva uma pessoa de boa-fé a adquiri-lo, recebê-lo ou ocultá-lo.

O que **diferencia a receptação própria da imprópria** é que, no segundo caso, existe a presença de terceiro de boa-fé, ludibriado pelo receptador quanto à origem do bem que está adquirindo, recebendo ou ocultando. Caso esse terceiro esteja de má-fé, tanto ele quanto o agente que influi para que ele adquira, receba ou oculte respondem por receptação própria.

A receptação imprópria é crime formal, e se consuma com a mera influência para que o terceiro de boa-fé adquira a coisa. A aquisição da coisa é, portanto, mero exaurimento do delito.

A tentativa é possível por meio escrito.

15.2 Receptação qualificada – Art. 180, § 1º, do CP

Conforme previsto no § 1º do seu art. 180, com redação dada pela Lei n. 9.426/1996, a receptação é qualificada quando o agente, no exercício da atividade comercial ou industrial, adquire, recebe, transporta, conduz, oculta, tem em depósito, desmonta, monta, remonta, vende, expõe à venda, ou de qualquer forma utiliza, em proveito próprio ou alheio coisa que deve saber ser produto de crime.

A pena é mais elevada: reclusão de três a oito anos, e multa.

Trata-se de crime próprio, que somente pode ser praticado por quem exerce atividade comercial ou industrial.

Neste ponto, deve-se atentar para a norma explicativa do § 2º do art. 180 que equipara à atividade comercial qualquer forma de comércio irregular ou clandestino, inclusive o exercido em residência.

A expressão *deve saber* está relacionada ao dolo eventual, motivo pelo qual, tanto o indivíduo que sabe, como aquele que deveria saber da procedência ilícita, respondem igualmente pelo delito na forma qualificada.

Cuidado: não basta o agente ser comerciante. Para a incidência da forma qualificada, é preciso que a coisa objeto do delito tenha ligação com a atividade por ele exercida. Ex.: Não pratica receptação qualificada o dono de restaurante que compra uma moto roubada para uso próprio.

15.3 Receptação culposa – Art. 180, § 3º

Haverá receptação culposa se o agente adquirir ou receber coisa que, por sua natureza ou pela desproporção entre o valor e o preço, ou pela condição de quem a oferece, deve presumir-se obtida por meio criminoso.

A pena é de detenção, de um mês a um ano, ou multa, ou ambas as penas.

Trata-se de caso raro em que a legislação adota uma descrição fechada para o cometimento de um crime culposo. A lei descreve condições, que não cumulativas, para se aferir a conduta culposa:

a) natureza da coisa – ex.: uma obra de arte rara, normalmente só encontrada em museus;

b) desproporção entre o valor e o preço da coisa – ex.: carro vendido por um décimo do valor de mercado;

c) condição de quem a recebe – ex.: em um sinal de trânsito, um morador de rua oferece um relógio de grande valor.

15.4 Autonomia da receptação – Art. 180, § 4º

Embora seja um crime acessório, a receptação é punível, ainda que desconhecido ou isento de pena o autor do crime antecedente. O § 4º do art. 180 se destina a preservar a autonomia do delito, bastando que o crime precedente exista. Haverá punição pela receptação, portanto, ainda que não se conheça o autor do crime precedente ou que ele não seja punível por qualquer razão (inimputável, por ex.).

Por outro lado, não haverá receptação quando o crime precedente não existir ou quanto houver alguma causa que exclua a tipicidade.

15.5 Perdão judicial e minorante – Art. 180, § 5º

No caso de receptação culposa, o juiz pode deixar de aplicar a pena se as circunstâncias forem favoráveis ao agente.

Além disso, aplicam-se à receptação dolosa as mesmas causas de diminuição de pena previstas para o crime de furto (art. 155, § 2º).

15.6 Causa de aumento de pena – Art. 180, § 6º

Se o objeto material do crime consistir em bem da Administração Pública, direta ou indireta, ou de empresa concessionária de serviços

168   Direito Penal: Parte Especial – Vol. 2

públicos, a pena da receptação dolosa simples é aplicada em dobro, ou seja, passa a ser de dois a oito anos de reclusão e multa.

15.7 Receptação de animal – Art. 180-A

Inserido pela Lei n. 13.330/2016, o art. 180-A trata da receptação quando o objeto material consistir em semovente domesticado de produção (gado de corte) vivo, abatido ou mesmo já repartido, se o agente da conduta sabia ou devesse saber da origem do produto. Impõe-se à conduta pena de reclusão de dois a cinco anos e multa.

16

Disposições finais sobre crimes contra o patrimônio

16.1 Imunidades ou escusas absolutas

O art. 181 do CP, por razões de política criminal, prevê hipóteses de exclusão da pena relacionas à menor reprovabilidade de fatos praticados no ambiente familiar. As imunidades são irrenunciáveis e têm natureza jurídica de causas extintivas da punibilidade, semelhantes àquelas do art. 107 do CP.

O rol do art. 181 do CP é taxativo, de modo que as imunidades penais absolutas somente são admitidas apenas para os crimes contra o patrimônio, vedada sua extensão para crimes de outra natureza, ainda que conexos.

Haverá assim imunidade nos casos de crimes patrimoniais praticados contra:

a) Cônjuge, na constância da sociedade conjugal. A lei fala em cônjuge, o que abrange o casamento civil e o casamento religioso com efeitos civis. É assente a aplicação do dispositivo na hipótese de união estável. Como a lei fala em constância da sociedade conjugal, não incide a imunidade se tiver ocorrido o divórcio. A mera separação de fato, porém, não impede a isenção da pena.

A imunidade leva em conta a data do crime, e não a da instauração do processo ou a da sentença.

b) Ascendente ou descendente, seja o parentesco legítimo ou ilegítimo, seja civil ou natural. A imunidade abrange o parentesco em linha reta ascendente ou descendente (pai, filho, avô, neto, bisneto etc.).

Como o rol é taxativo, a imunidade não abrange o parentesco por afinidade e na linha colateral, como sogro, sogra, genro, nora.

16.2 Imunidades ou escusas relativas

As imunidades relativas ou processuais não isentam de pena, mas tão somente alteram a natureza da ação penal desses casos, tornando-as condicionadas à representação da vítima. Institui-se, dessa forma, uma condição de procedibilidade para o exercício da ação penal.

São hipóteses legais (art. 182):

I – do cônjuge desquitado ou judicialmente separado;

II – de irmão, legítimo ou ilegítimo;

III – de tio ou sobrinho, com quem o agente coabita.

16.3 Exclusão das imunidades

O art. 183 do CP elenca casos em que os responsáveis por crimes patrimoniais não podem ser beneficiados pelas causas de isenção da pena, nem pela transformação de crimes de ação penal pública incondicionada em ação penal pública condicionada à representação. São elas:

I – se o crime é de roubo ou de extorsão, ou, em geral, quando haja emprego de grave ameaça ou violência à pessoa;

II – ao estranho que participa do crime.

III – se o crime é praticado contra pessoa com idade igual ou superior a 60 (sessenta) anos.

PARTE III

DOS CRIMES CONTRA A PROPRIEDADE IMATERIAL

17

Considerações iniciais sobre crimes contra a propriedade imaterial

A Parte Especial do CP disciplina, em seu Título III, os crimes contra a propriedade imaterial. Entretanto, referido título foi substancialmente alterado por normas posteriores.

De fato, a Lei n. 9.279/1996 "Regula direitos e obrigações relativos à propriedade industrial". Em seu art. 244, determina a expressa revogação, dentre outros, dos arts. 187 a 196 do CP. Ademais, o Título V da referida lei prevê hipóteses típicas que tutelam a propriedade industrial, quais sejam: Crimes contra as Patentes (arts. 183 a 186); Crimes contra os Desenhos Industriais (arts. 187 e 188); Crimes contra as Marcas (arts. 189 e 190); Crimes Cometidos Por Meio de Marca, Título de Estabelecimento e Sinal de Propaganda (art. 191); Crimes contra as Indicações Geográficas e Demais Indicações (arts. 192 a 194), Crimes de Concorrência Desleal (art. 195) e Disposições Gerais (arts. 196 a 210).

Posteriormente, a Lei n. 10.695/2003 "Altera e acresce parágrafo ao art. 184 e dá nova redação ao art. 186 do Decreto-Lei n. 2.848, de 7 de dezembro de 1940 – Código Penal, alterado pelas Leis n. 6.895, de 17 de dezembro de 1980, e n. 8.635, de 16 de março de 1993, revoga o art. 185 do Decreto-Lei n. 2.848, de 1940, e acrescenta dispositivos ao Decreto-Lei n. 3.689, de 3 de outubro de 1941 – Código de Processo Penal".

Em paralelo, a Lei n. 9.609/1998 "Dispõe sobre a proteção da propriedade intelectual de programa de computador, sua comercialização no País, e dá outras providências".

18

Dos crimes contra a propriedade intelectual

18.1 Violação de direito autoral – Art. 184

18.1.1 Bem jurídico

É a propriedade imaterial, especificamente quanto à propriedade intelectual. Nesse sentido, a recente decisão do STJ:

> Recurso especial. Propriedade intelectual e concorrência desleal. Ação de abstenção de uso e indenizatória. Peças de vestuário íntimo feminino. Possibilidade, em tese, de incidência da lei 9.610/98. Direito autoral. Ausência de violação. Originalidade não constatada. Concorrência desleal. Violação de *trade dress*. Distintividade. Ausência. Confusão no público consumidor não verificada. Súmula 211/STJ. Súmula 284/STF. Súmula 7/STJ.

> 1. Ação ajuizada em 11.05.2017. Recurso especial interposto em 11.03.2021. Autos conclusos ao gabinete da Relatora em 22.06.2021. 2. O propósito recursal consiste em definir se a recorrida deve se abster de comercializar peças de vestuário que se assemelham à linha de produtos fabricada pelas recorrentes, bem como se tal prática é causadora de danos indenizáveis. 3. São passíveis de proteção pela Lei n. 9.610/98 as criações que configurem exteriorização de determinada expressão intelectual, com ideia e forma concretizadas pelo autor de modo original. 4. O rol de obras intelectuais apresentado no art. 7º da Lei de Direitos Autorais é meramente exemplificativo. 5. O direito de autor não toma em consideração a destinação da obra para a outorga de tutela. Obras utilitárias são igualmente protegidas, desde que nelas se possa encontrar a exteriorização de uma "criação de espírito". Doutrina. 6. Os arts. 95 e 96 da Lei n. 9.279/1996 não foram objeto de deliberação pelo Tribunal de origem, de modo que é defeso o pronunciamento desta Corte Superior quanto a seus conteúdos normativos (Súmula 211/STJ). Ademais, as recorrentes sequer demonstraram de que modo teriam sido eles violados pelo acórdão recorrido, o que atrai a incidência da Súmula 284/STF. 7. A despeito da ausência de expressa previsão no ordenamento jurídico pátrio acerca da proteção ao *trade dress*, é

inegável que o arcabouço legal brasileiro confere amparo ao conjunto-imagem, sobretudo porque sua imitação encontra óbice na repressão à concorrência desleal. Precedentes. 8. Para configuração da prática de atos de concorrência desleal derivados de imitação de *trade dress*, não basta que o titular, simplesmente, comprove que utiliza determinado conjunto-imagem, sendo necessária a observância de alguns pressupostos para garantia da proteção jurídica (ausência de caráter meramente funcional; distintividade; confusão ou associação indevida, anterioridade de uso). 9. Hipótese concreta em que o Tribunal de origem, soberano no exame do conteúdo probatório, concluiu que (i) há diferenças significativas entre as peças de vestuário comparadas; (ii) o uso de elementos que constam da linha estilística das recorrentes revela tão somente uma tendência do segmento da moda íntima feminina; e (iii) não foi comprovada a prática de atos anticoncorrenciais que pudessem ensejar confusão no público consumidor.10. Não sendo cabível o revolvimento do acervo fático e das provas produzidas nos autos em sede de recurso especial, a teor do entendimento consagrado na Súmula 7/STJ, é de rigor o desacolhimento da pretensão recursal. Recurso especial parcialmente conhecido e não provido. (REsp 1.943.690/SP, Rel. Min. Nancy Andrighi, Terceira Turma, julgamento: 19.10.2021, *DJe* 22.10.2021).

A CF assegura, em seu art. 5°, XXVII: "aos autores pertence o direito exclusivo de utilização, publicação ou reprodução de suas obras, transmissível aos herdeiros pelo tempo que a lei fixar".

O art. 7°, *caput*, da Lei n. 9.610/1998 dispõe: "São obras intelectuais protegidas as criações do espírito, expressas por qualquer meio ou fixadas em qualquer suporte, tangível ou intangível, conhecido ou que se invente no futuro, tais como: I – os textos de obras literárias, artísticas ou científicas; II – as conferências, alocuções, sermões e outras obras da mesma natureza; III – as obras dramáticas e dramático-musicais; IV – as obras coreográficas e pantomímicas, cuja execução cênica se fixe por escrito ou por outra qualquer forma; V – as composições musicais, tenham ou não letra; VI – as obras audiovisuais, sonorizadas ou não, inclusive as cinematográficas; VII – as obras fotográficas e as produzidas por qualquer processo análogo ao da fotografia; VIII – as obras de desenho, pintura, gravura, escultura, litografia e arte cinética; IX – as ilustrações, cartas geográficas e outras obras da mesma natureza; X – os projetos, esboços e obras plásticas concernentes à geografia, engenharia, topografia, arquitetura, paisagismo, cenografia e ciência; XI – as adaptações, traduções e outras transformações de obras originais, apresentadas como criação intelectual nova; XII – os programas de computador; XIII – as coletâneas ou compilações, antologias, enciclopédias, dicionários, bases de dados e outras obras, que, por sua seleção, organização ou disposição de seu conteúdo, constituam uma criação intelectual".

O objeto material, ou seja, aquele sobre o qual recai a ação do sujeito ativo, são as obras distintas, nos termos do artigo citado anteriormente propriamente dita.

18.1.2 Sujeitos do crime

O sujeito ativo do crime pode ser qualquer pessoa, pois em se tratando de crime comum não requer nenhuma condição particular. O sujeito ativo pode agir só ou associado a outrem.

Já o sujeito passivo é o autor da obra, nos termos do art. 11 Lei n. 9.610/1998, seus sucessores ou as pessoas físicas ou jurídicas titulares a qualquer título. Nos que tange aos direitos conexos (art. 89 da Lei n. 9.610/1998), são sujeitos passivos artistas intérpretes ou executantes, dos produtores fonográficos e das empresas de radiodifusão.

18.1.3 Tipo objetivo

A conduta típica básica consiste em violar direitos do autor e os que lhe são conexos. Violar significa ofender, transgredir, vulnerar. A Lei n. 9.610/1998 cuida dos direitos morais e patrimoniais do autor nos arts. 22 a 45 e os direitos conexos estão disciplinados nos arts. 89 e ss. Tendo em vista a necessidade de complemento do tipo pelos referidos preceitos, pode-se conceituá-lo como norma penal em branco.

18.1.4 Tipo subjetivo

O elemento subjetivo que compõe a estrutura do tipo penal do crime é o dolo, que pode ser direto ou eventual. O dolo é a consciência e a vontade de realização da conduta descrita em um tipo penal; no caso em tela, é a vontade e a consciência de violar direitos do autor e os que lhe são conexos.

No dolo eventual o agente não quer diretamente a realização do tipo, mas aceita como possível ou até provável, assumindo o risco da produção do resultado.

A lei não exige elemento subjetivo específico do tipo, nem mesmo a finalidade de lucro, para a realização do crime.

18.1.5 Consumação e tentativa

Consuma-se o crime em momentos distintos, a depender da obra referida, quando se dá a efetiva violação dos direitos autorais e dos que lhe são anexos.

No que tange à "pirataria" de CDs e DVDs, a Súmula 502 do STJ: "Presentes a materialidade e a autoria, afigura-se típica, em relação ao crime previsto no art. 184, § 2º, do CP, a conduta de expor à venda CDs e DVDs piratas".

Dos crimes contra a propriedade intelectual **177**

Por se tratar de crime plurissubsistente ou de execução que pode ser fracionada em vários atos, possível, em tese, a tentativa. Ex.: representação de música que não se realiza por circunstâncias alheias à vontade do agente.

18.1.6 Figuras qualificadas

Previstas nos §§ 1º, 2º e 3º. Diante da maior gravidade das condutas ali previstas, veiculadas à intenção e obtenção de lucro, o legislador cominou penas mínima e máxima superiores àquelas constantes do *caput*.

18.1.7 Causa expressa de exclusão da tipicidade da conduta

Prevê o § 4º: "O disposto nos §§ 1º, 2º e 3º não se aplica quando se tratar de exceção ou limitação ao direito de autor ou os que lhe são conexos, em conformidade com o previsto na Lei n. 9.610, de 19 de fevereiro de 1998, nem a cópia de obra intelectual ou fonograma, em um só exemplar, para uso privado do copista, sem intuito de lucro direto ou indireto".

A Lei n. 9.610/1998 elenca as limitações ao direito do autor no art. 46.

18.1.8 Perícia por amostragem do produto apreendido

Dispõe a Súmula 574 do STJ: "Para a configuração do delito de violação de direito autoral e a comprovação de sua materialidade, é suficiente a perícia realizada por amostragem do produto apreendido, nos aspectos externos do material, e é desnecessária a identificação dos titulares dos direitos autorais violados ou daqueles que os representem".

Já decidiu o STJ:

Penal e processual penal. *Habeas corpus*. Sucedâneo recursal. Via inadequada. Crimes contra a propriedade intelectual. Violação de direito autoral. Art. 184, § 2º, do CP. Prova da materialidade. Exame de todo o material apreendido. Desnecessidade. Exame do conteúdo das mídias. Dispensabilidade. Súmula/ STJ 574. Absolvição. Impropriedade na via eleita. Writ não conhecido.

1. Esta Corte e o Supremo Tribunal Federal pacificaram orientação no sentido de que não cabe habeas corpus substitutivo do recurso legalmente previsto para a hipótese, impondo-se o não conhecimento da impetração, salvo quando constatada a existência de flagrante ilegalidade no ato judicial impugnado, o que não ocorre na espécie.

2. A jurisprudência deste Superior Tribunal tem-se posicionado no sentido de que, "sendo o crime de violação de direito autoral descrito no art. 184, § 2º, do Código Penal sujeito à ação penal pública incondicionada e tendo sido constatada, por laudo pericial, a falsidade da mídia, é desnecessária, para a confi-

178   Direito Penal: Parte Especial – Vol. 2

guração de sua tipicidade, a identificação e inquirição do sujeito passivo, bem assim desnecessário o laudo individualizado de cada mídia fraudada." (AgRg no REsp 155.8245/MG, Rel. Ministro Sebastião Reis Júnior, Sexta Turma, julgamento: 17.11.2015, *DJe* 04.12.2015). Na mesma direção: AgRg no REsp 1.441.840/MG, Rel. Min. Moura Ribeiro, Quinta Turma, julgamento: 05.06.2014, *DJe* 10.06.2014).

3. A Súmula/STJ 574 estabelece que, "para a configuração do delito de violação de direito autoral e a comprovação de sua materialidade, é suficiente a perícia realizada por amostragem do produto apreendido, nos aspectos externos do material, e é desnecessária a identificação dos titulares dos direitos autorais violados ou daqueles que os representem" (Terceira Seção, julgamento: 22.06.2016, *DJe* 27.06.2016).

4. Se as instâncias ordinárias, mediante valoração do acervo probatório produzido nos autos, concluíram, de forma fundamentada, pela tipicidade da conduta descrita na exordial acusatória e pela autoria do crime, a análise das alegações concernentes ao pleito de absolvição demandaria exame detido de provas, inviável em sede de *writ*.

5. *Habeas corpus* não conhecido. (HC 369.760/RS, Rel. Min. Ribeiro Dantas, Quinta Turma, julgamento: 21.02.2017, *DJe* 03.03.2017).

18.1.9 Ação penal

A espécie da ação penal depende da hipótese típica verificada.

Será privada quanto aos crimes previstos no *caput* do art. 184.

Por outro lado, será pública incondicionada na hipótese dos crimes previstos nos §§ 1º e 2º do art. 184 ou ainda nos crimes cometidos em desfavor de entidades de direito público, autarquia, empresa pública, sociedade de economia mista ou fundação instituída pelo Poder Público.

Finalmente, será pública condicionada à representação nos crimes previstos no § 3º do art. 184.

PARTE IV

DOS CRIMES CONTRA A ORGANIZAÇÃO DO TRABALHO

19

Crimes contra a organização do trabalho

19.1 Considerações iniciais

A CF elenca o trabalho no rol dos direitos sociais, nos termos do seu art. 6º: "Art. 6º São direitos sociais a educação, a saúde, a alimentação, o trabalho, a moradia, o transporte, o lazer, a segurança, a previdência social, a proteção à maternidade e à infância, a assistência aos desamparados, na forma desta Constituição".

Ademais, o art. 7º prevê um rol meramente exemplificativo dos direitos dos trabalhadores urbanos e rurais.

No art. 8º da Carta Magna, assegura-se ainda a liberdade de associação profissional ou sindical.

A fim de criminalizar condutas específicas selecionadas pelo legislador dentre aquelas direcionadas, o Título IV cuida dos Crimes Contra a Organização do Trabalho.

No que tange à competência para o processo e julgamento das ações penais a eles referentes, o Superior Tribunal de Justiça e o Supremo Tribunal Federal realizam um discrímen a partir da análise da natureza do interesse atingido: se vulnerado o individual interesse do trabalhador, a competência é da Justiça Comum Estadual; se atingida a organização do trabalho em seu aspecto amplo, a competência toca à Justiça Comum Federal. Vejamos:

> Agravo regimental no conflito de competência. Crime de paralisação de trabalho de interesse coletivo. Pequeno grupo de pessoas identificáveis ligadas a sindicato. Tentativa de obstar a saída de ônibus. Inexistência de ofensa aos princípios básicos nos quais se assenta a estrutura trabalhista. Competência estadual. Agravo regimental não provido.

182 Direito Penal: Parte Especial – Vol. 2

1. A previsão constitucional de competência da Justiça Federal, para o processo relativo aos crimes contra a organização do trabalho (art. 109, VI, da CF), deve abranger apenas aqueles casos nos quais fique patente a ofensa aos princípios básicos nos quais se assenta a estrutura do trabalho em todo o país, conforme dicção do STF. Precedentes desta Corte. 2. Eventual paralisação na sede de apenas uma empresa de transporte, por parte de alguns sindicalistas que haveriam tentado impedir a saída de ônibus da garagem, não incorre em questão que afete princípios essenciais trabalhistas de âmbito nacional, o que afasta o interesse da União no feito e, por consequência, a competência da Justiça Federal. 3. Agravo regimental não provido. (AgRg no CC 166.918/SP, Rel. Ministro Rogerio Schietti Cruz, Terceira Seção, julgamento: 11.09.2019, *DJe* 17.09.2019).

Agravo regimental em agravo nos próprios autos do recurso extraordinário. 2. Recorrente condenado por violação ao art. 197, inciso I, do Código Penal. 3. A interpretação do que seja crime contra organização do trabalho, para o fim constitucional de determinar a competência, não se junge à capitulação do Código Penal. Precedente do RE 398.041-6, Tribunal Pleno, *DJe* 19.12.2008. 4. No presente caso, em que houve retenção momentânea, mediante violência, de um único empregado, impedido de adentrar a empresa onde laborava, verifica-se ofensa à liberdade individual e não à organização do trabalho como um todo. 5. O núcleo da controvérsia não é o exercício da liberdade sindical (art. 8º, inciso III, da CF), mas o direito de um trabalhador, individualmente considerado, exercer seu ofício. 6. Ausência de violação ao art. 109, VI, da CF. Mantida a competência da Justiça estadual. 7. Recurso extraordinário que, a pretexto de objetivar a aplicação do *in dubio pro reo*, pretende, na realidade, o revolvimento fático-probatório, que é defeso nesta via recursal. Incidência do óbice da Súmula 279. 8. A concessão de *sursis*, em detrimento da substituição da pena privativa de liberdade por multa, foi motivada à saciedade. Mero inconformismo do agravante com os fundamentos apresentados. 9. Questão que demanda análise exclusiva de dispositivo infraconstitucional (art. 44 do CP) não deve ser enfrentada em sede de recurso extraordinário. 10. Agravo regimental a que se nega provimento" (ARE 706.368 AgR, Segunda Turma, Rel. Min. Gilmar Mendes, julgamento: 30.10.2012, Publicação: 22.11.2012).

19.2 Atentado contra a liberdade de trabalho – Art. 197

19.2.1 Bem jurídico

É a liberdade de trabalho, assegurada pela Constituição Federal em seu art. 5º, XIII: "é livre o exercício de qualquer trabalho, ofício ou profissão, atendidas as qualificações profissionais que a lei estabelecer".

19.2.2 Sujeitos do crime

O sujeito ativo do crime pode ser qualquer pessoa, pois em se tratando de crime comum não requer nenhuma qualidade particular. O sujeito ativo pode agir só ou associado a outrem.

Crimes contra a organização do trabalho **183**

Já o sujeito passivo pode ser qualquer pessoa nas hipóteses do inciso I e da segunda parte do inciso II. Quanto à primeira parte do inciso II, necessariamente o sujeito passivo é o titular do estabelecimento laboral.

19.2.3 Tipo objetivo

A conduta típica consiste em constranger alguém, mediante violência ou grave ameaça, a exercer ou não exercer arte, ofício, profissão ou indústria; laborar ou não laborar em certo período ou dias determinados (hipóteses do inciso I) ou abrir ou fechar o seu estabelecimento de trabalho, ou a participar de parede ou paralisação de atividade econômica (hipóteses do inciso II).

Constranger pode ser definido como forçar, obrigar, coagir. A conduta deve se referir a pessoa ou pessoas determinadas, mas a pluralidade de destinatários não configura concurso de crimes, embora tal circunstância deva ser considerada pelo julgador, na primeira fase da aplicação das penas privativas de liberdade.

19.2.4 Tipo subjetivo

O elemento subjetivo que compõe a estrutura do tipo penal do crime é o dolo, qual seja, a consciência e a vontade de realização da conduta descrita no tipo penal. A lei não demanda elemento subjetivo específico do tipo.

19.2.5 Consumação e tentativa

Consuma-se o delito quando da efetiva produção de resultado oriundo do constrangimento, ou seja, quando a vítima é compelida a agir ou não agir da forma determinada nos incisos I e II. Cuida-se, portanto, de crime material, ou seja, aquele cuja consumação exige produção de resultado naturalístico.

A execução pode também ser fracionada em vários atos (crime plurissubsistente). Com isso, a tentativa se mostra perfeitamente possível quando o resultado pretendido não sobrevém por circunstâncias alheias à vontade do agente.

19.2.6 Ação penal

Ação penal pública incondicionada.

19.3 Atentado contra a liberdade de contrato de trabalho e boicotagem violenta – Art. 198

19.3.1 Bem jurídico

É a liberdade de contratação do trabalho, na primeira parte do tipo, bem como a liberdade de fornecimento e aquisição de matéria-prima ou produto (industrial ou agrícola).

Dispõe a Constituição Federal, em seu art. 5º, XIII: "é livre o exercício de qualquer trabalho, ofício ou profissão, atendidas as qualificações profissionais que a lei estabelecer".

19.3.2 Sujeitos do crime

O sujeito ativo do crime pode ser qualquer pessoa, pois em se tratando de crime comum não requer nenhuma qualidade particular. O sujeito ativo pode agir só ou associado a outrem.

Já o sujeito passivo também pode ser qualquer pessoa.

19.3.3 Tipo objetivo

A conduta típica consiste em constranger alguém, mediante violência ou grave ameaça, a celebrar contrato de trabalho, ou a não fornecer a outrem ou não adquirir de outrem matéria-prima ou produto industrial ou agrícola.

Constranger pode ser definido como forçar, obrigar, coagir. A conduta deve se referir a pessoa ou pessoas determinadas, mas a pluralidade de destinatários não configura concurso de crimes, embora tal circunstância deva ser considerada pelo julgador, na primeira fase da aplicação das penas privativas de liberdade.

O contrato individual de trabalho está regulamentado no art. 442, *caput*, da CLT: "Contrato individual de trabalho é o acordo tácito ou expresso, correspondente à relação de emprego".

A violência representa força física exercida sobre a vítima e a ameaça representa a promessa de mal futuro e ponderável. O preceito secundário do tipo prevê o cúmulo material de penas, ao estabelecer que à pena do tipo deve ser somada aquela correspondente à violência.

Adverte a doutrina (AZEVEDO; SALIM, 2020, p. 399), que o artigo prevê duas distintas espécies criminosas, quais sejam, "atentado contra a liberdade de contrato de trabalho" e "boicotagem violenta", de modo a ser possível o concurso dos referidos crimes.

19.3.4 Tipo subjetivo

O elemento subjetivo que compõe a estrutura do tipo penal do crime é o dolo, qual seja, a consciência e a vontade de realização da conduta descrita no tipo penal. A lei não demanda elemento subjetivo específico do tipo.

19.3.5 Consumação e tentativa

Consuma-se o delito, na primeira hipótese, quando da formalização do contrato, ainda que se trate de alteração de cláusulas de avença já existente; em caso de boicotagem violenta, com abstenção de fornecimento ou aquisição de produto ou matéria-prima do ofendido.

A execução pode também ser fracionada em vários atos (crime plurissubsistente). Com isso, a tentativa se mostra perfeitamente possível quando o resultado pretendido não sobrevém por circunstâncias alheias à vontade do agente.

19.3.6 Ação penal

Ação penal pública incondicionada.

19.4 Atentado contra a liberdade de associação – Art. 199

19.4.1 Bem jurídico

É a liberdade de associação, assegurada pela Constituição Federal em seu art. 5°, XVII: "é plena a liberdade de associação para fins lícitos, vedada a de caráter paramilitar". Ademais, o art. 8°, V, prescreve: "É livre a associação profissional ou sindical, observado o seguinte": (...) "ninguém será obrigado a filiar-se ou a manter-se filiado a sindicato".

19.4.2 Sujeitos do crime

O sujeito ativo do crime pode ser qualquer pessoa, pois em se tratando de crime comum não requer nenhuma qualidade particular. O sujeito ativo pode agir só ou associado a outrem.

O sujeito passivo também pode ser qualquer pessoa.

19.4.3 Tipo objetivo

A conduta típica consiste em constranger alguém, mediante violência ou grave ameaça, a participar ou deixar de participar de determinado sindicato ou associação profissional.

Constranger pode ser definido como forçar, obrigar, coagir.

186 Direito Penal: Parte Especial – Vol. 2

Prevê a Consolidação das Leis do Trabalho, em seu art. 511, *caput*:

Art. 511. É lícita a associação para fins de estudo, defesa e coordenação dos seus interesses econômicos ou profissionais de todos os que, como empregadores, empregados, agentes ou trabalhadores autônomos ou profissionais liberais exerçam, respectivamente, a mesma atividade ou profissão ou atividades ou profissões similares ou conexas.

E ainda esclarece o art. 561 do mesmo diploma legal:

Art. 561. A denominação "sindicato" é privativa das associações profissionais de primeiro grau, reconhecidas na forma desta Lei.

19.4.4 Tipo subjetivo

O elemento subjetivo que compõe a estrutura do tipo penal do crime é o dolo, qual seja, a consciência e a vontade de realização da conduta descrita no tipo penal. A lei não demanda elemento subjetivo específico do tipo.

19.4.5 Consumação e tentativa

Consuma-se o delito quando do efetivo impedimento do ofendido de tomar ou deixar de tomar parte de certo sindicato ou associação profissional.

A execução pode também ser fracionada em vários atos (crime plurissubsistente). Com isso, a tentativa se mostra perfeitamente possível quando o resultado pretendido não sobrevém por circunstâncias alheias à vontade do agente.

Adverte a doutrina (AZEVEDO; SALIM, 2020, p. 401) que a conduta de impedir o ofendido de participar ou não de sindicato ou associação profissional indeterminados configura, em razão do princípio da subsidiariedade, o crime do art. 146 do CP (constrangimento ilegal).

19.4.6 Ação penal

Ação penal pública incondicionada.

19.5 Paralisação de trabalho, seguida de violência ou perturbação da ordem – Art. 200

19.5.1 Bem jurídico

É a liberdade de trabalho, assegurada pela Constituição Federal em seu art. 5°, XIII: "é livre o exercício de qualquer trabalho, ofício ou profissão, atendidas as qualificações profissionais que a lei estabelecer".

Ainda o art. 9°, *caput*, do texto constitucional: "É assegurado o direito de greve, competindo aos trabalhadores decidir sobre a

Crimes contra a organização do trabalho **187**

oportunidade de exercê-lo e sobre os interesses que devam por meio dele defender".

19.5.2 Sujeitos do crime

O crime de paralisação do trabalho é plurissubjetivo, uma vez que o parágrafo único dispõe que somente haverá abandono coletivo de trabalho se houver o concurso de, pelo menos, três empregados.

O crime de suspensão do trabalho demanda sua prática pelos empregadores. Embora o parágrafo único somente se refira a quantitativo mínimo de empregados para o crime de paralisação do trabalho, a doutrina entende que idêntico raciocínio deve ser aqui também utilizado. Isto porque a expressão "participar" denota a existência de uma pluralidade de agentes, o que resultaria no concurso necessário de sujeitos ativos. Entretanto, bastaria que apenas um dos autores do delito ostentasse a qualidade de empregador para a realização do delito.

Já o sujeito passivo pode ser qualquer pessoa, física ou jurídica.

19.5.3 Tipo objetivo

A conduta típica consiste em participar, ou seja, tomar parte. Exige-se a elementar violência. A violência representa força física exercida sobre a vítima. O preceito secundário do tipo prevê o cúmulo material de penas, ao estabelecer que à pena do tipo deve ser somada aquela correspondente à violência.

O tipo legal não prevê a grave ameaça.

19.5.4 Tipo subjetivo

O elemento subjetivo que compõe a estrutura do tipo penal do crime é o dolo, qual seja, a consciência e a vontade de realização da conduta descrita no tipo penal. A lei não demanda elemento subjetivo específico do tipo.

19.5.5 Consumação e tentativa

Consuma-se o delito quando da efetiva prática da violência no curso de suspensão ou abandono coletivo de trabalho.

A execução pode também ser fracionada em vários atos (crime plurissubsistente). Com isso, a tentativa se mostra perfeitamente possível quando o resultado pretendido não sobrevém por circunstâncias alheias à vontade do agente.

188　Direito Penal: Parte Especial – Vol. 2

19.5.6 Ação penal

Ação penal pública incondicionada.

19.6 Paralisação de trabalho de interesse coletivo – Art. 201

19.6.1 Bem jurídico

O tipo penal busca tutelar as obras públicas e os serviços públicos de interesse coletivo.

Dispõe o art. 9º da Constituição Federal:

> Art. 9º É assegurado o direito de greve, competindo aos trabalhadores decidir sobre a oportunidade de exercê-lo e sobre os interesses que devam por meio dele defender.
>
> § 1º A lei definirá os serviços ou atividades essenciais e disporá sobre o atendimento das necessidades inadiáveis da comunidade.
>
> § 2º Os abusos cometidos sujeitam os responsáveis às penas da lei.

19.6.2 Sujeitos do crime

O sujeito ativo é o empregado, na hipótese de greve, assim como o empregador, quando se tratar de *lockout*, desde que se trate de atividade atrelada a obra pública ou serviço de interesse coletivo.

O sujeito passivo é a coletividade.

19.6.3 Tipo objetivo

A conduta típica consiste em participar, ou seja, tomar parte. Não são exigidas as elementares "violência e grave ameaça".

Dispõe o a Lei de Greve (Lei n. 7.783/1989):

> Art. 10. São considerados serviços ou atividades essenciais:
>
> I – tratamento e abastecimento de água; produção e distribuição de energia elétrica, gás e combustíveis;
>
> II – assistência médica e hospitalar;
>
> III – distribuição e comercialização de medicamentos e alimentos;
>
> IV – funerários;
>
> V – transporte coletivo;
>
> VI – captação e tratamento de esgoto e lixo;
>
> VII – telecomunicações;
>
> VIII – guarda, uso e controle de substâncias radioativas, equipamentos e materiais nucleares;

Crimes contra a organização do trabalho **189**

IX – processamento de dados ligados a serviços essenciais;

X – controle de tráfego aéreo e navegação aérea;

XI compensação bancária.

XII – atividades médico-periciais relacionadas com o regime geral de previdência social e a assistência social;

XIII – atividades médico-periciais relacionadas com a caracterização do impedimento físico, mental, intelectual ou sensorial da pessoa com deficiência, por meio da integração de equipes multiprofissionais e interdisciplinares, para fins de reconhecimento de direitos previstos em lei, em especial na Lei n. 13.146, de 6 de julho de 2015 (Estatuto da Pessoa com Deficiência); e

XIV – outras prestações médico-periciais da carreira de Perito Médico Federal indispensáveis ao atendimento das necessidades inadiáveis da comunidade.

XV – atividades portuárias.

Art. 11. Nos serviços ou atividades essenciais, os sindicatos, os empregadores e os trabalhadores ficam obrigados, de comum acordo, a garantir, durante a greve, a prestação dos serviços indispensáveis ao atendimento das necessidades inadiáveis da comunidade.

Parágrafo único. São necessidades inadiáveis, da comunidade aquelas que, não atendidas, coloquem em perigo iminente a sobrevivência, a saúde ou a segurança da população.

19.6.4 Tipo subjetivo

O elemento subjetivo que compõe a estrutura do tipo penal do crime é o dolo, qual seja, a consciência e a vontade de realização da conduta descrita no tipo penal. A lei não demanda elemento subjetivo específico do tipo.

19.6.5 Consumação e tentativa

Consuma-se o delito quando da efetiva suspensão ou abandono coletivo de trabalho.

A execução pode também ser fracionada em vários atos (crime plurissubsistente). Com isso, a tentativa se mostra perfeitamente possível quando o resultado pretendido não sobrevém por circunstâncias alheias à vontade do agente.

19.6.7 Ação penal

Ação penal pública incondicionada.

190   Direito Penal: Parte Especial – Vol. 2

19.7 Invasão de estabelecimento industrial, comercial ou agrícola. Sabotagem – Art. 202

19.7.1 Bem jurídico

É a liberdade de trabalho, assegurada pela Constituição Federal em seu art. 5°, XIII: "é livre o exercício de qualquer trabalho, ofício ou profissão, atendidas as qualificações profissionais que a lei estabelecer".

19.7.2 Sujeitos do crime

O sujeito ativo do crime pode ser qualquer pessoa, pois em se tratando de crime comum não requer nenhuma qualidade particular. O sujeito ativo pode agir só ou associado a outrem.

O sujeito passivo é o titular do estabelecimento invadido ou ocupado.

19.7.3 Tipo objetivo

A conduta típica consiste em invadir (adentrar de forma desautorizada) ou ocupar (estabelecer-se) estabelecimento industrial, comercial ou agrícola. O crime também pode ser cometido quando o agente danifica o estabelecimento ou as coisas nele existentes ou delas dispõe.

19.7.4 Tipo subjetivo

O elemento subjetivo que compõe a estrutura do tipo penal do crime é o dolo, qual seja, a consciência e a vontade de realização da conduta descrita no tipo penal.

A lei demanda um elemento subjetivo específico do tipo, qual seja, o intuito de impedir ou embaraçar o curso normal do trabalho.

19.7.5 Consumação e tentativa

Consuma-se o delito quando da efetiva invasão ou ocupação do estabelecimento, mesmo que não se logre alcançar o fim especial almejado (impedir ou embaraçar o curso normal do trabalho).

A execução pode também ser fracionada em vários atos (crime plurissubsistente). Com isso, a tentativa se mostra perfeitamente possível quando o resultado pretendido não sobrevém por circunstâncias alheias à vontade do agente.

19.7.6 Ação penal

Ação penal pública incondicionada.

Crimes contra a organização do trabalho **191**

19.8 Frustração de direito assegurado por lei trabalhista – Art. 203

19.8.1 Bem jurídico

Segundo Rogério Sanches Cunha (2020, p. 494): "o real objetivo da norma em estudo é a manutenção da regular relação de trabalho. A lei trabalhista, por si só, não necessita de proteção penal, tendo em vista sua característica de imperatividade".

19.8.2 Sujeitos do crime

O sujeito ativo do crime pode ser qualquer pessoa, pois em se tratando de crime comum não requer nenhuma qualidade particular. Não é necessário que o agente seja parte da relação laboral.

O sujeito passivo é o empregado ou trabalhador. Na hipótese do § 2°, deve ser necessariamente menor de dezoito anos, idosa, gestante, indígena ou portadora de deficiência física ou mental.

19.8.3 Tipo objetivo

A conduta típica consiste em frustrar (inviabilizar), mediante fraude (conduta enganosa) ou violência (física).

Cuida-se de norma penal em branco, uma vez que exige o complemento do preceito primário pelas disposições da legislação laboral.

Segundo o entendimento do STJ, trata-se de crime permanente (HC 109.966/PA 2008/0143508-0, Rel. Min. Jorge Mussi, Quinta Turma, julgamento: 26.08.2010, *DJe* 04.10.2010).

O § 1° contempla as chamadas figuras equiparadas.

O § 2° traz uma causa de aumento de pena (majorante).

19.8.4 Tipo subjetivo

O elemento subjetivo que compõe a estrutura do tipo penal do crime é o dolo, qual seja, a consciência e a vontade de realização da conduta descrita no tipo penal.

A lei demanda um elemento subjetivo específico do tipo apenas no § 1°, I, qual seja, a finalidade de "impossibilitar o desligamento do serviço em virtude de dívida".

192 Direito Penal: Parte Especial – Vol. 2

19.8.5 Consumação e tentativa

Consuma-se o delito quando da frustração do direito assegurado pela legislação trabalhista, com o uso da mercadoria de determinado estabelecimento e com o impedimento de alguém se desligar de serviços de qualquer natureza.

A execução pode também ser fracionada em vários atos (crime plurissubsistente). Com isso, a tentativa se mostra perfeitamente possível quando o resultado pretendido não sobrevém por circunstâncias alheias à vontade do agente.

19.8.6 Ação penal

Ação penal pública incondicionada.

19.9 Frustração de lei sobre a nacionalização do trabalho – Art. 204

19.9.1 Bem jurídico

Segundo Salim e Azevedo (2020, p. 409): "o interesse estatal da manutenção de reserva de mercado para nacionais".

19.9.2 Sujeitos do crime

O sujeito ativo do crime pode ser qualquer pessoa, pois em se tratando de crime comum não requer nenhuma qualidade particular. Não é necessário que o agente seja parte da relação laboral.

O sujeito passivo é o Estado.

19.9.3 Tipo objetivo

A conduta típica consiste em frustrar (inviabilizar), mediante fraude (conduta enganosa) ou violência (física).

Cuida-se de norma penal em branco, uma vez que exige o complemento do preceito primário pelas disposições das normas trabalhistas quanto à nacionalização do trabalho (arts. 352 a 371 da CLT).

19.9.4 Tipo subjetivo

O elemento subjetivo que compõe a estrutura do tipo penal do crime é o dolo, qual seja, a consciência e a vontade de realização da conduta descrita no tipo penal.

A lei não demanda um elemento subjetivo específico.

19.9.5 Consumação e tentativa

Consuma-se o delito quando da frustração da obrigação.

A execução pode também ser fracionada em vários atos (crime plurissubsistente). Com isso, a tentativa se mostra perfeitamente possível quando o resultado pretendido não sobrevém por circunstâncias alheias à vontade do agente.

19.9.6 Ação penal

Ação penal pública incondicionada.

19.10 Exercício de atividade com infração de decisão administrativa – Art. 205

19.10.1 Bem jurídico

Segundo Salim e Azevedo (2020, p. 409): "o interesse estatal do respeito às suas decisões administrativas".

19.10.2 Sujeitos do crime

O sujeito ativo do crime só pode ser o sujeito que está impedido por decisão administrativa de exercer atividade. Cuida-se de crime próprio, uma vez que a lei requer uma qualidade particular do sujeito ativo da conduta.

O sujeito passivo é o Estado.

19.10.3 Tipo objetivo

A conduta típica consiste em exercer (realizar, praticar) atividade após decisão impeditiva oriunda de órgão administrativo.

Por outro lado, tratando-se de decisão judicial obstativa, pode o agente praticar o crime previsto no art. 359 do CP (desobediência a decisão judicial sobre perda ou suspensão de direito).

19.10.4 Tipo subjetivo

O elemento subjetivo que compõe a estrutura do tipo penal do crime é o dolo, qual seja, a consciência e a vontade de realização da conduta descrita no tipo penal.

A lei não demanda um elemento subjetivo específico.

194 Direito Penal: Parte Especial – Vol. 2

19.10.5 Consumação e tentativa

Consuma-se o delito quando do exercício habitual da atividade apesar da prévia decisão administrativa impeditiva.

Por se cuidar de crime habitual, não admite a tentativa.

19.10.6 Ação penal

Ação penal pública incondicionada.

19.11 Aliciamento para o fim de emigração – Art. 206

19.11.1 Bem jurídico

O interesse do Estado na manutenção dos trabalhadores em seu território, a fim de se assegurar a desejada reserva de mão de obra.

19.11.2 Sujeitos do crime

O sujeito ativo do crime pode ser qualquer pessoa, pois em se tratando de crime comum não requer nenhuma qualidade particular. Não é necessário que o agente seja parte da relação laboral.

O sujeito passivo é o Estado e ainda, indiretamente, os trabalhadores recrutados mediante fraude.

19.11.3 Tipo objetivo

A conduta típica consiste em recrutar (alistar, engajar), mediante fraude (conduta enganosa), com a finalidade de levar para território estrangeiro.

19.11.4 Tipo subjetivo

O elemento subjetivo que compõe a estrutura do tipo penal do crime é o dolo, qual seja, a consciência e a vontade de realização da conduta descrita no tipo penal.

A lei demanda um elemento subjetivo específico do tipo, qual seja, a finalidade de "levá-los para o território estrangeiro".

19.11.5 Consumação e tentativa

Consuma-se o delito quando do efetivo recrutamento dos trabalhadores. O tipo menciona a finalidade de "levá-los para o território estrangeiro", mas não exige a sua ocorrência para a consumação do delito, cuja natureza é formal.

A execução pode também ser fracionada em vários atos (crime plurissubsistente). Com isso, a tentativa se mostra perfeitamente possível quando o resultado pretendido não sobrevém por circunstâncias alheias à vontade do agente.

19.11.6 Ação penal

Ação penal pública incondicionada.

19.12 Aliciamento de trabalhadores de um local para outro do território nacional – Art. 207

19.12.1 Bem jurídico

O interesse do Estado na manutenção dos trabalhadores regularmente distribuídos em seu território, a fim de se evitar desequilíbrio da reserva de mão de obra em partes distintas do território nacional.

19.12.2 Sujeitos do crime

O sujeito ativo do crime pode ser qualquer pessoa, pois em se tratando de crime comum não requer nenhuma qualidade particular. Não é necessário que o agente seja parte da relação laboral.

O sujeito passivo é o Estado e ainda, indiretamente, os trabalhadores aliciados.

No caso do § 2°, o sujeito passivo é "menor de dezoito anos, idosa, gestante, indígena ou portadora de deficiência física ou mental".

19.12.3 Tipo objetivo

A conduta típica consiste em aliciar (angariar, atrair) trabalhadores, com o fim de levá-los de uma para outra localidade do território nacional.

O § 1° contempla as chamadas figuras equiparadas.

O § 2° traz uma causa de aumento de pena (majorante).

19.12.4 Tipo subjetivo

O elemento subjetivo que compõe a estrutura do tipo penal do crime é o dolo, qual seja, a consciência e a vontade de realização da conduta descrita no tipo penal.

A lei demanda um elemento subjetivo específico do tipo, qual seja, a finalidade de "levá-los de uma para outra localidade do território nacional".

19.12.5 Consumação e tentativa

Consuma-se o delito do *caput* quando do efetivo aliciamento dos trabalhadores. O menciona a finalidade de "levá-los de uma para outra localidade do território nacional", mas não exige a sua ocorrência para a consumação do delito, cuja natureza é formal.

Na figura assemelhada do § 1°, ocorre a consumação com o recrutamento mediante fraude ou cobrança de qualquer quantia, ou ainda, quando não provê os meios para retorno dos trabalhadores ao local de origem.

A execução pode também ser fracionada em vários atos (crime plurissubsistente). Com isso, a tentativa se mostra perfeitamente possível quando o resultado pretendido não sobrevém por circunstâncias alheias à vontade do agente.

19.12.6 Ação penal

Ação penal pública incondicionada.

PARTE V

DOS CRIMES CONTRA O SENTIMENTO RELIGIOSO E CONTRA O RESPEITO AOS MORTOS

20

Crimes contra o sentimento religioso e contra o respeito aos mortos

20.1 Considerações iniciais

A CF elenca, no rol dos direitos e garantias fundamentais, o direito à liberdade de religião, nos termos do seu art. 5º: "Todos são iguais perante a lei, sem distinção de qualquer natureza, garantindo-se aos brasileiros e aos estrangeiros residentes no País a inviolabilidade do direito à vida, à liberdade, à igualdade, à segurança e à propriedade, nos termos seguintes: (...) VI – é inviolável a liberdade de consciência e de crença, sendo assegurado o livre exercício dos cultos religiosos e garantida, na forma da lei, a proteção aos locais de culto e a suas liturgias".

A fim de criminalizar condutas específicas selecionadas pelo legislador relacionadas à temática, o Título V cuida dos Crimes contra o sentimento religioso e contra o respeito aos mortos.

No que tange à liberdade religiosa e a sua amplitude, a ementa a seguir:

> Recurso ordinário em habeas corpus. Denúncia. Princípio da correlação. Observância. Trancamento da ação penal. Descabimento. Liberdade de manifestação religiosa. Limites excedidos. Recurso ordinário não provido. 1. Inexiste violação do princípio da correlação quando há relação entre os fatos imputados na denúncia e os motivos que levaram ao provimento do pedido da condenação. 2. O direito à liberdade religiosa é, em grande medida, o direito à existência de uma multiplicidade de crenças/descrenças religiosas, que se vinculam e se harmonizam – para a sobrevivência de toda a multiplicidade de

fés protegida constitucionalmente – na chamada tolerância religiosa. 3. Há que se distinguir entre o discurso religioso (que é centrado na própria crença e nas razões da crença) e o discurso sobre a crença alheia, especialmente quando se faça com intuito de atingi-la, rebaixá-la ou desmerecê-la (ou a seus seguidores). Um é tipicamente a representação do direito à liberdade de crença religiosa; outro, em sentido diametralmente oposto, é o ataque ao mesmo direito. 4. Como apontado pelo Superior Tribunal de Justiça no julgado recorrido, a conduta do paciente não consiste apenas na "defesa da própria religião, culto, crença ou ideologia, mas, sim, de um ataque ao culto alheio, que põe em risco a liberdade religiosa daqueles que professam fé diferente [d]a do paciente". 5. Recurso ordinário não provido.

(RHC 146.303/RJ, Rel. Min. Edson Fachin, Red. do acórdão: Min. Dias Toffoli, Segunda Turma, julgamento: 06.03.2018, *DJe* 07.08.2018).

20.2 Ultraje a culto e impedimento ou perturbação de ato a ele relativo – Art. 208

20.2.1 Bem jurídico

É a liberdade religiosa, assegurada pela Constituição Federal em seu art. 5º, VI: "é inviolável a liberdade de consciência e de crença, sendo assegurado o livre exercício dos cultos religiosos e garantida, na forma da lei, a proteção aos locais de culto e a suas liturgias".

20.2.2 Sujeitos do crime

O sujeito ativo do crime pode ser qualquer pessoa, pois em se tratando de crime comum não requer nenhuma qualidade particular. O sujeito ativo pode agir só ou associado a outrem.

Já o sujeito passivo deve ser determinado a partir da natureza da conduta perpetrada. Na primeira parte do *caput*, vítima será a pessoa determinada ou pessoas determinadas escarnecida(s) publicamente, por motivo de crença ou função religiosa; nas segunda e terceira partes, a coletividade.

20.2.3 Tipo objetivo

As condutas típicas consistem em: (a) escarnecer (ironizar, zombar) em público de alguma pessoa em função de sua crença (aquilo em que acredita ou não em termos religiosos) ou função religiosa (atividade na área da religião); (b) impedir (obstar, obstaculizar) ou perturbar (atrapalhar, impedir o regular funcionamento) cerimônia ou prática de culto religioso, por meio de violência, ameaça etc.; (c) vilipendiar (desdenhar, subestimar) em público ato ou objeto de culto religioso.

O parágrafo único prevê uma majorante (causa de aumento de pena) e a regra de cúmulo de penas na hipótese de violência.

Crimes contra o sentimento religioso e contra o respeito aos mortos **201**

20.2.4 Tipo subjetivo

O elemento subjetivo que compõe a estrutura do tipo penal do crime é o dolo, qual seja, a consciência e a vontade de realização da conduta descrita no tipo penal.

A lei demanda elemento subjetivo específico do tipo na primeira e terceira modalidade, isto é, na primeira, "por motivo de crença ou função religiosa" e, na terceira, a intenção de "vilipendiar", ou seja, desprezar.

20.2.5 Consumação e tentativa

Consuma-se o delito quando: (a) do efetivo escárnio; (b) do efeito impedimento ou perturbação; (c) do efetivo vilipêndio.

Em regra, a execução pode também ser fracionada em vários atos (crime plurissubsistente). Com isso, a tentativa se mostra perfeitamente possível quando o resultado pretendido não sobrevém por circunstâncias alheias à vontade do agente.

Por exceção, o escárnio só admite a modalidade tentada se for praticado por escrito.

20.2.6 Ação penal

Ação penal pública incondicionada.

20.3 Impedimento ou perturbação de cerimônia funerária – Art. 209

20.3.1 Bem jurídico

É o respeito aos mortos e os rituais ligados às suas memórias.

20.3.2 Sujeitos do crime

O sujeito ativo do crime pode ser qualquer pessoa, pois em se tratando de crime comum não requer nenhuma qualidade particular. O sujeito ativo pode agir só ou associado a outrem.

Já o sujeito passivo é a coletividade (crime vago). O falecido não pode ser considerado ofendido, na medida em que não titulariza direitos ou interesses.

20.3.3 Tipo objetivo

As condutas típicas consistem em: (a) impedir (obstar, vedar a realização); (b) perturbar (atrapalhar, desorganizar) o enterro ou qualquer cerimônia fúnebre.

O parágrafo único prevê uma majorante (causa de aumento de pena) e a regra de cúmulo de penas na hipótese de violência.

20.3.4 Tipo subjetivo

O elemento subjetivo que compõe a estrutura do tipo penal do crime é o dolo, qual seja, a consciência e a vontade de realização da conduta descrita no tipo penal.

A lei não demanda elemento subjetivo específico do tipo.

20.3.5 Consumação e tentativa

Consuma-se o delito quando: (a) do efetivo impedimento; (b) da efetiva perturbação.

A execução pode ser fracionada em vários atos (crime plurissubsistente). Com isso, a tentativa se mostra perfeitamente possível quando o resultado pretendido não sobrevém por circunstâncias alheias à vontade do agente.

20.3.6 Ação penal

Ação penal pública incondicionada.

20.4 Violação de sepultura – Art. 210

20.4.1 Bem jurídico

É o respeito aos mortos.

20.4.2 Sujeitos do crime

O sujeito ativo do crime pode ser qualquer pessoa, pois em se tratando de crime comum não requer nenhuma qualidade particular. O sujeito ativo pode agir só ou associado a outrem.

Já o sujeito passivo é a coletividade (crime vago). O falecido não pode ser considerado ofendido, na medida em que não titulariza direitos ou interesses.

20.4.3 Tipo objetivo

As condutas típicas consistem em: (a) violar (romper, abrir); (b) profanar (desrespeitar, menosprezar) sepultura ou urna funerária. Segundo Damásio (2020, p. 80): "É preciso, no entanto, que efetivamente estejam presentes os restos mortais de uma pessoa. A sepultura vazia ou

Crimes contra o sentimento religioso e contra o respeito aos mortos **203**

o monumento erigido à memória de alguém, que não contenham sequer partes de um cadáver, não se constituem um objeto material do delito".

20.4.4 Tipo subjetivo

O elemento subjetivo que compõe a estrutura do tipo penal do crime é o dolo, qual seja, a consciência e a vontade de realização da conduta descrita no tipo penal.

A lei demanda elemento subjetivo específico do tipo apenas na profanação, "que consiste na intenção de ultrajar, macular a sepultura ou urna funerária. Ausente tal propósito, não se poderá falar em profanação" (JESUS, 2020, p. 80).

20.4.5 Consumação e tentativa

Consuma-se o delito quando da efetiva violação ou profanação.

A execução pode ser fracionada em vários atos (crime plurissubsistente). Com isso, a tentativa se mostra perfeitamente possível quando o resultado pretendido não sobrevém por circunstâncias alheias à vontade do agente.

20.4.6 Ação penal

Ação penal pública incondicionada.

20.5 Destruição, subtração ou ocultação de cadáver – Art. 211

20.5.1 Bem jurídico

É o respeito aos mortos.

20.5.2 Sujeitos do crime

O sujeito ativo do crime pode ser qualquer pessoa, pois em se tratando de crime comum não requer nenhuma qualidade particular. O sujeito ativo pode agir só ou associado a outrem.

Já o sujeito passivo é a coletividade (crime vago). O falecido não pode ser considerado ofendido, na medida em que não titulariza direitos ou interesses.

20.5.3 Tipo objetivo

As condutas típicas consistem em: a) destruir (quebrar, romper); b) subtrair (retirar, tirar); c) ocultar (esconder, escamotear) cadáver ou parte dele sepultura ou urna funerária.

Segundo Damásio (2020, p. 84):

Objeto material é o cadáver, no todo ou em parte. Cadáver é o corpo humano morto. É o corpo sem vida, enquanto conservar a aparência humana. Tal conceito exclui, pois, o esqueleto, as cinzas humanas ou os restos de cadáver em decomposição. O natimorto está abrangido pelo conceito legal de cadáver, por inspirar o mesmo sentimento de respeito devido aos mortos, ao contrário do que acontece em relação ao feto que ainda não tenha atingido a maturidade necessária para sua expulsão. A múmia não é considerada cadáver, por não inspirar o sentimento de respeito aos mortos. Observe-se que o cadáver não pode, em regra, ser objeto material do crime de furto, pois não possui valor patrimonial, salvo na hipótese de sua utilização para fins científicos, quando passa a integrar o patrimônio da entidade que o possui. As partes do cadáver também são protegidas pela lei penal. É necessário, porém, que seja partes de um corpo sem vida, não se configurando o crime se a ação recair sobre partes retiradas de um corpo vivo (partes amputadas de uma pessoa, p. ex.).

Sobre a competência para processo e julgamento do crime previsto no § 4º do art. 14 da Lei n. 9.434/97, decidiu o STF:

Recurso extraordinário. Constitucional. Direito Penal e Processual Penal. Crime previsto no § 4º do art. 14 da Lei nº 9.434/97 (remoção de tecidos, órgãos ou partes do corpo de pessoa viva, para fins de transplante e tratamento, em desacordo com as disposições legais e regulamentares, com resultado morte). Objeto jurídico: ética e moralidade no contexto da doação de tecidos, órgãos e partes do corpo humano, preservação da integridade física e da vida das pessoas e respeito à memória dos mortos. Delito qualificado pelo resultado. Competência do juízo criminal singular. Afastamento da competência do tribunal do júri (CF, art. 5º, inciso XXXVIII, alínea "d"). Recurso do qual se conhece e ao qual se dá provimento, sem fixação de tese de repercussão geral. (RE 1.313.494/MG, Rel. Min. Dias Toffoli, Primeira Turma, julgamento: 14.09.2021, *DJe* 06.12.2021).

20.5.4 Tipo subjetivo

O elemento subjetivo que compõe a estrutura do tipo penal do crime é o dolo, qual seja, a consciência e a vontade de realização da conduta descrita no tipo penal.

A lei não demanda elemento subjetivo específico do tipo.

20.5.5 Consumação e tentativa

Consuma-se o delito quando da efetiva destruição, no todo ou em parte, ou da efetiva subtração. Na modalidade ocultação, é crime permanente, de modo que a consumação se prolonga no tempo por vontade do sujeito ativo da conduta.

A execução pode ser fracionada em vários atos (crime plurissubsistente). Com isso, a tentativa se mostra perfeitamente possível quando o resultado pretendido não sobrevém por circunstâncias alheias à vontade do agente.

20.5.6 Ação penal

Ação penal pública incondicionada.

20.6 Vilipêndio a cadáver – Art. 212

20.6.1 Bem jurídico

É o respeito aos mortos.

20.6.2 Sujeitos do crime

O sujeito ativo do crime pode ser qualquer pessoa, pois em se tratando de crime comum não requer nenhuma qualidade particular. O sujeito ativo pode agir só ou associado a outrem.

Já o sujeito passivo é a coletividade (crime vago). O falecido não pode ser considerado ofendido, na medida em que não titulariza direitos ou interesses.

20.6.3 Tipo objetivo

A conduta típica consiste em vilipendiar (humilhar, menoscabar): o cadáver ou as suas cinzas.

20.6.4 Tipo subjetivo

O elemento subjetivo que compõe a estrutura do tipo penal do crime é o dolo, qual seja, a consciência e a vontade de realização da conduta descrita no tipo penal.

A lei demanda elemento subjetivo específico do tipo consistente na finalidade de depreciar o cadáver, ultrajá-lo.

20.6.5 Consumação e tentativa

Consuma-se o delito quando de efetivo vilipêndio.

A execução pode ser fracionada em vários atos (crime plurissubsistente). Com isso, a tentativa se mostra perfeitamente possível quando o resultado pretendido não sobrevém por circunstâncias alheias à vontade do agente.

Já decidiu o STJ:

> Recurso ordinário em habeas corpus. Processual penal. Homicídio qualificado. Vilipêndio a cadáver. Insurgência contra a prisão preventiva. Gravidade da conduta. *Modus operandi*. Fundamentação idônea. Recurso ordinário desprovido.

206 Direito Penal: Parte Especial – Vol. 2

1. A manutenção da custódia cautelar encontra-se suficientemente fundamentada no modus operandi – vítima contida por um dos agentes e atingida pelo segundo com diversos golpes de faca, seguindo-se o vilipêndio ao cadáver –, capaz de evidenciar a especial gravidade da conduta, in concreto, e a periculosidade dos Agentes, a indicar a necessidade da segregação provisória para a garantia da ordem pública.

2. Recurso ordinário em habeas corpus desprovido. (RHC 138.449/MS, Rel. Min. Laurita Vaz, Sexta Turma, julgamento: 22.06.2021, *DJe* 30.06.2021)".

20.6.6 Ação penal

Ação penal pública incondicionada.

PARTE VI

DOS CRIMES CONTRA A DIGNIDADE SEXUAL

21

Crimes contra a dignidade sexual

21.1 Introdução

A Lei n. 12.015/2009 alterou esse título do CP, que antes era nominado como crime contra os costumes, e passou a designá-lo como crimes contra a dignidade sexual. A alteração é mais condizente com o sentimento atual de proteção ao exercício das liberdades sexuais, que deve ser livre de julgamentos morais externos, o que restringe os crimes a punir relações não consentidas, a exploração dos atos sexuais e relações com vulneráveis. Afasta-se assim, incriminações de cunho moralista: não é crime prostituição, homossexualidade, bestialidade e incesto.

O título possui sete capítulos, com vários crimes específicos que serão a seguir estudados.

21.2 Estupro – Art. 213

21.2.1 Considerações iniciais

Após a reforma promovida pela Lei n. 12.015/2009, o crime de estupro atualmente congrega as condutas que outrora eram capitulados como estupro (propriamente dito) e atentado violento ao pudor (antigo art. 214 do CP). Cuidado, porém, porque embora tenha havido revogação do art. 214 do CP, não houve *abolitio criminis*, vez que a conduta antes descrita naquele tipo continua sendo punida, doravante, no crime do art. 213 do CP.

21.2.2 Bem jurídico

Além da dignidade e a liberdade sexual, o crime protege a integridade corporal e a liberdade individual das pessoas.

21.2.3 Sujeitos do crime

O estupro é crime comum porque pode ser cometido por qualquer pessoa, inclusive mulher.

Prevalece o entendimento de que o marido rejeitado pode ser sujeito ativo do estupro visto que o dever de coabitação não autoriza o emprego de violência ou grave ameaça para a prática sexual.

O estupro praticado por vários agentes pode caracterizar o chamado estupro coletivo, que encontra subsunção na norma do art. 226, IV, "a", do CP, comentado mais à frente.

Atualmente, qualquer pessoa pode ser vítima do crime de estupro. Não se esqueça, porém, que a conjunção carnal pressupõe cópula vaginal, razão pela qual prevalece que somente a mulher pode ser vítima desta modalidade de crime sexual. Já o ato libidinoso, que consiste na prática de vários outros atos sexuais, pode ter qualquer pessoa como vítima, seja homem ou mulher.

21.2.4 Tipo objetivo

No crime de estupro há duas condutas: constranger, que significa forçar, obrigar, somado ao ato sexual (conjunção carnal ou ato libidinoso).

Além disso, o crime deve ser praticado mediante violência física (agressão, lesão corporal) ou grave ameaça, razão pela qual é necessário dissenso da vítima na prática do ato.

Embora não se exija uma resistência extrema por parte da vítima, prevalece o entendimento de que o dissenso deve ser sério, suficiente para indicar a oposição da vítima ao ato sexual.

O crime pode ser cometido com violência e/ou grave ameaça (são os meios de execução):

- Por violência entende-se o emprego de força física contra a vítima, como socos e pontapés.
- Por ameaça entende-se a promessa de mal grave e determinado. Ex.: sob a mira de arma de fogo.

São dois os atos sexuais inseridos no crime de estupro:

Crimes contra a dignidade sexual **211**

a) Conjunção carnal, que é a cópula vaginal, praticada mediante a introdução, ainda que parcial, do órgão genital masculino, no órgão genital feminino.

b) Outro ato libidinoso, que é qualquer ato lascivo de cunho sexual, como sexo oral, felação, masturbação, sexo anal etc.

Atenção!

- Beijo lascivo: para STJ há estupro de vulnerável principalmente quando a vítima *não pode oferecer resistência* (RHC 93.906/PA, julgamento: 21.03.2019).

- O crime de estupro exige contato físico? Damásio de Jesus (2020, p. 131) entende que sim em razão do termo legalmente empregado (praticar), que exige a intervenção ativa ou passiva do ofendido. Porém, prevalece que não é imprescindível, como acontece quando uma pessoa exige que outra se masturbe, caso em que há um estupro sem contato físico entre elas. Em razão disso, é possível falar em *estupro virtual*: agente obriga mulher a registrar e lhe enviar fotografias pornográficas.

21.2.5 Tipo subjetivo

O crime é doloso. Anote que não há finalidade específica de satisfação da própria lascívia ou concupiscência, razão pela há crime no caso de o sujeito praticar sexo forçado contra esposa do devedor com intuito de humilhá-lo.

Não há forma culposa. Por isso que é criminalmente atípico o toque acidental nas partes íntimas da vítima.

21.2.6 Consumação e tentativa

O estupro é crime material e se consuma com a prática efetiva do ato sexual (conjunção carnal ou o outro ato de libidinagem).

A tentativa é possível e ocorre quando o agente constrange a vítima, mas, por circunstâncias alheias, não consegue praticar o ato sexual.

21.2.7 Pluralidades de atos sexuais

No caso de o agente praticar conjunção carnal e atos libidinosos, há pluralidades de crimes?

1ª Corrente: se praticados no mesmo contexto, há crime único. É a posição majoritária. Isso porque a junção do crime de estupro e antigo atentado violento ao pudor pela Lei n. 12.015/2009 transformou este em um tipo misto alternativo de modo que a prática de mais de uma conduta nele descrita, implica a caracterização de crime único. A prática de vários atos de libidinagem, todavia, repercute na dosimetria.

2ª Corrente: não há crime único desde que não haja nexo entre os comportamentos.

─────────────── **Atenção!** ───────────────

O *Stealthing* caracteriza crime no Brasil? É a conduta do agente, dissimuladamente, durante o ato sexual consentido, retira o preservativo.

a) Se após a retirada do preservativo, o parceiro é obrigado a prosseguir com o ato sexual, há estupro – art. 213, CP;

b) Se após a retirada do preservativo, o parceiro não nota, há violação sexual mediante fraude – art. 215, CP.

21.2.8 Qualificadoras do estupro

A primeira qualificadora ocorre se o crime provoca **lesão grave** na vítima. Isso indica que a lesão leve, as vias de fato e a ameaça são absorvidas pelo estupro. Na expressão "lesão corporal de natureza grave", ingressam as lesões corporais graves propriamente ditas, e as lesões corporais gravíssimas, definidas no art. 129, §§ 1º e 2º, do CP. Essas lesões não constituem crimes autônomos, mas sim qualificadores do delito tipificado no art. 213 do Código Penal.

A segunda qualificadora prevista se refere a idade do ofendido, ou seja, se a **vítima é menor de 18 anos e maior de 14**. Trata-se de inovação da Lei n. 12.015/2009 porque antes isso era considerado mera circunstância judicial desfavorável. Em regra, exige-se documento hábil para a prova da idade da vítima.

─────────────── **Atenção!** ───────────────

Agente tem que saber que a vítima é menor de 18 sob pena de responsabilidade penal objetiva. Evidente que ele não precisa saber a exata idade da vítima, basta que saiba tratar-se de menor de 18 anos.

Nesses casos, a pena do crime é de oito a doze anos.

No § 2º do art. 213 do CP, o legislador prevê **estupro seguido de morte**, quando a pena passa a ser reclusão, de 12 a 30 anos.

- -

Observação: o estupro qualificado pela lesão grave e pela morte é espécie de crime preterdoloso, em que há *dolo no estupro e culpa na lesão grave ou morte*. Caso haja dolo quanto ao resultado, não há estupro qualificado, mas estupro simples em concurso material com lesão grave ou homicídio.

- -

Deve-se lembrar ainda acerca do disposto no art. 226, IV, do CP, que prevê duas causas de aumento especiais, denominadas de estupro coletivo e estupro corretivo.

O primeiro é categorização especial do estupro cometido em concurso de pessoas. Deve-se atentar que antes da Lei n. 13.718/2018, essa circunstância ensejava uma causa de aumento de quarta parte (art. 226, I); agora, depois da Lei n. 13.718/2018, o concurso de pessoas induz um aumento de 1/3 a 2/3 (art. 226, IV, "a").

Atenção!

O art. 226, I, é aplicável para todos os crimes sexuais, exceto o estupro. O 226, IV, "a", é aplicável apenas para o estupro em concurso de pessoas (estupro coletivo).

O estupro corretivo é aquele praticado para controlar o comportamento social ou sexual da vítima. Como explica o professor Rogério Sanches Cunha (2020, p. 577), essa majorante é aplicada nos casos em que o agente estupra uma mulher como um castigo pela negação à masculinidade do homem, com objetivo de censurar sua orientação sexual, por exemplo.

21.3 Violação sexual mediante fraude – Art. 215

21.3.1 Considerações iniciais

Nesse delito, o agente emprega uma fraude para enganar a vítima, que iludida, consente com a relação sexual. Por isso é conhecido como estelionato sexual.

21.3.2 Bem jurídico

Tutela-se a liberdade sexual da pessoa.

21.3.3 Sujeitos do crime

Trata-se de crime comum, que pode ser cometido por qualquer pessoa. Atente-se para a causa de aumento do art. 226 do CP.

Pode ser vítima do crime, qualquer pessoa, homem ou mulher.

21.3.4 Tipo objetivo

A fraude é empregada para enganar a vítima a erro e com ela manter uma relação sexual (conjunção carnal ou ato libidinoso). O engodo serve para enganar a vítima sobre a identidade pessoal do agente ou a

214 Direito Penal: Parte Especial – Vol. 2

legitimidade do ato, fazendo-a a tomar uma pessoa por outra. Ex.: manter relação sexual com o irmão gêmeo do marido ou com pessoa com mesma fantasia que o parceiro em um baile de máscaras ou ainda no caso de um médico que faz toque com intuito lascivo em paciente sob pretexto de fazer exame.

Cuidado: a fraude utilizada não pode anular a capacidade de resistência da vítima, pois, do contrário, estaria configurado o estupro de vulnerável (art. 217-A do CP).

21.3.5 Tipo subjetivo

Somente há modalidade dolosa. O tipo exige um fim especial de agir, consistente na intenção de ter conjunção carnal ou de praticar outro ato libidinoso com a vítima.

Não há modalidade culposa.

21.3.6 Consumação e tentativa

É crime que apresenta um resultado naturalístico, qual seja, a prática do ato sexual (conjunção carnal ou ato libidinoso).

Admite-se a tentativa.

21.3.7 Forma majorada

Se a conduta é praticada com o fim de obter vantagem econômica, aplica-se, também, a pena de multa.

21.4 Importunação sexual – Art. 215-A

21.4.1 Considerações iniciais

Este tipo penal foi acrescentado pela Lei n. 13.718/2018, que também revogou a contravenção penal do art. 61 da LCP, conhecida antes como "Importunação Ofensiva ao Pudor". Essa revogação, deste modo, não implica *abolitio criminis* pois estamos diante da aplicação do princípio da continuidade normativa-típica.

Trata-se, porém, de *novatio legis in pejus*, porque a pena cominada é doravante mais grave. Assim, apenas podem responder pelo art. 215-A do CP aqueles que praticaram a conduta a partir do dia 25.09.2018.

21.4.2 Bem jurídico

A liberdade sexual.

Crimes contra a dignidade sexual **215**

21.4.3 Sujeitos do crime

Trata-se de crime bicomum porque pode ser praticado por qualquer pessoa e, também pode ser praticado em face de qualquer pessoa.

──────────────── **Atenção!** ────────────────

Qual a diferença entre o crime de importunação sexual e ato obsceno?
Na importunação, o ato libidinoso é praticado **contra uma pessoa** certa e determinada. No crime de ato obsceno o ato é praticado **contra a coletividade** e visa ao ultraje ao pudor de frequentadores de local público ou aberto ao público.

───

E se a vítima for menor de 14 anos?

Pode restar configurado o crime do art. 218-A (satisfação da lascívia mediante presença de criança e adolescente) ou estupro de vulnerável.

E a contemplação passiva de menor de 14 anos? Pode configurar o estupro de vulnerável. Nesse sentido: A conduta de contemplar lascivamente, sem contato físico, mediante pagamento, menor de 14 anos desnuda em motel pode permitir a deflagração da ação penal para a apuração do delito de estupro de vulnerável (STJ, RHC 70.976-MS, Rel. Min. Joel Ilan Paciornik, Quinta Turma, julgamento: 02.08.2016 – Informativo 587).

21.4.4 Tipo objetivo

O crime pressupõe a prática de ato libidinoso contra alguém. O sentido deste elemento normativo do tipo deve ser extraído a partir da cláusula de subsidiariedade contida no preceito secundário do tipo. Desse modo, o ato libidinoso que caracteriza o crime de importunação sexual é aquele de cunho sexual que caracteriza uma situação profundamente embaraçosa, sem participação da vítima, praticado sem violência ou grave ameaça. Ex.: sujeito sussurra no ouvido de uma mulher desconhecida para ir ao motel, ou passa a mão nas nádegas de alguém em um ônibus de transporte coletivo, masturba-se e ejacula na direção de uma pessoa.

──────────────── **Atenção!** ────────────────

O que é *frotteurismo*? Trata-se da conduta de tocar e esfregar-se em uma pessoa sem seu consentimento, geralmente praticada em locais com grande concentração de pessoas, dos quais o indivíduo pode escapar mais facilmente de uma detenção. No *frotteurismo* não há violência ou grave ameaça, razão pela qual não se enquadra como estupro (art. 213 do CP), mas sim o delito do art. 215-A do CP.

■

Pode haver desclassificação do crime de estupro de vulnerável para o delito de importunação sexual?
Não. Isso porque caso o agente pratique ato libidinoso com uma vítima em situação de vulnerabilidade, em razão da especialidade típica, o ato não pode ser

subsumido ao crime de importunação sexual, mas sim no tipo mais grave. Sendo então a vítima vulnerável, ante a incidência da norma do art. 217-A do CP, afasta-se imediatamente a possibilidade de aplicar o art. 215-A do CP.

Assim decidiu o Superior Tribunal de Justiça:

"No que tange à pretendida desclassificação da conduta, 'tem prevalecido no Superior Tribunal de Justiça a impossibilidade de desclassificação da figura do estupro de vulnerável para o art. 215-A do CP, uma vez que referido tipo penal é praticado sem violência ou grave ameaça, e o tipo penal imputado ao agravante (art. 217-A do CP) inclui a presunção absoluta de violência ou grave ameaça, por se tratar de menor de 14 anos" (AgRg na RvCr 4.969/DF, Rel. Min. Reynaldo Soares Da Fonseca, Terceira Seção, julgamento: 26.06.2019, DJe 1º.07.2019).

5. Agravo regimental desprovido. (AgRg no AREsp 1.704.276/MT, Rel. Min. Joel Ilan Paciornik, Quinta Turma, julgamento: 17.11.2020, DJe 20.11.2020)

21.4.5 Tipo subjetivo

Trata-se de crime doloso. Há um especial fim de agir, consistente no objetivo de satisfazer a própria lascívia ou a de terceiro. Por isso, não é crime o toque acidental ou esbarrão nos órgãos genitais de alguém em um metrô, por exemplo.

Não há figura culposa.

21.4.6 Consumação e tentativa

Trata-se de crime formal, que se consuma com a prática do ato libidinoso, mas independentemente de o agente obter satisfação sexual.

A tentativa é possível: "Imagine, por exemplo, o passageiro do coletivo que se aproxime da vítima, com o pênis ereto, para com ele tocar lascivamente nas nádegas da ofendida, mas seja impedido por outro passageiro, que o denuncia, evitando o toque" (JESUS, 2020, p. 147) .

21.5 Assédio sexual – Art. 216-A

21.5.1 Considerações iniciais

Visa tipificar a insistência inoportuna de alguém em posição privilegiada, que faz uso dessa vantagem para obter favores sexuais de um subalterno.

21.5.2 Bem jurídico

São protegidos tanto a liberdade sexual da vítima, como a liberdade e higidez do ambiente de trabalho.

21.5.3 Sujeitos do crime

Exige qualidades especiais do sujeito ativo e do sujeito passivo. O primeiro deve ser superior hierárquico ou exercer alguma ascendência sobre a vítima, enquanto o segundo é alguém subordinado ou subalterno àquele. Autor ou vítima do crime podem ser homem ou mulher.

21.5.4 Tipo objetivo

O núcleo do tipo é constranger, verbo aqui não relacionado à ideia de violência, mas de intimidação laboral de modo a perfilar com a conduta daquele que, mediante propostas insistentes, busca vantagens ou favores sexuais da vítima.

O pressuposto básico do crime é a superioridade hierárquica ou ascendência razão pela qual não há assédio sexual envolvendo pessoas que ocupam o mesmo posto ou cargo de trabalho, com igualdade hierárquica entre eles.

A lei fala em emprego, cargo ou função. Na primeira hipótese, refere-se ao assédio praticado no setor privado. Nas duas últimas, ao assédio no setor público.

Por isso que não há crime no assédio de pai contra filha, padre contra beata, professor contra aluna visto inexistir, nesses casos, relação empregatícia entre os sujeitos. Quanto a última relação, há precedente do STJ que admitiu a caracterização do assédio sexual na conduta do professor que, no ambiente da sala de aula, aproxima-se de aluna e, com o objetivo de obter vantagem sexual, toca partes do corpo da moça. Consideraram os ministros que a ascendência do docente sobre os alunos é inerente ao exercício da profissão, já que o professor pode interferir diretamente na avaliação, atribuição de notas e na aprovação dos discentes (REsp 1.759.135/SP, Rel. Min. Sebastião Reis Júnior, julgamento: 13.08.2019).

———————————— Atenção! ————————————

A cantada, flerte ou gracejo praticado por superior hierárquico contra o subordinado é suficiente para caracterizar o crime de assédio sexual? Não. Só haverá o crime na importunação séria, ofensiva, chantagiosa. Embora a lei não seja expressa, é preciso que o assediador demonstre, ainda que indiretamente, que a recusa do ofendido lhe acarretará prejuízo profissional.

21.5.5 Tipo subjetivo

Trata-se de crime doloso. Há um especial fim de agir, consistente no intuito de obter vantagem ou favorecimento sexual.

Não há figura culposa.

218 Direito Penal: Parte Especial – Vol. 2

21.5.6 Causa de aumento da pena: art. 216-A, § 2º

Como estabelece o § 2º do art. 216-A do CP: "A pena é aumentada em até um terço se a vítima é menor de 18 (dezoito) anos". Esse dispositivo legal merece sérias críticas.

21.5.7 Consumação e tentativa

O crime é formal e se consuma no instante em que o agente constrange a vítima, ainda que o ato desejado não se realize. A prática dos atos sexuais implica mero exaurimento do crime.

A tentativa é possível.

21.6 Registro não autorizado da intimidade sexual – Art. 216-B

21.6.1 Considerações iniciais

Este delito foi acrescentado pela Lei n. 13.772/2018 que entrou em vigor na data de sua publicação (20.12.2018). Trata-se de nova lei penal incriminadora que resolve uma lacuna penal e pune aqueles que mediante instalação de câmeras ou outros dispositivos em banheiros públicos ou privados, hotéis ou cômodos alugados registram a prática de atos sexuais entre terceiros sem consentimento ou autorização. Daí o nome do capítulo inserido no CP pela mesma lei no qual se insere este crime: da exposição da intimidade sexual.

É infração de menor potencial ofensivo, de competência do juizado especial criminal. Contudo, cuidado: caso a vítima seja mulher e o crime seja praticado no âmbito da violência doméstica, excepcionalmente o crime não será de competência do Jecrim ante a incidência do art. 41 da Lei n. 11.340/2006.

21.6.2 Bem jurídico

Observe que o crime tutela mais diretamente a intimidade e até imagem da vítima. Note que a Lei n. 13.772/2018 incluiu este tipo no capítulo I-A, denominado como "Da exposição da intimidade sexual".

21.6.3 Sujeitos do crime

Trata-se de crime bicomum, porque pode ser praticado por qualquer pessoa e, também, pode ser praticado em face de qualquer pessoa. Atente-se porque se a vítima for menor de 18 anos, há crime do art. 240 ou 241-C do ECA.

Crimes contra a dignidade sexual **219**

21.6.4 Tipo objetivo

Os núcleos verbais "produzir, fotografar, filmar ou registrar" indicam tratar-se de crime de conteúdo variado. Por isso, o crime pode ser praticado quando, indevidamente, o agente produz (cria, financia), fotografa, filma ou grava cena de nudez ou ato sexual.

Observe que somente haverá crime se a cena de nudez, ato sexual ou ato libidinoso forem de caráter íntimo e privado. Caso sejam atos públicos, não há crime.

Elemento normativo do tipo: O tipo penal exige ainda que a divulgação ocorra sem autorização dos participantes. Assim, para haver crime, exige-se a negativa de um dos participantes do ato sexual.

21.6.5 Figura do parágrafo único

Difere do *caput* porque na verdade não há registro de imagens reais de uma cena nudez ou sexo. Há aqui uma montagem, mediante contrafações gráficas por meio de instrumentos que simulam a participação de pessoas naqueles atos. Ex.: utilizando-se de programas de computador, o agente substitui o rosto de uma atriz em uma fotografia pornográfica, substituindo-o pelo da vítima.

Cuidado: cenas de sexo ou nudez com sósia (pessoa parecida com a pretendida com ato)? Ex.: cena de sexo em filme pornográfico com atriz parecida com alguém famoso em que um narrador do filme afirma que a cena envolve a aquela vítima. Não há nem infração ao *caput*, nem ao parágrafo único, porque não há uma montagem propriamente dita. Há crime contra a honra.

21.6.6 Tipo subjetivo

O crime é doloso e não exige finalidade específica (não exige satisfação sexual).

Não admite forma culposa.

21.6.7 Consumação e tentativa

Ocorre consumação com o registro da imagem (*caput*) ou com a montagem (parágrafo único), independentemente da divulgação, que, se ocorrer, caracteriza o crime do art. 218-C do CP.

Tentativa: é possível, mas de difícil ocorrência. Ex.: após a instalação e ativação do dispositivo, a vítima percebe o aparelho a tempo e o desliga.

220   Direito Penal: Parte Especial – Vol. 2

Se a divulgação ocorrer no mesmo contexto, o art. 218-C do CP absorve o crime em estudo (art. 216-B do CP). Se ocorrer o contrário, sujeito registra em um momento, e depois, muda de ideia, e divulga das fotos, há concurso de crime.

21.7 Estupro de vulnerável – Art. 217-A

21.7.1 Considerações iniciais

É o primeiro crime do capítulo II do título VI do CP, inserido pela Lei n. 12.015/2009.

Vulnerabilidade é a condição inerente àqueles que se encontram em situação de fragilidade, seja em razão da idade ou de outra condição que lhes retira a capacidade de compreender a inteireza de um ato sexual. Para fins penais, os vulneráveis não podem expressar validamente o consentimento para atos sexuais em geral. Por isso que se afirma que a vulnerabilidade tem natureza objetiva.

21.7.2 Bem jurídico

É a dignidade sexual dos vulneráveis, com a finalidade de proteger a integridade e a privacidade de tais pessoas no âmbito sexual.

21.7.3 Sujeitos do crime

O crime de estupro de vulnerável é crime comum.

Decisão importante

A irmã da vítima do crime de estupro de vulnerável responde por conduta omissiva imprópria se assume o papel de garantidora:

Caso concreto: "J" (30 anos) era casado com "M" (20 anos). "J" praticou, durante anos, estupro de vulnerável contra a sua cunhada "L" (criança de 6 anos de idade). "L" era irmã de "M". Os abusos ocorriam nas vezes em que "L" ia visitar sua irmã. Certo dia, "M" descobriu que os estupros estavam ocorrendo, mas, apesar disso, não tomou qualquer atitude para impedir que as condutas criminosas continuassem. Ao contrário, continuou permitindo que a irmã fosse até a sua casa e que ficasse sozinha na residência com o marido. "M", a irmã da vítima, deve responder pelo delito de estupro de vulnerável por omissão imprópria. (STJ, HC 603.195-PR, Quinta Turma, Rel. Min. Ribeiro Dantas, julgamento: 06.10.2020 – Informativo 681).

Crimes contra a dignidade sexual **221**

A vítima é a pessoa vulnerável, a saber: pessoa menor de 14 anos, enfermo, ou deficiente mental, sem discernimento e quem, por qualquer outra causa, não possa oferecer resistência.

─────────── **Atenção!** ───────────

A prova na menoridade: STJ tem admitido a verificação etária por outros meios e não apenas pela certidão de nascimento (Informativo 563 do STJ).

21.7.4 Tipo objetivo

Aqui o legislador criminaliza o ato sexual com determinadas pessoas (vulneráveis) independentemente de ser empregada violência, grave ameaça ou fraude.

A conduta típica consiste em ter conjunção carnal ou praticar outro ato libidinoso com vulnerável. Trata-se de crime de execução livre e que pode ser cometido com violência ou grave ameaça, com fraude, com consentimento da vítima. A violência, grave ameaça e fraude são circunstâncias que devem ser consideradas na dosimetria da pena.

O tipo penal foi remodelado pela Lei n. 12.015/2009 porque antes o CP tratava do tema no art. 224 e falava em presunção de violência, o que era alvo de muitas críticas e discussões. Em resumo, dispunha a Lei antigamente:

Art. 224 do CP: Presumia-se a violência no caso de sexo com:

a) pessoa não maior de 14 anos;
b) pessoa portadora de deficiência;
c) pessoa sem capacidade de oferecer resistência.

A reforma promovida pela Lei n. 12.015/2009 criou como crime autônomo e de execução livre a realização de ato sexual com pessoa vulnerável, entendida como:

a) pessoa menor de 14 anos;
b) pessoa com enfermidade e deficiência, sem discernimento;
c) pessoa sem capacidade de oferecer resistência.

Questão importante: a vulnerabilidade é absoluta? E se a relação for consentida?

1ª Corrente: a vulnerabilidade é absolutamente presumida pela lei e não comporta exceções.

2ª Corrente: depende: se a vítima for adolescente, para haver o crime deve restar demonstrado o abuso da vulnerabilidade; se criança, é absoluta.

A Súmula 593 do STJ se alinha a primeira corrente: "O crime de estupro de vulnerável se configura com a conjunção carnal ou prática de ato libidinoso com menor de 14 anos, sendo irrelevante eventual consentimento da vítima para a prática do ato, sua experiência sexual anterior ou existência de relacionamento amoroso com o agente". Todavia, deve-se atentar ao fato de que esta súmula se refere apenas ao vulnerável etário.

E para os deficientes? A diferença de redação entre o § 1º e o *caput* do art. 217-A demonstra que, no caso de vítima enferma ou deficiente mental, só haverá estupro se ausente o necessário discernimento para o ato, devidamente analisado no caso concreto.

Observe-se, todavia, que a Lei n. 13.718/2018 acrescentou o § 5º ao art. 217-A do CP e passou a criminalizar o ato sexual com vulneráveis, quaisquer deles, como se houvesse uma espécie de presunção absoluta. Essa literalidade, todavia, conflita com o Estatuto das Pessoas com Deficiência (Lei n. 13.146/2015) que permite que este grupo de pessoas, se tiverem discernimento, podem casar-se, constituir união estável e exercer seus direitos sexuais e reprodutivos.

O conflito deve ser resolvido mediante a comprovação do abuso da condição de vulnerabilidade, atestado por meio de laudo médico acerca do grau de comprometimento do indivíduo.

─────────── **Atenção!** ───────────

- **Contemplação física**: o agente despe a vítima vulnerável e, mesmo sem tocá-la, observa sua nudez. Prevalece que caracteriza o estupro de vulnerável porque estes atos configuram o ato libidinoso.

- O agente que passa as mãos nas coxas e seios da vítima menor de 14 anos, por dentro de sua roupa, pratica, em tese, o crime de estupro de vulnerável (art. 217-A do CP). Não importa que não tenha havido penetração vaginal (conjunção carnal). (STF, RHC 133.121/DF, Rel. orig. Min. Marco Aurélio, red. p/o acórdão Min. Edson Fachin, Primeira Turma, julgamento: 30.08.2016 – Informativo 837).

21.7.5 Tipo subjetivo

É crime doloso e, a fim de evitar a responsabilidade penal objetiva, o agente precisa ter ciência de que é pessoa vulnerável. Se desconhecer essa condição, pode restar configurado estupro (art. 213 do CP), se agiu com violência ou grave ameaça, ou violação sexual mediante fraude (art. 215 do CP), se agiu com fraude. Se não agiu nem com violência, nem

Crimes contra a dignidade sexual **223**

com grave ameaça, nem com fraude, e desconhecia a vulnerabilidade, o será fato atípico.

Admite-se, contudo, o dolo eventual. A dúvida ou incerteza do agente, quanto à idade da vítima, já é suficiente para o reconhecimento do crime.

Não há espécie culposa.

21.7.6 Consumação e tentativa

O crime se consuma com a pura realização do ato libidinoso, ainda que não seja invasivo, como simples toques íntimos, ainda que sobre as roupas das vítimas.

A tentativa é admissível.

21.7.7 Figuras qualificadas: Art. 217-A, §§ 3º e 4º

Se o estupro resultar em **lesão grave**, a pena passa a ser de reclusão de 10 a 20 anos. Se resultar **morte**, será de reclusão de 12 a 30 anos.

21.8 Corrupção de menores – Art. 218

21.8.1 Considerações iniciais

A fim de evitar confusão com o tipo do art. 244-B do ECA, também nominado como corrupção de menores, doutrinariamente tem-se batizado o delito do art. 218 do CP como mediação de vulnerável para satisfazer lascívia de outrem.

21.8.2 Bem jurídico

Além da liberdade e dignidade sexual, a corrupção de menores visa proteger o desenvolvimento sadio do menor de 14 anos de idade.

21.8.3 Sujeitos do crime

Trata-se de crime comum, em que o autor induz o menor a satisfazer a lascívia de terceira pessoa determinada. O sujeito ativo deste crime é chamado de proxeneta ou lenão.

O ofendido é o menor de 14 anos. Se a vítima tem entre 14 e 18 anos, será aplicável o art. 227, § 1º. Se tem mais de 18 anos, incidirá o art. 227, *caput*.

224　Direito Penal: Parte Especial – Vol. 2

21.8.4 Tipo objetivo

A conduta típica é induzir (convencer, estimular) menor de 14 anos a satisfazer a lascívia de outrem. Observe-se, todavia, que aqui, as condutas praticadas pelo menor são destinadas a mera contemplação da terceira pessoa, como ensaio fotográfico de nudez, pratica de danças eróticas etc. Exige-se ainda o tipo que essa terceira pessoa seja determinada, porque se o induzimento se destinar a satisfação de terceiros indeterminados, de forma genérica, pode restar caracterizado o crime de favorecimento da prostituição ou outra forma de exploração sexual de vulnerável (art. 218-B do CP).

Deve-se ficar claro também que, se em razão do induzimento anterior houver a prática de algum ato sexual efetivo, haverá estupro de vulnerável, praticado pelo parceiro sexual e pelo instigador, que será partícipe do crime.

A depender da idade da vítima, podem restar configurados diferentes crimes previstos na lei penal. Basicamente, há o seguinte:

- ■ se a vítima induzida é menor de 14 anos de idade – crime de corrupção de menores (art. 218, do CP);
- ■ se a vítima induzida é maior de 14 anos de idade e menor de 18 anos de idade – crime de lenocínio qualificado (art. 227, § 1°, do CP);
- ■ se a vítima é maior de 18 anos de idade – crime de lenocínio simples (art. 227, *caput*, do CP).

Se o autor desejar satisfazer a própria lascívia, não haverá corrupção de menores e sim estupro de vulnerável.

21.8.5 Tipo subjetivo

Trata-se de crime doloso. Há fim especial de agir consistente no objetivo de satisfazer a lascívia (desejos sexuais) de outrem.

21.8.6 Consumação e tentativa

No tocante ao momento consumativo, há duas posições:

a) trata-se de crime formal, que se consuma com o simples induzimento do menor a satisfazer a lascívia alheia. Para essa linha, caso efetivamente o ato seja praticado, estará na fase de exaurimento do crime;

b) o crime é material, só se consuma quando a vítima realiza algum ato tendente à satisfação da lascívia alheia (posição majoritária). É a nossa posição.

A tentativa é admissível.

Crimes contra a dignidade sexual **225**

21.9 Satisfação de lascívia mediante presença de criança ou adolescente – Art. 218-A

21.9.1 Bem jurídico

A dignidade sexual do menor de 14 anos de idade.

21.9.2 Sujeitos do crime

O delito pode ser praticado por qualquer pessoa, homem ou mulher.

A vítima é o menor de 14 anos, de qualquer sexo. Observe-se que haverá atipicidade se a conduta for praticada no dia do aniversário de 14 anos da vítima, pois em tal data ela não é menor de 14 anos.

21.9.3 Tipo objetivo

São duas as condutas típicas:

a) Praticar, na presença do menor, conjunção carnal ou outro ato libidinoso.

b) Induzir o menor a presenciar a conjunção carnal ou outro ato libidinoso.

Trata-se de tipo misto alternativo.

Não se exige a presença física da vítima. O dispositivo permite, portanto, a punição de crimes praticados por meio da internet.

Como se pode observar, nesse crime, o menor não pratica qualquer ato sexual, limitando-se a presenciá-lo. Caso pratique algum ato sexual, haverá estupro de vulnerável.

21.9.4 Tipo subjetivo

É crime doloso, com finalidade especial de satisfazer lascívia própria ou de outrem.

Não há forma culposa.

21.9.5 Consumação e tentativa

Na modalidade "praticar", o crime se aperfeiçoa quando o menor efetivamente presencia algum ato de libidinagem.

Na conduta de induzir, a consumação ocorre com o simples induzimento, não se exigindo a efetiva prática libidinosa.

Em qualquer caso, é desnecessária a efetiva corrupção da vítima.

A tentativa é admissível.

226 Direito Penal: Parte Especial – Vol. 2

21.10 Favorecimento da prostituição ou de outra forma de exploração sexual de criança ou adolescente ou de vulnerável – Art. 218-B

21.10.1 Bem jurídico

A dignidade e a moralidade sexual do vulnerável.

21.10.2 Sujeitos do crime

O crime pode ser praticado por qualquer pessoa.

--- **Atenção!** ---

Responde pelo crime tanto o proxeneta como também o cliente da prostituição. Segundo o STJ, nos termos do art. 218-B do Código Penal, são punidos tanto aquele que capta a vítima, inserindo-a na prostituição ou outra forma de exploração sexual (*caput*), como também o cliente do menor prostituído ou sexualmente explorado (§ 1º). (HC 371.633/SP, Rel. Min. Jorge Mussi, Quinta Turma, julgamento: 19.03.2019 – Informativo 645).

Ainda que o próprio cliente tenha negociado o programa sem intermediários, haverá o crime. Basta que o agente, mediante pagamento, convença a vítima, dessa faixa etária, a praticar com ele conjunção carnal ou outro ato libidinoso. (STJ, REsp 1.490.891/SC, Sexta Turma, Rel. Min. Rogerio Schietti Cruz, julgamento: 17.04.2018)

A vítima é o menor de 18 anos ou a pessoa que, por enfermidade ou deficiência mental, não tenha o necessário discernimento para a prática sexual. Se a vítima for menor de 14 anos de idade, haverá o estupro de vulnerável (art. 217-A do CP).

21.10.3 Tipo objetivo

A conduta típica consiste em submeter, induzir, facilitar ou atrair a vítima para a prostituição, ou outra forma de exploração sexual, ou impedir ou dificultar seu abandono. Como se vê, é crime de ação múltipla ou de conteúdo variável, motivo pelo qual, a prática de mais de uma conduta típica, no mesmo contexto de fato, configura crime único.

Comete o crime aquele que convence a vítima (mencionada anteriormente) à prostituição que se notabiliza pelo comércio sexual habitual a um número indeterminado de pessoas com o fim de lucro. Mas o tipo não se refere apenas à prostituição. Por outra forma de exploração sexual entende-se qualquer espécie de exposição da sexualidade para a satisfação da lascívia alheia. Ex.: danças eróticas; fotos ou filmes pornográficos etc.

Crimes contra a dignidade sexual **227**

21.10.4 Tipo subjetivo

O crime é punido a título de dolo. Exige-se fim especial consistente no desejo de satisfazer a lascívia alheia.

Para a configuração do crime, não se exige que a conduta seja praticada com o fim de obter alguma vantagem econômica. Se isso ocorre, será aplicável, também, a pena de multa, na forma do art. 218-B, § 1°, do CP.

Não há forma culposa.

21.10.5 Consumação e tentativa

Nas condutas de submeter, induzir, atrair e facilitar, a consumação ocorre quando a vítima passa a se dedicar à prostituição ou a outra forma de exploração sexual. É desnecessário que ela atenda algum cliente, basta que esteja à disposição da clientela.

Nas condutas de impedir ou dificultar, a consumação ocorre com a prática de algum ato tendente a obstaculizar ou embaraçar o abandono da prostituição, caso em que o crime é permanente.

A tentativa é admissível.

21.10.6 Condutas equiparadas (§ 2°)

Somente será possível responsabilizar esses sujeitos se eles tinham ciência da idade ou condição de fragilidade da vítima visto que o erro dessa elementar exclui o dolo. É admissível, porém, o dolo eventual, de modo que a dúvida ou desconfiança do agente permite o reconhecimento do crime.

21.11 Divulgação de cena de estupro ou de cena de estupro de vulnerável, de cena de sexo ou de pornografia – Art. 218-C

21.11.1 Considerações iniciais

A estrutura redacional do tipo é demasiadamente longa e complexa, fruto da aglutinação e adaptação de outros dois tipos penais especiais: arts. 241 e 241-C do ECA.

21.11.2 Bem jurídico

Além da dignidade e a moralidade sexual, o tipo protege a honra da pessoa cuja imagem é indevidamente divulgada.

228   Direito Penal: Parte Especial – Vol. 2

21.11.3 Sujeitos do crime

Qualquer pessoa pode praticar o delito, homem ou mulher.

O mesmo acontece com a vítima. Se o ofendido for menor de 18 anos de idade, a conduta pode ser colhida pelos arts. 241 ou 241-A do ECA. Ademais, se a vítima manteve relação íntima de afeto com o autor, tais como, casamento, namoro, concubinato etc., haverá o aumento de pena previsto no § 1° do art. 218-C do CP.

21.11.4 Tipo objetivo

A descrição típica pode ser dividida em duas partes:

1ª) O agente oferece, disponibiliza ou divulga, de qualquer forma (gratuitamente ou não), por qualquer meio (digital ou não), pela internet ou fora dela fotografia, vídeo ou qualquer registro audiovisual que contenha: Cena de estupro (art. 213 do CP), Cena de estupro de vulnerável envolvendo as pessoas do *caput* e § 1° do art. 217-A ou Cena que faça apologia ("propaganda") ou induza a sua prática.

2ª) O agente oferece, disponibiliza ou divulga, de qualquer forma (gratuitamente ou não), por qualquer meio (digital ou não), pela internet ou fora dela, fotografia, vídeo ou qualquer registro audiovisual que contenha cena de sexo, nudez ou pornografia sem autorização da vítima. Aqui não há relação com crime de estupro; o agente divulga uma fotografia ou vídeo que contém uma cena de sexo (consensual), nudez ou pornografia.

Os nove núcleos verbais indicam tratar-se de tipo misto alternativo.

O objeto material é a fotografia, filmagem ou outro registro das cenas ou imagens de cunho sexual envolvendo a vítima.

――――――――――――――――― **Atenção!** ―――――――――――――――――

A conduta de receber a fotografia/vídeo envolvendo pessoas maiores e salvá-lo no celular ou no computador não se amolda em nenhum dos núcleos verbais do tipo. Trata-se de conduta penalmente irrelevante.

―――

Contudo, caso a fotografia/vídeo envolva criança ou adolescente, haverá o crime do art. 241-B do ECA.

21.11.5 Tipo subjetivo

É o dolo, sem qualquer finalidade especial nem finalidade de lucro.

Não há modalidade culposa.

Crimes contra a dignidade sexual **229**

21.11.6 Consumação e tentativa

A consumação ocorre quando o agente pratica qualquer dos verbos descritos. A tentativa é possível.

21.11.7 Figura do § 1°: *revenge porn* – pornografia de vingança

Consiste na divulgação da cena ou imagem de sexo com pessoa que tenha antes mantido alguma relação de afeto com o fim de vingança ou humilhação. Esta figura, caracterizada pela finalidade específica, tem pena aumentada em 1/3 a 2/3.

21.11.8 Excludente da ilicitude

O § 2° do art. 218-C do CP exclui a antijuridicidade da conduta destinada a publicações e estudos em geral acerca o tema, desde que observadas as cautelas de proteção das vítimas ou desde que a vítima, maior de 18 anos, tenha autorizado a divulgação.

21.11.9 Competência

Segue a seguinte linha de ideias:

a) Será federal se o material foi disponibilizado, de forma aberta, com livre acesso na internet, em um site de pornografia, por exemplo.

b) Será estadual se o material for divulgado por WhatsApp, *chat* privado, canais privados, sem livre acesso na internet.

21.12 Causa de aumento nos crimes contra a dignidade sexual

O art. 226 do CP prevê três causas de aumento aplicáveis aos crimes sexuais.

O aumento será da quarta parte, se o crime é cometido com o concurso de 2 (duas) ou mais pessoas. Cuidado: essa majorante é aplicável para todos os crimes sexuais, exceto o estupro, crime que possui majorante específica prevista no art. 226, IV, "a", do CP (estupro coletivo).

A majoração será de metade, se o agente é ascendente, padrasto ou madrasta, tio, irmão, cônjuge, companheiro, tutor, curador, preceptor ou empregador da vítima ou por qualquer outro título tiver autoridade sobre ela.

Por fim, o dispositivo prevê uma causa de aumento de 1/3 a 2/3, no caso de estupro coletivo ou de estupro corretivo, já estudados anteriormente, nos comentários sobre o crime de estupro.

230 Direito Penal: Parte Especial – Vol. 2

O CP ainda prevê mais duas causas de aumento nos crimes contra a dignidade sexual previstas no art. 234-A.

Segundo a norma, a pena será aumenta de metade a 2/3, se do crime resulta gravidez. Diante da falta de diferenciação legal, prevalece o entendimento de que haverá o aumento ainda que a mulher tenha sido a autora do crime.

O art. 234-A prevê ainda que a pena é aumentada de 1/3 a 2/3, se o agente transmite à vítima doença sexualmente transmissível de que sabe ou deveria saber ser portador, ou se a vítima é idosa ou pessoa com deficiência.

Ambas majorantes se apoiam no indiscutível agravamento das consequências do crime sexual praticado, seja ele qual for.

21.13 Mediação para servir a lascívia de outrem – Art. 227

21.13.1 Considerações iniciais

Embora a prostituição seja um indiferente penal, vez que manietada à autonomia da vontade, o legislador mantém a incriminação de condutas que gravitam em torno desta espécie de exploração sexual, por entender que são práticas nocivas que subjugam as vítimas em um insustentável mercado opressor.

Nesse contexto se insere o lenocínio, entendido como a atividade daquele que presta assistência à libidinagem de outro, inclusive mediante a exploração sexual, como prostituição, turismo sexual, pornografia e tráfico sexual.

21.13.2 Bem jurídico

O tipo visa punir a exploração sexual.

21.13.3 Sujeitos do crime

O crime é comum.

Pode ser praticado contra qualquer pessoa. Para Alberto Silva Franco e Rui Stoco (2007, p. 1118), porém, esse é um crime sem vítima porque a ideia de castigo por uma exploração dos costumes não teria efetivamente um titular, eis que a pessoa prostituída voluntariamente não tem afligido nenhum bem jurídico.

Crimes contra a dignidade sexual **231**

21.13.4 Tipo objetivo

A conduta punida é a de induzir alguém a satisfazer a lascívia de pessoa determinada. Nisso diferencia do crime de favorecimento da prostituição (art. 228) em que a vítima é induzida a satisfazer a lascívia de um número indeterminado de pessoas, de forma habitual.

Note-se que neste crime há envolvimento de três pessoas: o induzidor, a induzida e o beneficiário do ato sexual. Somente comete o crime o induzidor.

Trata-se de crime de ação livre, não necessariamente habitual.

21.13.5 Tipo subjetivo

Só há modalidade dolosa com uma finalidade especial, que é busca da satisfação da lascívia de outrem.

21.13.6 Consumação e tentativa

O delito se consuma quando é realizado o ato sexual junto ao beneficiário, independentemente de sua satisfação. O crime é material.

21.13.7 Figuras qualificadas

O § 1°, que abarca o chamado lenocínio familiar, estabelece que, se a vítima é maior de 14 e menor de 18 anos, ou se o agente é seu ascendente, descendente, cônjuge ou companheiro, irmão, tutor ou curador ou pessoa a quem esteja confiada para fins de educação, de tratamento ou de guarda, a pena passa a ser de reclusão, de dois a cinco anos. Anote que, se a vítima tem menos de 14 anos, a figura é a descrita no art. 218 do CP.

No § 2°, há outra qualificadora: se o crime é cometido com emprego de violência, grave ameaça ou fraude, a pena passa a ser de reclusão, de dois a oito anos, além da pena correspondente à violência (cúmulo material obrigatório).

Por fim, no § 3°, há a figura do lenocínio mercenário ou questuário, quando o crime é cometido com o fim de lucro, caso em que o legislador prevê a aplicação também da pena de multa.

Cuidado: o lenocínio mercenário não se confunde com o rufianismo (art. 230 do CP), no qual a vítima exerce a prostituição (que pressupõe a habitualidade). Naquele delito, a pessoa explorada não exerce habitualmente o comércio sexual.

---

232 Direito Penal: Parte Especial – Vol. 2

21.14 Favorecimento da prostituição ou outra forma de exploração sexual – Art. 228

21.14.1 Considerações iniciais

O presente crime recai sobre aquele raio de condutas nocivas em torno da prostituição, produtoras de exploração sexual de várias espécies como prostituição, turismo sexual, pornografia etc.

Parcela da doutrina critica duramente a existência deste crime. Nesse sentido, sustenta Luciano Anderson (2020, p. 336): "Ao revés, o favorecimento da prostituição, na modalidade simples praticado sem violência, grave ameaça ou fraude, e com 'vítimas' maiores e capazes, não demonstra lesividade a terceiros, não afetando a autodeterminação sexual de quem quer que seja, razão pela qual não tem mais lugar na legislação pátria. Vislumbra-se interesse jurídico-penal apenas quanto às modalidades de impedir ou dificultar seu abandono, na forma simples (art. 228, *caput*, *in fine*), e figuras qualificadas (art. 228, §§ 1° e 2°)".

21.14.2 Bem jurídico

O tipo visa punir a exploração sexual.

21.14.3 Sujeitos do crime

Crime é comum. Não pratica o crime em estudo, nem a própria prostituta, nem a pessoa que com ela faz o programa sexual.

A vítima pode ser qualquer pessoa, desde que maior de 18 anos de idade e plenamente capaz. Valem as considerações feitas nos comentários do art. 227 estudado anteriormente.

Caso a pessoa induzida seja menor de 18 anos ou tenha alguma vulnerabilidade, o agente comete o crime do art. 218-B do CP.

21.14.4 Tipo objetivo

Trata-se de tipo misto alternativo, de ação múltipla ou conteúdo variado. Há dois grupos de verbos no tipo:

a) Induzir: dar a ideia, inspirar.

b) Atrair: aliciar ou seduzir.

c) Facilitar: simplificar o acesso. Observe que nesses três casos, pode-se inferir que a vítima ainda não se dedica à prostituição, sendo que o agente a insere nela.

d) Impedir: vedar ou obstar.

Crimes contra a dignidade sexual **233**

e) Dificultar: tornar mais oneroso, criar obstáculos. Aqui, pode-se concluir que a pessoa já se encontrava no comércio sexual habitual, mas o autor do crime não permite sua saída.

Observe-se que o tipo fala em prostituição, entendida como comércio sexual habitual, com ou sem contato físico. São alcançados assim atividades remuneradas por atos sexuais, pornografia, *shows* eróticos etc.

———————————— **Atenção!** ————————————

No crime do art. 227 do CP, anteriormente estudada, a vítima não era prostituída. No crime do art. 228 do CP, a vítima é inserida no mundo da prostituição, caracterizada pela atividade comercial sexual habitual.

21.14.5 Tipo subjetivo

O crime é doloso.

Não há modalidade culposa.

21.14.6 Consumação e tentativa

Nas modalidades induzir e atrair, o crime se consuma no instante em que a vítima passa a se prostituir.

Na facilitação, o crime se consuma quando o sujeito colabora com a prostituição.

Na modalidade dificultar, no momento em que o agente cria o óbice.

Na modalidade impedir, há consumação quando a vítima não consegue abandonar as atividades, hipótese de crime permanente.

A tentativa é possível.

21.14.7 Figuras qualificadas

Segundo o § 1º do art. 228, o crime terá pena de reclusão de três a oito anos, se o agente é ascendente, padrasto, madrasta, irmão, enteado, cônjuge, companheiro, tutor ou curador, preceptor ou empregador da vítima, ou se assumiu, por lei ou outra forma, obrigação de cuidado, proteção ou vigilância.

O § 2º contempla forma qualificada, com pena de reclusão de 4 a 10 anos, quando o crime for cometido com **emprego de violência, grave ameaça ou fraude**. Há assim uma previsão de uma cláusula de cúmulo material da pena correspondente à violência.

234 Direito Penal: Parte Especial – Vol. 2

O art. 228, § 3º, estabelece que, se há **finalidade de lucro**, aplica-se também a pena de multa. Não se exige a efetiva obtenção da vantagem econômica, basta a intenção de recebê-la.

21.15 Casa de prostituição – Art. 229

21.15.1 Bem jurídico

Mais um crime que pune a exploração sexual.

21.15.2 Sujeitos do crime

Qualquer pessoa pode ser sujeito ativo desse crime. A abrangência do tipo possibilita sejam responsabilizados o dono do estabelecimento, o gerente, os empregados, todos aqueles que mantêm a casa.

O sujeito passivo é tanto a pessoa explorada sexualmente quanto a sociedade.

21.15.3 Tipo objetivo

O verbo núcleo do tipo é "manter" que deve ser entendido como conservar ou preservar, o que pressupõe uma conduta protraída no tempo, daí por que o crime deve ser entendido como habitual.

Os estabelecimentos em que ocorrem exploração sexual são popularmente conhecidos como bordéis, casa de tolerância, "inferninhos", "zonas", casas de strip-tease, casas de massagem, clube das mulheres etc., todos caracterizados pela destinação de **exploração sexual**. É este elemento normativo que dá reprovabilidade penal ao ato visto que a simples manutenção de uma casa para fins libidinosos, por si só, não caracteriza crime, sendo necessário, para tanto, que haja exploração sexual, entendida como a violação à liberdade das pessoas que ali exercem a mercancia carnal.

Por isso que somente haverá o crime de casa de prostituição se restar demonstrada a exploração das pessoas que se prostituem, notabilizada pelas más condições do local e imposição que lhe retira a plena liberdade de escolha.

Por isso o STJ decidiu que "O estabelecimento que não se volta exclusivamente à prática de mercancia sexual, tampouco envolve menores de idade ou do qual se comprove retirada de proveito, auferindo lucros da atividade sexual alheia mediante ameaça, coerção, violência ou qualquer outra forma de violação ou tolhimento à liberdade das pessoas, não dá origem a fato típico a ser punido na seara penal" (REsp 1.683.375-SP,

Rel. Min. Maria Thereza de Assis Moura, por unanimidade, julgamento: 14.08.2018, *DJe* 29.08.2018, noticiado no Informativo 631).

Anote-se que segundo o STF, o crime de casa de prostituição continua em vigor. "Não se cogita de atipicidade material, pela aplicação do princípio da adequação social, sob o argumento de que são atividades toleradas socialmente, praticadas em estabelecimentos conhecidos de toda a população. O costume não revoga o tipo penal. Cabe somente ao legislador o papel de revogar ou modificar a lei penal em vigor, isto é, a *abolitio criminis* só ocorre por força de lei (STF, HC 104.467/RS, Rel. Min. Cármen Lúcia, Primeira Turma. DJe 09.03.2011, p. 57 – Informativo 615).

21.15.4 Tipo subjetivo

O elemento subjetivo é o dolo.

O tipo não exige a intenção de lucrar (*animus lucrandi*), circunstância que, quando muito, poderá ser valorada na fixação da pena-base, nos termos do art. 59 do CP.

21.15.5 Consumação e tentativa

Como crime habitual, a casa de prostituição se consuma no momento em que o estabelecimento e as atividades sexuais são iniciados.

Trata-se de crime permanente, já que enquanto se mantém o estabelecimento para exploração sexual o delito está sendo consumado.

Lembre-se de que a habitualidade é incompatível com a tentativa.

Manter um motel em funcionamento pode ser suficiente para caracterização do crime de casa de prostituição?

Rogério Greco (2017, p. 1262) responde à questão: "Sob a vigência da redação anterior, embora houvesse divergência doutrinária e jurisprudencial, a maioria se posicionava no sentido de não entender como típica a manutenção de motéis. Hoje, após a modificação levada a efeito pela Lei n. 12.015, de 7 de agosto de 2009, somente se ficar demonstrado que o estabelecimento hoteleiro se destinava à exploração sexual, o que não é incomum em determinadas regiões do país, o fato poderá amoldar-se à definição constante do art. 229 do Código Penal".

21.16 Rufianismo – Art. 230

21.16.1 Bem jurídico

Visa punir a exploração da prostituição alheia.

236 Direito Penal: Parte Especial – Vol. 2

21.16.2 Sujeitos do crime

Trata-se de crime comum, praticado por qualquer pessoa, popularmente conhecido como cafetão ou rufião.

O sujeito passivo é a pessoa explorada pelo aproveitador.

21.16.3 Tipo objetivo

O tipo exige que o sujeito ativo tire proveito, isto é, obtenha vantagens econômicas da pessoa que exerce a prostituição. Como se vê, é mais um crime relacionado à exploração da prostituição, prática suficiente para afastar qualquer efeito abonatória do consentimento da prostituta no rufianismo de que é vítima. Como ensina Cezar Bitencourt (2017, p. 1808): "O consentimento da vítima, segundo corrente majoritária, é irrelevante, considerando-se que a proteção penal se exerce igualmente em relação à moralidade pública, e não apenas somente em relação à vítima (entendimento com o qual não concordamos), pois não reconhecemos a coletividade como sujeito passivo mediato. Por isso, segundo esse entendimento, também é indiferente que a prostituta ofereça espontaneamente ao rufião essa possibilidade. Essa interpretação reconhece que se trata de bem jurídico indisponível, além de admitir que a vítima, via de regra, encontra-se em situação fragilizada, não dispondo das condições ideais para manifestar e exercer livremente a sua vontade, ou, no mínimo, sendo de difícil comprovação".

Para a caracterização do delito, é necessário que haja habitualidade, ou seja, deve haver reiteração da conduta pelo que este também é um crime habitual.

─────────────────── **Atenção!** ───────────────────

Espécies de rufianismo. O rufianismo poderá ser ativo ou passivo:
a) Rufianismo ativo: o indivíduo tira proveito da prostituição alheia, participando diretamente de seus lucros. Exemplo: cafetão.
b) Rufianismo passivo: o sujeito tira proveito da prostituição alheia, fazendo-se sustentar, ainda que parcialmente, por quem a exerça. Exemplo: gigolô.

21.16.4 Tipo subjetivo

Só possui modalidade dolosa.

21.16.5 Consumação e tentativa

O crime é material, consumando-se após o proveito obtido em decorrência da prostituição alheia.

Como é crime habitual, não admite tentativa.

Crimes contra a dignidade sexual **237**

21.16.6 Formas qualificadas

Nos termos do § 1º do art. 230 do CP, a pena é de reclusão de 3 a 6 anos e multa, se a vítima é menor de 18 e maior de 14 anos ou se o crime for cometido por ascendente, padrasto, madrasta, irmão, enteado, cônjuge, companheiro, tutor ou curador, preceptor ou empregador da vítima, ou por quem assumiu, por lei ou outra forma, obrigação de cuidado, proteção ou vigilância.

O § 2º do art. 230 do CP prevê que, se o crime for cometido mediante violência, grave ameaça, fraude ou outro meio que impeça ou dificulte a livre manifestação da vontade da vítima a pena será de reclusão, de dois a oito anos, sem prejuízo da pena correspondente à violência (cúmulo material obrigatório de crimes).

21.17 Promoção de migração ilegal – Art. 232-A

21.17.1 Considerações iniciais

Este crime foi inserido no CP pela Lei n. 13.445/2017, a qual instituiu a Lei de Migração e revogou o Estatuto do Estrangeiro.

A localização topográfica do tipo está nitidamente equivocada, pois se trata de delito sem qualquer conotação sexual e não se confunde, de forma alguma, com o tráfico de pessoas para exploração sexual, que antes da Lei n. 13.344/2016 fazia parte do mesmo Capítulo.

21.17.2 Bem jurídico

O crime tutela a soberania nacional e a segurança interna do país.

21.17.3 Sujeitos do crime

O crime é comum porque pode ser cometido por qualquer pessoa. A incriminação não alcança, porém, o migrante ilegal.

O sujeito passivo é o Estado, que deve possuir controle sobre o trânsito de estrangeiros no país.

21.17.4 Tipo objetivo

A conduta ora em estudo consiste em viabilizar a entrada no território brasileiro de estrangeiro que não cumpre os requisitos legais estabelecidos na própria Lei de Migração. É o caso do agente que fornece documentos falsos para o estrangeiro ingressar no país.

238 Direito Penal: Parte Especial – Vol. 2

Deve-se entender estrangeiro todo indivíduo que não é considerado brasileiro nato ou naturalizado.

Como explica Luiz Regis Prado (2019, p. 1023): "A ilegalidade da entrada de estrangeiro no Brasil ou de brasileiro no estrangeiro constitui elemento normativo, sendo imprescindível a prova de que as normas regulamentares de política migratória tenham sido violadas, sob pena de caracterizar atipicidade da conduta".

21.17.5 Figura equiparada

O § 1º do art. 232-A do CP dispõe que na mesma pena incorre quem promover, ou seja, viabilizar ou propiciar, por qualquer meio, com o fim de obter vantagem econômica, a saída de estrangeiro do território nacional para ingressar ilegalmente em país estrangeiro.

21.17.6 Tipo subjetivo

O crime é doloso e exige a finalidade especial de obter vantagem econômica. Não há crime, portanto, se o auxílio para ingresso ilegal no território for movido por amizade, por exemplo.

21.17.7 Consumação e tentativa

Na figura do *caput*, o crime se consuma com o ingresso ilegal do estrangeiro no território nacional.

Na figura do § 1º, o delito se consuma com a saída do estrangeiro do território brasileiro.

É possível crime tentado.

21.17.8 Majorantes

O § 2º do art. 232-A do CP estabelece causa de aumento de pena de 1/6 a 1/3 se o crime for cometido com violência, como no caso em que o indivíduo agride o funcionário da emigração do Brasil para viabilizar a entrada ilegal do estrangeiro.

A norma prevê ainda a majoração da pena caso a vítima seja submetida a condição desumana ou degradante, como nos casos em que o estrangeiro é transportado em embarcações, em compartimentos insalubres, durante vários dias.

O § 3º prevê que a pena será aplicada sem prejuízo das correspondentes às infrações conexas, a exemplo do tráfico de pessoas e a falsificação de documentos.

Crimes contra a dignidade sexual **239**

21.17.9 Competência

A teor do que prevê o art. 109, IV, da CF, o crime de migração ilegal é de **competência da justiça federal** vez que ofende o interesse da União de controlar a regularidade da entrada de estrangeiros no país, ou então da saída de brasileiros para o exterior.

21.18 Ato obsceno – Art. 233

21.18.1 Bem jurídico

O crime tutela o pudor público.

21.18.2 Sujeitos do crime

Qualquer pessoa pode praticar crime de ato obsceno.

A vítima é a coletividade. Disso difere do crime de importunação sexual (art. 215-A do CP), que prevê a prática de algum ato libidinoso dirigido a uma pessoa específica.

21.18.3 Tipo objetivo

O núcleo verbal é praticar, ou seja, realizar o ato obsceno, entendido como ato corporal dotado de conotação sexual, mas desde que idôneo a ferir o sentimento de pudor, revestido de desaprovação social. Ex.: exibição dos órgãos genitais, nudez e relações sexuais em locais públicos ou a micção voltada para via pública.

Considerando que o núcleo verbal é praticar, não há crime se o sujeito verbaliza, mediante palavras de baixo calão ou de cunho sexual.

Ato obsceno é um elemento normativo do tipo que está relacionado aos costumes locais, da aceitação cultural de determinadas condutas, o que é mutável ao longo do tempo.

Há algumas referências espaciais no tipo, que vincula o injusto penal. Deve-se entender como lugar público aquele que é acessível por qualquer pessoa, como rua, praça etc. Lugar aberto ao público é aquele que, ainda que particular for frequentado pelo público, como cinema, restaurante, teatro, hotel etc. Por fim, lugar exposto ao público: é aquele cujo ambiente é visível por todos, como a garagem com um portão aberto, ou a sacada de um apartamento que permitem ver o que neles se passa. Como destaca Paulo Busato (2014, p. 950): "Esses elementos fazem denotar que se trata de um delito de perigo, eis que a moralidade pública de caráter sexual se vê posta em risco quando o sujeito realiza atos obscenos em local em que possa ser visto por outras pessoas, independentemente de que isso efetivamente ocorra".

240 Direito Penal: Parte Especial – Vol. 2

21.18.4 Tipo subjetivo

O crime é doloso. Não há finalidade especial.

Não há forma culposa.

21.18.5 Consumação e tentativa

Consuma-se com a prática do ato obsceno, ainda que não presenciado por ninguém. Trata-se de crime de mera conduta (ou simples atividade).

Há divergência quanto ao cabimento da tentativa.

21.19 Escrito ou objeto obsceno – Art. 234

21.19.1 Considerações iniciais

Trata-se de crime sem aplicação prática principalmente diante das inúmeras produções artísticas e produtos de conteúdo erótico diariamente comercializados e expostos no comércio, televisão e rede mundial de computadores. Como sintetiza Cleber Masson (2018, p. 214):

> Apenas o legislador parece não ver ou ouvir falar desse assunto.
>
> Essa contradição entre o Código Penal e os valores atualmente reinantes na sociedade leva à banalização do Direito Penal e dos agentes públicos responsáveis pela sua aplicação.
>
> (...)
>
> Destarte, a melhor saída seria a revogação do art. 234 do Código Penal. E mais, tais condutas deveriam ser eliminadas do raio de atuação do Direito Penal (*abolitio criminis*). Cuida-se de figura típica ultrapassada e em total desuso, de parte da população e do Estado. É sabido que os costumes e a falta de utilização de uma lei não autorizam sua revogação. Entretanto, se o legislador fosse atento, já teria observado o pensamento da coletividade no tocante a crimes desta natureza.
>
> Enquanto o legislador não age, resta ao intérprete invocar o princípio da adequação social, concluindo pela ausência de tipicidade material dos comportamentos incriminados.

21.19.2 Bem jurídico

O pudor público.

21.19.3 Sujeitos do crime

Pode ser cometido por qualquer pessoa.

O sujeito passivo é a coletividade.

Crimes contra a dignidade sexual **241**

21.19.4 Tipo objetivo

Trata-se de crime de conteúdo variado. Há crime se o agente faz (confecciona), importa (introduz no território nacional), exporta (faz sair do País), adquire (obtém a propriedade) ou tem sob sua guarda (tem a custódia) o objeto material, que são os escritos, pinturas, estampas ou outros objetos obscenos.

São considerados obscenos aqueles com conotação sexual que ferem o pudor público.

21.19.5 Tipo subjetivo

O crime é doloso e exige dois elementos especiais subjetivos: a finalidade de comércio, de distribuição ou de exposição pública, bem como o propósito de ofender a moral pública.

21.19.6 Consumação e tentativa

O crime é mera conduta e se consuma no instante em que o agente realiza a ação.

Mas no tocante a conduta de expor à venda, o crime é permanente, já que a conduta se prolonga no tempo.

Admite-se a tentativa, exceto na modalidade permanente do crime.

21.19.7 Outros pontos importantes

A Lei n. 8.069/1990 – Estatuto da Criança e do Adolescente – prevê em seus arts. 240, 241, 241-A, 241-B e 241-C, todos com a redação determinada pela Lei n. 11.829/2008, condutas similares às delineadas no art. 234 do CP, mas envolvendo pessoas menores de 18 anos de idade.

21.20 Ação penal – Art. 225

Anote-se que houve alterações legais sucessivas sobre este tema, o que pode provocar algumas confusões.

Na redação original do CP, os crimes sexuais eram processados mediante ação penal privada, com algumas exceções: (vítima hipossuficiente, relações de dependência entre autor e vítima, e situações da Súmula 608 do STF).

Depois, com as alterações feitas pela **Lei n. 12.015/2009**, a regra era ação penal privada, com quatro exceções:

a) vítima menor de 18 anos;
b) vítima vulnerável;
c) mediante violência real (Súmula 608-STF);

242 Direito Penal: Parte Especial – Vol. 2

d) se resultou lesão corporal grave ou morte: polêmica, mas prevalecia que deveria ser aplicado o mesmo raciocínio da Súmula 608-STF.

Atualmente, vigora a regra criada pela Lei n. 13.718/2018 que prevê que **os crimes contra a dignidade sexual são, sempre, de ação penal pública incondicionada**. Não há exceções.

Cuidado! Cabe ação penal privada? Sim, a subsidiária da pública – art. 5º, LIX, CF.

21.21 Segredo de justiça

Por fim, o art. 234-B do CP prevê que todos os processos em que se apuram crimes definidos neste Título correrão em segredo de justiça. Trata-se de previsão em plena consonância com o art. 5º, LX, da CF, que permite a restrição à publicidade, quando a defesa da intimidade ou interesse social assim o exigirem.

PARTE VII

DOS CRIMES CONTRA A FAMÍLIA

22

Considerações iniciais sobre crimes contra a família

A Constituição Federal dispõe, em seu art. 226, com redação conferida pela Emenda Constitucional n. 65/2010:

> Art. 226. A família, base da sociedade, tem especial proteção do Estado.
>
> § 1º O casamento é civil e gratuita a celebração.
>
> § 2º O casamento religioso tem efeito civil, nos termos da lei.
>
> § 3º Para efeito da proteção do Estado, é reconhecida a união estável entre o homem e a mulher como entidade familiar, devendo a lei facilitar sua conversão em casamento.
>
> § 4º Entende-se, também, como entidade familiar a comunidade formada por qualquer dos pais e seus descendentes.
>
> § 5º Os direitos e deveres referentes à sociedade conjugal são exercidos igualmente pelo homem e pela mulher.
>
> § 6º O casamento civil pode ser dissolvido pelo divórcio.
>
> § 7º Fundado nos princípios da dignidade da pessoa humana e da paternidade responsável, o planejamento familiar é livre decisão do casal, competindo ao Estado propiciar recursos educacionais e científicos para o exercício desse direito, vedada qualquer forma coercitiva por parte de instituições oficiais ou privadas.
>
> § 8º O Estado assegurará a assistência à família na pessoa de cada um dos que a integram, criando mecanismos para coibir a violência no âmbito de suas relações.

A fim de criminalizar condutas específicas selecionadas pelo legislador relacionadas à temática, o Título VII cuida dos Crimes contra a Família em quatro capítulos distintos: Capítulo 1 – Dos crimes contra o casamento; Capítulo 2 – Dos crimes contra o estado de filiação; Capítulo 3 – Dos crimes contra a assistência familiar; Capítulo 4 – Dos crimes contra o pátrio poder, tutela e curatela.

No que tange à família e à sua proteção, a ementa a seguir:

246 Direito Penal: Parte Especial – Vol. 2

Direito constitucional. Recurso extraordinário. Repercussão geral. Equiparação do prazo da licença-adotante ao prazo de licença-gestante. 1. A licença maternidade prevista no art. 7º, XVIII, da Constituição abrange tanto a licença gestante quanto a licença adotante, ambas asseguradas pelo prazo mínimo de 120 dias. Interpretação sistemática da Constituição à luz da dignidade da pessoa humana, da igualdade entre filhos biológicos e adotados, da doutrina da proteção integral, do princípio da prioridade e do interesse superior do menor. 2. As crianças adotadas constituem grupo vulnerável e fragilizado. Demandam esforço adicional da família para sua adaptação, para a criação de laços de afeto e para a superação de traumas. Impossibilidade de se lhes conferir proteção inferior àquela dispensada aos filhos biológicos, que se encontram em condição menos gravosa. Violação do princípio da proporcionalidade como vedação à proteção deficiente. 3. Quanto mais velha a criança e quanto maior o tempo de internação compulsória em instituições, maior tende a ser a dificuldade de adaptação à família adotiva. Maior é, ainda, a dificuldade de viabilizar sua adoção, já que predomina no imaginário das famílias adotantes o desejo de reproduzir a paternidade biológica e adotar bebês. Impossibilidade de conferir proteção inferior às crianças mais velhas. Violação do princípio da proporcionalidade como vedação à proteção deficiente. 4. Tutela da dignidade e da autonomia da mulher para eleger seus projetos de vida. Dever reforçado do Estado de assegurar-lhe condições para compatibilizar maternidade e profissão, em especial quando a realização da maternidade ocorre pela via da adoção, possibilitando o resgate da convivência familiar em favor de menor carente. Dívida moral do Estado para com menores vítimas da inepta política estatal de institucionalização precoce. Ônus assumido pelas famílias adotantes, que devem ser encorajadas. 5. Mutação constitucional. Alteração da realidade social e nova compreensão do alcance dos direitos do menor adotado. Avanço do significado atribuído à licença parental e à igualdade entre filhos, previstas na Constituição. Superação de antigo entendimento do STF. 6. Declaração da inconstitucionalidade do art. 210 da Lei n. 8.112/1990 e dos parágrafos 1º e 2º do art. 3º da Resolução CJF n. 30/2008. 7. Provimento do recurso extraordinário, de forma a deferir à recorrente prazo remanescente de licença parental, a fim de que o tempo total de fruição do benefício, computado o período já gozado, corresponda a 180 dias de afastamento remunerado, correspondentes aos 120 dias de licença previstos no art. 7º, XVIII, CF, acrescidos de 60 dias de prorrogação, tal como estabelecido pela legislação em favor da mãe gestante. 8. Tese da repercussão geral: "Os prazos da licença adotante não podem ser inferiores aos prazos da licença gestante, o mesmo valendo para as respectivas prorrogações. Em relação à licença adotante, não é possível fixar prazos diversos em função da idade da criança adotada".

Decisão

O Tribunal, por maioria e nos termos do voto do Relator, apreciando o tema 782 da repercussão geral, deu provimento ao recurso extraordinário para reconhecer o direito da recorrente ao prazo remanescente da licença parental, a fim de que o tempo total de fruição do benefício, computado o período já gozado, seja de 180 dias de afastamento remunerado, correspondentes aos 120 dias de licença, previstos no art. 7º, XVIII, da Constituição Federal, acrescidos dos 60 dias de prorrogação, tal como permitido pela legislação, fixando a seguinte tese: "Os prazos da licença adotante não podem ser inferiores aos prazos da licença gestante, o mesmo valendo para as respectivas prorrogações. Em relação à licença adotante, não é possível fixar prazos diversos em função da idade da criança adotada", vencido o Ministro Marco Aurélio. Ausentes, justificadamente, os Ministros Celso de Mello e Gilmar Mendes. Falou, pelo Ministério Público Federal, o Dr. Rodrigo Janot Monteiro de Barros, Procurador-Geral da República. Presidiu o julgamento o Ministro Ricardo Lewandowski. Plenário, 10.03.2016. (RE 778.889/PE, Rel. Min. Roberto Barroso, Tribunal Pleno, julgamento: 10.03.2016, *DJe* 01.08.2016).

23

Dos crimes contra o casamento

23.1 Bigamia – Art. 235

23.1.1 Bem jurídico

É, segundo Rogério Sanches Cunha (2020, p. 609), "o casamento monogâmico (ordem jurídica matrimonial) e, consequentemente, a organização da família, considerada a base da sociedade".

23.1.2 Sujeitos do crime

O sujeito ativo do crime previsto no *caput* somente pode ser a pessoa casada. Cuida-se, portanto, de crime próprio. Não é possível incluir no rol dos potenciais autores os que vivem em união estável, na medida em que não existe previsão típica expressa nesse sentido e não é admitida, no direito penal, a adoção da analogia *in malam partem*.

O sujeito ativo do crime previsto no § 1° é a pessoa não casada que se casa com pessoa casada conhecendo esta circunstância.

É possível a participação nas figuras do *caput* e do § 1°.

O sujeito passivo imediato é o Estado. Mediatamente, o cônjuge do casamente original e, ainda, o cônjuge do segundo, se estiver de boa-fé.

23.1.3 Tipo objetivo

A conduta típica consiste em contrair novo casamento, ou seja, casar-se novamente, a despeito da existência de um casamento anterior em vigência.

Dispõe o art. 1.521, VI, do CC, no que tange aos impedimentos para casar-se: "Não podem casar-se: (...) VI – as pessoas casadas;".

Dos crimes contra o casamento **249**

De acordo com o entendimento externado pelo STF na ADI n. 4.277, há "Isonomia entre casais heteroafetivos e pares homoafetivos que somente ganha plenitude de sentido se desembocar no igual direito subjetivo à formação de uma autonomizada família":

1. Arguição de descumprimento de preceito fundamental (ADPF). Perda parcial de objeto. Recebimento, na parte remanescente, como ação direta de inconstitucionalidade. União homoafetiva e seu reconhecimento como instituto jurídico. Convergência de objetos entre ações de natureza abstrata. Julgamento conjunto. Encampação dos fundamentos da ADPF n. 132-RJ pela ADI n. 4.277-DF, com a finalidade de conferir "interpretação conforme à Constituição" ao art. 1.723 do Código Civil. Atendimento das condições da ação. 2. Proibição de discriminação das pessoas em razão do sexo, seja no plano da dicotomia homem/mulher (gênero), seja no plano da orientação sexual de cada qual deles. A proibição do preconceito como capítulo do constitucionalismo fraternal. Homenagem ao pluralismo como valor sócio-político-cultural. Liberdade para dispor da própria sexualidade, inserida na categoria dos direitos fundamentais do indivíduo, expressão que é da autonomia de vontade. Direito à intimidade e à vida privada. Cláusula pétrea. O sexo das pessoas, salvo disposição constitucional expressa ou implícita em sentido contrário, não se presta como fator de desigualação jurídica. Proibição de preconceito, à luz do inciso IV do art. 3º da Constituição Federal, por colidir frontalmente com o objetivo constitucional de "promover o bem de todos". Silêncio normativo da Carta Magna a respeito do concreto uso do sexo dos indivíduos como saque da kelseniana "norma geral negativa", segundo a qual "o que não estiver juridicamente proibido, ou obrigado, está juridicamente permitido". Reconhecimento do direito à preferência sexual como direta emanação do princípio da "dignidade da pessoa humana": direito a autoestima no mais elevado ponto da consciência do indivíduo. Direito à busca da felicidade. Salto normativo da proibição do preconceito para a proclamação do direito à liberdade sexual. O concreto uso da sexualidade faz parte da autonomia da vontade das pessoas naturais. Empírico uso da sexualidade nos planos da intimidade e da privacidade constitucionalmente tuteladas. Autonomia da vontade. Cláusula pétrea. 3. Tratamento constitucional da instituição da família. Reconhecimento de que a constituição federal não empresta ao substantivo "família" nenhum significado ortodoxo ou da própria técnica jurídica. A família como categoria sociocultural e princípio espiritual. Direito subjetivo de constituir família. Interpretação não reducionista. O *caput* do art. 226 confere à família, base da sociedade, especial proteção do Estado. Ênfase constitucional à instituição da família. Família em seu coloquial ou proverbial significado de núcleo doméstico, pouco importando se formal ou informalmente constituída, ou se integrada por casais heteroafetivos ou por pares homoafetivos. A Constituição de 1988, ao utilizar-se da expressão "família", não limita sua formação a casais heteroafetivos nem a formalidade cartorária, celebração civil ou liturgia religiosa. Família como instituição privada que, voluntariamente constituída

250   Direito Penal: Parte Especial – Vol. 2

entre pessoas adultas, mantém com o Estado e a sociedade civil uma necessária relação tricotômica. Núcleo familiar que é o principal lócus institucional de concreção dos direitos fundamentais que a própria Constituição designa por "intimidade e vida privada" (inciso X do art. 5º). Isonomia entre casais heteroafetivos e pares homoafetivos que somente ganha plenitude de sentido se desembocar no igual direito subjetivo à formação de uma autonomizada família. Família como figura central ou continente, de que tudo o mais é conteúdo. Imperiosidade da interpretação não-reducionista do conceito de família como instituição que também se forma por vias distintas do casamento civil. Avanço da Constituição Federal de 1988 no plano dos costumes. Caminhada na direção do pluralismo como categoria sócio-político-cultural. Competência do Supremo Tribunal Federal para manter, interpretativamente, o Texto Magno na posse do seu fundamental atributo da coerência, o que passa pela eliminação de preconceito quanto à orientação sexual das pessoas. 4. União estável. Normação constitucional referida a homem e mulher, mas apenas para especial proteção desta última. Focado propósito constitucional de estabelecer relações jurídicas horizontais ou sem hierarquia entre as duas tipologias do gênero humano. Identidade constitucional dos conceitos de "entidade familiar" e "família". A referência constitucional à dualidade básica homem/mulher, no § 3º do seu art. 226, deve-se ao centrado intuito de não se perder a menor oportunidade para favorecer relações jurídicas horizontais ou sem hierarquia no âmbito das sociedades domésticas. Reforço normativo a um mais eficiente combate à renitência patriarcal dos costumes brasileiros. Impossibilidade de uso da letra da Constituição para ressuscitar o art. 175 da Carta de 1967/1969. Não há como fazer rolar a cabeça do art. 226 no patíbulo do seu parágrafo terceiro. Dispositivo que, ao utilizar da terminologia "entidade familiar", não pretendeu diferenciá-la da "família". Inexistência de hierarquia ou diferença de qualidade jurídica entre as duas formas de constituição de um novo e autonomizado núcleo doméstico. Emprego do fraseado "entidade familiar" como sinônimo perfeito de família. A Constituição não interdita a formação de família por pessoas do mesmo sexo. Consagração do juízo de que não se proíbe nada a ninguém senão em face de um direito ou de proteção de um legítimo interesse de outrem, ou de toda a sociedade, o que não se dá na hipótese sub judice. Inexistência do direito dos indivíduos heteroafetivos à sua não-equiparação jurídica com os indivíduos homoafetivos. Aplicabilidade do §2º do art. 5º da Constituição Federal, a evidenciar que outros direitos e garantias, não expressamente listados na Constituição, emergem "do regime e dos princípios por ela adotados", *verbis*: "Os direitos e garantias expressos nesta Constituição não excluem outros decorrentes do regime e dos princípios por ela adotados, ou dos tratados internacionais em que a República Federativa do Brasil seja parte". 5. Divergências laterais quanto à fundamentação do acórdão. Anotação de que os Ministros Ricardo Lewandowski, Gilmar Mendes e Cezar Peluso convergiram no particular entendimento da impossibilidade de ortodoxo enquadramento da união homoafetiva nas espécies de família constitucionalmente estabelecidas. Sem embargo, reconheceram a união entre

Dos crimes contra o casamento **251**

parceiros do mesmo sexo como uma nova forma de entidade familiar. Matéria aberta à conformação legislativa, sem prejuízo do reconhecimento da imediata autoaplicabilidade da Constituição. 6. Interpretação do art. 1.723 do Código Civil em conformidade com a constituição federal (técnica da "interpretação conforme"). Reconhecimento da união homoafetiva como família. Procedência das ações. Ante a possibilidade de interpretação em sentido preconceituoso ou discriminatório do art. 1.723 do Código Civil, não resolúvel à luz dele próprio, faz-se necessária a utilização da técnica de "interpretação conforme à Constituição". Isso para excluir do dispositivo em causa qualquer significado que impeça o reconhecimento da união contínua, pública e duradoura entre pessoas do mesmo sexo como família. Reconhecimento que é de ser feito segundo as mesmas regras e com as mesmas consequências da união estável heteroafetiva. (ADI 4277/DF, Rel. Min. Ayres Britto, Tribunal Pleno. julgamento: 05.05.2011, Publicação: 14.10.2011)

A separação judicial apenas dissolve a sociedade conjugal, mas mantém o vínculo matrimonial, de modo que não autoriza novo casamento ao separado ou separada. Dispõe o art. 1.571 do CC:

Art. 1.571. A sociedade conjugal termina:

I – pela morte de um dos cônjuges;

II – pela nulidade ou anulação do casamento;

III – pela separação judicial;

IV – pelo divórcio.

§ 1° O casamento válido só se dissolve pela morte de um dos cônjuges ou pelo divórcio, aplicando-se a presunção estabelecida neste Código quanto ao ausente.

§ 2° Dissolvido o casamento pelo divórcio direto ou por conversão, o cônjuge poderá manter o nome de casado; salvo, no segundo caso, dispondo em contrário a sentença de separação judicial.

O § 2° do art. 235 do CP enumera as situações em que o crime deixa de existir: a) anulado por qualquer motivo o primeiro casamento; anulado o outro por motivo que não a bigamia.

23.1.4 Tipo subjetivo

O elemento subjetivo que compõe a estrutura do tipo penal do crime é o dolo, qual seja, a consciência e a vontade de realização da conduta descrita no tipo penal.

A lei demanda o dolo direto na figura do § 1°, conforme se infere da expressão "conhecendo essa circunstância".

252 Direito Penal: Parte Especial – Vol. 2

23.1.5 Consumação e tentativa

Consuma-se, o delito, quando da celebração do novo casamento. Dispõe o art. 1.535 do CC: "Presentes os contraentes, em pessoa ou por procurador especial, juntamente com as testemunhas e o oficial do registro, o presidente do ato, ouvida aos nubentes a afirmação de que pretendem casar-se por livre e espontânea vontade, declarará efetuado o casamento, nestes termos: 'De acordo com a vontade que ambos acabais de afirmar perante mim, de vos receberdes por marido e mulher, eu, em nome da lei, vos declaro casados'".

A doutrina dispensa, para fins de consumação, a lavratura do respectivo termo.

A execução pode ser fracionada em vários atos (crime plurissubsistente). Com isso, a tentativa se mostra perfeitamente possível quando o resultado pretendido não sobrevém por circunstâncias alheias à vontade do agente.

23.1.6 Ação penal

Ação penal pública incondicionada.

23.1.7 Prescrição

Dispõe o art. 111, IV, do CP:

> Art. 111 – A prescrição, antes de transitar em julgado a sentença final, começa a correr: (...)
>
> IV – nos de bigamia e nos de falsificação ou alteração de assentamento do registro civil, da data em que o fato se tornou conhecido.

23.2 Induzimento a erro essencial e ocultação de impedimento – Art. 236

23.2.1 Bem jurídico

O casamento e, por consequência, a família.

23.2.2 Sujeitos do crime

O sujeito ativo do crime pode ser qualquer pessoa, pois, em se tratando de crime comum, não requer nenhuma qualidade particular. O sujeito ativo pode agir só ou associado a outrem.

O sujeito passivo imediato é o Estado. Mediatamente, o cônjuge, se estiver de boa-fé.

Dos crimes contra o casamento **253**

23.2.3 Tipo objetivo

As condutas típicas consistem: em contrair casamento: (a) induzindo (conduzindo) em erro essencial; (b) ocultando-lhe (escondendo-lhe) impedimento que não seja casamento anterior.

As hipóteses de erro essencial estão previstas no art. 1.557 do CC:

> Art. 1.557. Considera-se erro essencial sobre a pessoa do outro cônjuge:
>
> I – o que diz respeito à sua identidade, sua honra e boa fama, sendo esse erro tal que o seu conhecimento ulterior torne insuportável a vida em comum ao cônjuge enganado;
>
> II – a ignorância de crime, anterior ao casamento, que, por sua natureza, torne insuportável a vida conjugal;
>
> III – a ignorância, anterior ao casamento, de defeito físico irremediável que não caracterize deficiência ou de moléstia grave e transmissível, por contágio ou por herança, capaz de pôr em risco a saúde do outro cônjuge ou de sua descendência;

Dispõe o art. 1.521 do CC:

> Art. 1.521. Não podem casar:
>
> I – os ascendentes com os descendentes, seja o parentesco natural ou civil;
>
> II – os afins em linha reta;
>
> III – o adotante com quem foi cônjuge do adotado e o adotado com quem o foi do adotante;
>
> IV – os irmãos, unilaterais ou bilaterais, e demais colaterais, até o terceiro grau inclusive;
>
> V – o adotado com o filho do adotante;
>
> VI – as pessoas casadas;
>
> VII – o cônjuge sobrevivente com o condenado por homicídio ou tentativa de homicídio contra o seu consorte.

Exclui-se, do alcance do tipo, o inciso VI (as pessoas casadas) porque, nessa hipótese, o crime cometido seria o de bigamia (art. 235).

23.2.4 Tipo subjetivo

O elemento subjetivo que compõe a estrutura do tipo penal do crime é o dolo, qual seja, a consciência e a vontade de realização da conduta descrita no tipo penal. Não há previsão legal de elemento subjetivo específico do tipo.

23.2.5 Consumação e tentativa

Consuma-se o delito quando da celebração do casamento. Dispõe o art. 1.535 do CC: "Presentes os contraentes, em pessoa ou por

254   Direito Penal: Parte Especial – Vol. 2

procurador especial, juntamente com as testemunhas e o oficial do registro, o presidente do ato, ouvida aos nubentes a afirmação de que pretendem casar-se por livre e espontânea vontade, declarará efetuado o casamento, nestes termos: 'De acordo com a vontade que ambos acabais de afirmar perante mim, de vos receberdes por marido e mulher, eu, em nome da lei, vos declaro casados'".

A doutrina dispensa, para fins de consumação, a lavratura do respectivo termo.

Por força da previsão do parágrafo único (A ação penal depende de queixa do contraente enganado e não pode ser intentada senão depois de transitar em julgado a sentença que, por motivo de erro ou impedimento, anule o casamento), a tentativa se mostra impossível.

A doutrina diverge quanto à natureza jurídica da sentença civil de nulidade ou anulação do casamento: 1.a) condição de procedibilidade da ação penal; 2.a) condição objetiva de punibilidade.

Dessa forma, o início da contagem do prazo prescricional somente se dá a partir do trânsito em julgado da sentença anulatória do casamento.

23.2.6 Ação penal

Ação penal privada personalíssima (única hipótese prevista no ordenamento pátrio).

23.3 Conhecimento prévio de impedimento – Art. 237

23.3.1 Bem jurídico

O casamento e, por consequência, a família.

23.3.2 Sujeitos do crime

O sujeito ativo do crime pode ser qualquer pessoa, pois, em se tratando de crime comum, não requer nenhuma qualidade particular. O sujeito ativo pode agir só ou associado a outrem. Inclusive é possível a coautoria quando ambos os cônjuges conhecem o impedimento.

O sujeito passivo imediato é o Estado. Mediatamente, o cônjuge, se estiver de boa-fé.

23.3.3 Tipo objetivo

A conduta típica consiste em contrair casamento, conhecendo a existência de impedimento que lhe cause a nulidade absoluta.

Não exige, a lei, a utilização de fraude, artifício, ardil ou qualquer outro expediente fraudulento.

Dispõe o art. 1.521 do CC:

> Art. 1.521. Não podem casar:
>
> I – os ascendentes com os descendentes, seja o parentesco natural ou civil;
>
> II – os afins em linha reta;
>
> III – o adotante com quem foi cônjuge do adotado e o adotado com quem o foi do adotante;
>
> IV – os irmãos, unilaterais ou bilaterais, e demais colaterais, até o terceiro grau inclusive;
>
> V – o adotado com o filho do adotante;
>
> VI – as pessoas casadas;
>
> VII – o cônjuge sobrevivente com o condenado por homicídio ou tentativa de homicídio contra o seu consorte.

Exclui-se, do alcance do tipo, o inciso VI (as pessoas casadas) porque, nessa hipótese, o crime cometido seria o de bigamia (art. 235).

23.3.4 Tipo subjetivo

O elemento subjetivo que compõe a estrutura do tipo penal do crime é o dolo, qual seja, a consciência e a vontade de realização da conduta descrita no tipo penal. Exige-se o dolo direto consubstanciado na expressão "conhecendo a existência de impedimento que lhe cause a nulidade absoluta". Não há previsão legal de elemento subjetivo específico do tipo.

23.3.5 Consumação e tentativa

Consuma-se, o delito, quando da celebração do casamento. Dispõe o art. 1.535 do CC: "Presentes os contraentes, em pessoa ou por procurador especial, juntamente com as testemunhas e o oficial do registro, o presidente do ato, ouvida aos nubentes a afirmação de que pretendem casar-se por livre e espontânea vontade, declarará efetuado o casamento, nestes termos: 'De acordo com a vontade que ambos acabais de afirmar perante mim, de vos receberdes por marido e mulher, eu, em nome da lei, vos declaro casados'".

A execução pode ser fracionada em vários atos (crime plurissubsistente). Com isso, a tentativa se mostra perfeitamente possível quando o resultado pretendido não sobrevém por circunstâncias alheias à vontade do agente.

23.3.6 Ação penal

Ação penal pública incondicionada.

256 Direito Penal: Parte Especial – Vol. 2

23.4 Simulação de autoridade para celebração de casamento – Art. 238

23.4.1 Bem jurídico

O casamento e, por consequência, a família.

23.4.2 Sujeitos do crime

O sujeito ativo do crime pode ser qualquer pessoa, pois, em se tratando de crime comum, não requer nenhuma qualidade particular. O sujeito ativo pode agir só ou associado a outrem.

O sujeito passivo imediato é o Estado. Mediatamente, os indivíduos ludibriados pelo sujeito ativo.

23.4.3 Tipo objetivo

A conduta típica consiste em atribuir-se, ou seja, imputar-se, de maneira falsa (distinta da realidade dos fatos), autoridade para celebração de casamento.

Dispõe o art. 98, II, da CF:

> Art. 98. A União, no Distrito Federal e nos Territórios, e os Estados criarão:
> (...)
> II – justiça de paz, remunerada, composta de cidadãos eleitos pelo voto direto, universal e secreto, com mandato de quatro anos e competência para, na forma da lei, celebrar casamentos, verificar, de ofício ou em face de impugnação apresentada, o processo de habilitação e exercer atribuições conciliatórias, sem caráter jurisdicional, além de outras previstas na legislação.

Sabe-se, entretanto, que ainda não existe Justiça de Paz em muitos estados da federação.

23.4.4 Tipo subjetivo

O elemento subjetivo que compõe a estrutura do tipo penal do crime é o dolo, qual seja, a consciência e a vontade de realização da conduta descrita no tipo penal. Não há previsão legal de elemento subjetivo específico do tipo.

23.4.5 Consumação e tentativa

Consuma-se, o delito, com a mera atribuição da autoridade, ainda que não haja celebração do casamento.

Dos crimes contra o casamento **257**

A execução pode ser fracionada em vários atos (crime plurissubsistente). Com isso, a tentativa se mostra perfeitamente possível quando o resultado pretendido não sobrevém por circunstâncias alheias à vontade do agente.

23.4.6 Ação penal

Ação penal pública incondicionada.

23.5 Simulação de casamento – Art. 239

23.5.1 Bem jurídico

O casamento e, por consequência, a família.

23.5.2 Sujeitos do crime

O sujeito ativo do crime pode ser qualquer pessoa, pois, em se tratando de crime comum, não requer nenhuma qualidade particular. O sujeito ativo pode agir só ou associado a outrem.

O sujeito passivo imediato é o Estado. Mediatamente, os indivíduos ludibriados pelo sujeito ativo.

23.5.3 Tipo objetivo

A conduta típica consiste em simular, ou seja, dar aparência de realidade a uma situação inexistente ou distinta da existente de fato.

A lei demanda que a simulação se dê mediante engano de outra pessoa. Se não houver o referido engano, exclui-se a tipicidade formal da conduta e não há que se falar no crime em apreço.

23.5.4 Tipo subjetivo

O elemento subjetivo que compõe a estrutura do tipo penal do crime é o dolo, qual seja, a consciência e a vontade de realização da conduta descrita no tipo penal. Não há previsão legal de elemento subjetivo específico do tipo.

23.5.5 Consumação e tentativa

Consuma-se, o delito, com a mera simulação mediante engano, ainda que não haja a mendaz celebração do casamento.

A execução pode ser fracionada em vários atos (crime plurissubsistente). Com isso, a tentativa se mostra perfeitamente possível quando o resultado pretendido não sobrevém por circunstâncias alheias à vontade do agente.

23.5.6 Ação penal

Ação penal pública incondicionada.

24

Dos crimes contra o estado de filiação

24.1 Registro de nascimento inexistente – Art. 241

24.1.1 Bem jurídico

Segundo Masson (2023, p. 186), "é o estado de filiação, como medida protetora da instituição familiar. Mediatamente também se protege a regularidade do sistema de registro civil, pois os atos nele inscritos gozam de fé pública".

24.1.2 Sujeitos do crime

O sujeito ativo do crime pode ser qualquer pessoa, pois, em se tratando de crime comum, não requer nenhuma qualidade particular. O sujeito ativo pode agir só ou associado a outrem.

O sujeito passivo imediato é o Estado. Mediatamente, os indivíduos ludibriados pelo sujeito ativo.

24.1.3 Tipo objetivo

A conduta típica consiste em promover, ou seja, demandar o registro de nascido inexistente. É possível tanto na hipótese de natimorto quanto na inexistência de parto. Há registro em desconformidade com a realidade dos fatos, a ensejar a aplicação do tipo em apreço, e não do art. 299 do CP (falsidade ideológica), por força da aplicação do princípio da especialidade ao conflito aparente de normas.

24.1.4 Tipo subjetivo

O elemento subjetivo que compõe a estrutura do tipo penal do crime é o dolo, qual seja, a consciência e a vontade de realização da conduta descrita no tipo penal. Não há previsão legal de elemento subjetivo específico do tipo.

24.1.5 Consumação e tentativa

Consuma-se o delito com a realização do registro de nascimento.

A execução pode ser fracionada em vários atos (crime plurissubsistente). Com isso, a tentativa se mostra perfeitamente possível quando o resultado pretendido não sobrevém por circunstâncias alheias à vontade do agente.

24.1.6 Ação penal

Ação penal pública incondicionada.

24.2 Parto suposto, supressão ou alteração de direito inerente ao estado civil de recém-nascido – Art. 242

24.2.1 Bem jurídico

Segundo Masson (2023, p. 188), é "o estado de filiação, a instituição familiar e a regularidade do registro civil".

24.2.2 Sujeitos do crime

O sujeito ativo do crime deve ser analisado a depender da conduta perpetrada. Na primeira delas, dar parto alheio como próprio, o sujeito ativo é especial. Cuida-se, portanto, de crime próprio que somente pode ser cometido pela mãe aparente. Nas demais condutas, o sujeito ativo pode ser qualquer pessoa, pois, em se tratando de crime comum, não requer nenhuma qualidade particular. Em quaisquer modalidades, o sujeito ativo pode agir só ou associado a outrem.

O sujeito passivo imediato é o Estado. Mediatamente, os indivíduos ludibriados pelo sujeito ativo.

24.2.3 Tipo objetivo

As condutas típicas consistem em:

a) dar parto alheio como próprio: imputar a si a maternidade de indivíduo nascido de outra pessoa, fora das hipóteses legalmente admitidas de adoção;

Dos crimes contra o estado de filiação **261**

b) registrar como seu o filho de outrem: atribuir-se a maternidade ou paternidade de uma criança no registro civil de forma diversa da realidade. É a conhecida hipótese de "adoção à brasileira";

c) ocultar recém-nascido, suprimindo ou alterando direito inerente ao estado civil: esconder o recém-nascido e alijá-lo dos direitos próprios oriundos do registro civil; e

d) substituir recém-nascido, suprimindo ou alterando direito inerente ao estado civil: dar um recém-nascido por outro e alijá-lo dos direitos próprios oriundos do registro civil.

Cuida-se de tipo misto cumulativo e alternativo.

Assim, a prática de mais de uma conduta descrita no tipo no mesmo contexto enseja a prática de crime único e não de múltiplos crimes.

24.2.4 Tipo subjetivo

O elemento subjetivo que compõe a estrutura do tipo penal do crime é o dolo, qual seja, a consciência e a vontade de realização da conduta descrita no tipo penal. Não há previsão legal de elemento subjetivo específico do tipo nas duas primeiras condutas (dar parto alheio como próprio e registrar como seu o filho de outrem). Quanto às terceira e quarta condutas (ocultar ou substituir recém-nascido), a lei exige o elemento subjetivo específico do tipo (intento de suprimir ou alterar direito inerente ao estado civil).

24.2.5 Consumação e tentativa

Consuma-se o delito, segundo Masson (2023, p. 190):

(...) O crime de parto suposto ("dar parto alheio como próprio") consuma-se com a suposição do parto, ou, na hipótese de gravidez real, com a troca da criança que nasceu morta por outra. Não basta, portanto, a mera simulação da gravidez ou a falsa atribuição de maternidade no tocante a alguma criança. Há vozes que sustentam a necessidade de a criança ser civilmente registrada para o aperfeiçoamento do delito, com a alteração de seu *status* familiar, o que em nossa opinião desponta como exaurimento do delito, além de tratar-se de formalidade não exigida do tipo penal.

Na segunda conduta típica ("registrar como seu o filho de outrem"), a consumação se dá coma a inscrição no registro do filho alheio como próprio.

Nas duas últimas hipóteses ("ocultar recém-nascido ou substituí-lo"), a consumação reclama a prática de ato que efetivamente importe na (a) supressão ou alteração do estado civil do neonato. Não basta, portanto, sua simples ocultação ou substituição. Na forma "ocultar" (,) o crime é permanente, subsistindo a consumação do delito durante o período em que se esconde o recém-nascido.

262 Direito Penal: Parte Especial – Vol. 2

A execução pode ser fracionada em vários atos (crime plurissubsistente). Com isto, a tentativa se mostra perfeitamente possível quando o resultado pretendido não sobrevém por circunstâncias alheias à vontade do agente.

24.2.6 Forma privilegiada e perdão judicial

Dispõe o parágrafo único:

Parágrafo único. Se o crime é praticado por motivo de reconhecida nobreza: Pena – detenção, de um a dois anos, podendo o juiz deixar de aplicar a pena.

Motivo nobre é o altruísta, honrado. Aplica-se apenas às duas primeiras condutas típicas (dar parto alheio como próprio e registrar como seu o filho de outrem). A lei prevê penas mínima e máxima inferiores às do *caput*, razão pela qual se cuida de uma figura de privilégio.

Perdão judicial é causa de extinção da punibilidade, nos termos do art. 107, IX, do CP. Aplica-se apenas às duas primeiras condutas típicas (dar parto alheio como próprio e registrar como seu o filho de outrem).

24.2.7 Prescrição

Dispõe o art. 111, IV do CP:

Art. 111 – A prescrição, antes de transitar em julgado a sentença final, começa a correr: (Redação dada pela Lei n. 7.209, de 11.7.1984)

(...)

IV – nos de bigamia e nos de falsificação ou alteração de assentamento do registro civil, da data em que o fato se tornou conhecido. (Redação dada pela Lei n. 7.209, de 11.7.1984).

24.2.8 Ação penal

Ação penal pública incondicionada.

24.3 Sonegação de estado de filiação – Art. 243

24.3.1 Bem jurídico

É o estado de filiação.

24.3.2 Sujeitos do crime

O sujeito ativo do crime pode ser qualquer pessoa, pois, em se tratando de crime comum, não requer nenhuma qualidade particular. O sujeito ativo pode agir só ou associado a outrem.

Dos crimes contra o estado de filiação   263

O sujeito passivo imediato é o Estado. Mediatamente, os indivíduos lesados pelo sujeito ativo (criança ou adolescente).

24.3.3 Tipo objetivo

A conduta típica consiste em: "Deixar em asilo de expostos ou outra instituição de assistência filho próprio ou alheio, ocultando-lhe a filiação ou atribuindo-lhe outra, com o fim de prejudicar direito inerente ao estado civil". Deixar quer dizer relegar aos cuidados de asilo de expostos (orfanato) ou de instituição o próprio filho ou de terceiro, com o objetivo de prejudicar direito inerente ao estado civil.

24.3.4 Tipo subjetivo

O elemento subjetivo que compõe a estrutura do tipo penal do crime é o dolo, qual seja, a consciência e a vontade de realização da conduta descrita no tipo penal. A lei exige o elemento subjetivo específico do tipo do intento de prejudicar direito inerente ao estado civil.

24.3.5 Consumação e tentativa

Consuma-se, o delito, com o mero abandono, ainda que não haja prejuízo a direito inerente ao estado civil.

A execução pode ser fracionada em vários atos (crime plurissubsistente). Com isso, a tentativa se mostra perfeitamente possível quando o resultado pretendido não sobrevém por circunstâncias alheias à vontade do agente.

24.3.6 Ação penal

Ação penal pública incondicionada.

25

Crimes contra a assistência familiar

25.1 Abandono material – Art. 244

25.1.1 Bem jurídico

É a família, notadamente no que tange ao dever de assistência.

25.1.2 Sujeitos do crime

O sujeito ativo do crime deve ser analisado a depender da conduta perpetrada.

Na primeira conduta, "deixar, sem justa causa, de prover à subsistência", o sujeito ativo é especial, isto é, deve ser perpetrado por ascendente, descendente ou cônjuge da vítima. Cuida-se, portanto, de crime próprio.

Na segunda conduta, "faltar ao pagamento de pensão alimentícia judicialmente acordada, fixada ou majorada", deve ser perpetrado por ascendente, descendente ou cônjuge da vítima. Cuida-se, portanto, de crime próprio.

Na terceira conduta, "deixar de socorrer ascendente ou descendente gravemente enfermo", deve ser perpetrado por ascendente ou descendente da vítima. Cuida-se, portanto, de crime próprio.

O sujeito ativo pode agir só ou associado a outrem.

O sujeito passivo imediato é o Estado. Mediatamente, os indivíduos lesados pelo sujeito ativo (ascendente, descendente, cônjuge etc.).

Crimes contra a assistência familiar **265**

25.1.3 Tipo objetivo

As condutas típicas consistem em: a) "deixar, sem justa causa, de prover à subsistência do cônjuge ou de filho menor de 18 anos ou inapto para o trabalho, ou de ascendente inválido ou maior de 60 anos, não lhes proporcionando os recursos necessários ou faltando ao pagamento de pensão alimentícia judicialmente acordada, fixada ou majorada"; b) "deixar, sem justa causa, de socorrer ascendente ou descendente, gravemente enfermo".

O elemento normativo "justa causa" aponta para a exclusão da tipicidade caso haja justificativa plausível e provada para as condutas de deixar de prover à subsistência ou de socorrer ascendente ou descendente gravemente enfermo.

Já decidiu o TJSP:

> Abandono material – Configuração. Autoria e materialidade comprovadas. Prova segura. Declarações da genitora da criança em harmonia com o conjunto probatório. Réu revel – Atipicidade de conduta. Descabimento – Condenação mantida. Pena e regime de cumprimento – Base no patamar – Regime inicial aberto – Substituição da pena privativa de liberdade por uma restritiva de direitos (prestação de serviços à comunidade) – Apelo desprovido. (Apelação Criminal 0022187-56.2016.8.26.0320, Rel. Gilberto Ferreira da Cruz, Limeira, Décima Quinta Câmara de Direito Criminal, julgamento: 15.12.2021, publicação: 15.12.2021)

25.1.4 Tipo subjetivo

O elemento subjetivo que compõe a estrutura do tipo penal do crime é o dolo, qual seja, a consciência e a vontade de realização da conduta descrita no tipo penal. A lei não exige elemento subjetivo específico do tipo.

25.1.5 Consumação e tentativa

Consuma-se, o delito, com a mera omissão, seja ao deixar de prestar assistência material, seja ao se omitir quanto ao socorro.

Por se cuidar de crime omissivo próprio, mostra-se impossível a tentativa.

25.1.6 Figura equiparada

Dispõe o parágrafo único: "Nas mesmas penas incide quem, sendo solvente, frustra ou ilide, de qualquer modo, inclusive por abandono injustificado de emprego ou função, o pagamento de pensão alimentícia judicialmente acordada, fixada ou majorada".

25.1.7 Ação penal

Ação penal pública incondicionada.

25.2 Entrega de filho menor a pessoa inidônea – Art. 245

25.2.1 Bem jurídico

É a família, notadamente no que tange ao dever de assistência direcionado aos filhos.

25.2.2 Sujeitos do crime

O sujeito ativo do crime é especial, isto é, deve ser perpetrado por um ou pelos genitores. Cuida-se, portanto, de crime próprio. O sujeito ativo pode agir só ou associado a outrem.

O sujeito passivo é o filho menor de 18 anos, pouco importando tratar-se de filho natural ou por adoção.

25.2.3 Tipo objetivo

A conduta típica consiste em "entregar filho menor de 18 anos a pessoa em cuja companhia saiba ou deva saber que o menor fica moral ou materialmente em perigo". Entregar significa legar, deixar o filho menor com a companhia indesejável. Ex.: entregar os cuidados do filho menor de 18 anos a um alienado mental.

O tipo penal em análise é crime de perigo. Nos crimes de perigo, ao contrário dos crimes de dano, pune-se a conduta de colocação em perigo do bem jurídico tutelado, ainda que não se tenha efetiva produção de lesão ao referido bem jurídico.

Já decidiu o TJSP:

> Apelação criminal. Abandono intelectual e entrega de filho menor a pessoa inidônea. Autoria e materialidade delitiva comprovadas Exposição da filha infante à situação de risco (mendicância, furtos e drogas) Adoção pelo ECA da doutrina da proteção integral Educação como direito fundamental Pena corporal substituída com ênfase no caráter preventivo e ressocializador. Recurso provido. (Apelação Criminal 0005785-69.2011.8.26.0191, Rel. Alcides Malossi Junior, Poá, Oitava Câmara de Direito Criminal, julgamento: 12.02.2015, publicação: 24.02.2015).

25.2.4 Tipo subjetivo

O elemento subjetivo que compõe a estrutura do tipo penal do crime é o dolo, qual seja, a consciência e a vontade de realização da conduta descrita no tipo penal. É cabível o dolo direto (agente sabe) ou

Crimes contra a assistência familiar **267**

eventual (agente deve saber). A lei não exige elemento subjetivo específico do tipo.

25.2.5 Consumação e tentativa

Consuma-se o delito com a mera entrega do ofendido a pessoa não responsável. Cuida-se de crime de perigo concreto, na medida em que deve ser demonstrado, no caso sob análise, o perigo criado para a vítima.

A execução pode ser fracionada em vários atos (crime plurissubsistente). Com isso, a tentativa se mostra perfeitamente possível quando o resultado pretendido não sobrevém por circunstâncias alheias à vontade do agente.

25.2.6 Figuras qualificadas

Dispõe o § 1º: "A pena é de 1 (um) a 4 (quatro) anos de reclusão, se o agente pratica delito para obter lucro, ou se o menor é enviado para o exterior". A pena máxima é majorada em razão da maior reprovabilidade da conduta com finalidade lucrativa ou do envio do menor ao exterior, o que potencializa os riscos à sua proteção e cuidado. Nesta última hipótese, a competência para processo e julgamento da ação penal é da Justiça Federal.

Dispõe ainda o § 2º: "Incorre, também, na pena do parágrafo anterior quem, embora excluído o perigo moral ou material, auxilia a efetivação de ato destinado ao envio de menor para o exterior, com o fito de obter lucro". Entende a doutrina prevalecente que esse parágrafo foi revogado tacitamente pelo art. 239 da Lei n. 8.069/1990 (Estatuto da Criança e do Adolescente):

> Art. 239. Promover ou auxiliar a efetivação de ato destinado ao envio de criança ou adolescente para o exterior com inobservância das formalidades legais ou com o fito de obter lucro:
>
> Pena – reclusão de quatro a seis anos, e multa.
>
> Parágrafo único. Se há emprego de violência, grave ameaça ou fraude:
>
> Pena – reclusão, de 6 (seis) a 8 (oito) anos, além da pena correspondente à violência.

25.2.7 Ação penal

Ação penal pública incondicionada.

25.3 Abandono intelectual – Art. 246

25.3.1 Bem jurídico

É a educação (instrução primária) dos filhos em idade escolar.

268 Direito Penal: Parte Especial – Vol. 2

25.3.2 Sujeitos do crime

O sujeito ativo do crime é especial, isto é, deve ser perpetrado pelos pais da vítima. Cuida-se, portanto, de crime próprio.

O sujeito ativo pode agir só ou associado a outrem.

O sujeito passivo é o filho em idade de instrução escolar compulsória (4 a 17 anos).

25.3.3 Tipo objetivo

A conduta típica consiste em "deixar, sem justa causa, de prover à instrução primária de filho em idade escolar".

O elemento normativo "justa causa" aponta para a exclusão da tipicidade caso haja justificativa plausível e provada para a de deixar de prover à instrução primária de filho em idade escolar.

Já decidiu o TJSP:

> Apelação criminal – abandono intelectual (art. 246, *caput*, do CP) – Absolvição – Impossibilidade – Provas oral e documental que comprovam, com segurança, a materialidade, a autoria e a existência do dolo na conduta da agente – Conduta omissiva praticada sem justa causa – Condenação mantida – Pena – Manutenção da agravante disposta no art. 61, II, "e", que, por configurar elementar do tipo, implicaria em "bis in idem" – Crime próprio, que só pode ser praticado pelos genitores da vítima – Necessidade de mitigação – Regime inalterável – Recurso parcialmente provido (Apelação Criminal 0002244-02.2013.8.26.0274, Rel. Camilo Léllis, Itápolis, Quarta Câmara de Direito Criminal, julgamento: 25.10.2016, publicação: 27.10.2016).

Com relação ao *homeschooling*, adverte Rogério Sanches Cunha (2020, p. 639) que:

> Aqueles que sustentam a ocorrência do crime quando a instrução é provida fora do ensino regular ganham um reforço na argumentação a partir da decisão proferida pelo STF no recurso extraordinário 888.815/RS (julgamento: 12.09.2018) (...) Apontou-se, ainda o art. 205 da Constituição Federal, a impor como dever do Estado a promoção indistinta da educação. A partir dessa decisão, portanto, entendeu-se como ilegal a educação que não aquela promovida em escolas, públicas ou privadas, proibindo-se, outrossim, o ensino realizado exclusivamente em casa, sob a orientação dos pais ou mesmo de terceiros.

25.3.4 Tipo subjetivo

O elemento subjetivo que compõe a estrutura do tipo penal do crime é o dolo, qual seja, a consciência e a vontade de realização da conduta descrita no tipo penal. A lei não exige elemento subjetivo específico do tipo.

25.3.5 Consumação e tentativa

Consuma-se o delito com a mero omissão, por tempo juridicamente relevante, de prestar assistência intelectual.

Por se cuidar de crime omissivo próprio, mostra-se impossível a tentativa.

25.3.6 Ação penal

Ação penal pública incondicionada.

25.4 Abandono moral – Art. 247

25.4.1 Bem jurídico

É a higidez moral da criança ou adolescente.

25.4.2 Sujeitos do crime

O sujeito ativo do crime é especial, isto é, deve ser perpetrado pelo agente que tem o menor de dezoito anos sujeito a seu poder ou confiado à sua guarda ou vigilância. Ex.: guardião legal. Cuida-se, portanto, de crime próprio. Parte da doutrina (ex.: Sanches (2020) e Salim e Azevedo (2020)) afirma que se trata de crime comum.

O sujeito ativo pode agir só ou associado a outrem.

O sujeito passivo é o menor de dezoito anos, sujeito ao poder ou confiado à guarda ou à vigilância.

25.4.3 Tipo objetivo

A conduta típica consiste em "permitir", o que significa deixar ou tolerar. As condutas relacionadas à permissão indevida estão nos incisos I a IV do art. 247: (a) frequente casa de jogo ou mal-afamada, ou conviver com pessoa viciosa ou de má vida; (b) frequentar espetáculo capaz de pervertê-lo ou de ofender-lhe o pudor, ou participar de representação de igual natureza; (c) residir ou trabalhar em casa de prostituição; (d) mendigar ou servir a mendigo para excitar a comiseração pública:

Segundo Masson (2023, p. 215), cuida-se de tipo misto cumulativo ou "crime de condutas conjugadas, pois, se o agente cometer mais de uma delas, ainda que contra a mesma vítima, responderá pela pluralidade de crimes, em concurso material ou formal impróprio (ou imperfeito), dependendo do caso concreto".

25.4.4 Tipo subjetivo

O elemento subjetivo que compõe a estrutura do tipo penal do crime é o dolo, qual seja, a consciência e a vontade de realização da conduta descrita no tipo penal. A lei somente exige elemento subjetivo específico do tipo no inciso IV (para excitar a comiseração pública).

25.4.5 Consumação e tentativa

O momento consumativo do delito depende da modalidade de conduta analisada:

a) frequentar casa de jogo ou mal-afamada ou frequentar espetáculo capaz de pervertê-lo ou de ofender-lhe o pudor: crimes de natureza habitual, que exigem uma reiteração de comparecimentos para a consumação;

b) conviver com pessoa viciosa ou de má vida: crime permanente – exige convivência por tempo juridicamente relevante;

c) residir ou trabalhar em casa de prostituição: crime permanente – exige convivência por tempo juridicamente relevante; e

d) mendigar ou servir a mendigo para excitar a comiseração pública, ou participar de representação capaz de pervertê-lo ou de ofender-lhe o pudor: crimes de natureza instantânea.

A execução das condutas comissivas pode ser fracionada em vários atos (crime plurissubsistente). Com isto, a tentativa se mostra perfeitamente possível quando o resultado pretendido não sobrevém por circunstâncias alheias à vontade do agente.

No caso das condutas omissivas do delito, mostra-se impossível a tentativa.

25.4.6 Ação penal

Ação penal pública incondicionada.

26

Dos crimes contra o pátrio poder, tutela e curatela

26.1 Induzimento a fuga, entrega arbitrária ou sonegação de incapazes – Art. 248

26.1.1 Bens jurídicos

Poder familiar, tutela e curatela.

Prevê o CC:

Art. 1.630. Os filhos estão sujeitos ao poder familiar, enquanto menores.

(…)

Art. 1.728. Os filhos menores são postos em tutela:

I – com o falecimento dos pais, ou sendo estes julgados ausentes;

II – em caso de os pais decaírem do poder familiar.

Art. 1.729. O direito de nomear tutor compete aos pais, em conjunto.

Parágrafo único. A nomeação deve constar de testamento ou de qualquer outro documento autêntico.

(…)

Art. 1.767. Estão sujeitos a curatela:

I – aqueles que, por causa transitória ou permanente, não puderem exprimir sua vontade;

II – (Revogado);

III – os ébrios habituais e os viciados em tóxico;

IV – (Revogado);

V – os pródigos.

26.1.2 Sujeitos do crime

O sujeito ativo do crime pode ser qualquer pessoa, pois, em se tratando de crime comum, não requer nenhuma qualidade particular. Mesmo os genitores podem praticar o crime se não estiverem no exercício do poder familiar. O sujeito ativo pode agir só ou associado a outrem.

O sujeito passivo é o menor de **dezoito anos**, interdito, genitores, tutores e curadores.

26.1.3 Tipo objetivo

As condutas típicas consistem em:

a) induzir menor de dezoito anos, ou interdito, a fugir do lugar em que se acha por determinação de quem sobre ele exerce autoridade, em virtude de lei ou de ordem judicial;

b) confiar a outrem sem ordem do pai, do tutor ou do curador algum menor de dezoito anos ou interdito;

c) deixar, sem justa causa, de entregá-lo a quem legitimamente o reclame.

Cuida-se de tipo misto cumulativo ou de condutas conjugadas. Assim, a prática de mais de uma delas importa em concurso material ou formal impróprio, a depender do caso analisado.

26.1.4 Tipo subjetivo

O elemento subjetivo que compõe a estrutura do tipo penal do crime é o dolo, qual seja, a consciência e a vontade de realização da conduta descrita no tipo penal. A lei não exige elemento subjetivo específico do tipo.

26.1.5 Consumação e tentativa

O momento consumativo do delito depende da modalidade de conduta analisada:

a) induzir menor de dezoito anos, ou interdito, a fugir do lugar em que se acha por determinação de quem sobre ele exerce autoridade, em virtude de lei ou de ordem judicial: consuma-se com a fuga;

b) confiar a outrem sem ordem do pai, do tutor ou do curador algum menor de dezoito anos ou interdito: consuma-se com a efetiva entrega;

c) deixar, sem justa causa, de entregá-lo a quem legitimamente o reclame: consuma-se com a negativa de entrega.

Dos crimes contra o pátrio poder, tutela e curatela **273**

A execução das condutas comissivas pode ser fracionada em vários atos (crime plurissubsistente). Com isso, a tentativa se mostra perfeitamente possível quando o resultado pretendido não sobrevém por circunstâncias alheias à vontade do agente.

No caso da conduta omissiva do delito (crime omissivo impróprio ou impuro), mostra-se impossível a tentativa.

26.1.6 Ação penal

Ação penal pública incondicionada.

26.2 Subtração de incapazes – Art. 249

26.2.1 Bens jurídicos

Poder familiar, tutela e curatela.

Prevê o CC:

> Art. 1.630. Os filhos estão sujeitos ao poder familiar, enquanto menores.
> (...)
> Art. 1.728. Os filhos menores são postos em tutela:
> I – com o falecimento dos pais, ou sendo estes julgados ausentes;
> II – em caso de os pais decaírem do poder familiar.
> Art. 1.729. O direito de nomear tutor compete aos pais, em conjunto.
> Parágrafo único. A nomeação deve constar de testamento ou de qualquer outro documento autêntico.
> (...)
> Art. 1.767. Estão sujeitos a curatela:
> I – aqueles que, por causa transitória ou permanente, não puderem exprimir sua vontade;
> II – (Revogado);
> III – os ébrios habituais e os viciados em tóxico;
> IV – (Revogado);
> V – os pródigos.

26.2.2 Sujeitos do crime

O sujeito ativo do crime pode ser qualquer pessoa, pois, em se tratando de crime comum, não requer nenhuma qualidade particular. Mesmo os genitores podem praticar o crime se não estiverem no exercício do poder familiar. O sujeito ativo pode agir só ou associado a outrem.

Na figura do § 1º, a lei admite a incidência no tipo penal sobre o pai ou tutor do menor ou curador do interdito, desde que destituídos ou privados temporariamente do poder familiar, guarda, tutela ou curatela.

O sujeito passivo é o menor de dezoito anos, interdito, detentores do poder familiar, tutores e curadores.

26.2.3 Tipo objetivo

A conduta típica consiste em: "Subtrair menor de dezoito anos ou interdito ao poder de quem o tem sob sua guarda em virtude de lei ou de ordem judicial".

26.2.4 Tipo subjetivo

O elemento subjetivo que compõe a estrutura do tipo penal do crime é o dolo, qual seja, a consciência e a vontade de realização da conduta descrita no tipo penal. A lei não exige elemento subjetivo específico do tipo.

26.2.5 Consumação e tentativa

O momento consumativo do delito se dá com a efetiva subtração do menor de dezoito anos ou interdito.

A execução da conduta pode ser fracionada em vários atos (crime plurissubsistente). Com isto, a tentativa se mostra perfeitamente possível quando o resultado pretendido não sobrevém por circunstâncias alheias à vontade do agente.

26.2.6 Perdão Judicial

Dispõe o § 2º: "No caso de restituição do menor ou do interdito, se este não sofreu maus-tratos ou privações, o juiz pode deixar de aplicar pena".

Perdão judicial é causa de extinção da punibilidade, nos termos do art. 107, IX, do CP.

26.2.7 Ação penal

Ação penal pública incondicionada.

PARTE VIII

DOS CRIMES CONTRA A INCOLUMIDADE PÚBLICA

27

Dos crimes de perigo comum

27.1 Incêndio – Art. 250

27.1.1 Bem jurídico

É, segundo Cleber Masson (2018, p. 223), "a incolumidade pública, ou seja, a lei busca manter a salvo e livre de perigo a saúde, a segurança e a tranquilidade de um número indeterminado de pessoas".

27.1.2 Sujeitos do crime

O sujeito ativo do crime pode ser qualquer pessoa, pois, em se tratando de crime comum, não requer nenhuma qualidade particular. O sujeito ativo pode agir só ou associado a outrem.

O sujeito passivo é a sociedade (crime vago).

27.1.3 Tipo objetivo

A conduta típica consiste em causar, isto é, provocar incêndio (fogo de grandes proporções), expondo a perigo a vida, a integridade física ou o patrimônio de outrem (bens jurídicos expostos a perigo).

27.1.4 Tipo subjetivo

O elemento subjetivo que compõe a estrutura do tipo penal do crime é o dolo de perigo, qual seja, a consciência e a vontade de realização da conduta descrita no tipo penal com ciência de que resultará em perigo comum.

Admite-se também a forma culposa na figura do § 2º.

Veja-se que é possível a utilização do elemento fogo para causação do crime de homicídio, a incidir o art. 121, § 2º, III do CP, quando há dolo de

278 Direito Penal: Parte Especial – Vol. 2

causar a morte da vítima. Se a prática de incêndio se dá com a intenção do resultado morte, e, ainda, de causar perigo comum, a solução aponta pelo reconhecimento do concurso formal impróprio (imperfeito), nos termos do art. 70, *caput*, última parte ("As penas aplicam-se, entretanto, cumulativamente, se a ação ou omissão é dolosa e os crimes concorrentes resultam de desígnios autônomos, consoante o disposto no artigo anterior".

27.1.5 Consumação e tentativa

Consuma-se, o delito, quando da efetiva exposição a perigo a vida, a integridade física ou o patrimônio de outrem em razão da causação do incêndio. Cuida-se de crime material, uma vez que exige produção de resultado naturalístico.

Cuida-se de crime de perigo concreto, na medida em que se mostra indispensável a demonstração, no caso concreto, da efetiva produção do perigo, o qual não tem sua ocorrência presumida da mera realização da conduta.

A execução pode ser fracionada em vários atos (crime plurissubsistente). Com isso, a tentativa se mostra perfeitamente possível quando o resultado pretendido não sobrevém por circunstâncias alheias à vontade do agente.

27.1.6 Causas de aumento de pena – § 1º

Cuida-se de majorante de fração fixa (um terço), a ser considerada na terceira fase de aplicação das penas privativas de liberdade.

27.1.7 Ação penal

Ação penal pública incondicionada.

27.2 Explosão – Art. 251

27.2.1 Bem jurídico

É a incolumidade pública.

27.2.2 Sujeitos do crime

O sujeito ativo do crime pode ser qualquer pessoa, pois, em se tratando de crime comum, não requer nenhuma qualidade particular. O sujeito ativo pode agir só ou associado a outrem.

O sujeito passivo é a sociedade (crime vago).

Dos crimes de perigo comum **279**

27.2.3 Tipo objetivo

A conduta típica consiste em expor, isto é, submeter a perigo a integridade física ou o patrimônio de outrem (bens jurídicos expostos a perigo), mediante explosão, arremesso ou simples colocação de engenho de dinamite ou de substância de efeitos análogos.

O legislador usou uma fórmula de interpretação analógica no final do *caput*. Após citar casuisticamente a explosão, o arremesso ou a simples colocação de engenho de dinamite, utiliza-se o legislador de uma expressão de natureza genérica para fazer incluir outras modalidades não expressamente previstas no tipo, mas que tenham efeitos análogos aos itens já mencionados no tipo.

27.2.4 Tipo subjetivo

O elemento subjetivo que compõe a estrutura do tipo penal do crime é o dolo de perigo, qual seja, a consciência e a vontade de realização da conduta descrita no tipo penal com ciência de que resultará em perigo comum.

Admite-se também a forma culposa na figura do § 3º. Ex.: imprudência no manejo de dinamite, regularmente autorizado para finalidade lícita de construção, o que resulta na exposição a perigo da integridade física ou do patrimônio de outrem.

Veja-se que é possível a utilização do elemento explosivo para causação do crime de homicídio, a incidir o art. 121, § 2º, III, do CP, c/c o art. 1º, I, da Lei n. 8.072/1990, quando há dolo de causar a morte da vítima. Se o uso do explosivo se dá com a intenção do resultado morte, e, ainda, de causar perigo comum, a solução aponta pelo reconhecimento do concurso formal impróprio (imperfeito), nos termos do art. 70, *caput*, última parte ("As penas aplicam-se, entretanto, cumulativamente, se a ação ou omissão é dolosa e os crimes concorrentes resultam de desígnios autônomos, consoante o disposto no artigo anterior").

27.2.5 Consumação e tentativa

Consuma-se, o delito, quando da efetiva exposição a perigo da integridade física ou do patrimônio de outrem. Cuida-se de crime material, uma vez que exige produção de resultado naturalístico.

Tem-se crime de perigo concreto, na medida em que se mostra indispensável a demonstração, no caso concreto, da efetiva produção do perigo, o qual não tem sua ocorrência presumida da mera realização da conduta.

280　Direito Penal: Parte Especial – Vol. 2

A execução pode ser fracionada em vários atos (crime plurissubsistente). Com isso, a tentativa se mostra perfeitamente possível quando o resultado pretendido não sobrevém por circunstâncias alheias à vontade do agente.

27.2.6 Explosão privilegiada

Dispõe o § 3º: "No caso de culpa, se a explosão é de dinamite ou substância de efeitos análogos, a pena é de detenção, de seis meses a dois anos; nos demais casos, é de detenção, de três meses a um ano".

27.2.7 Causas de aumento de pena

Cuida-se de majorante de fração fixa (um terço), a ser considerada na terceira fase de aplicação das penas privativas de liberdade.

27.2.8 Ação penal

Ação penal pública incondicionada.

27.3 Uso de gás tóxico ou asfixiante – Art. 252

27.3.1 Bem jurídico

É a incolumidade pública.

27.3.2 Sujeitos do crime

O sujeito ativo do crime pode ser qualquer pessoa, pois, em se tratando de crime comum, não requer nenhuma qualidade particular. O sujeito ativo pode agir só ou associado a outrem.

O sujeito passivo é a sociedade (crime vago).

27.3.3 Tipo objetivo

A conduta típica consiste em expor, isto é, submeter a perigo a vida, a integridade física ou o patrimônio de outrem (bens jurídicos expostos a perigo), por meio do uso de gás tóxico ou asfixiante.

27.3.4 Tipo subjetivo

O elemento subjetivo que compõe a estrutura do tipo penal do crime é o dolo de perigo, qual seja, a consciência e a vontade de realização da conduta descrita no tipo penal com ciência de que resultará em perigo comum.

Admite-se também a forma culposa na figura parágrafo único.

Veja-se que é possível a utilização do elemento asfixia para causação do crime de homicídio, a incidir o art. 121, § 2º, III, do CP, c/c o art. 1º, I, da Lei n. 8.072/1990, quando há dolo de causar a morte da vítima. Se o uso do uso de gás tóxico ou asfixiante se dá com a intenção do resultado morte e, ainda, de causar perigo comum, a solução aponta pelo reconhecimento do concurso formal impróprio (imperfeito), nos termos do art. 70, *caput*, última parte ("As penas aplicam-se, entretanto, cumulativamente, se a ação ou omissão é dolosa e os crimes concorrentes resultam de desígnios autônomos, consoante o disposto no artigo anterior").

27.3.5 Consumação e tentativa

Consuma-se, o delito, quando da efetiva exposição a perigo da integridade física ou do patrimônio de outrem. Cuida-se de crime material, uma vez que exige produção de resultado naturalístico.

Tem-se crime de perigo concreto, na medida em que se mostra indispensável a demonstração, no caso concreto, da efetiva produção do perigo, o qual não tem sua ocorrência presumida da mera realização da conduta.

A execução pode ser fracionada em vários atos (crime plurissubsistente). Com isso, a tentativa se mostra perfeitamente possível quando o resultado pretendido não sobrevém por circunstâncias alheias à vontade do agente.

27.3.6 Ação penal

Ação penal pública incondicionada.

27.4 Fabrico, fornecimento, aquisição, posse ou transporte de explosivos ou gás tóxico, ou asfixiante – Art. 253

27.4.1 Bem jurídico

É a incolumidade pública.

27.4.2 Sujeitos do crime

O sujeito ativo do crime pode ser qualquer pessoa, pois, em se tratando de crime comum, não requer nenhuma qualidade particular. O sujeito ativo pode agir só ou associado a outrem.

O sujeito passivo é a sociedade (crime vago).

282 Direito Penal: Parte Especial – Vol. 2

27.4.3 Tipo objetivo

A conduta típica consiste em "fabricar, fornecer, adquirir, possuir ou transportar", sem licença da autoridade, substância ou engenho explosivo, gás toxico ou asfixiante.

Cuida-se de tipo misto alternativo, de modo que a prática de mais de uma conduta, em um mesmo contexto fático, importa em crime único por força do princípio da alternatividade.

O tipo traz um elemento normativo do tipo na expressão "sem licença da autoridade". Se houver a pertinente licença, resta excluída a tipicidade e, portanto, o próprio crime.

27.4.4 Tipo subjetivo

O elemento subjetivo que compõe a estrutura do tipo penal do crime é o dolo, qual seja, a consciência e a vontade de realização da conduta descrita no tipo penal.

Não se admite a forma culposa.

27.4.5 Consumação e tentativa

Consuma-se, o delito, quando da fabricação, fornecimento, aquisição, posse ou transporte dos objetos. Cuida-se de crime formal, uma vez que não exige produção de resultado naturalístico.

Tem-se crime de perigo abstrato (presumido), na medida em que se mostra dispensável a demonstração, no caso concreto, da efetiva produção do perigo, o qual tem sua ocorrência presumida da mera realização da conduta.

Diante da multiplicidade de condutas previstas no tipo, umas verdadeiras fases preparatórias de outras, a execução não pode ser fracionada em vários atos e a tentativa se mostra impossível.

27.4.6 Ação penal

Ação penal pública incondicionada.

27.5 Inundação – Art. 254

27.5.1 Bem jurídico

É a incolumidade pública.

27.5.2 Sujeitos do crime

O sujeito ativo do crime pode ser qualquer pessoa, pois, em se tratando de crime comum, não requer nenhuma qualidade particular. O sujeito ativo pode agir só ou associado a outrem.

O sujeito passivo é a sociedade (crime vago).

27.5.3 Tipo objetivo

A conduta típica consiste em causar, isto é, provocar inundação (grande volume de água vazada), expondo a perigo a vida, a integridade física ou o patrimônio de outrem (bens jurídicos expostos a perigo).

27.5.4 Tipo subjetivo

O elemento subjetivo que compõe a estrutura do tipo penal do crime é o dolo de perigo, qual seja, a consciência e a vontade de realização da conduta descrita no tipo penal com ciência de que resultará em perigo comum.

Admite-se também a forma culposa.

Veja-se que é possível a utilização da inundação para causação do crime de homicídio, a incidir o art. 121, § 2º, III, do CP, quando há dolo de causar a morte da vítima. Se a prática da inundação se dá com a intenção do resultado morte, e, ainda, de causar perigo comum, a solução aponta pelo reconhecimento do concurso formal impróprio (imperfeito), nos termos do art. 70, *caput*, última parte ("As penas aplicam-se, entretanto, cumulativamente, se a ação ou omissão é dolosa e os crimes concorrentes resultam de desígnios autônomos, consoante o disposto no artigo anterior").

27.5.5 Consumação e tentativa

Consuma-se, o delito, quando da efetiva exposição a perigo a vida, a integridade física ou o patrimônio de outrem em razão da causação da inundação. Cuida-se de crime material, uma vez que exige produção de resultado naturalístico.

Cuida-se de crime de perigo concreto, na medida em que se mostra indispensável a demonstração, no caso concreto, da efetiva produção do perigo, o qual não tem sua ocorrência presumida da mera realização da conduta.

A execução pode ser fracionada em vários atos (crime plurissubsistente). Com isso, a tentativa se mostra perfeitamente possível quando

284 Direito Penal: Parte Especial – Vol. 2

o resultado pretendido não sobrevém por circunstâncias alheias à vontade do agente.

27.5.6 Ação penal

Ação penal pública incondicionada.

27.6 Perigo de inundação – Art. 255

27.6.1 Bem jurídico

É a incolumidade pública.

27.6.2 Sujeitos do crime

O sujeito ativo do crime pode ser qualquer pessoa, pois, em se tratando de crime comum, não requer nenhuma qualidade particular. O sujeito ativo pode agir só ou associado a outrem.

O sujeito passivo é a sociedade (crime vago).

27.6.3 Tipo objetivo

As condutas típicas consistem em:

a) remover (retirar);
b) destruir (fazer desaparecer);
c) inutilizar (tornar sem funcionalidade) obstáculo natural ou obra destinada a impedir inundação, esteja em prédio próprio ou alheio, expondo a perigo a vida, a integridade física ou o patrimônio de outrem (bens jurídicos expostos a perigo).

27.6.4 Tipo subjetivo

O elemento subjetivo que compõe a estrutura do tipo penal do crime é o dolo de perigo, qual seja, a consciência e a vontade de realização da conduta descrita no tipo penal com ciência de que resultará em perigo comum.

Não se admite a forma culposa.

27.6.5 Consumação e tentativa

Consuma-se, o delito, quando da remoção, destruição ou inutilização do obstáculo natural ou obra destinada a impedir inundação, com efetiva exposição a perigo a vida, a integridade física ou o patrimônio de outrem, ainda que não ocorra a inundação. Cuida-se de crime formal, uma vez que não se exige produção de resultado naturalístico.

Tem-se de crime de perigo concreto, na medida em que se mostra indispensável a demonstração, no caso concreto, da efetiva produção do perigo, o qual não tem sua ocorrência presumida da mera realização da conduta.

A tentativa não se mostra possível porque o crime em apreço constitui etapa preparatória do crime de inundação (art. 254 do CP).

27.6.6 Ação penal

Ação penal pública incondicionada.

27.7 Desabamento ou desmoronamento – Art. 256

27.7.1 Bem jurídico

É a incolumidade pública.

27.7.2 Sujeitos do crime

O sujeito ativo do crime pode ser qualquer pessoa, pois, em se tratando de crime comum, não requer nenhuma qualidade particular. O sujeito ativo pode agir só ou associado a outrem.

O sujeito passivo é a sociedade (crime vago) e, mediatamente, eventual(is) prejudicado(s).

27.7.3 Tipo objetivo

As condutas típicas consistem em causar (produzir) desmoronamento ou desabamento, expondo a perigo a vida, a integridade física ou o patrimônio de outrem. Segundo Rogério Sanches Cunha (2020, p. 672), desabamento corresponde à queda, total ou parcial, de construção e desmoronamento, à derrocada, deslizamento, ainda que parcial do solo. Ademais, o delito poderia ser cometido a título omissivo ou comissivo.

27.7.4 Tipo subjetivo

O elemento subjetivo que compõe a estrutura do tipo penal do crime, qual seja, a consciência e a vontade de realização da conduta descrita no tipo penal. Não há exigência de elemento subjetivo específico do tipo.

27.7.5 Consumação e tentativa

Consuma-se, o delito, quando do desabamento ou desmoronamento, com a produção de perigo comum.

Tem-se crime de perigo concreto, na medida em que se mostra indispensável a demonstração, no caso concreto, da efetiva produção do perigo, o qual não tem sua ocorrência presumida da mera realização da conduta.

A execução pode ser fracionada em vários atos (crime plurissubsistente). Com isso, a tentativa se mostra perfeitamente possível quando o resultado pretendido não sobrevém por circunstâncias alheias à vontade do agente.

27.7.6 Tipo culposo

Hipótese do parágrafo único.

27.7.7 Causa de aumento de pena

Hipótese do art. 258 do CP, a ser visto adiante.

27.7.8 Ação penal

Ação penal pública incondicionada.

27.8 Subtração, ocultação ou inutilização de material de salvamento – Art. 257

27.8.1 Bem jurídico

É a incolumidade pública.

27.8.2 Sujeitos do crime

O sujeito ativo do crime pode ser qualquer pessoa, pois, em se tratando de crime comum, não requer nenhuma qualidade particular. O sujeito ativo pode agir só ou associado a outrem.

O sujeito passivo é a sociedade (crime vago) e, mediatamente, eventual(is) prejudicado(s).

27.8.3 Tipo objetivo

As condutas típicas consistem em subtrair (retirar), ocultar (esconder) ou inutilizar (tornar inservível), por ocasião das situações específicas

Dos crimes de perigo comum **287**

descritas no tipo, aparelho, material ou qualquer meio destinado a serviço de combate ao perigo, socorro ou salvamento, ou impedir (obstar) ou dificultar (atrapalhar) serviço de tal natureza.

27.8.4 Tipo subjetivo

O elemento subjetivo que compõe a estrutura do tipo penal do crime, qual seja, a consciência e a vontade de realização de uma das condutas descritas no tipo penal. Não há exigência de elemento subjetivo específico do tipo.

Não se admite a forma culposa.

27.8.5 Consumação e tentativa

Consuma-se, o delito, quando da prática de uma das condutas previstas no tipo.

Tem-se crime de perigo abstrato (presumido), na medida em que se mostra dispensável a demonstração, no caso concreto, da efetiva produção do perigo, o qual tem sua ocorrência presumida da mera realização da conduta.

A execução pode ser fracionada em vários atos (crime plurissubsistente). Com isso, a tentativa se mostra perfeitamente possível quando o resultado pretendido não sobrevém por circunstâncias alheias à vontade do agente.

27.8.6 Causa de aumento de pena

Hipótese do art. 258 do CP, a ser visto adiante.

27.8.7 Ação penal

Ação penal pública incondicionada.

27.9 Formas qualificadas de crime de perigo comum

Art. 258. Se do crime doloso de perigo comum resulta lesão corporal de natureza grave, a pena privativa de liberdade é aumentada de metade; se resulta morte, é aplicada em dobro. No caso de culpa, se do fato resulta lesão corporal, a pena aumenta-se de metade; se resulta morte, aplica-se a pena cominada ao homicídio culposo, aumentada de um terço.

Com relação à lesão corporal e à morte, ambos os resultados são produzidos a título de culpa. Assim, na hipótese do crime doloso de perigo comum, surge a figura do crime preterdoloso (dolo no antecedente e culpa no consequente).

27.10 Difusão de doença ou praga – Art. 259

Revogado tacitamente pelo art. 61 da Lei n. 9.605/1998:

Art. 61. Disseminar doença ou praga ou espécies que possam causar dano à agricultura, à pecuária, à fauna, à flora ou aos ecossistemas: Pena – reclusão, de um a quatro anos, e multa.

28

Dos crimes contra a segurança dos meios de comunicação e transporte e outros serviços públicos

28.1 Perigo de desastre ferroviário – Art. 260

28.1.1 Bem jurídico

É a incolumidade pública, no aspecto do serviço ferroviário.

28.1.2 Sujeitos do crime

O sujeito ativo do crime pode ser qualquer pessoa, pois, em se tratando de crime comum, não requer nenhuma qualidade particular. O sujeito ativo pode agir só ou associado a outrem.

O sujeito passivo é a sociedade (crime vago).

28.1.3 Tipo objetivo

A conduta típica consiste em colocar em risco a prestação de serviço em estrada de ferro. O conceito de estrada de ferro é dado pelo próprio legislador no § 3º (interpretação autêntica): "qualquer via de comunicação em que circulem veículos de tração mecânica, em trilhos ou por meio de cabo aéreo".

As condutas previstas no tipo são "impedir" ou "perturbar" por meio das práticas enumeradas nos quatro incisos (crime de ação vinculada).

28.1.4 Tipo subjetivo

O elemento subjetivo que compõe a estrutura do tipo penal do crime é o dolo, qual seja, a consciência e a vontade de realização das condutas descritas no tipo penal com ciência de que resultará em perigo comum. Não há exigência de elemento subjetivo específico do tipo.

28.1.5 Consumação e tentativa

Consuma-se, o delito, quando ocorre a efetiva exposição a perigo.

Cuida-se de crime de perigo concreto, na medida em que se mostra indispensável a demonstração, no caso concreto, da efetiva produção do perigo, o qual não tem sua ocorrência presumida da mera realização da conduta.

A execução pode ser fracionada em vários atos na forma comissiva (crime plurissubsistente). Com isso, a tentativa se mostra perfeitamente possível quando o resultado pretendido não sobrevém por circunstâncias alheias à vontade do agente.

28.1.6 Qualificadora

Hipótese do § 1º Cuida-se de crime preterdoloso (tentativa inadmissível), pois o efetivo desastre ocorre a título culposo.

28.1.7 Forma culposa

Hipótese do § 2º.

28.1.8 Causa de aumento de pena

Hipótese do art. 263 do CP: "Art. 263 – Se de qualquer dos crimes previstos nos arts. 260 a 262, no caso de desastre ou sinistro, resulta lesão corporal ou morte, aplica-se o disposto no art. 258".

28.1.9 Ação penal

Ação penal pública incondicionada.

28.2 Atentado contra a segurança de transporte marítimo, fluvial ou aéreo – Art. 261

28.2.1 Bem jurídico

É a incolumidade pública, no que tange aos transportes marítimo, fluvial ou aéreo.

28.2.2 Sujeitos do crime

O sujeito ativo do crime pode ser qualquer pessoa, pois, em se tratando de crime comum, não requer nenhuma qualidade particular. O sujeito ativo pode agir só ou associado a outrem.

O sujeito passivo é a sociedade (crime vago). De forma indireta, em hipótese de desastre, o(s) prejudicado(s).

28.2.3 Tipo objetivo

A conduta típica consiste em colocar em "expor a perigo embarcação ou aeronave, própria ou alheia, ou praticar qualquer ato tendente a impedir ou dificultar navegação marítima, fluvial ou aérea".

Segundo Rogério Sanches (2020, p. 682), "é imprescindível que se trata de aeronave ou embarcação destinada a transporte coletivo, caso contrário, não se identifica o perigo comum exigido pelo tipo".

28.2.4 Tipo subjetivo

O elemento subjetivo que compõe a estrutura do tipo penal do crime é o dolo, qual seja, a consciência e a vontade de realização das condutas descritas no tipo penal com ciência de que resultará em perigo comum. Não há exigência de elemento subjetivo específico do tipo.

No § 2º, o intento de obter vantagem econômica autoriza a aplicação cumulativa da pena de multa.

28.2.5 Consumação e tentativa

Consuma-se, o delito, quando da efetiva exposição a perigo.

Cuida-se de crime de perigo concreto, na medida em que se mostra indispensável a demonstração, no caso concreto, da efetiva produção do perigo, o qual não tem sua ocorrência presumida da mera realização da conduta.

A execução pode ser fracionada em vários atos (crime plurissubsistente). Com isso, a tentativa se mostra perfeitamente possível quando o resultado pretendido não sobrevém por circunstâncias alheias à vontade do agente.

28.2.6 Qualificadora

Hipótese do § 1º. Cuida-se de crime preterdoloso (tentativa inadmissível), pois o efetivo resultado ocorre a título culposo.

28.2.7 Pena de multa

Hipótese do § 2º.

28.2.8 Crime culposo

Hipótese do § 3º.

28.2.9 Causa de aumento de pena

Hipótese do art. 263 do CP: "Art. 263 – Se de qualquer dos crimes previstos nos arts. 260 a 262, no caso de desastre ou sinistro, resulta lesão corporal ou morte, aplica-se o disposto no art. 258".

28.2.10 Ação penal

Ação penal pública incondicionada.

28.3 Atentado contra a segurança de outro meio de transporte – Art. 262

28.3.1 Bem jurídico

É a incolumidade pública, no que tange a outros meios de transportes (rodoviário e lacustre).

28.3.2 Sujeitos do crime

O sujeito ativo do crime pode ser qualquer pessoa, pois, em se tratando de crime comum, não requer nenhuma qualidade particular. O sujeito ativo pode agir só ou associado a outrem.

O sujeito passivo é a sociedade (crime vago). De forma indireta, em hipótese de desastre, o(s) prejudicado(s).

28.3.3 Tipo objetivo

A conduta típica consiste em colocar em "expor a perigo outro meio de transporte público, impedir-lhe ou dificultar-lhe o funcionamento".

Segundo Rogério Sanches (2020, p. 685), "O tipo é claro ao exigir que o veículo colocado em risco (ou perturbado no seu funcionamento) esteja efetivamente servindo ao público, em nome do Estado ou mediante concessão da Administração Pública".

Dos crimes contra a segurança dos meios de comunicação e transporte **293**

28.3.4 Tipo subjetivo

O elemento subjetivo que compõe a estrutura do tipo penal do crime é o dolo, qual seja, a consciência e a vontade de realização das condutas descritas no tipo penal com ciência de que resultará em perigo comum. Não há exigência de elemento subjetivo específico do tipo.

28.3.5 Consumação e tentativa

Consuma-se, o delito, quando da efetiva exposição a perigo.

Cuida-se de crime de perigo concreto, na medida em que se mostra indispensável a demonstração, no caso concreto, da efetiva produção do perigo, o qual não tem sua ocorrência presumida da mera realização da conduta.

A execução pode ser fracionada em vários atos (crime plurissubsistente). Com isso, a tentativa se mostra perfeitamente possível quando o resultado pretendido não sobrevém por circunstâncias alheias à vontade do agente.

28.3.6 Qualificadora

Hipótese do § 1º. Cuida-se de crime preterdoloso (tentativa inadmissível), pois o efetivo resultado ocorre a título culposo.

28.3.7 Crime culposo

Hipótese do § 2º.

28.3.8 Causa de aumento de pena

Hipótese do art. 263 do CP: "Art. 263 – Se de qualquer dos crimes previstos nos arts. 260 a 262, no caso de desastre ou sinistro, resulta lesão corporal ou morte, aplica-se o disposto no art. 258".

28.3.9 Ação penal

Ação penal pública incondicionada.

28.4 Arremesso de projétil – Art. 264

28.4.1 Bem jurídico

É a incolumidade pública, no que tange ao transporte público por terra, água ou ar.

28.4.2 Sujeitos do crime

O sujeito ativo do crime pode ser qualquer pessoa, pois, em se tratando de crime comum, não requer nenhuma qualidade particular. O sujeito ativo pode agir só ou associado a outrem.

O sujeito passivo é a sociedade (crime vago). De forma indireta, em hipótese de desastre, o(s) prejudicado(s).

28.4.3 Tipo objetivo

A conduta típica consiste em colocar em "arremessar projétil contra veículo, em movimento, destinado ao transporte público por terra, por água ou pelo ar".

Segundo Rogério Sanches (2020, p. 688), "A lei impõe expressamente que o veículo contra o qual se arremessa o projétil esteja em movimento".

28.4.4 Tipo subjetivo

O elemento subjetivo que compõe a estrutura do tipo penal do crime é o dolo, qual seja, a consciência e a vontade de realização das condutas descritas no tipo penal. Não há exigência de elemento subjetivo específico do tipo.

28.4.5 Consumação e tentativa

Consuma-se, o delito, quando do efetivo arremesso do projétil, ainda que o veículo não seja alvejado.

Cuida-se de crime de perigo abstrato, na medida em que se mostra dispensável a demonstração, no caso concreto, da efetiva produção do perigo, o qual tem sua ocorrência presumida da mera realização da conduta.

A execução não pode ser fracionada em vários atos (crime unissubsistente). Com isso, a tentativa se mostra impossível.

28.4.6 Qualificadoras

Hipótese do parágrafo único: "Se do fato resulta lesão corporal, a pena é de detenção, de seis meses a dois anos; se resulta morte, a pena é a do art. 121, § 3°, aumentada de um terço". Cuida-se de crime preterdoloso.

Dos crimes contra a segurança dos meios de comunicação e transporte **295**

28.4.7 Ação penal

Ação penal pública incondicionada.

28.5 Atentado contra a segurança de serviço de utilidade pública – Art. 265

28.5.1 Bem jurídico

É a incolumidade pública, no que tange aos serviços de água, luz, força, calor ou qualquer outro de utilidade pública.

28.5.2 Sujeitos do crime

O sujeito ativo do crime pode ser qualquer pessoa, pois, em se tratando de crime comum, não requer nenhuma qualidade particular. O sujeito ativo pode agir só ou associado a outrem.

O sujeito passivo é a sociedade (crime vago). De forma indireta, em hipótese de desastre, o(s) prejudicado(s).

28.5.3 Tipo objetivo

A conduta típica consiste em "atentar contra a segurança ou funcionamento" do serviço descrito no *caput*.

28.5.4 Tipo subjetivo

O elemento subjetivo que compõe a estrutura do tipo penal do crime é o dolo, qual seja, a consciência e a vontade de realização das condutas descritas no tipo penal. Não há exigência de elemento subjetivo específico do tipo.

28.5.5 Consumação e tentativa

Consuma-se, o delito, quando do efetivo atentado.

Cuida-se de crime de perigo abstrato, na medida em que se mostra dispensável a demonstração, no caso concreto, da efetiva produção do perigo, o qual tem sua ocorrência presumida da mera realização da conduta.

A execução pode ser fracionada em vários atos (crime plurissubsistente). Com isso, a tentativa se mostra perfeitamente possível quando o resultado pretendido não sobrevém por circunstâncias alheias à vontade do agente.

296 Direito Penal: Parte Especial – Vol. 2

28.5.6 Causa de aumento de pena

Hipótese do parágrafo único: "Aumentar-se-á a pena de 1/3 (um terço) até a metade, se o dano ocorrer em virtude de subtração de material essencial ao funcionamento dos serviços".

28.5.7 Ação penal

Ação penal pública incondicionada.

28.6 Interrupção ou perturbação do serviço telegráfico, telefônico, informático, telemático ou de informação de utilidade pública – Art. 266

28.6.1 Bem jurídico

É a incolumidade pública.

28.6.2 Sujeitos do crime

O sujeito ativo do crime pode ser qualquer pessoa, pois, em se tratando de crime comum, não requer nenhuma qualidade particular. O sujeito ativo pode agir só ou associado a outrem.

O sujeito passivo é a sociedade (crime vago).

28.6.3 Tipo objetivo

A conduta típica consiste em "interromper, perturbar, impedir ou dificultar" o serviço descrito no *caput* ou ainda a prática da figura equiparada prevista no § 1º.

28.6.4 Tipo subjetivo

O elemento subjetivo que compõe a estrutura do tipo penal do crime é o dolo, qual seja, a consciência e a vontade de realização das condutas descritas no tipo penal. Não há exigência de elemento subjetivo específico do tipo.

28.6.5 Consumação e tentativa

Consuma-se, o delito, quando da efetiva prática de uma das condutas previstas no tipo.

Cuida-se de crime de perigo abstrato, na medida em que se mostra dispensável a demonstração, no caso concreto, da efetiva produção do perigo, o qual tem sua ocorrência presumida da mera realização da conduta.

Dos crimes contra a segurança dos meios de comunicação e transporte **297**

A execução pode ser fracionada em vários atos (crime plurissubsistente). Com isso, a tentativa se mostra perfeitamente possível quando o resultado pretendido não sobrevém por circunstâncias alheias à vontade do agente.

28.6.6 Causa de aumento de pena

Hipótese do § 2º: "Aplicam-se as penas em dobro se o crime for cometido por ocasião de calamidade pública".

28.6.7 Ação penal

Ação penal pública incondicionada.

29

Dos crimes contra a saúde pública

29.1 Epidemia – Art. 267

29.1.1 Bem jurídico

É a saúde pública.

29.1.2 Sujeitos do crime

O sujeito ativo do crime pode ser qualquer pessoa, pois, em se tratando de crime comum, não requer nenhuma qualidade particular. O sujeito ativo pode agir só ou associado a outrem.

O sujeito passivo é a coletividade e, mediatamente, eventual prejudicado.

29.1.3 Tipo objetivo

A conduta típica consiste em "causar epidemia", por meio da "propagação de germes patogênicos".

Segundo Rogério Sanches (2020, p. 696), "epidemia é o surto de uma doença *transitória* que ataca simultaneamente número indeterminado de indivíduos em certa localidade". Ex.: covid-19.

29.1.4 Tipo subjetivo

O elemento subjetivo que compõe a estrutura do tipo penal do crime é o dolo, qual seja, a consciência e a vontade de realização da conduta descrita no tipo penal. Não há exigência de elemento subjetivo específico do tipo.

Por outro lado, se houver intenção de causar morte da vítima, tem-se concurso formal com o delito previsto no art. 121 do CP.

29.1.5 Consumação e tentativa

Consuma-se, o delito, quando da causação da epidemia.

Cuida-se de crime de perigo concreto, na medida em que se mostra indispensável a demonstração, no caso concreto, da efetiva produção do perigo, o qual não tem sua ocorrência presumida da mera realização da conduta.

A execução pode ser fracionada em vários atos (crime plurissubsistente). Com isso, a tentativa se mostra perfeitamente possível quando o resultado pretendido não sobrevém por circunstâncias alheias à vontade do agente.

29.1.6 Causa de aumento de pena

Hipótese do § 1°. Cuida-se de crime preterdoloso (tentativa inadmissível), pois o resultado ocorre a título culposo.

Cuida-se de crime hediondo, nos termos do art. 1°, VII, da Lei n. 8.072/1990.

29.1.7 Forma culposa

Hipótese do § 2°.

29.1.8 Ação penal

Ação penal pública incondicionada.

29.2 Infração de medida sanitária preventiva – Art. 268

29.2.1 Bem jurídico

É a saúde pública.

29.2.2 Sujeitos do crime

O sujeito ativo do crime pode ser qualquer pessoa, pois, em se tratando de crime comum, não requer nenhuma qualidade particular. O sujeito ativo pode agir só ou associado a outrem.

O sujeito passivo é a coletividade e, mediatamente, eventual prejudicado.

300 Direito Penal: Parte Especial – Vol. 2

29.2.3 Tipo objetivo

A conduta típica consiste em "infringir determinação do poder público". Cuida-se de desobediência a normas oriundas do poder público relacionadas a impedir a introdução ou propagação de doenças contagiosas. Trata-se, portanto, de norma penal em branco.

29.2.4 Tipo subjetivo

O elemento subjetivo que compõe a estrutura do tipo penal do crime é o dolo, qual seja, a consciência e a vontade de realização da conduta descrita no tipo penal. Não há exigência de elemento subjetivo específico do tipo.

29.2.5 Consumação e tentativa

Consuma-se, o delito, quando da efetiva violação da determinação do Poder Público.

Cuida-se de crime de perigo abstrato, na medida em que se mostra dispensável a demonstração, no caso concreto, da efetiva produção do perigo, o qual tem sua ocorrência presumida da mera realização da conduta.

A execução pode ser fracionada em vários atos na forma comissiva (crime plurissubsistente). Com isso, a tentativa se mostra perfeitamente possível quando o resultado pretendido não sobrevém por circunstâncias alheias à vontade do agente.

29.2.6 Causa de aumento de pena

Hipótese do parágrafo único.

29.2.7 Ação penal

Ação penal pública incondicionada.

29.3 Omissão de notificação de doença – Art. 269

29.3.1 Bem jurídico

É a saúde pública.

29.3.2 Sujeitos do crime

O sujeito ativo do crime é o médico (crime próprio). O sujeito ativo pode agir só ou associado a outrem.

O sujeito passivo é a coletividade.

29.3.3 Tipo objetivo

A conduta típica consiste em "deixar de comunicar à autoridade pública doença cuja notificação é compulsória". Cuida-se de crime omissivo próprio ou puro.

29.3.4 Tipo subjetivo

O elemento subjetivo que compõe a estrutura do tipo penal do crime é o dolo, qual seja, a consciência e a vontade de realização da conduta descrita no tipo penal. Não há exigência de elemento subjetivo específico do tipo.

29.3.5 Consumação e tentativa

Consuma-se, o delito, quando da efetiva omissão.

Cuida-se de crime de perigo abstrato, na medida em que se mostra dispensável a demonstração, no caso concreto, da efetiva produção do perigo, o qual tem sua ocorrência presumida da mera realização da conduta.

Por se tratar e crime omissivo próprio (puro), a tentativa se mostra impossível.

29.3.6 Causas de aumento de pena

Hipótese do art. 258 do CP, por força do que determina o art. 285 do mesmo Código.

29.3.7 Ação penal

Ação penal pública incondicionada.

29.4 Envenenamento de água potável ou de substância alimentícia ou medicinal – Art. 270

29.4.1 Bem jurídico

É a saúde pública.

302 Direito Penal: Parte Especial – Vol. 2

29.4.2 Sujeitos do crime

O sujeito ativo do crime pode ser qualquer pessoa (até o proprietário do líquido, substância alimentícia ou medicinal destinada a consumo), pois, em se tratando de crime comum, não requer nenhuma qualidade particular. O sujeito ativo pode agir só ou associado a outrem.

O sujeito passivo é a coletividade e, mediatamente, eventual prejudicado.

29.4.3 Tipo objetivo

A conduta típica consiste em "envenenar água potável, de uso comum ou particular, ou substância alimentícia ou medicinal destinada a consumo". Cuida-se de crime que pode ser praticado nas formas omissiva e comissiva, quando o agente tem conhecimento do envenenamento, tem o dever de evitá-lo e pode fazê-lo, mas não age para evitar a produção do resultado (art. 13 do CP).

29.4.4 Tipo subjetivo

O elemento subjetivo que compõe a estrutura do tipo penal do crime é o dolo, qual seja, a consciência e a vontade de realização da conduta descrita no tipo penal. Não há exigência de elemento subjetivo específico do tipo.

29.4.5 Consumação e tentativa

Consuma-se, o delito, quando do efetivo envenenamento.

Cuida-se de crime de perigo comum.

A execução pode ser fracionada em vários atos na forma comissiva (crime plurissubsistente). Com isso, a tentativa se mostra perfeitamente possível quando o resultado pretendido não sobrevém por circunstâncias alheias à vontade do agente.

29.4.6 Figura equiparada

Hipótese do § 1º.

29.4.7 Tipo culposo

Hipótese do § 2º.

29.4.8 Causas de aumento de pena

Hipótese do art. 258 do CP, por força do que determina o art. 285 do mesmo Código.

Dos crimes contra a saúde pública **303**

29.4.9 Lei de Crimes Ambientais

Art. 54. Causar poluição de qualquer natureza em níveis tais que resultem ou possam resultar em danos à saúde humana, ou que provoquem a mortandade de animais ou a destruição significativa da flora:

Pena – reclusão, de um a quatro anos, e multa.

§ 1º Se o crime é culposo:

Pena – detenção, de seis meses a um ano, e multa.

§ 2º Se o crime:

I – tornar uma área, urbana ou rural, imprópria para a ocupação humana;

II – causar poluição atmosférica que provoque a retirada, ainda que momentânea, dos habitantes das áreas afetadas, ou que cause danos diretos à saúde da população;

III – causar poluição hídrica que torne necessária a interrupção do abastecimento público de água de uma comunidade;

IV – dificultar ou impedir o uso público das praias;

V – ocorrer por lançamento de resíduos sólidos, líquidos ou gasosos, ou detritos, óleos ou substâncias oleosas, em desacordo com as exigências estabelecidas em leis ou regulamentos:

Pena – reclusão, de um a cinco anos.

§ 3º Incorre nas mesmas penas previstas no parágrafo anterior quem deixar de adotar, quando assim o exigir a autoridade competente, medidas de precaução em caso de risco de dano ambiental grave ou irreversível.

29.4.10 Ação penal

Ação penal pública incondicionada.

29.5 Corrupção ou poluição de água potável – Art. 271

Ab-rogado pelo delito do art. 54 da Lei de Crimes Ambientais.

29.6 Falsificação, corrupção, adulteração ou alteração de substância ou produtos alimentícios – Art. 272

29.6.1 Bem jurídico

É a saúde pública.

29.6.2 Sujeitos do crime

O sujeito ativo do crime pode ser qualquer pessoa, pois, em se tratando de crime comum, não requer nenhuma qualidade particular. O sujeito ativo pode agir só ou associado a outrem.

O sujeito passivo é a coletividade e, mediatamente, eventual prejudicado.

29.6.3 Tipo objetivo

As condutas típicas consistem em "corromper, adulterar, falsificar ou alterar substância ou produto alimentício destinado a consumo, tornando-o nocivo à saúde ou reduzindo-lhe o valor nutritivo". Cuida-se de crime que pode ser praticado nas formas omissiva e comissiva.

29.6.4 Tipo subjetivo

O elemento subjetivo que compõe a estrutura do tipo penal do crime é o dolo, qual seja, a consciência e a vontade de realização das condutas descritas no tipo penal. Não há exigência de elemento subjetivo específico do tipo.

29.6.5 Consumação e tentativa

Consuma-se, o delito, quando da efetiva prática das condutas previstas no tipo.

A execução pode ser fracionada em vários atos na forma comissiva (crime plurissubsistente). Com isso, a tentativa se mostra perfeitamente possível quando o resultado pretendido não sobrevém por circunstâncias alheias à vontade do agente.

29.6.6 Figuras equiparadas

Hipótese dos §§ 1º e 1º-A.

29.6.7 Tipo culposo

Hipótese do § 2º.

29.6.8 Causas de aumento de pena

Hipótese do art. 258 do CP, por força do que determina o art. 285 do mesmo Código.

29.6.9 Ação penal

Ação penal pública incondicionada.

29.7 Falsificação, corrupção, adulteração ou alteração de produto destinado a fins terapêuticos ou medicinais – Art. 273

29.7.1 Bem jurídico

É a saúde pública.

Dos crimes contra a saúde pública **305**

29.7.2 Sujeitos do crime

O sujeito ativo do crime pode ser qualquer pessoa, pois, em se tratando de crime comum, não requer nenhuma qualidade particular. O sujeito ativo pode agir só ou associado a outrem.

O sujeito passivo é a coletividade e, mediatamente, eventual prejudicado.

29.7.3 Tipo objetivo

As condutas típicas consistem em "fabricar, corromper, adulterar ou alterar produto destinado a fins terapêuticos ou medicinais".

O § 1º-A inclui entre os produtos a que se refere o tipo os medicamentos, as matérias-primas, os insumos farmacêuticos, os cosméticos, os saneantes e os de uso em diagnóstico.

Crime hediondo nos termos do art. 1º, VII-B, da Lei n. 8.072/1990.

29.7.4 Tipo subjetivo

O elemento subjetivo que compõe a estrutura do tipo penal do crime é o dolo, qual seja, a consciência e a vontade de realização das condutas descritas no tipo penal. Não há exigência de elemento subjetivo específico do tipo.

29.7.5 Consumação e tentativa

Consuma-se, o delito, quando da efetiva prática das condutas previstas no tipo, ainda que não haja oferecimento a consumo.

Cuida-se de crime de perigo abstrato, na medida em que se mostra dispensável a demonstração, no caso concreto, da efetiva produção do perigo, o qual tem sua ocorrência presumida da mera realização da conduta.

A execução pode ser fracionada em vários atos na forma comissiva (crime plurissubsistente). Com isso, a tentativa se mostra perfeitamente possível quando o resultado pretendido não sobrevém por circunstâncias alheias à vontade do agente.

O depósito de substância destinada à falsificação de produtos terapêuticos ou medicinais importa na prática do art. 277 do CP.

29.7.6 Figuras equiparadas

Hipótese dos §§ 1º e 1º-B.

306　Direito Penal: Parte Especial – Vol. 2

29.7.7 Tipo culposo

Hipótese do § 2°.

29.7.8 Causas de aumento de pena

Hipótese do art. 258 do CP, por força do que determina o art. 285 do mesmo Código.

29.7.9 Pena

No julgamento do RE 979.962 (Rel. Min. Roberto Barroso), o STF julgou inconstitucional a pena do art. 273, § 1°-B e fixou a tese do Tema 1003: "É inconstitucional a aplicação do preceito secundário do art. 273 do CP, com redação dada pela Lei n. 9.677/98 (reclusão, de 10 a 15 anos, e multa), à hipótese prevista no seu § 1°-B, I, que versa sobre a importação de medicamento sem registro no órgão de vigilância sanitária. Para esta situação específica, fica repristinado o preceito secundário do art. 273, na redação originária (reclusão, de 1 a 3 anos, e multa)".

29.7.10 Ação penal

Ação penal pública incondicionada.

29.8 Emprego de processo proibido ou de substância não permitida – Art. 274

29.8.1 Bem jurídico

É a saúde pública.

29.8.2 Sujeitos do crime

O sujeito ativo do crime pode ser qualquer pessoa, pois, em se tratando de crime comum, não requer nenhuma qualidade particular. O sujeito ativo pode agir só ou associado a outrem.

O sujeito passivo é a coletividade e, mediatamente, eventual prejudicado.

29.8.3 Tipo objetivo

A conduta típica consiste em "empregar, no fabrico de produto destinado a consumo, revestimento, gaseificação artificial, matéria corante, substância aromática, antisséptica, conservadora ou qualquer outra não expressamente permitida pela legislação sanitária".

Dos crimes contra a saúde pública **307**

Cuida-se de lei penal em branco, pois o complemento da descrição típica é feito pela legislação sanitária.

29.8.4 Tipo subjetivo

O elemento subjetivo que compõe a estrutura do tipo penal do crime é o dolo, qual seja, a consciência e a vontade de realização das condutas descritas no tipo penal. Não há exigência de elemento subjetivo específico do tipo.

29.8.5 Consumação e tentativa

Consuma-se, o delito, quando do efetivo emprego das substâncias previstas no tipo, ainda que não haja oferecimento a consumo.

Cuida-se de crime de perigo abstrato, na medida em que se mostra dispensável a demonstração, no caso concreto, da efetiva produção do perigo, o qual tem sua ocorrência presumida da mera realização da conduta.

A execução pode ser fracionada em vários atos na forma comissiva (crime plurissubsistente). Com isso, a tentativa se mostra perfeitamente possível quando o resultado pretendido não sobrevém por circunstâncias alheias à vontade do agente.

O depósito de substância destinada à falsificação de produtos terapêuticos ou medicinais importa na prática do art. 277 do CP.

29.8.6 Causas de aumento de pena

Hipótese do art. 258 do CP, por força do que determina o art. 285 do mesmo Código.

29.8.7 Ação penal

Ação penal pública incondicionada.

29.9 Invólucro ou recipiente com falsa indicação – Art. 275

29.9.1 Bem jurídico

É a saúde pública.

29.9.2 Sujeitos do crime

O sujeito ativo do crime pode ser qualquer pessoa, pois, em se tratando de crime comum, não requer nenhuma qualidade particular. O sujeito ativo pode agir só ou associado a outrem.

308 Direito Penal: Parte Especial – Vol. 2

O sujeito passivo é a coletividade e, mediatamente, eventual prejudicado.

29.9.3 Tipo objetivo

A conduta típica consiste em "inculcar, em invólucro ou recipiente de produtos alimentícios, terapêuticos ou medicinais, a existência de substância que não se encontra em seu conteúdo ou que nele existe em quantidade menor que a mencionada".

29.9.4 Tipo subjetivo

O elemento subjetivo que compõe a estrutura do tipo penal do crime é o dolo, qual seja, a consciência e a vontade de realização das condutas descritas no tipo penal. Não há exigência de elemento subjetivo específico do tipo.

29.9.5 Consumação e tentativa

Consuma-se, o delito, quando da efetiva indicação falsa, ainda que não haja oferecimento a consumo.

A execução pode ser fracionada em vários atos na forma comissiva (crime plurissubsistente). Com isso, a tentativa se mostra perfeitamente possível quando o resultado pretendido não sobrevém por circunstâncias alheias à vontade do agente.

29.9.6 Causas de aumento de pena

Hipótese do art. 258 do CP, por força do que determina o art. 285 do mesmo Código.

29.9.7 Ação penal

Ação penal pública incondicionada.

29.10 Produto ou substância nas condições dos dois artigos anteriores – Art. 276

29.10.1 Bem jurídico

É a saúde pública.

29.10.2 Sujeitos do crime

O sujeito ativo do crime pode ser qualquer pessoa, pois, em se tratando de crime comum, não requer nenhuma qualidade particular. O sujeito ativo pode agir só ou associado a outrem.

Dos crimes contra a saúde pública **309**

O sujeito passivo é a coletividade.

29.10.3 Tipo objetivo

A conduta típica consiste em "vender, expor à venda, ter em depósito para vender ou, de qualquer forma, entregar a consumo produto nas condições dos arts. 274 e 275".

É pós-fato impunível se o agente praticou uma das condutas previstas nos arts. 274 e 275 do CP.

29.10.4 Tipo subjetivo

O elemento subjetivo que compõe a estrutura do tipo penal do crime é o dolo, qual seja, a consciência e a vontade de realização das condutas descritas no tipo penal. Somente há exigência de elemento subjetivo específico do tipo na modalidade "tem em depósito" (para vender).

29.10.5 Consumação e tentativa

Consuma-se, o delito, quando da efetiva prática das condutas descritas no tipo.

Cuida-se de crime permanente nas modalidades "expor à venda" e "ter em depósito".

A execução pode ser fracionada em vários atos na forma comissiva (crime plurissubsistente). Com isso, a tentativa se mostra perfeitamente possível quando o resultado pretendido não sobrevém por circunstâncias alheias à vontade do agente.

29.10.6 Causas de aumento de pena

Hipótese do art. 258 do CP, por força do que determina o art. 285 do mesmo Código.

29.10.7 Ação penal

Ação penal pública incondicionada.

29.11 Substância destinada à falsificação – Art. 277

29.11.1 Bem jurídico

É a saúde pública.

310 Direito Penal: Parte Especial – Vol. 2

29.11.2 Sujeitos do crime

O sujeito ativo do crime pode ser qualquer pessoa, pois, em se tratando de crime comum, não requer nenhuma qualidade particular. O sujeito ativo pode agir só ou associado a outrem.

O sujeito passivo é a coletividade.

29.11.3 Tipo objetivo

A conduta típica consiste em "vender, expor à venda, ter em depósito ou ceder substância destinada à falsificação de produtos alimentícios, terapêuticos ou medicinais".

29.11.4 Tipo subjetivo

O elemento subjetivo que compõe a estrutura do tipo penal do crime é o dolo, qual seja, a consciência e a vontade de realização das condutas descritas no tipo penal. Há exigência de elemento subjetivo específico do tipo (substância destinada à falsificação).

29.11.5 Consumação e tentativa

Consuma-se, o delito, quando da efetiva prática das condutas descritas no tipo.

Cuida-se de crime de perigo abstrato, na medida em que se mostra dispensável a demonstração, no caso concreto, da efetiva produção do perigo, o qual tem sua ocorrência presumida da mera realização da conduta.

A execução pode ser fracionada em vários atos na forma comissiva (crime plurissubsistente). Com isso, a tentativa se mostra perfeitamente possível quando o resultado pretendido não sobrevém por circunstâncias alheias à vontade do agente.

29.11.6 Causas de aumento de pena

Hipótese do art. 258 do CP, por força do que determina o art. 285 do mesmo Código.

29.11.7 Ação penal

Ação penal pública incondicionada.

29.12 Outras substâncias nocivas à saúde pública – Art. 278

29.12.1 Bem jurídico

É a saúde pública.

Dos crimes contra a saúde pública **311**

29.12.2 Sujeitos do crime

O sujeito ativo do crime pode ser qualquer pessoa, pois, em se tratando de crime comum, não requer nenhuma qualidade particular. O sujeito ativo pode agir só ou associado a outrem.

O sujeito passivo é a coletividade.

29.12.3 Tipo objetivo

A conduta típica consiste em "fabricar, vender, expor à venda, ter em depósito para vender ou, de qualquer forma, entregar a consumo coisa ou substância nociva à saúde, ainda que não destinada à alimentação ou a fim medicinal".

29.12.4 Tipo subjetivo

O elemento subjetivo que compõe a estrutura do tipo penal do crime é o dolo, qual seja, a consciência e a vontade de realização das condutas descritas no tipo penal. Somente há exigência de elemento subjetivo específico do tipo na modalidade "ter em depósito" (para vender).

29.12.5 Consumação e tentativa

Consuma-se, o delito, quando da efetiva prática das condutas descritas no tipo.

Cuida-se de crime de perigo abstrato, na medida em que se mostra dispensável a demonstração, no caso concreto, da efetiva produção do perigo, o qual tem sua ocorrência presumida da mera realização da conduta.

A execução pode ser fracionada em vários atos na forma comissiva (crime plurissubsistente). Com isso, a tentativa se mostra perfeitamente possível quando o resultado pretendido não sobrevém por circunstâncias alheias à vontade do agente.

29.12.6 Tipo culposo

Hipótese do parágrafo único.

29.12.7 Causas de aumento de pena

Hipótese do art. 258 do CP, por força do que determina o art. 285 do mesmo Código.

29.12.8 Ação penal

Ação penal pública incondicionada.

312   Direito Penal: Parte Especial – Vol. 2

29.13 Medicamento em desacordo com receita médica – Art. 280

29.13.1 Bem jurídico

É a saúde pública.

29.13.2 Sujeitos do crime

O sujeito ativo do crime pode ser qualquer pessoa, pois, em se tratando de crime comum, não requer nenhuma qualidade particular. O sujeito ativo pode agir só ou associado a outrem.

O sujeito passivo é a coletividade e, mediatamente, aquele que obtém ou faz uso do documento.

29.13.3 Tipo objetivo

A conduta típica consiste em "fornecer substância medicinal em desacordo com receita médica".

29.13.4 Tipo subjetivo

O elemento subjetivo que compõe a estrutura do tipo penal do crime é o dolo, qual seja, a consciência e a vontade de realização das condutas descritas no tipo penal. Não há exigência de elemento subjetivo específico do tipo.

29.13.5 Consumação e tentativa

Consuma-se, o delito, quando da efetiva entrega do medicamento, ainda que não haja o consumo.

A execução pode ser fracionada em vários atos na forma comissiva (crime plurissubsistente). Com isso, a tentativa se mostra perfeitamente possível quando o resultado pretendido não sobrevém por circunstâncias alheias à vontade do agente.

29.13.6 Tipo culposo

Hipótese do parágrafo único.

29.13.7 Causas de aumento de pena

Hipótese do art. 258 do CP, por força do que determina o art. 285 do mesmo Código.

Dos crimes contra a saúde pública **313**

29.13.8 Ação penal

Ação penal pública incondicionada.

29.14 Exercício ilegal da medicina – Art. 282

29.14.1 Bem jurídico

É a saúde pública.

29.14.2 Sujeitos do crime

Na primeira parte do tipo, sujeito ativo do crime pode ser qualquer pessoa, pois, em se tratando de crime comum, não requer nenhuma qualidade particular. Na segunda parte do tipo, cuida-se de crime próprio (médico, dentista ou farmacêutico).

O sujeito passivo é a coletividade e, mediatamente, aquele que sujeito à atuação indevida.

29.14.3 Tipo objetivo

A conduta típica consiste em "exercer, ainda que a título gratuito, a profissão de médico, dentista ou farmacêutico, sem autorização legal ou excedendo-lhe os limites".

Segundo o STJ:

a) "Inserir indevidamente nome, número de registro profissional e assinatura de terceiro em prontuários e receituários médicos, com o fim de alterar verdade juridicamente relevante (identidade do agente), se amolda ao crime do art. 299 do CPP. Os fatos narrados na denúncia não se amoldam ao art. 282 do CP, pois o tipo penal em apreço não abrange a conduta de se passar por outrem e atentar contra a confiabilidade de documentos como forma de exercer ilegalmente a medicina. Assim, não há falar em equivocada classificação do crime ou em incidência princípio da consunção em situação na qual não existe conflito aparente entre duas ou mais normas penais" (AgRg nos EDcl no AREsp 1.648.025/SP);

b) "A forma qualificada do delito de exercício ilegal da medicina (arts. 282, 285 e 258, todos do CP) preconiza que o resultado gravoso seja culposo" (AgRg no AREsp 1.750.594/SP);

c) "Recurso ordinário em *habeas corpus*. Processual penal. Exercício ilegal da medicina. Falsificação de documento particular. Médico boliviano trabalhando sem validar o diploma no país. Prisão preventiva. Gravidade abstrata da conduta. Hipotético risco de fuga por se tratar de réu estrangeiro. Motivação inidônea. Recurso provido" (RHC 116.799/SP);

314 Direito Penal: Parte Especial – Vol. 2

d) "No que concerne ao crime de exercício ilegal da medicina, ausente complementação da norma penal em branco, por ausência de regulamentação acerca do exercício da acupuntura, a conduta é atípica" (RHC 66.641/SP);

e) "O tipo penal previsto no art. 282 do CP (exercício ilegal da medicina, arte dentária ou farmacêutica) pune a conduta daquele que sem autorização legal, é dizer, sem qualquer título de habilitação ou sem registro deste na repartição competente[1], ou ainda, exorbitando os limites desta, exerce, ainda que à título gratuito a profissão de médico, dentista ou farmacêutico. Trata-se de crime de perigo abstrato, habitual, que procura tutelar a saúde pública do dano que pode resultar do exercício ilegal e abusivo da medicina, bem como da arte dentária ou farmacêutica[2] cuja prática em concurso formal com o delito de tráfico de drogas é perfeitamente possível" (HC 139.667/RJ).

29.14.4 Tipo subjetivo

O elemento subjetivo que compõe a estrutura do tipo penal do crime é o dolo, qual seja, a consciência e a vontade de realização das condutas descritas no tipo penal. Não há exigência de elemento subjetivo específico do tipo. Se, entretanto, houver finalidade lucrativa, aplica-se também a pena de multa.

29.14.5 Consumação e tentativa

Consuma-se, o delito, quando da prática reiterada de atos relativos à profissão, ausente autorização legal ou de forma excessiva. A tentativa se mostra impossível, portanto.

Cuida-se de crime de perigo abstrato, na medida em que se mostra dispensável a demonstração, no caso concreto, da efetiva produção do perigo, o qual tem sua ocorrência presumida da mera realização da conduta.

29.14.6 Causas de aumento de pena

Hipótese do art. 258 do CP, por força do que determina o art. 285 do mesmo Código.

29.14.7 Ação penal

Ação penal pública incondicionada.

---

[1] HUNGRIA, 1942, p. 145.
[2] FRAGOSO, 1989, p. 275.

29.15 Charlatanismo – Art. 283

29.15.1 Bem jurídico

É a saúde pública.

29.15.2 Sujeitos do crime

O sujeito ativo do crime pode ser qualquer pessoa, pois, em se tratando de crime comum, não requer nenhuma qualidade particular.

O sujeito passivo é a coletividade e, mediatamente, aquele(s) prejudicado(s).

29.15.3 Tipo objetivo

A conduta típica consiste em "inculcar ou anunciar cura por meio secreto ou infalível".

Segundo Rogério Sanches Cunha (2020, p. 731), "no segredo e na infalibilidade estão os pontos fundamentais do ilícito, casos em que a atuação da medicina se desgarra da sua necessária franqueza e lealdade".

29.15.4 Tipo subjetivo

O elemento subjetivo que compõe a estrutura do tipo penal do crime é o dolo, qual seja, a consciência e a vontade de realização das condutas descritas no tipo penal. Não há exigência de elemento subjetivo específico do tipo.

29.15.5 Consumação e tentativa

Consuma-se, o delito, quando da prática de ato único de inculcar ou anunciar, independentemente da produção de dano a terceiro(s).

A execução pode ser fracionada em vários atos na forma comissiva (crime plurissubsistente). Com isso, a tentativa se mostra perfeitamente possível quando o resultado pretendido não sobrevém por circunstâncias alheias à vontade do agente.

29.15.6 Causas de aumento de pena

Hipótese do art. 258 do CP, por força do que determina o art. 285 do mesmo Código.

316 Direito Penal: Parte Especial – Vol. 2

29.15.7 Ação penal

Ação penal pública incondicionada.

29.16 Curandeirismo – Art. 284

29.16.1 Bem jurídico

É a saúde pública.

29.16.2 Sujeitos do crime

O sujeito ativo do crime pode ser qualquer pessoa, pois, em se tratando de crime comum, não requer nenhuma qualidade particular.

O sujeito passivo é a coletividade e, mediatamente, aquele que sujeito à atuação indevida.

29.16.3 Tipo objetivo

A conduta típica consiste em "exercer o curandeirismo" pelas formas estampadas nos três incisos previstos no tipo.

Segundo o STJ:

a) "Embora o curandeirismo seja prática delituosa típica de pessoa rude, sem qualquer conhecimento técnico-profissional da medicina e que se dedica a prescrever substâncias ou procedimentos com o fim de curar doenças, não se pode descartar a possibilidade de existência do concurso entre tal crime e o de exercício ilegal de arte farmacêutica, se o agente também não tem habilitação profissional específica para exercer tal atividade" (HC 36.244/DF);

b) "Se a inicial acusatória imputou à paciente a prática do delito de curandeirismo de forma genérica, deixando de detalhar qual a conduta por ela realizada que se adequa ao tipo penal atribuído, não explicitando quais os 'trabalhos de curandeirismo' foram praticados pela ré, resta configurado o constrangimento ilegal" (HC 59.312/PR).

29.16.4 Tipo subjetivo

O elemento subjetivo que compõe a estrutura do tipo penal do crime é o dolo, qual seja, a consciência e a vontade de realização das condutas descritas no tipo penal. Não há exigência de elemento subjetivo específico do tipo. Se, entretanto, houver finalidade lucrativa, aplica-se também a pena de multa.

Dos crimes contra a saúde pública **317**

29.16.5 Consumação e tentativa

Consuma-se, o delito, quando da prática reiterada de atos relativos ao tipo (crime habitual). A tentativa se mostra impossível, portanto.

Cuida-se de crime de perigo abstrato, na medida em que se mostra dispensável a demonstração, no caso concreto, da efetiva produção do perigo, o qual tem sua ocorrência presumida da mera realização da conduta.

29.16.6 Causas de aumento de pena

Hipótese do art. 258 do CP, por força do que determina o art. 285 do mesmo Código.

29.16.7 Ação penal

Ação penal pública incondicionada.

PARTE IX

DOS CRIMES CONTRA A PAZ PÚBLICA

30

Crimes contra a paz pública

30.1 Introdução

São os crimes que causam inquietação e desassossego coletivos, motivo pelo qual são marcados pela incriminação de condutas que, em tese, seriam preparatórias para prática de outros crimes.

30.2 Incitação ao crime – Art. 286

Prevê este tipo penal a conduta de incitar, publicamente, a prática de crime. Tem pena de detenção, de três a seis meses, ou multa.

O verbo incitar deve ser entendido como induzir, estimular a prática de determinado crime, de modo que restam excluídos do tipo a incitação de contravenções e atos imorais.

O elemento do tipo "publicamente" implica necessidade de a incitação atingir número indeterminado de pessoas.

A incitação é considerada assim, por si só, um elemento de violação à tranquilidade social, razão pela qual o tipo não exige a efetiva prática do crime incitado. Basta o incentivo público à realização.

A incitação deve se relacionar a crime específico, determinado. Não se admite a incitação genérica.

A consumação ocorre quando a incitação é dirigida à coletividade de indivíduos. Trata-se de crime formal e de perigo abstrato.

30.3 Apologia de crime ou criminoso – Art. 287

É o crime de fazer, publicamente, apologia de fato criminoso ou de autor de crime. A pena é de detenção, de três a seis meses, ou multa.

322 Direito Penal: Parte Especial – Vol. 2

Fazer apologia é elogiar, enaltecer, louvar, exaltar de forma pública. A ideia é que nenhum ato criminoso ou pessoa condenada seja exaltado ou enaltecido, a fim de incitar a prática de delitos. Ex.: manifestação de solidariedade e incentivo a uma facção criminosa que executa seus concorrentes.

Entende-se que nenhum crime, ou seu autor, possam ser publicamente elogiados, o que exclui contravenções penais e atos imorais.

Difere da incitação porque aqui o crime elogiado é um fato passado. A incitação se refere a atos futuros.

———————————— Atenção! ————————————

No julgamento da ADPF 187, por unanimidade, o STF decidiu ser legal (e legítima) a reunião de pessoas para manifestarem publicamente sua posição em favor da legalização das drogas ("Marcha da maconha"). Os ministros, em resumo, argumentaram tratar-se de um movimento social espontâneo que reivindica, por meio de livre manifestação do pensamento, a possibilidade da discussão democrática do modelo proibicionista (o consumo de drogas) e dos efeitos que esse modelo produz em termos de incremento da violência.

30.4 Associação criminosa – Art. 288

30.4.1 Considerações iniciais

Pune-se com pena de reclusão de um a três anos o ato de "associarem-se três ou mais pessoas para fim específico de cometer crimes". A Lei n. 12.850/2013 alterou, parcialmente, o tipo penal previsto no art. 288 do CP. Além do *nomen juris* do delito, antes batizado como "quadrilha ou bando" para "associação criminosa", passou a exigir três ou mais pessoas (e não pelo menos quatro) para a sua caracterização.

Observe-se, contudo, que embora o CP não tenha mais o crime de "quadrilha ou bando" não houve *abolitio criminis*, uma vez que o novo tipo é mais abrangente e, portanto, abarcou o tipo anterior, o que faz com que eventuais condenados pelo crime do art. 288 do CP não tenham em seus favores a extinção dos efeitos criminais da condenação.

30.4.2 Bem jurídico

É a paz pública.

Crimes contra a paz pública **323**

30.4.3 Sujeitos do crime

O crime pode ser praticado por qualquer pessoa. Lembre-se de que este é um crime coletivo, plurissubjetivo ou de concurso necessário, pois o tipo penal exige que, no mínimo, três pessoas integrem a associação.

O sujeito passivo é a coletividade.

30.4.4 Tipo objetivo

O verbo nuclear é associar, isto é, reunir. Por isso que se entendem necessários os seguintes elementos para configuração do crime:

a) Associação estável ou permanente: é a intenção das pessoas em permanecerem juntas. Este é o elemento que diferencia a associação criminosa da associação ocasional para a prática de crimes (concurso de agentes).

b) Pluralidade de pessoas: a associação criminosa deve ser integrada por, no mínimo, três pessoas. Podem ser computados eventuais inimputáveis (aliás, subsiste o crime do art. 288 do CP ainda que um dos integrantes tenha sua punibilidade extinta) e, além disso, o crime se perfaz mesmo que somente um agente seja identificado, desde que haja prova da existência dos demais associados (por isso pode haver processo criminal por crime de associação criminosa com apenas um único réu).

c) Com o fim de praticar crimes: exige-se que a associação se reúna para a prática de crimes indeterminados (se a reunião for para a prática de crimes determinados, haverá apenas concurso de pessoas). O tipo exige que os agentes visem à prática de crimes, sendo atípico o fato, portanto, se visarem a contravenção.

30.4.5 Tipo subjetivo

O tipo é doloso, com a finalidade de cometer crimes.

Se a finalidade for a prática dos crimes previstos nos arts. 33, *caput* e § 1º, 34 e 36 da Lei n. 11.343/2006, o crime será o de associação para o tráfico (art. 35 da Lei Antidrogas, cuja pena é de três a dez anos de reclusão, e pagamento de 700 a 1.200 dias-multa).

30.4.6 Consumação e tentativa

Consuma-se o crime quando a associação criminosa é formada, independentemente da prática de qualquer delito, pois é nesse momento que se apresenta o perigo concreto para a paz pública (bem jurídico protegido). Ainda que um dos integrantes venha a retirar-se posteriormente da

324 Direito Penal: Parte Especial – Vol. 2

associação, tendo essa retirada interferido no número mínimo, o crime já se reputa consumado, ocorrendo, contudo, o fim da associação criminosa.

Trata-se de crime permanente.

30.4.7 Pena majorada – Parágrafo único

A pena será aumentada pela metade se a associação for armada (trata-se de causa de aumento, e não de qualificadora). Para a configuração dessa causa de aumento, basta que um único membro esteja armado de forma estável, podendo a arma ser própria (revólver) ou imprópria (faca, navalha), mas, neste último caso, se deve provar sua utilização como arma pelo grupo. Não se exige o efetivo uso ou o porte ostensivo da arma, mas apenas sua posse (que esteja à disposição do grupo). A Lei n. 12.850/2013 inseriu uma nova causa de aumento de pena para o crime de associação criminosa, a participação de criança ou adolescente. Vejamos:

> Art. 288. (...) Parágrafo único. A pena aumenta-se até a metade se a associação é armada ou se houver a participação de criança ou adolescente.

30.5 Constituição de milícia privada – Art. 288-A

A Lei n. 12.720/2012 acrescentou o art. 288-A ao CP definindo como crime "constituir, organizar, integrar, manter ou custear organização paramilitar, milícia particular, grupo ou esquadrão com a finalidade de praticar qualquer dos crimes previstos" no CP, cominando pena de reclusão de quatro a oito anos.

O crime por milícia privada é comumente praticado sob o pretexto de prestação de serviço de segurança, ou por grupo de extermínio.

Tem por característica ser crime permanente, visto que a consumação se protrai no tempo, e independe da prática de qualquer infração penal.

PARTE X

DOS CRIMES CONTRA A FÉ PÚBLICA

31

Crimes contra a fé pública

31.1 Breves considerações

Este capítulo é destinado a proteção da confiança e crença na autenticidade de determinadas objetos e documentos, o que serve para a tutela de interesses patrimoniais e da segurança das relações jurídicas de um modo geral.

Três são as espécies de falsidade contempladas nos crimes contra a fé pública:

a) Falsidade externa (ou material) – o documento é materialmente falso. A falsificação ocorre mediante contrafação (criação integral de um documento semelhante ao verdadeiro, como no caso de uma escritura pública falsa), alteração (inserção de palavras em documento já existente) ou supressão (retirada de frases do contrato);

b) Falsidade ideológica – aqui não há qualquer criação, alteração ou supressão de ordem material, mas mera simulação, com disposição falsa da ideia contida no documento. Ex.: contrato simulado de compra e venda (nem pagamento do preço, nem transferência da propriedade ocorreram);

c) Falsidade pessoal – diz respeito aos atributos ou qualidades da pessoa.

31.2 Moeda falsa – Art. 289

31.2.1 Considerações iniciais

Constitui crime de moeda falsa, punido com reclusão, de três a doze anos, e multa, falsificar, fabricando-a ou alterando-a, moeda metálica ou papel-moeda de curso legal no país ou no estrangeiro.

328 Direito Penal: Parte Especial – Vol. 2

31.2.2 Bem jurídico

É a confiança no sistema de emissão e circulação da moeda. O objeto material do crime é a moeda metálica ou o papel-moeda de curso legal no Brasil ou no estrangeiro.

31.2.3 Sujeitos do crime

É crime comum e por isso pode ser praticado por, salvo no caso do § 3°.

O sujeito passivo é a coletividade (crime vago).

31.2.4 Tipo objetivo

A falsificação aqui é material e ocorre mediante contrafação, fabricação ou alteração das cédulas ou outros objetos que expressem a moeda corrente em circulação.

31.2.5 Tipo subjetivo

É o dolo.

31.2.6 Consumação e tentativa

O crime é formal, consumando-se no momento da falsificação, independentemente da circulação da moeda falsa. Não exige, tampouco, dano a terceiro. Os eventuais prejuízos a terceiros podem ser considerados na dosimetria.

Admite-se a tentativa.

Cuidado: a falsificação deve ser idônea e bem-feita, com aptidão para enganar (*imitatio veri*), ou seja, deve ser convincente. A falsificação grosseira poderá configurar o crime de estelionato, conforme Súmula 73 do STJ: "A utilização de papel moeda grosseiramente falsificado configura, em tese, o crime de estelionato, da competência da Justiça Estadual".

31.2.7 Outros pontos importantes

O § 1° estabelece que nas mesmas penas incorre quem, por conta própria ou alheia, importa ou exporta, adquire, vende, troca, cede, empresta, guarda ou introduz na circulação moeda falsa.

No § 2°, por sua vez, prevê: quem, tendo recebido de boa-fé, como verdadeira, moeda falsa ou alterada, a restitui à circulação, depois de conhecer a falsidade, é punido com detenção, de seis meses a dois

Crimes contra a fé pública **329**

anos, e multa. Cuida-se da forma privilegiada, infração de menor potencial ofensivo.

Nos termos do § 3º, é punido com reclusão, de três a quinze anos, e multa, o funcionário público ou diretor, gerente, ou fiscal de banco de emissão que fabrica, emite ou autoriza a fabricação ou emissão:

I – de moeda com título ou peso inferior ao determinado em lei;

II – de papel-moeda em quantidade superior à autorizada.

Por fim, no § 4º, tem-se que nas mesmas penas do § 3º incorre quem desvia e faz circular moeda, cuja circulação não estava ainda autorizada. Nessa hipótese, autorizou-se apenas a emissão da moeda, mas não a sua circulação, a qual depende do estudo de diversos fatores.

31.3 Crimes assimilados ao de moeda falsa – Art. 290

Constitui em "formar cédula, nota ou bilhete representativo de moeda com fragmentos de cédulas, notas ou bilhetes verdadeiros; suprimir, em nota, cédula ou bilhete recolhidos, para o fim de restituí-los à circulação, sinal indicativo de sua inutilização; restituir à circulação cédula, nota ou bilhete em tais condições, ou já recolhidos para o fim de inutilização".

Tem pena de reclusão, de dois a oito anos, e multa.

No parágrafo único há uma causa de aumento, dispõe: O máximo da reclusão é elevado a doze anos e multa, se o crime for cometido por funcionário que trabalha na repartição onde o dinheiro se achava recolhido, ou nela tem fácil ingresso, em razão do cargo.

31.4 Petrechos para falsificação de moeda – Art. 291

É o crime de "fabricar, adquirir, fornecer, a título oneroso ou gratuito, possuir ou guardar maquinismo, aparelho, instrumento ou qualquer objeto especialmente destinado à falsificação de moeda".

Tem pena de reclusão, de dois a seis anos, e multa.

31.5 Emissão de título ao portador sem permissão legal – Art. 292

É descrito como "emitir, sem permissão legal, nota, bilhete, ficha, vale ou título que contenha promessa de pagamento em dinheiro ao portador ou a que falte indicação do nome da pessoa a quem deva ser pago".

Apenado com detenção, de um a seis meses, ou multa.

330　Direito Penal: Parte Especial – Vol. 2

Há uma figura equiparada no parágrafo único, que prevê: "Quem recebe ou utiliza como dinheiro qualquer dos documentos referidos neste artigo incorre na pena de detenção, de quinze dias a três meses, ou multa".

31.6 Falsificação de papéis públicos – Art. 293

31.6.1 Bem jurídico

É a fé pública dos documentos de natureza pública.

31.6.2 Sujeitos do crime

Trata-se de crime comum, que pode ser praticado por qualquer pessoa. Se funcionário público que age valendo-se de sua função pública, a pena é aumentada de pena de 1/6, conforme prevê o art. 295 do CP.

O sujeito passivo principal é o Estado não sendo necessário que haja prejuízo a terceiro. Contudo, pode haver vítima secundária, como o terceiro lesado pela conduta delitiva.

31.6.3 Tipo objetivo

O verbo núcleo do tipo é falsificar, isto é, reproduzir, imitar ou modificar qualquer um dos papéis ou documentos mencionados nos incisos. Alterar também significa modificar, mas tem sentido de substituição parcial do conteúdo do documento já existente.

A falsificação pressupõe dois requisitos:

1) idoneidade da falsificação: deve ser apta a enganar o homem médio;
2) capacidade de causar dano: deve ser apta a provocar modificações jurídicas de maneira que a falsificação inócua é atípica.

31.6.4 Tipo subjetivo

É o dolo, consubstanciado na vontade livre e consciente de falsificar, isto é, imitar, reproduzir documento público ou alterar documento público verdadeiro. Não se exige elemento subjetivo, ou seja, finalidade específica.

31.6.5 Consumação e tentativa

Trata-se de crime formal, pois a falsificação já expõe o bem jurídico tutelado a perigo, não sendo necessário que o documento alcance a finalidade pretendida pelo agente. Consuma-se independentemente de resultado naturalístico.

Crimes contra a fé pública **331**

A tentativa é possível.

Na hipótese de falsificação grosseira, isto é, sem idoneidade para enganar, sendo perceptível por qualquer indivíduo, a conduta torna-se atípica, incapaz de lesionar a fé pública (crime impossível, art. 17 do CP).

31.6.6 Figuras equiparadas

O § 1° estabelece a figura equiparada para quem:

I – usa, guarda, possui ou detém qualquer dos papéis falsificados a que se refere este artigo;

II – importa, exporta, adquire, vende, troca, cede, empresta, guarda, fornece ou restitui à circulação selo falsificado destinado a controle tributário;

III – importa, exporta, adquire, vende, expõe à venda, mantém em depósito, guarda, troca, cede, empresta, fornece, porta ou, de qualquer forma, utiliza em proveito próprio ou alheio, no exercício de atividade comercial ou industrial, produto ou mercadoria:

a) em que tenha sido aplicado selo que se destine a controle tributário, falsificado;

b) sem selo oficial, nos casos em que a legislação tributária determina a obrigatoriedade de sua aplicação. [norma penal em branco homogênea]

No § 2°, incrimina-se a conduta de suprimir, em qualquer desses papéis, quando legítimos, com o fim de torná-los novamente utilizáveis, carimbo ou sinal indicativo de sua inutilização. A pena é de reclusão, de um a quatro anos, e multa.

Exige uma alteração material no documento para esconder o carimbo ou sinal de que o papel estava inutilizado. O especial fim de agir consiste em tornar os papéis novamente utilizáveis.

O § 3° estabelece que incorre na mesma pena quem usa, depois de alterado, qualquer dos papéis a que se refere o parágrafo anterior.

O § 4° trata de uma figura privilegiada para aquele que usa ou restitui à circulação, embora recebido de boa-fé, qualquer dos papéis falsificados ou alterados, a que se referem este artigo e o seu § 2°, depois de conhecer a falsidade ou alteração, incorre na pena de detenção, de seis meses a dois anos, ou multa.

Por fim, o § 5° equipara a atividade comercial, para os fins do inciso III do § 1°, qualquer forma de comércio irregular ou clandestino, inclusive o exercido em vias, praças ou outros logradouros públicos e em residências.

31.7 Petrechos de falsificação – Art. 294

É o crime de fabricar, adquirir, fornecer, possuir ou guardar objeto especialmente destinado à falsificação de qualquer dos papéis referidos no artigo anterior é delito punido com reclusão, de um a três anos, e multa.

31.8 Falsificação do selo ou sinal público – Art. 296

É crime falsificar, fabricando-os ou alterando-os:

I – selo público destinado a autenticar atos oficiais da União, de Estado ou de Município;

II – selo ou sinal atribuído por lei a entidade de direito público, ou a autoridade, ou sinal público de tabelião:

Pena – reclusão, de dois a seis anos, e multa.

§ 1º Incorre nas mesmas penas:

I – quem faz uso do selo ou sinal falsificado;

II – quem utiliza indevidamente o selo ou sinal verdadeiro em prejuízo de outrem ou em proveito próprio ou alheio.

III – quem altera, falsifica ou faz uso indevido de marcas, logotipos, siglas ou quaisquer outros símbolos utilizados ou identificadores de órgãos ou entidades da Administração Pública.

§ 2º Se o agente é funcionário público, e comete o crime prevalecendo-se do cargo, aumenta-se a pena de sexta parte.

O tipo difere daquele do art. 293 porque selo e sinal público não são propriamente documentos, mas sim objetos cuja utilidade é conferir autenticação, origem ou legitimidade a um documento e somente após a sua utilização é que passam a integrá-lo.

31.9 Falsificação de documento público – Art. 297

31.9.1 Considerações iniciais

É descrito como "falsificar, no todo ou em parte, documento público, ou alterar documento público" verdadeiro. E tem pena de reclusão, de dois a seis anos, e multa.

31.9.2 Bem jurídico

Fé pública.

31.9.3 Sujeitos do crime

É crime comum, que pode ser praticado por qualquer pessoa. Se praticado por funcionário público, prevalecendo-se do cargo, incide a causa de aumento prevista no § 1º, agravando a pena de sexta parte.

Sujeito passivo principal é o Estado, visto como coletividade, não sendo necessário que haja prejuízo a terceiro. Todavia, pode haver vítima secundária, como o terceiro lesado pela conduta delitiva.

Crimes contra a fé pública **333**

31.9.4 Tipo objetivo

Ações nucleares são:

a) Falsificar: é o mesmo que criar materialmente, elaborar, fabricar, fazer, contrafazer, ou seja, o documento ainda não existe e será criado pelo agente.

b) Alterar: significa modificar o documento já existente, caso em que o agente apenas substitui seu conteúdo, como frases, palavras que alterem sua essência.

31.9.5 Tipo subjetivo

É o dolo, consubstanciado na vontade livre e consciente de falsificar, isto é, imitar, reproduzir documento público ou alterar documento público verdadeiro. Não se exige elemento subjetivo, ou seja, finalidade específica.

31.9.6 Consumação e tentativa

O crime se consuma com a falsificação ou com a alteração do documento, mesmo que este não seja posteriormente utilizado. Não custa lembrar que a falsificação deve ser apta a iludir terceiro, ou seja, que tenha potencialidade lesiva, pois, se grosseira, absolutamente inidônea para enganar, não haverá o crime em questão.

A tentativa é perfeitamente possível.

31.9.7 Outros pontos importantes

O § 3º do art. 297, inserido pela Lei n. 9.983/2000, cuida da chamada Falsificação de documento Público Previdenciário. É crime que tutela a fé pública dos documentos referentes à previdência social. Na verdade, a falsidade contemplada neste dispositivo é a ideológica, ao contrário da modalidade prevista no *caput* do art. 297, que é a material. Conforme prevê o dispositivo legal, o agente insere ou faz inserir:

a) Na folha de pagamento ou em documento de informações que seja destinado a fazer prova perante a previdência social, pessoa que não possua a qualidade de segurado obrigatório.

b) Na CTPS do empregado ou em documento que deva produzir efeito perante a previdência social, declaração falsa ou diversa da que deveria ter sido escrita.

c) Em documento contábil ou em qualquer outro documento relacionado com as obrigações da empresa perante a previdência social, declaração falsa ou diversa da que deveria ter constado.

334 Direito Penal: Parte Especial – Vol. 2

A Lei n. 9.983/2000 inseriu ainda o § 4° no art. 297, dizendo que "nas mesmas penas incorre quem omite, nos documentos mencionados no § 3°, nome do segurado e seus dados pessoais, a remuneração, a vigência, o contrato de trabalho ou de prestação de serviços".

31.10 Falsificação de documento particular – Art. 298

31.10.1 Considerações iniciais

A descrição típica é falsificar, no todo ou em parte, documento particular ou alterar documento particular verdadeiro.

A pena é de reclusão, de um a cinco anos, e multa.

31.10.2 Bem jurídico

A diferença do art. 297 para o 298 é o objeto material, que aqui é particular.

Bem jurídico: fé pública.

31.10.3 Sujeitos do crime

Sujeito ativo é qualquer pessoa. Sujeito passivo é o Estado (vítima primária) e particular prejudicado (vítima secundária).

31.10.4 Tipo objetivo

A conduta é falsificar, no todo ou em parte, ou alterar documento particular. O objeto material é o documento particular, cujo conceito é extraído por exclusão, ou seja, documento particular é o que não é público ou equiparado a público.

31.10.5 Tipo subjetivo

É o dolo, sem finalidade especial.

31.10.6 Consumação e tentativa

Remetemos o leitor ao tópico 31.9.6.

31.10.7 Falsificação de cartão – Parágrafo único

O parágrafo único do art. 298 dispõe que se equipara a documento particular o cartão de crédito ou débito.

Crimes contra a fé pública **335**

31.11 Falsidade ideológica – Art. 299

31.11.1 Considerações iniciais

Diferente das falsidades materiais, o falso ideológico é lavrado em documento formalmente perfeito, contudo, com conteúdo falsificado. Assim, o sujeito tem legitimidade para emitir o documento, mas o faz, inserindo-lhe um conteúdo sem correspondência com a realidade dos fatos.

Por isso que na falsidade ideológica é descabida a prova pericial, pois inexiste alteração formal a ser demonstrada, ou seja, a mentira, quando relativa ao conteúdo, não se prova por perícia, pois não há vestígios em uma afirmação ideologicamente falsa. Essa prova deve ser feita por outros elementos de convicção (ex.: testemunha).

31.11.2 Bem jurídico

É a fé pública.

31.11.3 Sujeitos do crime

Trata-se de crime comum, podendo qualquer pessoa praticá-lo. Se o agente for funcionário público, incidirá a causa de aumento prevista no parágrafo único.

Sujeito passivo principal é o Estado. Nada impede a existência de um sujeito passivo secundário, que é o indivíduo que venha a sofrer o dano em razão da prática da falsidade ideológica.

31.11.4 Tipo objetivo

Trata-se de crime de ação múltipla (ou conteúdo variado), pois são previstas diversas ações nucleares típicas:

a) Omitir declaração que deveria constar: é modalidade omissiva. Diz-se tratar-se de uma falsidade imediata, vez que o agente que forma o documento é o mesmo que omite a informação. Somente haverá crime se a declaração deveria constar.

b) Inserir declaração falsa ou diversa da que deveria constar: aqui o próprio agente insere a declaração, tratando-se, igualmente, de falsidade imediata.

c) Fazer inserir declaração falsa ou diversa da que deveria constar: caso em que o agente faz com que terceiro insira a declaração, tratando-se, portanto, de uma falsidade mediata. Não é necessária a presença do declarante, pois a declaração pode ser feita por escrito.

336 Direito Penal: Parte Especial – Vol. 2

A falsidade deve recair sobre elemento essencial do documento público ou particular, isto é, sobre fato juridicamente relevante. Uma simples mentira, mera irregularidade, simples preterição de formalidade etc. não constitui o crime em tela, pois a irrelevância do falso torna a conduta atípica em razão da ocorrência do crime impossível.

31.11.5 Tipo subjetivo

É o dolo, consubstanciado na vontade livre e consciente de praticar uma das condutas típicas (omitir, inserir ou fazer inserir). O tipo também exige o chamado elemento subjetivo, consistente na vontade especial de lesar direito, criar obrigação ou alterar a veracidade sobre o fato juridicamente relevante pelo que ausente esse fim específico, o fato é atípico.

31.11.6 Consumação e tentativa

Trata-se de crime formal, prescindindo-se, portanto, da ocorrência efetiva do dano, bastando a capacidade de lesar terceiros.

31.11.7 Causa de aumento

A pena aumenta-se da sexta parte se a falsificação ou alteração é realizada por funcionário público ou se é de assentamento de registro civil.

31.12 Falso reconhecimento de firma ou letra – Art. 300

Reconhecer, como verdadeira, no exercício de função pública, firma ou letra que o não seja é crime punido com reclusão, de um a cinco anos, e multa, se o documento é público; e de um a três anos, e multa, se o documento é particular.

É um tipo especial de falsidade ideológica, praticado no exercício da função pública de autenticação de documentos públicos e privados.

31.13 Certidão ou atestado ideologicamente falso – Art. 301

É o crime de atestar ou certificar falsamente, em razão de função pública, fato ou circunstância que habilite alguém a obter cargo público, isenção de ônus ou de serviço de caráter público, ou qualquer outra vantagem.

A pena é de detenção, de dois meses a um ano.

Trata-se de outra modalidade especial de falsidade ideológica.

O § 1º, diferente do *caput*, pune, com pena de detenção de três meses a dois anos, a falsidade material de atestado ou certidão.

O § 2º prevê que se o crime é praticado com o fim de lucro, aplica-se, além da pena privativa de liberdade, a de multa.

31.14 Falsidade de atestado médico – Art. 302

Nos termos do art. 302, dar o médico, no exercício da sua profissão, atestado falso acarreta pena de detenção, de um mês a um ano. Se o crime é cometido com o fim de lucro, aplica-se também multa, conforme previsão do parágrafo único.

A criminalização recai sobre o fato contido no atestado que não correspondem, total ou parcialmente, à realidade. Exemplo: médico que atesta que alguém em perfeita saúde encontra-se doente.

31.15 Reprodução ou adulteração de selo ou peça filatélica – Art. 303

O dispositivo foi revogado tacitamente pelo art. 39 da Lei n. 6.538/1978.

31.16 Uso de documento falso – Art. 304

31.16.1 Considerações iniciais

O crime pune quem faz uso de qualquer dos papéis falsificados ou alterados a que se referem os arts. 297 a 302 (a pena é a mesma cominada à falsificação ou alteração). Trata-se de crime remetido, pois o tipo remete a outros crimes do próprio CP.

31.16.2 Bem jurídico

É a fé pública.

31.16.3 Sujeitos do crime

Crime pode ser cometido por qualquer pessoa.

Sujeito passivo é o Estado e, secundariamente, terceiro prejudicado.

31.16.4 Tipo objetivo

"Fazer uso" é utilizar, juridicamente, o documento.

Vejamos as questões importantes:

338 Direito Penal: Parte Especial – Vol. 2

a) CNH – sua finalidade é permitir a direção de veículo automotor, ra-zão pela qual o cri- me em tela estará configurado com o simples porte do documento, enquanto a pessoa dirige o veículo, sendo mero exaurimento sua exibição à autoridade de trânsito. Por outro lado, não comete o crime em tela agente que porta CNH falsa como documento de identificação pessoal.

b) Identidade (RG) – a consumação do crime de uso se dá quando o documento é exibido à autoridade, após sua exigência, já que a finalidade do documento é a identificação do titular, não configurando o crime ora estudado o mero porte do documento.

31.16.5 Tipo subjetivo

É o dolo consistente na vontade livre e consciente de fazer uso de qualquer dos papéis falsificados ou alterados a que se referem os arts. 297 a 302.

31.16.6 Consumação e tentativa

Consuma-se no momento do efetivo uso jurídico do documento falso, não se exigindo nenhum outro resultado. Trata-se de crime instantâneo de efeitos permanentes, de forma que o prazo prescricional começa a correr a partir da primeira utilização do documento falso.

A tentativa não é admitida.

31.17 Supressão de documento – Art. 305

É crime de destruir, suprimir ou ocultar, em benefício próprio ou de outrem, ou em prejuízo alheio, documento público ou particular verdadeiro, de que não podia dispor. É punido com reclusão, de dois a seis anos, e multa, se o documento é público, e reclusão, de um a cinco anos, e multa, se o documento é particular.

31.18 Falsificação do sinal empregado no contraste de metal precioso ou na fiscalização alfandegária, ou para outros fins – Art. 306

A descrição típica é falsificar, fabricando-o ou alterando-o, marca ou sinal empregado pelo poder público no contraste de metal precioso ou na fiscalização alfandegária, ou usar marca ou sinal dessa natureza, falsificado por outrem.

Crimes contra a fé pública **339**

31.19 Falsa identidade – Art. 307

31.19.1 Considerações iniciais

É crime atribuir-se ou atribuir a terceiro falsa identidade para obter vantagem, em proveito próprio ou alheio, ou para causar dano a outrem. É delito apenado com detenção, de três meses a um ano, ou multa, se o fato não constitui elemento de crime mais grave.

É uma falsidade pessoal, isto é, que recai não sobre a pessoa física, mas sobre sua identidade, estado, qualidade ou condição.

31.19.2 Bem jurídico

É a fé pública.

31.19.3 Sujeitos do crime

Trata-se de crime comum, pois qualquer pessoa pode praticá-lo. O Estado é o sujeito passivo primário, e o terceiro eventualmente prejudicado também pode ser sujeito passivo desse delito.

31.19.4 Tipo objetivo

A falsidade é pessoal, isto é, a que recai não sobre a pessoa física, mas sobre sua identidade, estado, qualidade ou condição. Assim, aqui, a atribuição de falsa identidade se dá sem a utilização ou apresentação de documento falso. Exemplo: indivíduo que se apresenta na delegacia com outro nome que não o seu, mas não mostra o RG. Contudo, se for apresentado documento falso, o crime será o do art. 304. Exemplo: indivíduo que apresenta RG com foto e informações de outra pessoa, fazendo-se passar por ela.

31.19.5 Tipo subjetivo

O crime é cometido a título de dolo, sendo que o tipo exige o fim especial de obter vantagem (moral, patrimonial etc.), em proveito próprio ou alheio, ou causar dano a outrem.

31.19.6 Consumação e tentativa

O crime consuma-se com o ato de atribuir-se ou atribuir a terceiro falsa identidade, desde que presente a finalidade especial referida anteriormente. É crime formal, de maneira que há crime mesmo sem a obtenção da vantagem ou da produção de dano a terceiro.

340 Direito Penal: Parte Especial – Vol. 2

A tentativa somente será admissível se a atribuição da identidade se der por escrito (é inadmissível por meio verbal, pois, neste caso, o crime será unissubsistente).

Conforme se extrai do preceito secundário, o tipo é expressamente subsidiário. É preciso analisar se o fato não constitui elemento de crime mais grave, como o estelionato e outras fraudes, por exemplo.

31.19.7 Outros pontos importantes

———————————————— Atenção! ————————————————

Comete o crime do art. 307 o sujeito que atribui a si próprio falsa identidade para ocultar antecedentes criminais ou para evitar uma prisão?

Sim. Súmula 522 do STJ: a conduta de atribuir-se falsa identidade perante autoridade policial é típica, ainda que em situação de alegada autodefesa.

31.20 Uso de documento de identidade alheia – Art. 308

Prevê referido tipo: usar, como próprio, passaporte, título de eleitor, caderneta de reservista ou qualquer documento de identidade alheia ou ceder a outrem, para que dele se utilize, documento dessa natureza, próprio ou de terceiro. A pena é de detenção, de quatro meses a dois anos, e multa, se o fato não constitui elemento de crime mais grave. É uma subespécie de falsa identidade, praticado mediante uso de documentos mencionados no tipo.

31.21 Fraude de lei sobre estrangeiro – Art. 309

É crime usar o estrangeiro, para entrar ou permanecer no território nacional, nome que não é o seu. É delito punido com detenção, de um a três anos, e multa.

Só pode ser cometido por estrangeiro.

No parágrafo único, que prevê pena de reclusão, de um a quatro anos, e multa, há previsão de crime comum, cometido por aquele que atribuir a estrangeiro falsa qualidade para promover-lhe a entrada em território nacional.

31.22 Fraude de lei sobre estrangeiro – falsidade em prejuízo da nacionalização de sociedade – Art. 310

O dispositivo prevê ainda que é crime prestar-se a figurar como proprietário ou possuidor de ação, título ou valor pertencente a

Crimes contra a fé pública **341**

estrangeiro, nos casos em que a este é vedada por lei a propriedade ou a posse de tais bens. É conduta punida com detenção, de seis meses a três anos, e multa.

É incriminada a interposição de pessoa nacional, que age como "testa de ferro" ou "laranja", para encobrir a propriedade de ativos de estrangeiro, em casos em que essa relação é proibida pela legislação, como acontece, por exemplo, com a propriedade de empresa jornalística e de radiodifusão sonora e de sons e imagens, que, como prevê o art. 222 da CF, é privativa de brasileiros natos ou naturalizados há mais de dez anos, ou de pessoas jurídicas constituídas sob as leis brasileiras e que tenham sede no País.

Competência da Justiça Federal.

31.23 Adulteração de sinal identificador de veículo automotor – Art. 311

31.23.1 Considerações iniciais

O tipo consiste em adulterar ou remarcar número de chassi ou qualquer sinal identificador de veículo automotor, de seu componente ou equipamento.

A pena é de reclusão, de três a seis anos, e multa.

31.23.2 Bem jurídico

Fé pública.

31.23.3 Sujeitos do crime

Crime comum. A vítima é o Estado.

31.23.4 Tipo objetivo

Há dois núcleos verbais: adulterar e remarcar. O tipo não prevê a conduta de ocultar nem suprimir, pelo que prevalece que se o número do chassi for inteiramente suprimido e não houver nova remarcação, não estará configurado o crime.

A adulteração pode ocorrer no chassi, estrutura de aço sobre a qual se monta a carroceria do veículo, ou nos sinais identificadores colocados no motor, câmbio ou placas.

Entende-se como veículo automotor o veículo a motor de propulsão que circula por seus próprios meios, o que exclui os veículos que circulam sobre trilhos, como trens.

342 Direito Penal: Parte Especial – Vol. 2

—————————————— **Atenção!** ——————————————

A colocação de fita adesiva na placa do veículo, para evitar multas ou burlar o rodízio de veículos configura o delito do art. 311 do CP ou seria mera infração administrativa? Para o STF, a conduta é típica, pois a frustração dos meios legítimos de fiscalização de trânsito macula a fé pública (RHC 116.371/DF).

31.23.5 Tipo subjetivo

É o dolo.

31.23.6 Consumação e tentativa

É crime instantâneo de efeito permanentes e se consuma quando efetivada a adulteração ou a remarcação.

No § 1°, está prevista causa de aumento de pena de um terço aplicável ao funcionário público que comete o crime no exercício da função ou em razão dela.

O § 2° estabelece que incorre nas mesmas penas o funcionário público que contribui para o licenciamento ou registro do veículo remarcado ou adulterado, fornecendo indevidamente material ou informação oficial.

31.24 Das fraudes em certames de interesse público – Art. 311-A

31.24.1 Considerações iniciais

Apenado com reclusão, de um a quatro anos, e multa, o crime em estudo prevê:

> Art. 311-A. Utilizar ou divulgar, indevidamente, com o fim de beneficiar a si ou a outrem, ou de comprometer a credibilidade do certame, conteúdo sigiloso de:
>
> I – concurso público;
> II – avaliação ou exame públicos;
> III – processo seletivo para ingresso no ensino superior; ou
> IV – exame ou processo seletivo previstos em lei: (...)

Incluído pela Lei n. 12.550/2011, esse tipo penal veio para suprir uma lacuna e alcançar condutas que não encontravam perfeita adequação em outros artigos do CP.

31.24.2 Bem jurídico

Fé pública nos certames em geral.

Crimes contra a fé pública **343**

31.24.3 Sujeitos do crime

O crime é comum ou geral, pois pode ser praticado por qualquer indivíduo. Se praticado por funcionário público, há causa de aumento de pena, conforme o § 3º.

O sujeito passivo principal é o Estado.

31.24.4 Tipo objetivo

O núcleo verbal é utilizar, que induz a ideia de fazer uso, se beneficiar de conteúdo sigiloso do certame. Divulgar é tornar público, para que dele se utilizem.

O § 1º traz mais dois verbos: Permitir ou facilitar o acesso de pessoas não autorizadas às informações sigilosas.

Em qualquer das condutas comissivas, o agente beneficia (para si ou para outrem), ou compromete a credibilidade do certame, o que abrange todo e qualquer certame ou concurso de interesse público, não necessariamente de natureza pública. Protege-se assim a credibilidade e transparência dos processos seletivos, como vestibular para ingresso em universidade privada, por exemplo.

Dessa forma, o crime se caracteriza inclusive quando a fraude se dá no âmbito de instituição privada (faculdade ou universidade).

Conteúdo sigiloso é elemento normativo do tipo. Trata-se de informação secreta ao público em geral, cuja divulgação coloca em risco a credibilidade do concurso. A expressão "indevidamente" também é elemento normativo do tipo e será valorada no caso concreto.

31.24.5 Tipo subjetivo

Admite-se apenas a forma dolosa, acrescida do especial fim de agir, revelado nas expressões "com o fim de beneficiar a si ou a outrem" ou "com o fim de comprometer a credibilidade do certame".

31.24.6 Consumação e tentativa

A consumação da figura do art. 311-A não exige dano à Administração (crime formal ou de consumação antecipada). Basta que seja constatada a especial finalidade de agir. Uma vez produzido o prejuízo, a pena passa a ser mais elevada.

Caso a conduta produza resultado danoso, incidirá a figura qualificada do § 2º, em que a pena é de reclusão de dois a seis anos, e multa.

PARTE XI

DOS CRIMES CONTRA A ADMINISTRAÇÃO PÚBLICA

32

Dos crimes praticados por funcionário público contra a administração em geral

32.1 Noções gerais

O presente capítulo trata dos crimes funcionais, praticados por determinado grupo de pessoas – funcionários públicos – no exercício de sua função, associado ou não com pessoa alheia aos quadros administrativos, impregnando o correto funcionamento dos órgãos do Estado.

Esse capítulo, ademais, traz os crimes cometidos por funcionário público contra a administração em geral, em seus arts. 312 a 326. São os chamados crimes funcionais ou *delicta in officio*.

Ressalta-se que a Administração Pública em geral (direta, indireta e empresas privadas prestadoras de serviços públicos, contratadas ou conveniadas) será vítima primária e constante, podendo, secundariamente, figurar no polo passivo eventual administrado prejudicado.

Esses crimes relacionados à Administração Pública afetam sempre a probidade administrativa, promovendo seu desvirtuamento, afetando várias camadas, entre as quais seus princípios norteadores, a *legalidade*, a *impessoalidade*, a *moralidade*, a *probidade* e a *eficiência*.

O conceito de administração pública, no que diz respeito aos delitos compreendidos neste capítulo, é tomado no sentido mais amplo, compreensivo da atividade total do Estado e dos outros entes públicos. Com isso, tais normas refletem os crimes contra a administração pública, sendo tutelada não só a atividade administrativa em sentido restrito, técnico, mas também, sob certo aspecto, a legislativa e a judiciária.

32.1.1 Crimes funcionais

Os delitos funcionais podem ser divididos entre *próprios* e *impróprios*. Sendo que nos crimes próprios, faltando a qualidade de funcionário público, o fato passa a ser tratado como um indiferente penal, não se subsumindo a nenhum outro tipo incriminador, constando de atipicidade absoluta, como exemplo a prevaricação (art. 319 do CP). Já nos crimes impróprios, desaparecendo a qualidade de funcionário público, desaparece também o crime funcional, operando-se a classificação para outro delito, de natureza diversa, tratando-se de atipicidade relativa, como exemplo o peculato furto (art. 312, § 1°, do CP).

32.1.2 Conceito de funcionário público para efeitos penais

De acordo com o art. 327 do CP, considera-se funcionário público quem exerce cargo, emprego ou função pública, ainda que transitoriamente ou sem remuneração, em conceito que é aplicável também para a legislação especial, conforme entendimento do STF (HC 72.465, Rel. Min. Celso de Mello, Primeira Turma).

Ademais, tem-se que o critério legal é objeto, pois determinado pelo exercício da função pública e não pela natureza do vínculo com a administração, o que representa a adoção de um critério subjetivo.

O conceito do CP é ampliativo, por abranger funcionários das três esferas do poder, incluindo a administração indireta, quando considerados os funcionários por equiparação, referidos no § 1° do art. 327.

Vale destacar também, que o art. 327 está de acordo com o art. 2, "a", da Convenção de Mérida, como se segue:

> a) Por "funcionário público" se entenderá: i) toda pessoa que ocupe um cargo legislativo, executivo, administrativo ou judicial de um Estado Parte, já designado ou empossado, permanente ou temporário, remunerado ou honorário, seja qual for o tempo dessa pessoa no cargo; ii) toda pessoa que desempenhe uma função pública, inclusive em um organismo público ou numa empresa pública, ou que preste um serviço público, segundo definido na legislação interna do Estado Parte e se aplique na esfera pertinente do ordenamento jurídico desse Estado Parte; iii) toda pessoa definida como "funcionário público" na legislação interna de um Estado Parte. Não obstante, aos efeitos de algumas medidas específicas incluídas no Capítulo II da presente Convenção, poderá entender-se por "funcionário público" toda pessoa que desempenhe uma função pública ou preste um serviço público segundo definido na legislação interna do Estado Parte e se aplique na esfera pertinente do ordenamento jurídico desse Estado Parte.

Dessa forma, para os efeitos penais, considera-se funcionário público não apenas o servidor legalmente investido em cargo público, mas

Dos crimes praticados por funcionário público contra a administração em geral 349

também o que exerce emprego público, ou que, de qualquer modo, exerça função pública, ainda que de forma transitória.

32.1.3 Cargo público

De acordo com o art. 3° do RJU (Lei n. 8.112/1990) traz que "cargo público é o conjunto de atribuições e responsabilidades previstas na estrutura organizacional que devem ser cometidas a um servidor".

Nesse sentido, pouco importa a forma de provimento de cargo público, se efetivo, com estabilidade após o estágio probatório, ou em comissão, passível de demissão *ad nutum*, pois o que define o ocupante de cargo público é a existência de um vínculo estatutário com a administração.

Esse conceito fora discutido pelo STF que entendeu que o conceito de cargo público é delimitado por agentes, prevista em número certo, com denominação própria, retribuídas por pessoas jurídicas de direito público e criadas por lei.

Ademais, consta consignar, que também são servidores públicos os servidores regidos por leis estaduais e municipais, bem como aqueles que não são disciplinados pelo regime geral, mas por legislação especial, tais como Magistrados, membros do MP, a Advocacia Pública, da Defensoria Pública, Diplomatas, Policiais Militares (em se tratando de crime comum).

Ressalta-se que ele vale para aqueles que ocupam cargo eletivo, chamados dentro do direito administrativo de *agentes políticos*. Isso se aplica para qualquer esfera do governo ou poder estando incluídos: o Presidente da República, os Governadores de Estado, os Prefeitos, os Senadores, os Deputados Federais e Estaduais, bem como os Vereadores.

Nesse sentido está o art. I da Convenção Interamericana contra a Corrupção (Decreto n. 4.410/2002), como a seguir destacado:

> "Funcionário público", "funcionário de governo" ou "servidor público" qualquer funcionário ou empregado de um Estado ou de suas entidades, inclusive os que tenham sido selecionados, nomeados ou eleitos para desempenhar atividades ou funções em nome do Estado ou a serviço do Estado em qualquer de seus níveis hierárquicos.

Em suma, a expressão "cargo público" abrange todas as pessoas que de alguma forma realizam atividades na Administração Pública ou prestam serviços com finalidade pública.

32.1.4 Emprego público

O agente ocupante de emprego público é aquele que mantém um vínculo com a administração regido pela CLT. Isto é, o servidor público trabalhista ou celetista, também chamado de empregado público.

350 Direito Penal: Parte Especial – Vol. 2

O conceito é determinado pelos arts. 2º e 3º da CLT, estando o polo do empregador ocupado pela administração pública, como no caso de contratação para atender à necessidade temporária de excepcional interesse público, nos termos do art. 37, IX, da CF.

32.1.5 Função pública

No que se trata de função pública, diferentemente de cargo público e emprego público, tem um conceito legal ou doutrinário unívoco. Como o conceito da lei é ampliativo, sendo irrelevante a existência de remuneração ou transitoriedade, a noção de função pública serve para estender a aplicação do conceito para aquelas situações de pessoas que não exerçam nem cargo ou emprego público, mas que desempenham uma atividade exercida pelo Estado para a consecução dos seus fins, incluindo particulares em colaboração com a Administração, tais como os voluntários.

Nessa linha, o art. I da Convenção Interamericana contra a Corrupção (Decreto n. 4.410/2002) entende por:

> "Função pública" toda atividade, temporária ou permanente, remunerada ou honorária realizada por uma pessoa física em nome do Estado ou a serviço do Estado ou de suas entidades, em qualquer de seus níveis hierárquicos.

Vale destacar que o funcionário público somente adquire tal condição com o início do exercício no cargo, de acordo com o art. 15 do RJU, quando poderá responder pelos delitos enumerados neste Capítulo, com exceção dos crimes de corrupção, concussão e exercício funcional ilegalmente antecipado (arts. 316, 317 e 324), os quais podem ser cometidos antes do início da atividade pública.

Nos termos do disposto no § 1º do art. 327 do CP, são equiparados ao funcionário público, para efeitos penais, quem exerce cargo, emprego ou função em entidade paraestatal, bem como quem trabalha para empresa prestadora de serviço contratada ou conveniada para execução de atividade típica da Administração Pública.

32.2 Peculato – Art. 312

32.2.1 Peculato apropriação e desvio (peculato próprio)

32.2.1.1 Considerações iniciais

As formas de peculato tradicionais, especialmente o peculato-apropriação e o peculato-furto guardam grande semelhança com crimes contra o patrimônio, respectivamente a apropriação indébita e o furto.

Dos crimes praticados por funcionário público contra a administração em geral **351**

O termo peculato vem do latim *pecus*, que significa gado, moeda, como em pecúnia e pecuniário. Daí a origem do nome *peculatus*, derivado de *pecus*, consistente na subtração de coisas pertencentes ao Estado.

O direito romano promoveu o peculato a crime autônomo não em razão da qualidade do sujeito agente, que podia ser funcionário público ou particular, mas pela condição da coisa desviada ou subtraída, que era a coisa pública.

No que se trata do *modus operandi* do delito em análise, trata-se de um delito de variadas formas. O *caput* descreve do chamado peculato-próprio caracterizado pela anterior posse do dinheiro, valor ou qualquer bem móvel por parte do funcionário. Com isso, caso inverta o título da posse e se aproprie, se assenhore da coisa, cometerá o agente o peculato-apropriação, primeira das figuras do tipo; caso desvie o bem empregando finalidade diversa daquele que era destinado, em proveito próprio ou alheio, haverá peculato-desvio, igualmente previsto no *caput* do artigo, de modo que também tem como pressuposto a anterior posse do bem, valor ou dinheiro; já o parágrafo primeiro prevê o chamado peculato-furto, no qual o funcionário subtrai o bem ou concorre para que seja subtraído, embora não esteja ele na sua posse.

O bem jurídico é pluriofensivo, afetando contra o bom andamento da atividade administrativa e também contra o patrimônio público, bem como à moralidade administrativa, à credibilidade e à eficiência dos serviços públicos.

A pena cominada não admite nenhum benefício da Lei n. 9.099/1995.

A ação penal é pública e incondicionada.

32.2.1.2 Sujeitos do delito

Trata-se de crime próprio, somente podendo ser cometido pelo funcionário, entendido este no sentido mais amplo trazido pelo art. 327 do CP. Mesmo o servidor aposentado, se conserva consigo a posse de bem ilegalmente apropriado durante o exercício e em razão do cargo antes ocupado, responderá pelo crime de peculato.

Vale destacar que, se o funcionário ocupar cargo em comissão ou de função de direção e assessoramento de órgão da administração direta, sociedade de economia mista, empresa pública ou fundação instituída pelo poder público, a pena sofrerá um aumento de um terço.

Embora se trate de crime próprio, admite-se o concurso de pessoas estranhas aos quadros da administração, de acordo com o art. 30 do CP que prevê que as elementares do crime podem se comunicar, é o que acontece, por exemplo, na apropriação indébita (art. 168, CP).

352 Direito Penal: Parte Especial – Vol. 2

E mais, o art. 552 da CLT, dispõe que:

> Art. 552. Os atos que importem em malversação ou dilapidação do patrimônio das associações ou entidades sindicais ficam equiparados ao crime de peculato julgado e punido na conformidade da legislação penal.

Assim, apesar de seus diretores não serem considerados funcionários públicos, o fato por eles praticado fica equiparado ao crime de peculato.

No mesmo sentido, o STJ (se baseando em entendimento do STF) decidiu que os conselhos de fiscalização profissionais exercem função típica de Estado, razão pela qual é possível o cometimento do crime de peculato envolvendo os representantes de tais entidades[1].

Por fim, os sujeitos passivos são o Estado e, em se cuidando de objeto pertencente a particular, o proprietário do bem.

32.2.1.3 Tipo objetivo do peculato-apropriação – Art. 312, caput, 1ª figura

Nessa figura, o agente se apodera do dinheiro, valor ou qualquer outro bem móvel que tem sob sua posse legítima, passando, arbitrariamente, a comportar-se como se dono fosse (*uti dominus*).

De acordo com o STJ: "a expressão posse, utilizada no tipo penal do art. 312, *caput*, do Código Penal, não deve ser analisada de forma restrita, e sim, tomada como um conceito em sentido amplo, que abrange, também, detenção. Dessa forma, o texto da lei aplica-se à posse indireta, qual seja, a disponibilidade jurídica do bem, sem apreensão material"[2].

Vale destacar, porém, que o STJ também entendeu que o servidor público que recebe seus vencimentos, mas não presta o serviço não comete peculato, já que esse pressupõe apropriação, desvio ou subtração. A conduta do servidor é atípica, embora possa ensejar punições disciplinares e por improbidade administrativa[3].

Pois bem. O objeto material poderá ser dinheiro, em espécie, em moeda nacional ou estrangeira. A lei menciona também o valor, assim entendidos os títulos, documentos ou papéis que representam dinheiro ou mercadorias, tais como títulos de crédito, apólices, conhecimentos de gêneros, letras de câmbio, vales postais, cheques de viagem, títulos da dívida pública etc. Já o objeto material abrange qualquer bem móvel, abrindo espaço para a interpretação analógica. Aqui, bem móvel significa coisa que possa ser apreendida e transportada como no furto.

---

1   AgRg no REsp 1.520.702/RJ, Rel. Min. Reynaldo Soares da Fonseca, *DJe* 23.09.2016.

2   HC 10.845, 5ª T., *DJe* 23.04.2001.

3   RHC 60.601/SP, Rel. Min. Nefi Cordeiro, *DJe* 19.08.2016.

Dos crimes praticados por funcionário público contra a administração em geral **353**

O verbo nuclear apropriar-se consiste em tomar para si, assenhorear-se, passar a agir como dono, o que pode ser relevado por condutas incompatíveis com a condição de possuidor ou detentor, tais como levar a coisa para casa, recusar-se a devolvê-la, aliená-la, consumi-la.

Portanto, requer a norma, que o agente inverta posse alcançada "em razão do cargo", ou seja, posse inerente às suas atribuições normais, não havendo peculato quando a entrega do bem tenha acontecido meramente "por ocasião do cargo", sem qualquer vínculo com a competência funcional por ele exercida. Quer dizer que, se inexistir relação entre posse invertida e o ofício desempenhado pelo agente, estará configurado o delito de apropriação indébita; se alcançada a posse da coisa mediante engodo ou outro meio fraudulento, haverá crime de estelionato; se, entretanto, decorre de violência ou grave ameaça, estaremos diante de um delito de roubo (CUNHA, 2020, p. 807).

Por fim, entendeu-se ocorrido o crime nos seguintes casos:

32.2.1.4 Tipo objetivo do peculato-desvio – Art. 312, caput, 2ª figura

No que se trata do peculato-desvio (ou malversação), o funcionário dá destinação diversa à coisa, em benefício próprio ou de outro, podendo o proveito ser material ou moral, auferindo vantagem outra que não necessariamente a de natureza econômica. Além disso, é pressuposto dessa modalidade criminosa que o funcionário tenha a posse lícita do bem e que, depois, o desvie[4].

Exige-se, portando, a disponibilidade anterior sobre a coisa desviada, entendimento esse firmado pelo STF por meio do Inquérito 2966[5].

A conduta *desviar* é mudar de direção, alterar o destino ou aplicação, deslocar, desencaminhar. Como exemplo, pode ser referido o empréstimo pelo funcionário de coisa de que tem a guarda; pagamento a maior ou por mercadoria não entregue ou serviço não recebido. Não descaracteriza o peculato-desvio o fato de os valores terem sido depositados em contas de terceiros, e não na própria conta do agente.

32.2.1.5 Tipo subjetivo

Pune-se a conduta dolosa, expressada pela vontade consciente do agente em transformar a posse da coisa em domínio (peculato

---

[4]   Quando o desvio de verba se dá em proveito da própria Administração, com utilização diversa da prevista em sua destinação, temos configurado o crime do art. 315 do CP.

[5]   STF, Inq 2966, Min. Marco Aurélio, Pleno, *DJe* 15.05.2014. Disponível em: http://portal.stf. jus.br/processos/downloadPeca.asp?id=232727553&ext=.pdf. Acesso em: 19 nov. 2019.

354 Direito Penal: Parte Especial – Vol. 2

apropriação) ou desviá-la em proveito próprio ou de terceiro (peculato desvio), em caráter definitivo.

32.2.1.6 Consumação e tentativa

Consuma-se o crime de peculato próprio, na sua primeira modalidade (apropriação) no momento em que o funcionário se apropria do dinheiro, valor ou bem móvel de que tem posse em razão do cargo, dispondo do objeto material como se fosse dono, retendo-o, alienando-o.

No caso da ação de desviar, ocorre a consumação quando o funcionário altera o destino normal da coisa, pública ou particular, empregando-a em fins outros que não o próprio.

Vale consignar que, nas duas modalidades a caracterização do crime não reclama lucro efetivo por parte do agente, pouco importando se a vantagem visada é conseguida ou não.

Considerando que a execução pode ser fracionada em vários atos (crime plurissubsistente) a tentativa mostra-se possível.

Destaca, mais, que se torna inaplicável o princípio da insignificância nos crimes em que o bem jurídico é a moral da administração. É o que estabelece a Súmula 599 do STJ: "O princípio da insignificância é inaplicável aos crimes contra a administração pública".

Tampouco se admite a extinção de punibilidade pela reparação de dano ao erário, pois o peculato não tem natureza econômica. Com isso, não é possível aplicar, na seara de crimes cometidos por funcionários públicos contra a própria Administração, o regramento específico de crimes tributários. O que se visa é a proteção da moral administrativa uma vez que não resguarda somente no aspecto patrimonial, mas, principalmente, a higidez da atividade estatal.

32.2.2 Peculato furto (peculato impróprio)

32.2.2.1 Considerações iniciais

O peculato furto previsto no § 1° do art. 312 do CP, caracteriza-se pela não apropriação ou desvio, mas sim subtração de coisa sob guarda ou custódia da administração.

Aqui o servidor não tem a posse, mas valendo-se da facilidade que a condição de funcionário lhe concede, subtrai (ou concorre para que seja subtraída) coisa do ente público ou de particular sob custódia da administração. Portanto, é necessário que o agente se valha da facilidade proporcionada pelo cargo.

A ação é pública e incondicionada.

Dos crimes praticados por funcionário público contra a administração em geral **355**

32.2.2.2 Tipo objetivo do § 1º do art. 312

O agente atua, assim, com *animus furandi*, isto é, vontade consciente de subtrair ou concorrer para a subtração, para si ou para outrem, de coisa pública ou privada sob a guarda da administração, utilizando da facilidade de seu cargo, emprego ou função exercida.

O crime em exame distingue-se do *caput*, porque o funcionário não tem a livre disposição sobre a coisa. Lá, apropria-se; aqui, subtrai-se, que tem o sentido de retirar a coisa da esfera da vítima e passá-la para a esfera do agente, assim como no furto.

O objeto no peculato-furto também é o mesmo aplicado ao *caput*, podendo ser dinheiro, valor ou bem, público ou particular, desde que sob guarda da administração.

Nesse tipo penal também se torna inaplicável o princípio da insignificância, por ser o bem jurídico protegido o bom andamento da administração.

32.2.2.3 Tipo subjetivo

O tipo subjetivo é o dolo, que não é afastado pela eventual reparação do dano. Exigindo, porém, a vontade de ter a coisa como sua (*animus rem sibi habendi* ou *animus furandi*).

32.2.2.4 Consumação e tentativa

Assim como no furto (art. 155 do CP), a consumação tem lugar com a efetiva subtração, isto é, com a retirada da coisa da esfera da posse da vítima e a entrada na posse do autor, fora da esfera de vigilância da vítima.

No que se trata de eventual reparação de dano, não se aplica para as modalidades dolosas de peculato a causa de extinção de punibilidade, que é exclusiva do § 3º que prevê modalidade culposa.

32.2.3 Peculato culposo

32.2.3.1 Considerações iniciais

Nesse crime ocorre uma infração ao "dever de cuidado objetivo inerente aos crimes culposos, deixando o agente de vigiar, como deveria, os bens da administração que estão em seu poder".

As condições de negligência, imperícia ou imprudência, facilitam a prática do peculato doloso (em qualquer de suas modalidades) por terceiros.

356 Direito Penal: Parte Especial – Vol. 2

Como não há participação culposa em crime doloso, o caso será de concurso de crimes, sendo um delito culposo praticado pelo funcionário que é desidioso na guarda da coisa, sendo doloso o outro delito. Ressalta-se que se cuida de exceção dualista à teoria monista em matéria de concurso.

32.2.3.2 Tipo objetivo

O tipo é aberto, configurando-se sempre que o agente público que tenha o dever de guarda sobre o bem de propriedade da administração, aja de forma descuidada, oportunizando a subtração ou apropriação do bem por terceiros, podendo ser funcionário público ou não. Assim, quando, por exemplo, são deixados bens de valor em local sem chave, a porta aberta, não havendo devido controle dos bens em custódia.

No que se refere à reparação do dano, antes do trânsito em julgado, é aplicável a extinção de punibilidade, de acordo com a inteligência do art. 312, § 3º, do CP. Exige-se, no entanto, para surtir esse efeito, que seja completa tal reparação. Caso seja posterior ao trânsito em julgado, reduz a metade da pena imposta.

32.3 Peculato mediante erro de outrem – Art. 313

32.3.1 Considerações iniciais

Tutela também aqui a moralidade e o patrimônio da Administração Pública, já que se protege o bom andamento da atividade pública.

O presente delito se assemelha à figura da apropriação de coisa havida por erro, aqui qualificada pela condição funcional do sujeito ativo.

Destaca-se também que a pena cominada permite a suspensão condicional do processo, de acordo com a Lei n. 9.099/1995.

32.3.2 Sujeitos do delito

Tem-se como sujeito ativo o funcionário público *lato sensu* (art. 327 do CP). Caso o funcionário público ocupe cargo em comissão ou de função de direção ou assessoramento de órgão da administração direta, sociedade de economia mista, empresa pública ou fundação instituída pelo poder público, a pena sofrerá aumento de um terço.

Poderá haver concurso de particular, desde que saiba, por ocasião dos fatos, da condição de funcionário público do autor.

Por fim, o sujeito passivo é o Estado, mais especificamente a Administração Pública. Caso haja particular lesado pela conduta típica do funcionário, concorrerá como vítima secundária do crime.

A ação é pública e incondicionada.

Dos crimes praticados por funcionário público contra a administração em geral **357**

32.3.3 Tipo objetivo

A principal característica desse delito é o fato de que a entrada na posse da coisa decorre de *erro* da Administração ou de terceiro, sobre a coisa, sua quantidade, sobre a própria existência da obrigação ou sobre a atribuição do funcionário em receber valores.

O bem apoderado, ao contrário do que ocorre no peculato-apropriação, não está naturalmente na posse do agente, derivando de erro alheio. Tal erro do ofendido deve ser espontâneo, pois, se provocado pelo funcionário, poderá configurar o crime de estelionato (art. 171 do CP). Ressalta-se que o recebimento se dê no exercício do cargo.

A conduta é *apropriar-se*, ou seja, inverter o título da posse, passando a agir como dono.

O objeto material tratado neste delito poderá ser *dinheiro* (abrangidos os valores em espécie ou creditados em conta de titularidade do agente) ou ser *utilidade*, sendo caracterizado por qualquer coisa móvel.

32.3.4 Tipo subjetivo

É o dolo, além do ânimo de apropriação ou *animus rem sibi habendi*. O surgimento do dolo deve ser posterior à entrada na posse da coisa. Se o dolo preexiste ao recebimento da coisa, o crime é o estelionato ou, eventualmente, aquele do art. 313-A do CP.

32.3.5 Consumação e tentativa

A consumação se dá não no momento do recebimento, mas quando o agente, percebendo o erro de terceiro, não o desfaz, apropriando-se da coisa recebida, agindo como se dono fosse.

A doutrina admite tentativa.

32.4 Inserção de dados falsos em sistema de informação – Art. 313-A

32.4.1 Considerações iniciais

A Lei n. 9.983/2000 acrescentou duas novas figuras incriminadoras ao presente Capítulo, para colmatar a lacuna da existência de um tipo que albergasse a obtenção de vantagem indevida pelo servidor, mediante fraude contra a administração. A doutrina tem qualificado com *peculato eletrônico*.

Tutela-se a Administração Pública no que concerne à guarda de dados, que somente devem ser modificados para o atendimento do interesse público, nos limites estabelecidos.

32.4.2 Sujeitos do delito

O delito somente pode ser cometido pelo funcionário autorizado, isto é, aquele que estiver lotado na repartição encarregada de cuidar dos sistemas informatizados ou banco de dados Administração Pública.

Com isso, deve desconsiderar a definição ampla trazida pela norma do art. 327 do CP, sendo perfeitamente possível o concurso de agentes. Embora se cuide de crime próprio, como a qualidade de funcionário público é elementar do delito em questão, comunica-se aos coautores estranhos aos quadros do funcionalismo, desde que tenham ciência da especial condição dos comparsas, na forma do art. 30 do CP.

E mais, caso o funcionário público ocupe cargo em comissão ou de função de direção ou assessoramento de órgão da administração direta, sociedade de economia mista, empresa pública ou fundação instituída pelo poder público, a pena sofrerá aumento de um terço.

O sujeito passivo será a Administração Pública, e, indiretamente, o administrado eventualmente prejudicado com a falsidade ou suprimento de dados.

A ação é pública e incondicionada.

32.4.3 Tipo objetivo

A conduta na primeira parte é inserir, introduzir, colocar, acrescentar, o que poderá ser feito mediante digitação, remessa de dados por meio da rede mundial de computadores ou introdução de informações e arquivos falsos.

Já na segunda parte, é incriminada a alteração ou exclusão, indevida, de dados corretos, ou seja, a desfiguração dos arquivos, de modo a alterar os registros originais.

Nas duas hipóteses, o agente age através de acesso privilegiado inerente ao seu cargo, emprego ou função pública.

Atenta-se para o fato de que tal alteração ou exclusão de dados somente será típica se ocorrer indevidamente. Se a alteração ou exclusão se dá no interesse público, em cumprimento de lei ou ato administrativo, ou mesmo de ordem de autoridade competente, não haverá crime.

32.4.4 Tipo subjetivo

É o dolo, caracterizado pela vontade consciente de praticar as condutas típicas, aliado ao fim específico de obter vantagem indevida para si ou para outrem, ou para causar algum tipo de dano.

Dos crimes praticados por funcionário público contra a administração em geral **359**

32.4.5 Consumação e tentativa

Consuma-se com a prática de qualquer um dos núcleos do tipo, independente da obtenção da indevida vantagem ou prejuízo para terceiros. O crime é instantâneo de efeitos permanentes.

Ressalta-se que a reparação posterior do dano não afasta o crime.

32.5 Modificação ou alteração não autorizada de sistema de informações – Art. 313-B

32.5.1 Considerações iniciais

Busca-se tutelar o próprio sistema de informação ou programa de informática. Enquanto no delito anterior protegem-se os dados componentes de um sistema, busca-se, agora, tutelar o próprio sistema de informações ou programa de informática.

A pena cominada permite aplicação de transação penal e de suspensão condicional do processo, de acordo com a Lei n. 9.099/1995, desde que não incidente a majorante do parágrafo único ou do art. 327, § 2º, hipótese em que somente o segundo benefício torna-se aplicável.

A ação é pública e incondicionada.

32.5.2 Sujeitos do delito

O sujeito ativo é o funcionário público, típico ou por equiparação, independente do cargo que ocupa. Esse tipo penal não limita ser somente servidor autorizado a atuar em sistemas de informática.

E mais, caso o funcionário público ocupe cargo em comissão ou de função de direção ou assessoramento de órgão da administração direta, sociedade de economia mista, empresa pública ou fundação instituída pelo poder público, a pena sofrerá aumento de um terço.

O sujeito passivo é o Estado, mais especificamente a Administração Pública. O administrado eventualmente prejudicado com a alteração ou modificação é igualmente vítima (mediata) do delito.

32.5.3 Tipo objetivo

O tipo penal prevê duas condutas modificar e alterar. O núcleo *modificar* tem sentido de instalar um novo sistema ou programa, ou seja, substituir ou trocar por outro programa. Já o núcleo *alterar* é modificar o programa ou o sistema existente.

O objeto desse delito é o sistema de informações ou o programa de informática. Vale pontuar que o que se entende por sistema de informação é o conjunto de pessoas, procedimento e equipamento projetado,

360 Direito Penal: Parte Especial – Vol. 2

construído, operado e mantido com a finalidade de coletar, registrar, processar, armazenar, recuperar e exibir informação, podendo se utilizar de diferentes tecnologias.

A distinção entre este tipo penal e o delito anterior, é que no art. 313-A pune-se a inserção ou facilitação de dados falsos ou alteração ou exclusão indevida de dados corretos nos sistemas informatizados ou bancos de dados da Administração Pública; já o presente delito o que se coíbe é a ação física de modificar ou alterar o próprio sistema de informática, ingressando no sistema operacional (*software*), alterando a programação a fim de modificar o meio e modo de geração e criação de dados e arquivos (CUNHA, 2020, p. 818).

32.5.4 Tipo subjetivo

É o dolo com a vontade consciente de praticar os núcleos do tipo, sem qualquer autorização ou solicitação de autoridade competente. Não se exige, para tanto, finalidade específica, bem como é irrelevante a obtenção de eventual resultado.

32.5.5 Consumação e tentativa

Consuma-se o delito com a modificação ou alteração do sistema ou programa de informática.

Pontua-se que a possível existência de dano, é causa de aumento de pena, conforme inteligência do parágrafo único do artigo em estudo.

32.6 Extravio, sonegação ou inutilização de livro ou documento – Art. 314

32.6.1 Considerações iniciais

Cuida-se de crime expressamente subsidiário, de modo que, se a conduta foi perpetrada com função do recebimento de vantagem restará caracterizada a corrupção.

Busca-se tutelar o regular andamento das atividades administrativas, inibindo atos de funcionários que violam a confiança neles depositada, causando, com isso, prejuízo para a Administração Pública.

A pena cominada permite a aplicação do instituto da suspensão condicional do processo, conforme a Lei n. 9.099/1995.

A ação é pública e incondicionada.

Dos crimes praticados por funcionário público contra a administração em geral **361**

32.6.2 Sujeitos do delito

De acordo com o STJ: "o crime de sonegação de documentos do art. 314 do CP, por ser próprio (crime praticado por funcionário público), exige que a conduta se perfaça no exercício da função pública, pois somente o agente que se reveste de competência para o ato, ou que detenha de alguma forma poder sobre ele, é que pode ocultar o instrumento documental"[6].

A qualidade do sujeito ativo determinará a ocorrência de tipos diversos, por aplicação do princípio da especialidade, como exemplo: se cometido por particular, incorrerá no art. 337 do CP; se cometido por advogado ou procurador, incorrerá no art. 356 do CP; e se cometido por funcionário da administração fazendária, e o fato acarretar o pagamento indevido ou inexato de tributo ou contribuição social, como previsto no art. 3°, I, da Lei n. 8.137/1990.

No que se refere ao sujeito passivo será o Estado e, eventualmente, o particular proprietário do documento confiado à Administração Pública.

32.6.3 Tipo objetivo

A lei pune três condutas, sendo elas: *extraviar, sonegar* e *inutilizar*. Tais condutas devem recair sobre o livro oficial ou qualquer outro documento que esteja na guarda do servidor em razão do cargo, emprego ou função.

A conduta de *extraviar* tem o sentido de dar destino diverso do que deveria ser dado, desviar, desencaminhar ou fazer desaparecer, e não o significado coloquial de perder, culposamente.

Já a conduta de *sonegar* tem sentido de ocultar, deixar de devolver ou restituir, como no caso de autos do processo levados em carga pelo funcionário.

Na conduta de *inutilizar* tem sentido de estragar, destruir, tornar inútil para o fim que se destina, configurando-se o delito tanto em caso de destruição total quanto parcial.

Por fim, salienta-se que é indiferente que a destruição de um documento seja total ou parcial, desde que desapareça parte essencial, comprometendo o todo.

32.6.4 Tipo subjetivo

É o dolo, representado pela vontade consciente de praticar qualquer uma das condutas anteriormente elencadas, não se exigindo nenhuma vontade específica do autor.

---

[6]   STJ, AP 267, *DJe* 02.08.2004.

Vale registrar que eventual conduta culposa, caracterizada pela falta de zelo com o documento ou livros públicos, poderá caracterizar apenas falta funcional.

32.6.5 Consumação e tentativa

Consuma-se o crime quando há o efetivo extravio, sonegação ou inutilização de livro oficial ou qualquer outro documento. É admissível tentativa.

Ressalta-se que o delito ora estudado não deve ser confundido com a figura típica do art. 305 do CP, já que nesse último tem por objetivo a frustação da fé pública, em proveito próprio ou alheio; enquanto no art. 314 do CP, tem natureza subsidiária, consumando pela simples sonegação, inutilização ou extravio do livro, sem finalidade específica de tirar proveito ou beneficiar terceiros.

32.7 Emprego irregular de verbas ou rendas públicas – Art. 315

32.7.1 Considerações iniciais

Trata-se do mais antigo dos crimes contra as finanças públicas, o bem jurídico que é tratado de forma ampla entre os arts. 359-A a 359-H. O que se visa é a proteção das verbas públicas de uma administração irregular.

Em razão da pena cominada, admite-se a aplicação de transação penal e de suspensão condicional do processo, conforme Lei n. 9.099/1995.

A ação é pública e incondicionada.

32.7.2 Sujeitos do delito

Somente será sujeito ativo aquele que tem o poder de dispor sobre as verbas ou rendas públicas, tais como presidente da República e seus ministros, governadores, secretários, diretores de entidades paraestatais, administradores públicos.

Tratando-se de prefeito municipal, a conduta se subsume ao disposto no art. 1º, III, do Decreto-lei n. 201/1967.

32.7.3 Tipo objetivo

O presente delito visa impedir o emprego tumultuado, irracional e arbitrário de verbas, rendas e possíveis aplicações pelo Administrador Público. Pune-se, com isso, o emprego irregular de fundos públicos (verbas e rendas) em desacordo com a lei orçamentária.

Dos crimes praticados por funcionário público contra a administração em geral **363**

32.7.4 Tipo subjetivo

Trata-se de crime doloso, consciente na vontade de desviar fundos públicos da meta especificada em lei, sendo irrelevante a finalidade da conduta.

32.7.5 Consumação e tentativa

Consuma-se quando da efetiva aplicação irregular dos fundos públicos, com finalidade não especificada em lei.

A tentativa é possível quando há a simples destinação, sem posterior aplicação.

32.8 Concussão – Art. 316

32.8.1 Considerações iniciais

Tutela-se a moralidade da Administração Pública, buscando a proteção do patrimônio do particular constrangido pelo ato criminoso o agente.

Ademais, o tipo traz uma ideia de obtenção indevida de vantagem pelo funcionário público, valendo-se dessa qualidade. Pode ser vista como uma modalidade de extorsão (art. 158 do CP), embora não haja uma identidade perfeita com esse crime, pois, enquanto na extorsão requer a violência ou a ameaça de causa mal injusto e grave, no art. 316, CP é suficiente o temor genérico da autoridade para o reconhecimento da concussão.

Em virtude da pena, não se aplica nenhum dos benefícios da Lei n. 9.099/1995.

A ação é pública e incondicionada.

32.8.2 Sujeitos do delito

O sujeito ativo pode ser qualquer funcionário público no sentido amplo, nos termos do art. 327 do CP, incluindo também aquele que, apenas nomeada, embora ainda não esteja no exercício de sua função.

E mais, caso o funcionário público ocupe cargo em comissão ou de função de direção ou assessoramento de órgão da administração direta, sociedade de economia mista, empresa pública ou fundação instituída pelo Poder Público, a pena sofrerá aumento de um terço.

O particular também poderá concorrer na prática delituosa, desde que conheça a circunstância subjetiva elementar do tipo e colaborar com a ação criminosa do autor funcionário público, nos termos do art. 30 do CP.

364 Direito Penal: Parte Especial – Vol. 2

O sujeito passivo é a Administração Pública, concomitantemente com a pessoa constrangida, podendo ser esta particular, ou mesmo outro funcionário.

32.8.3 Tipo objetivo

A conduta típica consiste em *exigir* o agente, por si ou por interposta pessoa, explícita ou implicitamente, vantagem indevida, abusando da sua autoridade pública como meio de coação.

Destaca que a característica comum desse delito é que seja cometido *metus publicae potestatis* ou *autorictatis causa*, isto é, a vítima teme represálias por parte do funcionário, em decorrência da condição da autoridade ou da ameaça, concreta ou velada.

Tal exigência de vantagem deve haver sempre algum tipo de intimidação sobre o particular ofendido, devendo ter necessariamente algo coercitivo. Sendo assim, o agente impõe, ordena, de forma intimidativa ou coativa, a vantagem que almeja.

No entanto, é preciso pontuar que não se pode confundir o tipo do presente artigo com mera solicitação de vantagem sem intimidação, já que essa última figura é previsto no art. 317 do CP.

No que se trata de vantagem indevida, a forma mais comum dessa vantagem será a econômica, mas pode ocorrer de outra natureza também, tais como a entrega de bens, favor sexual, vantagem funcional, como remoção ou promoção.

32.8.4 Tipo subjetivo

O tipo é doloso, com vontade consciente de exigir para si ou para outrem, vantagem indevida, abusando da função pública exercida.

32.8.5 Consumação e tentativa

Trata-se de delito formal, a conduta de exigir de consuma desde logo, perfazendo-se com mera coação, independente de efetivo recebimento de vantagem. Com isso, basta que o funcionário público tenha exigido do particular indevidamente.

Admite-se a tentativa em caso da carta concussionária interceptada antes de chegar ao conhecimento do particular lesado.

32.8.6 Excesso de exação

32.8.6.1 *Considerações iniciais*

Exação é a cobrança rigorosa, de forma exata, correta e pontual do tributo, sem variação para mais, que é o que se espera do servidor da

Dos crimes praticados por funcionário público contra a administração em geral **365**

fiscalização. O excesso de exação é a cobrança de tributos além do devido, constituindo caso típico de abuso de poder por parte da fiscalização.

Em virtude da pena, não se aplica nenhum dos benefícios da Lei n. 9.099/1995.

A ação é pública e incondicionada.

32.8.6.2 Sujeitos do delito

O sujeito ativo é o funcionário público, servidor fazendário.

Embora o crime seja próprio de funcionário público, comunica-se ao coautor a circunstância elementar representada pela qualidade do funcionário.

O sujeito passivo primário é a Administração Pública e, secundariamente, a pessoa atingida pela conduta típica.

32.8.6.3 Tipo objetivo

O tipo apresenta duas modalidades, ambas comissivas[7]. Na primeira modalidade, o chamado *excesso de exação próprio*, há exigência de tributo além do devido, sendo a conduta, portanto, assemelhada à concussão, o que resta claro pelo uso, em ambas, do verbo *exigir*. Na segunda figura, o valor é devido, mas há emprego de meio vexatório, ou gravoso que a lei não autoriza, para sua cobrança, à semelhança do que se dá com o crime do art. 71 do CDC. O meio *vexatório* é aquele que expõe o contribuinte, submetendo-o à vergonha ou humilhação. *Gravoso* é o meio que causa ônus maiores que os necessários (BALTAZAR JUNIOR, 2017, p. 292).

Não haverá crime se o funcionário age no estrito cumprimento do dever legal, como ao exigir o comprovante do prévio recolhimento do ICMS por ocasião do despacho aduaneiro, em consonância com Instrução Normativa da SRF.

O Estado, mesmo enriquecido com o crime, repudia, com veemência, as arbitrariedades do seu servidor.

No que se refere à previsão do § 2º do presente artigo, cuida-se de progressão criminosa, subordinada à ocorrência prévia da conduta do § 1º. Para que o servidor desvie, em proveito próprio ou alheio, o excesso da cobrança indevida, deverá ocorrer previamente a conduta do § 1º.

---

[7]   STF, RHC 81.747.

366 Direito Penal: Parte Especial – Vol. 2

32.8.6.4 Tipo subjetivo

Trata-se de crime doloso, que consiste na vontade dirigida à exigência de tributo ou contribuição social indevida, ou a emprego de meio gravoso ou vexatório na sua cobrança.

32.8.6.5 Consumação e tentativa

O excesso de exação próprio se consuma com a simples exigência, sendo crime formal; enquanto o excesso vexatório requer a cobrança do tributo pelo meio inadequado.

A tentativa pode ocorrer caso a cobrança se dê por escrito.

32.9 Corrupção passiva – Art. 317

32.9.1 Considerações iniciais

A moralidade administrativa é o bem jurídico aqui tutelado, protegendo-se o regular andamento da atividade administrativa.

No crime de corrupção, a bilateralidade não é essencial, basta que o funcionário solicite a vantagem, configurando-se o delito ainda que o particular não o entregue.

Sabe-se que a prática da corrupção no Brasil, com longos antecedentes históricos, é objeto de preocupação da comunidade internacional, a tal ponto que veio a ser promulgada uma Convenção da ONU contra a Corrupção (Convenção de Mérida). Além disso, reconhecendo a relação entre corrupção e crime organizado, a matéria é tratada no item I do art. 8° da Convenção de Palermo, que trata da criminalidade organizada (BALTAZAR JUNIOR, 2017, p. 294).

Em razão da pena cominada no *caput*, nenhum dos benefícios da Lei n. 9.099/1995 será admitido.

A ação é pública e incondicionada.

32.9.2 Sujeitos do delito

É um crime próprio de servidor, mesmo que este esteja afastado de sua função ou ainda não a tenha assumida, desde que a cobrança se dê em razão dela. Também se configura para aquele que ainda que não assumiu o seu posto, mas em razão dele, solicita ou recebe a vantagem ou promessa de vantagem indevida, pratica o delito de corrupção. Caso o funcionário ocupe cargo em comissão ou de função de direção ou assessoramento de órgão da administração direta, sociedade de economia

Dos crimes praticados por funcionário público contra a administração em geral **367**

mista, empresa pública ou fundação instituída pelo poder público, a pena sofrerá aumento de um terço.

Admite-se a coautoria ou participação de particular, como quando a cobrança é feita por pessoa interposta, que não pertence aos quadros do serviço público, na chamada corrupção indireta, prática comumente adotada para dificultar a responsabilização penal do funcionário.

Quando se tratar de funcionário fiscal de rendas, o crime será o crime contra a ordem tributária previsto no art. 3°, II, da Lei n. 8.137/1990. Se o agente for testemunha, perito não oficial, tradutor ou intérprete em processo judicial, policial, administrativo ou em juízo arbitral, o crime será o do art. 342 do CP, com um aumento de pena de 1/6 a 1/3, art. 342, § 1°, CP.

O sujeito passivo é o Estado, mais especificamente a Administração Pública, bem como a pessoa constrangida pelo agente público, desde que esse não tenha praticado o crime de corrupção ativa.

32.9.3 Tipo objetivo

Solicitar é pedir, procurar, buscar, induzir, manifestar o desejo de receber, sendo a essência dessa modalidade que a iniciativa tenha partido do funcionário público.

Receber é tomar, obter, acolher, alcançar, entrar na posse, cuidando-se da modalidade bilateral.

Aceitar promessa de vantagem indevida, que também é modalidade bilateral do delito, consiste em consentir, concordar, estar de acordo, anuir ao recebimento. O tipo requer a obtenção de vantagem indevida, não limitada àquela de natureza econômica.

O crime de corrupção passiva consuma-se ainda que a propina esteja relacionada com atos que formalmente não se inserem nas atribuições do funcionário público, bastando para tanto que haja uma relação indireta com a função pública.

A solicitação pode ocorrer de forma explícita ou implícita, seja a sugestão feita de forma verbal ou mesmo mediante comportamento astucioso do agente, que deixa transparecer a proposta de vantagem.

Deve-se destacar que, nas duas últimas figuras, a iniciativa do ato parte do particular, seguindo-se à concordância do funcionário. Desse modo, a corrupção do funcionário é chamada de passiva em atenção ao sentido da vantagem, podendo estar configurada a conduta ativa do funcionário, que faz a solicitação.

Cumpre observar que recentes decisões do Supremo Tribunal Federal a respeito da interpretação do art. 317 do CP são no sentido de que

368 Direito Penal: Parte Especial – Vol. 2

"se exige, para a configuração do delito (de corrupção passiva), apenas o nexo causal entre a oferta (ou promessa) de vantagem indevida e a função pública exercida, sem que necessária a demonstração do mesmo nexo entre a oferta (ou promessa) e o ato de ofício esperado, seja ele lícito ou ilícito" (Voto da Ministra Rosa Weber no Inq n. 4.506/DF)[8].

Com efeito, nem a literalidade do art. 317 do CP, nem sua interpretação sistemática, nem a política criminal adotada pelo legislador parecem legitimar a ideia de que a expressão "em razão dela", presente no tipo de corrupção passiva, deve ser lida no restrito sentido de «ato que está dentro das competências formais do agente». A expressão «ato de ofício» aparece apenas no *caput* do art. 333 do CP, como um elemento normativo do tipo de corrupção ativa, e não no *caput* do art. 317 do CP, como um elemento normativo do tipo de corrupção passiva. Ao contrário, no que se refere a este último delito, a expressão «ato de ofício» figura apenas majorante do art. 317, § 1°, do CP e na modalidade privilegiada do § 2° do mesmo dispositivo.

Além disso, a desnecessidade de que o ato pretendido esteja no âmbito das atribuições formais do funcionário público fornece uma visão mais coerente e íntegra do sistema jurídico. A um só tempo, são potencializados os propósitos da incriminação – referentes à otimização da proteção da probidade administrativa, seja em aspectos econômicos, seja em aspectos morais – e os princípios da proporcionalidade e da isonomia. Conclui-se, que o âmbito de aplicação da expressão "em razão dela", contida no art. 317 do CP, não se esgota em atos ou omissões que detenham relação direta e imediata com a competência funcional do agente. Assim, o nexo causal a ser reconhecido é entre a mencionada oferta ou promessa e eventual facilidade ou suscetibilidade usufruível em razão da função pública exercida pelo agente[9].

Desse modo, o crime se configura quando o beneficiário das vantagens é o particular e não a administração pública. Posto isso, não há crime no caso de funcionário que recebe dinheiro de particular e emprega-o na própria repartição para fins de melhoria do serviço público, conduta que não se enquadra nos tipos de corrupção nem de peculato.

É de se notar que não há lesão à administração pública, seja de ordem patrimonial ou mesmo ao andamento do serviço. Isso significa que nada impede que órgãos públicos recebam doações de particulares para o exercício de seus fins próprios.

---

[8] Supremo Tribunal Federal. Disponível em: http://portal.stf.jus.br/processos/downloadTexto.asp?id=4536769&ext=RTF. Acesso em: 9 dez. 2022.

[9] STJ, *Informativo* 635. Disponível em: https://ww2.stj.jus.br/jurisprudencia/externo/informativo/?acao=pesquisarumaedicao&livre=@cod=%270635%27. Acesso em: 9 dez. 2022.

Dos crimes praticados por funcionário público contra a administração em geral **369**

Por fim, cuidando-se de crime que atenta contra a administração pública, é inaplicável o princípio da insignificância, conforme inteligência da Súmula 599 do STJ.

32.9.4 Tipo subjetivo

O tipo é doloso, consistente na vontade de receber, solicitar ou aceitar vantagem indevida, para si ou para outrem.

Não há previsão de forma culposa.

32.9.5 Consumação e tentativa

Tem-se que a modalidade *receber* é material, consumando-se com a efetiva entrega da vantagem[10], as mais das vezes estará o crime consumado nas modalidades de *aceitar promessa* ou *solicitar*, que são formais e se consumam com a mera solicitação ou aceitação, expressa ou tácita da vantagem, uma vez que o tipo é misto alternativo e se consuma com a prática de qualquer das condutas descrita[11].

Vale destacar que é irrelevante o fim ou a destinação concretizado ou visado pelo agente em relação aos valores recebidos, o que constitui mera fase de exaurimento do crime[12].

Desse modo, a Convenção da ONU contra a Corrupção estabelece, em seu art. 3º que a aplicação do texto não requer "que os delitos enunciados nela produzam dano ou prejuízo patrimonial ao Estado", como a seguir destacado:

> Art. 3º, 2: Para a aplicação da presente Convenção, a menos que contenha uma disposição em contrário, não será necessário que os delitos enunciados nela produzam dano ou prejuízo patrimonial ao Estado.

Na jurisprudência predomina a inadmissibilidade de tentativa.

32.10 Facilitação de contrabando ou descaminho – Art. 318

32.10.1 Considerações iniciais

O presente delito trata da participação do funcionário público na prática dos crimes de descaminho e contrabando. Excepciona-se a teoria monista ou unitária trazida pelo art. 29 do CP, tratando esse tipo como delito autônomo.

---

[10] STF, AP 470, El-sextos, Barroso, Pleno, 13.03.2014.
[11] STJ, AP 865, Benjamin, Corte Especial, 20.11.2013.
[12] STF, Inq. 2245, Barbosa, Pl., *DJ* 08.11.2007, caso *Mensalão*.

370 Direito Penal: Parte Especial – Vol. 2

Cuida-se de modalidade de crime funcional que pode voltar-se, quando se cuidar de descaminho, contra a ordem tributária, quando o funcionário, que tendo o dever de coibir, facilita sua prática. Os demais crimes funcionais tributários figuram a Lei 8.137/90, art. 3º, que trata das formas especiais de corrupção, concussão, inutilização de documento e advocacia administrativa.

Por se tratar de crime praticado em detrimento dos interesses da União, o processo e julgamento competem à Justiça Federal, ainda que o funcionário criminoso seja da esfera estadual.

A pena cominada ao delito não admite nenhum dos benefícios da Lei n. 9.099/1995.

A ação penal é pública e incondicionada.

32.10.2 Sujeitos do delito

Tem-se como sujeito ativo o funcionário público incumbido de impedir a prática do contrabando e do descaminho. Caso não ostente essa atribuição funcional, responderá pelos delitos de descaminho (art. 334 do CP) ou de contrabando (art. 334-A do CP) na condição de partícipe.

E mais, caso o funcionário público ocupe cargo em comissão ou de função de direção ou assessoramento de órgão da administração direta, sociedade de economia mista, empresa pública ou fundação instituída pelo poder público, a pena sofrerá aumento de um terço.

O particular também poderá concorrer na prática delituosa, desde que conheça a circunstância subjetiva elementar do tipo e colaborar com a ação criminosa do autor funcionário público, nos termos do art. 30 do CP.

O sujeito passivo é a União.

32.10.3 Tipo objetivo

A conduta *facilitar* é tornar mais fácil, afastando os obstáculos ou auxiliando, seja por ação ou omissão, a prática dos crimes de descaminho e de contrabando.

Vale ressalvar que por *descaminho* entende-se a fraude empregada para iludir, total ou parcialmente, o pagamento de impostos de importação, exportação ou consumo, conforme art. 334 do CP; enquanto no *contrabando* configura a importação ou exportação de mercadoria cuja entrada no país ou saída dele é absoluta ou relativamente proibida, conforme art. 334-A do CP.

Exige-se, ainda, que a facilitação se dê com descumprimento de dever funcional. Não é necessário, no entanto, que o funcionário esteja

Dos crimes praticados por funcionário público contra a administração em geral **371**

de serviço no momento da ocorrência dos fatos, nem que receba vantagem indevida.

A solicitação de vantagem indevida não implica necessariamente a desclassificação para corrupção. Com efeito, a facilitação de contrabando ou descaminho é crime especial em relação ao de corrupção passiva, pois aqui se exige qualidade especial do sujeito ativo, como também que o ato omitido ou praticado tenha necessariamente relação com a prática do contrabando e descaminho.

Assim, como exemplo, quando o Policial Rodoviário Federal ou Policial Federal deixa de aprender mercadorias irregularmente introduzidas no território nacional e de efetuar as prisões devidas.

Por fim, a facilitação de contrabando e descaminho absorve a concussão e a corrupção passiva, embora tenha este delito pena máxima superior, em decorrência de alteração promovida pela Lei 10.763/03, na qual não se atentou para o desequilíbrio gerado se comparadas as penas dos delitos dos arts. 316, 317 e 318 do CP.

32.10.4 Tipo subjetivo

É o dolo, sendo irrelevante o fato de o agente visar ou não à obtenção de vantagem indevida.

Não se pune a forma culposa.

32.10.5 Consumação de tentativa

Cuida-se de crime formal, de modo que, para a consumação, basta à facilitação por parte do agente, independentemente de ter sido ou não consumado o contrabando ou descaminho.

Exige-se, porém, que a prova prática, consumada ou tentada, dos ilícitos que está vinculado. Caso se conclua pela atipicidade do descaminho ou de contrabando, não há falar em delito de facilitação.

Quanto à tentativa admite-se apenas nas formas comissivas, hipótese em que o delito permite o fracionamento de sua execução.

32.11 Prevaricação – Art. 319

32.11.1 Considerações iniciais

Prevaricação vem do latim *praevaricatio*, que significa andar desviado do caminho direito, assumindo a ideia de infidelidade ao dever do ofício.

372   Direito Penal: Parte Especial – Vol. 2

Protege-se a administração contra os comportamentos de funcionários desidiosos, que ignoram cumprir o seu dever, preferindo satisfazer interesse próprio em detrimento da coletividade.

De acordo com a pena aplicada, admite-se a aplicação de transação penal e de suspensão condicional do processo, conforme a Lei 9.099/1995.

A ação é pública e incondicionada.

32.11.2 Sujeitos do delito

O sujeito ativo é o funcionário público (art. 327 do CP), sendo perfeitamente possível a participação de terceiro não qualificado, desde que conhecer da condição funcional do agente público (art. 30 do CP).

Caso o funcionário público ocupe cargo em comissão ou de função de direção ou assessoramento de órgão da administração direta, sociedade de economia mista, empresa pública ou fundação instituída pelo poder público, a pena sofrerá aumento de um terço.

Ademais, a Lei n. 1.079/1950 em seu art. 9°, traz algumas figuras específicas de prevaricação, aplicadas ao presidente da República, ministros de Estado, ministros do STF e procurador-geral da República. Em se tratando de prefeitos, tem-se o Decreto-lei n. 201/1967 em seu art. 1°, V a XXIII.

Destaca-se ainda, que as autoridades administrativas que tiverem conhecimento de crime de sonegação fiscal remeterão ao Ministério Público os elementos comprobatórios da infração para eventual persecução penal, sob pena de prevaricação, se agirem para satisfazer interesse ou sentimento pessoal, conforme art. 7° da Lei n. 4.729/1965.

No que se trata do sujeito passivo, será o ente público, atingido com a conduta irregular do funcionário, podendo ofender, ainda, interesses de particulares.

32.11.3 Tipo objetivo

Tem-se a conduta de *retardar*, que significa protelar, delongar, atrasar, adiar; a conduta de *deixar de praticar* é caracterizada pela omissão do agente que não tem, definitivamente, a intenção do praticar o ato de ofício; e a terceira forma, comissiva, consiste em praticar o ato, mas violando disposição expressa em lei.

A prevaricação consiste no ato de o funcionário público espontaneamente se desvirtuar da finalidade pública que deve ser a de toda a sua vida funcional, para satisfazer interesse pessoal. Trata-se de uma forma de autocorrupção, no sentido de que o funcionário se deixa levar

Dos crimes praticados por funcionário público contra a administração em geral **373**

por alguma vantagem indevida que pretende obter para si, violando, por isso, seus próprios deveres funcionais.

É necessário, mais, que o funcionário tenha competência para a prática do ato, vez que se o ato praticado, omitido ou retardado não era de sua competência, não se pode considerar violação ao dever funcional.

No que se trata de violação de lei expressa, a interpretação majoritária é no sentido de que a elementar da prática de ato contra disposição expressa de lei somente se aplica na forma comissiva do delito, ou seja, quando o agente pratica o ato.

No que tange ao ato de ofício, tem-se outro requisito indispensável do tipo que é o ato omitido, retardado indevidamente, ou praticado contra disposição expressa em lei, seja *ato de ofício*, ou seja, que o ato esteja no conjunto das atribuições do agente.

Alguns exemplos são: indicação de amigo íntimo como beneficiário de pagamento de precatório sem obediência a ordem cronológica; liberação de veículo apreendido em favor de codenunciado sem a devida regularização; delegado de polícia que retarda, por três dias, a soltura de um preso, ao argumento de não ter recebido o original do alvará.

32.11.4 Tipo subjetivo

O delito é caracterizado pelo dolo do agente, ou seja, vontade consciente de retardar, omitir ou praticar ilegalmente ato de ofício para satisfazer interesse ou sentimento pessoal, pois o agente, em lugar de buscar atingir o interesse público, pretende alguma forma de favorecimento, próprio ou alheio, ou age movido por um sentimento de caráter pessoal.

Não se pune a forma culposa, podendo acarretar responsabilidade civil ou sanção administrativa.

32.11.5 Consumação e tentativa

Consuma-se o crime com o retardamento, a omissão ou a prática do ato, sendo dispensável a satisfação do interesse visado pelo servidor.

Nas modalidades de omitir e retardar, não é possível a tentativa. Admite-se, todavia, tentativa, em tese, na modalidade praticar, quando o ato for plurissubsistente.

32.12 Prevaricação imprópria – Art. 319-A

32.12.1 Considerações iniciais

Cuida-se de uma modalidade específica de prevaricação, introduzida pela Lei 11.466/2007. Como o legislador não lhe conferiu

374 Direito Penal: Parte Especial – Vol. 2

título coube à doutrina a tarefa de denominar esse tipo penal de *prevaricação imprópria*.

O presente artigo visa à proteção da Administração Pública contra comportamentos de funcionários que, ignorando o seu dever funcional, colocam em risco a segurança interna e externa dos presídios, não vedando o acesso dos presos a aparelhos de comunicação.

De acordo com a pena cominada ao delito, admite-se a aplicação dos benefícios da Lei 9.099/1995, cabendo assim, a transação penal e a suspensão condicional do processo.

Vale consignar que, sendo o crime praticado dentro de estabelecimento federal, ou em se cuidando de preso provisório em decorrência de ordem da Justiça Federal, será dessa a competência para processo e julgamento. Nos demais casos, a competência será da Justiça Estadual.

A ação é pública e incondicionada.

32.12.2 Sujeitos do delito

O sujeito ativo não será qualquer funcionário público, mas somente aquele que, no exercício de suas funções, tem o dever de evitar o acesso do preso aos aparelhos de comunicação proibidos.

Sendo assim, é crime próprio de funcionário público atuante na administração penitenciária, uma vez que se exige tenha o dever de vedar o acesso a aparelho que permita comunicação com outros presos ou com o ambiente externo.

O sujeito passivo primário é o Estado e o secundário, a sociedade.

32.12.3 Tipo objetivo

O tipo é *omissivo puro*, de *deixar de cumprir o dever legal*. Não há sua previsão comissiva, não sendo abrangida pelo tipo legal a conduta do funcionário que fornece o aparelho ou o transporta para dentro do estabelecimento.

Tem-se que o objeto do crime é o aparelho telefônico ou de rádio, abrindo-se a possibilidade de interpretação analógica para os casos de aparelhos similares, qual seja, que venha a permitir a comunicação à distância tanto com os outros presos quanto com o exterior do estabelecimento prisional.

32.12.4 Tipo subjetivo

O tipo penal é doloso, caracterizando pela vontade consciente de não vedar, quando obrigado, o acesso do preso ao aparelho de comunicação.

Dos crimes praticados por funcionário público contra a administração em geral **375**

Não se pune a forma culposa, podendo acarretar responsabilidade civil ou sanção administrativa.

32.12.5 Consumação e tentativa

Consuma-se com a mera omissão, independentemente do efetivo acesso do preso ao aparelho ou de sua utilização.

Tratando-se de crime omissivo puro (de mera conduta), a tentativa não é admitida.

32.13 Condescendência criminosa – Art. 320

32.13.1 Considerações iniciais

Cuida-se de uma modalidade privilegiada de prevaricação, onde o sentimento pessoal do agente é a indulgência, a piedade, enquanto a omissão refere-se especificamente à responsabilização de subordinado.

Consigna-se que, incide o princípio da especialidade nos seguintes casos: no CPM, art. 322, que pune a condescendência criminosa praticada na forma do art. 9º do mesmo diploma; e o Decreto-lei n. 3.688/1941 (Lei de Contravenções Penais) em seu art. 66, pune com pena de multa, o servidor que, fora dos casos do art. 320 do CP, deixar de comunicar à autoridade competente qualquer crime de ação pública, de que teve conhecimento no exercício da função pública, desde que a ação não dependa de representação.

De acordo com a pena cominada ao delito, admite-se a aplicação dos benefícios da Lei n. 9.099/1995, cabendo assim, a transação penal e a suspensão condicional do processo.

A ação é pública e incondicionada.

32.13.2 Sujeitos do delito

O sujeito ativo é o superior hierárquico ao autor da infração que deixa de ser apurada ou quando lhe falte competência, não levar o fato ao conhecimento da autoridade competente.

O sujeito passivo é o Estado, ou mais especificamente, a Administração Pública, afetada com a conduta imoral de seu funcionário.

32.13.3 Tipo objetivo

Há duas modalidades, ambas omissivas, cuidando-se de crime omissivo puro. A primeira consiste em deixar de responsabilizar subordinado que cometeu infração no exercício de seu cargo, e a segunda,

376 Direito Penal: Parte Especial – Vol. 2

subsidiária da primeira, em não levar o fato ao conhecimento de autoridade competente.

32.13.4 Tipo subjetivo

É o dolo, além da indulgência, ou seja, a piedade, tolerância ou condescendência para com o autor do fato.

Exige-se que o agente tenha conhecimento não apenas da infração ocorrida, mas também de sua autoria.

32.13.5 Consumação e tentativa

O crime se consuma com qualquer uma das omissões criminosas, ou seja, quando o funcionário superior, depois de tomar conhecimento da infração, perde prazo legalmente previsto para a tomada de providencias contra o subordinado infrator ou deixar de levar ao conhecimento da autoridade competente.

A tentativa não é admitida, por se tratar de crime omissivo próprio.

32.14 Advocacia administrativa – Art. 321

32.14.1 Considerações iniciais

Busca-se com o presente crime, resguardar a moralidade administrativa, impedindo que funcionários públicos patrocinem, valendo-se do cargo, interesse privado em detrimento da Administração Pública.

O bem jurídico tutelado é o bom funcionamento, a transparência, a moralidade da administração pública, bem como os deveres de imparcialidade e moralidade do servidor.

Consigna-se que incide o princípio da especialidade para o CPM, art. 334, que pune a advocacia administrativa perante a administração militar, quando o agente se vale da qualidade de funcionário ou de militar, praticada na forma do art. 9º do mesmo diploma.

De acordo com a pena cominada ao delito, admite-se a aplicação dos benefícios da Lei n. 9.099/1995, cabendo assim, a transação penal e a suspensão condicional do processo.

A ação é pública e incondicionada.

32.14.2 Sujeitos do delito

O sujeito ativo é o funcionário público na ampla definição do art. 327 do CP. Ademais, caso o funcionário público ocupe cargo em comissão ou de função de direção ou assessoramento de órgão da administração

Dos crimes praticados por funcionário público contra a administração em geral **377**

direta, sociedade de economia mista, empresa pública ou fundação instituída pelo poder público, a pena sofrerá aumento de um terço.

Não pode o crime ser cometido por funcionário aposentado, ainda que tenha conservado a influência sobre os ex-colegas.

O sujeito passivo é a Administração Pública, diretamente interessada em coibir o patrocínio de interesses privados junto a seus órgãos.

32.14.3 Tipo objetivo

A conduta típica é patrocinar o agente, direta ou indiretamente, ainda que não no exercício do cargo, emprego ou função, mas valendo-se de sua qualidade de funcionário, interesse privado perante a Administração Pública.

Patrocinar significa advogar, facilitar, favorecer, defender, intermediar em favor de alguém. Ressalta-se que tal crime não pode ser confundido com a execução do ato favorável ao particular, sendo nota marcante desse crime a intermediação de um funcionário no sentido de que o ato seja praticado por outro.

Além disso, o crime requer, ainda, certo grau de engajamento na causa em discussão, com a prática de atos característicos, próprios ou mesmo privativos de advogados.

Portanto, o crime de advocacia administrativa praticada por funcionário se dá quando o agente pleiteia, advoga, a causa de alguém, em processo administrativo, fazendo petições, razões, acompanhando o processo, fazendo pedidos etc.

Não restará configurado o delito quando o servidor atua no exercício regular de um direito.

32.14.4 Tipo subjetivo

É o dolo, consubstanciado na vontade livre e consciente de patrocinar o interesse privado perante a administração, não se exigindo especial fim de agir.

Não se pune a forma culposa.

32.14.5 Consumação e tentativa

É crime formal, consumando-se com a mera interferência em favor do particular, independentemente da obtenção de qualquer vantagem para este terceiro ou para o próprio funcionário.

Não se admite a tentativa.

378 Direito Penal: Parte Especial – Vol. 2

32.15 Violência arbitrária – Art. 322

32.15.1 Considerações iniciais

O delito em questão era considerado por parte da doutrina como tacitamente revogado pela alínea "i" do art. 3º da Lei n. 4.898/1965, que incriminava qualquer atentado à incolumidade física do indivíduo.

No entanto, o STJ entendeu, no HC 48.083/MG, que tal dispositivo estava em vigor, não tendo sido revogado pela alínea "i" do art. 3º da Lei 4.898/1965, uma vez que os tipos penais tratados na Lei de Abuso de Autoridade eram, em regra, subsidiários. Com a revogação da Lei n. 4.898/1965 pela nova Lei de Abuso de Autoridade (Lei n. 13.869/2019), resta eliminada de vez a suspeita de revogação tácita do tipo em estudo.

Consigna-se que incide o princípio da especialidade para o CPM, art. 333, que pune a violência arbitrária em repartição ou estabelecimento militar, praticada na forma do art. 9º do mesmo diploma.

A pena cominada permite a aplicação da suspensão condicional do processo, de acordo com a Lei n. 9.099/1995.

A ação é pública e incondicionada.

32.15.2 Sujeitos do delito

O crime é próprio de funcionário público.

O sujeito passivo é o Estado e, em secundo plano, o indivíduo submetido ao abuso.

32.15.3 Tipo objetivo

A conduta consiste em praticar violência no exercício da função ou a pretexto de exercê-la. A violência deve ser arbitrária, isto é, desacompanhada de circunstâncias fáticas que justifiquem a exaltação por parte do funcionário público.

Exige-se ainda, para a caracterização do crime, que a violência se dê no exercício da função, ou seja, no momento em que o agente está a serviço ou, no mínimo, a pretexto de exercê-la, invocando a condição de funcionário público.

De acordo com o STJ no HC 9278, defende que no caso de concurso de crimes o art. 322 do CP contempla o concurso material *ex vi legis*, ou seja, quer dizer que por conta da expressa determinação legal, as penas são aplicadas cumulativamente, ainda que a conduta seja única, constituindo essa regra uma exceção ao concurso formal de crimes (art. 70 do CP).

Dos crimes praticados por funcionário público contra a administração em geral **379**

32.15.4 Tipo subjetivo

É o dolo, consistente na vontade consciente do agente de praticar a violência arbitrária.

32.15.5 Consumação e tentativa

O delito se consuma com a mera prática da violência física, independentemente de resultado naturalístico.

Não se admite tentativa.

32.16 Abandono de função – Art. 323

32.16.1 Considerações iniciais

O dispositivo quer garantir o regular desenvolvimento das atividades administrativas, que poderão ser afetadas com a anormal interrupção do exercício do cargo do servidor.

Visando não deixar paralisada a máquina pública, o legislador pune a conduta daquele que deixar o cargo público, por prazo juridicamente relevante, de forma a acarretar probabilidade de dano à Administração. O presente delito é equivalente à deserção do direito militar.

De acordo com as penas cominadas, admite-se a aplicação dos benefícios da Lei n. 9.099/1995, como a transação penal e a suspensão condicional do processo.

A ação é pública e incondicionada.

32.16.2 Sujeitos do delito

O sujeito ativo do delito será somente o funcionário ocupante do cargo público pode cometer esse crime, sendo perfeitamente possível a participação de terceiro não qualificado, desde que conhecer da condição funcional do agente público (art. 30 do CP).

Caso o funcionário público ocupe cargo em comissão ou de função de direção ou assessoramento de órgão da administração direta, sociedade de economia mista, empresa pública ou fundação instituída pelo poder público, a pena sofrerá aumento de um terço, conforme prevê a lei penal aquela forma qualificada especial do art. 327, § 2º, do CP.

O sujeito passivo é a Administração Pública, real prejudicada com a interrupção da atividade de seu funcionário.

32.16.3 Tipo objetivo

Abandonar é largar, deixar, desertar, afastar-se, cuida-se de crime omissivo puro. Tal crime somente se configura com o abandono total, podendo o abandono parcial constituir falta administrativa.

Destaca-se que no art. 138 da Lei n. 8.112/1990, estabelece que só configura abandono de cargo a *ausência intencional do* servidor ao serviço por mais de 30 dias consecutivos. Nesse caso, porém, não há crime, já que esse se dá com o abandono puro e simples por parte do servidor, que não mais aparece para trabalhar, sem qualquer aviso.

Ademais, a lei admite o abandono temporário da função pública, como diz o texto legal, nos "casos previstos em lei". Em outros termos, o tipo penal permite que o funcionário se afaste do cargo licitamente, como em licença para tratamento da saúde, em gozo de férias, em licença para tratar de assuntos particulares, em licença para estudos de aperfeiçoamento, com ou sem remuneração etc. Todavia isso, não tem o sentido de abandono (deixar ao desamparo), representando, no máximo, ausência ou afastamento autorizado, que tem sentido completamente diferente de abandonar.

Contudo, o abandono pode ser justificado, embora o texto legal não faça a ressalva com a elementar "sem justa causa", pela presença das excludentes tradicionais. Quando, por exemplo, o abandono for causado por motivo de força maior ou estado de necessidade, evidentemente, nessas hipóteses, não haverá crime. Cessados, contudo, a força maior ou o estado de necessidade, e continuando ausente o funcionário público, caracterizar-se-á o abandono criminoso da função.

No que se refere à qualificadora do § 1º, tem-se que o prejuízo qualificador do abandono não pode ser aquele próprio e inerente ao abandono, mas outro, além deste, sob pena de todo e qualquer abandono restar sempre qualificado, e, certamente, não é esse o sentido da lei, caso contrário, o prejuízo deveria constar como elementar do tipo e não simplesmente como uma qualificadora contida no tipo derivado. Em outros termos, o prejuízo qualificador do abandono deve consistir em um dano diverso daquele inerente à violação do dever funcional do cargo abandonado.

Já no que se refere à qualificadora do § 2º, qual seja, a ocorrência do abandono em lugar abrangido por faixa de fronteira, de acordo com a Lei n. 6.634/1979, é aquela situada dentro de cento e cinquenta quilômetros ao longo das fronteiras nacionais, como, aliás, já estabelecia a CF de 1937. Justifica-se essa qualificadora pela importância estratégica que a Administração Pública ocupa nesses locais, especialmente, no caso brasileiro, onde longos trechos das fronteiras com países limítrofes

Dos crimes praticados por funcionário público contra a administração em geral **381**

ocorrem por linhas secas. A eventual deserção ou abandono do funcionário pode, inclusive, colocar em risco a própria segurança nacional.

32.16.4 Tipo subjetivo

O crime é doloso na vontade do agente abandonar o cargo, interrompendo o serviço desempenhado, sabendo da possibilidade de dano que seu ato arbitrário poderá acarretar ao interesse público.

Não se pune a forma culposa.

32.16.5 Consumação e tentativa

Consuma-se, o delito, sempre que a ausência injustificada perdurar por tempo suficiente para configurar dano à Administração Pública.

Não se admite tentativa por se tratar de crime omissivo próprio, sendo que sua execução não permite fracionamento.

32.17 Exercício funcional ilegalmente antecipado ou prolongado – Art. 324

32.17.1 Considerações iniciais

Tutela-se o regular desenvolvimento das atividades administrativas, as quais poderão se desordenar com o ingresso irregular do funcionário.

Protege-se a probidade de função pública, sua respeitabilidade, bem como a integridade de seus funcionários. A atuação funcional do agente público pressupõe, por isso mesmo, a legitimidade de sua investidura no cargo e na função, sendo, portanto, incompatível tanto com sua antecipação quanto com sua permanência indevida. Em síntese, esse dispositivo legal tutela o funcionamento regular e normal da administração pública, proibindo o exercício ilícito e abusivo da função no interesse da eficiência da atividade prestada à coletividade.

De acordo com as penas cominadas, admite-se a aplicação dos benefícios da Lei n. 9.099/1995, como a transação penal e a suspensão condicional do processo.

A ação é pública e incondicionada.

32.17.2 Sujeitos do delito

Sujeito ativo somente pode ser o funcionário público nomeado, antes, porém, de ter tomado posse, por falta de cumprimento de formalidades legais, na primeira modalidade de conduta que trata da antecipação do exercício; ou na segunda modalidade, que trata da permanência

382 Direito Penal: Parte Especial – Vol. 2

indevida na função, o funcionário público afastado por exoneração, remoção, substituição ou suspensão.

Sujeito passivo é o Estado (União, Estados-membros, Distrito Federal e municípios), além dos órgãos públicos relacionados no § 1º do art. 327.

32.17.3 Tipo objetivo

O exercício funcional ilegalmente antecipado ou prolongado consiste na antecipação do exercício da função, antes de satisfazer às exigências legais, ou em continuar a exercê-la – sem autorização – mesmo sabendo oficialmente que foi exonerado, removido, substituído ou suspenso.

São duas as condutas incriminadas, uma se trata de entrar no exercício da função pública antes de satisfeitas as exigências legais (elemento normativo do tipo): é norma penal em branco, complementada, por exemplo, pelo Estatuto dos Funcionários Públicos Civis da União; a outra se trata de continuar a exercê-la (a função pública), sem autorização (elemento normativo do tipo), depois de saber oficialmente que foi exonerado, removido, substituído ou suspenso.

Assim, na primeira, proíbe-se o início irregular da função; na segunda, o exercício prolongado, sem autorização, quando tem conhecimento oficial de que já se encontra legalmente impedido de exercê-la.

32.17.4 Tipo subjetivo

O crime é doloso na vontade consciente do agente exercer função pública, sabendo estar impedido, tanto antecipadamente, como nela prosseguir indevidamente. É necessário que o funcionário tenha conhecimento da irregularidade.

Não se pune a modalidade culposa.

32.17.5 Consumação e tentativa

Consuma-se o crime com a prática, ilegalmente antecipada ou prolongada, de um ato de ofício, uma vez que, por si só, já representará exercício da função pública. O mesmo ocorre com a prática de qualquer ato de ofício – sem autorização – após saber oficialmente que se encontra impedido por qualquer das medidas mencionadas no *caput*. Tratando-se de crime comissivo, exige a prática efetiva pelo agente de algum ato oficial, que não se configura pela simples omissão, embora seja desnecessária a ocorrência de dano efetivo para a Administração Pública.

Admite-se a tentativa por tratar-se de crime plurissubsistente, permitindo o fracionamento da execução, quando o agente se apresenta na repartição e é impedido pelo chefe ou diretor.

Dos crimes praticados por funcionário público contra a administração em geral **383**

32.18 Violação de sigilo funcional – Art. 325

32.18.1 Considerações iniciais

Tutela-se o sigilo das informações inerentes à Administração Pública, essencial para o regular andamento das atividades administrativas.

De acordo com as penas cominadas no *caput* e no § 1º admite-se a aplicação da transação penal e da suspensão condicional do processo, desde não incida a majorante do art. 327, § 2º, do CP, quando somente o segundo benefício será permitido. Se, por outro lado, se tratar do § 2º, não haverá espaço para nenhum dos institutos despenalizadores.

A ação é pública e incondicionada.

32.18.2 Sujeitos do delito

O sujeito ativo será o funcionário público com acesso legítimo à informação sigilosa.

Ressalta-se que, se ausente a qualidade de funcionário público, o crime será o do art. 153, § 1º-A, do CP.

O sujeito passivo será a Administração Pública.

32.18.3 Tipo objetivo

Em relação à modalidade do *caput*, a primeira conduta consiste em *revelar*, ou seja, dar a conhecer o que era secreto ou ignorado. A segunda conduta do *caput* consiste em *facilitar a revelação*, o agente não relata o fato diretamente, mas facilita a sua chegada ao conhecimento de terceiros.

Essa matriz típica objetiva a proteção do sigilo funcional específico, próprio e típico da função pública, para manter secretos ou sigilosos fatos relevantes, inerentes à função pública, punindo a violação do sigilo de fatos que se tem conhecimento no exercício de certos cargos públicos. A proteção inclui o segredo oral e não apenas o documental, ou seja, não importa a forma ou o meio pelo qual o funcionário toma conhecimento do fato ou do segredo: por escrito, oralmente, compulsando documentos etc.; desde que tal conhecimento tenha ocorrido em razão do cargo público que exerce, tampouco é relevante o meio ou forma pela qual faz a revelação, desde que, ressalta a descrição típica, se trate de fato que deva permanecer em segredo. É indispensável, contudo, uma relação causal entre o conhecimento do segredo e a especial qualidade do sujeito ativo – em razão de cargo público –, isto é, um nexo causal entre o exercício de cargo ou função pública e o conhecimento do segredo,

384 Direito Penal: Parte Especial – Vol. 2

que é exatamente o aspecto revelador da infidelidade funcional do sujeito ativo, que a norma penal pretende proteger.

Em outros termos, a ciência do fato deve chegar ao conhecimento do sujeito ativo exatamente em razão do cargo que ocupa. Assim, se teve ciência do fato por outros meios que não em razão do cargo público, a sua divulgação não se adequa à descrição desse tipo penal, podendo tipificar outro crime.

No que se trata do § 1º do presente artigo, a Lei n. 9.983/2000 introduziu duas novas figuras sob a rubrica da violação de sigilo funcional, em decorrência do aumento do número e da expressão dos bancos de dados informatizados no âmbito da administração pública, sujo acesso se dá mediante senhas.

O inciso I incrimina a conduta de quem permite ou facilita, mediante atribuição, fornecimento ou empréstimo de senha ou qualquer outra forma, o acesso de pessoas não autorizadas aos sistemas de informações ou bancos de dados da administração pública.

Já o inciso II incrimina a conduta daquele que se utiliza, de acesso restrito. Nesse caso, o agente devidamente autorizado para acessar as informações, delas faz uso indevido, ou seja, inadequado, não autorizado, desviado, alheio aos fins públicos para os quais foi habilitado.

O delito do art. 325 do CP é subsidiário, aplicando-se apenas se o fato não constituir crime mais grave.

O dever de sigilo instituído para assegurar a regularidade administrativa merece atenção tanto na esfera penal quanto na processual penal, já que configura crime sua violação, e no processo uma proibição de depor pessoas que, em razão de função, ministério, ofício ou profissão, devam guardar segredo, salvo se desobrigadas pela parte interessada, quiserem dar o seu testemunho (art. 207 do CPP). Com isso, o servidor público na qualidade de testemunha, diante de um magistrado, pode escusar-se de depor para resguardar segredo inerente ao seu cargo, estando acobertado pela descriminante do estrito cumprimento de um dever legal, conforme art. 23, III, do CP.

Por fim, o § 2º prevê uma qualificadora se da ação ou omissão resulta dano à Administração Pública ou a outrem. O que seria mero exaurimento, aqui se torna uma figura criminosa mais gravosa.

32.18.4 Tipo subjetivo

Elemento subjetivo é o dolo, representado pela vontade livre e consciente de revelar segredo de que tem conhecimento em razão de cargo público, tendo consciência de que se trata de fato protegido por sigilo funcional e que o dever funcional lhe impede que o divulgue, ou

Dos crimes praticados por funcionário público contra a administração em geral **385**

seja, com conhecimento de todos os elementos constitutivos da descrição típica.

É desnecessário, contudo, que o agente tenha consciência de que a revelação é ilegítima, ou seja, sem justa causa. Não há exigência de nenhum elemento subjetivo especial do injusto, nem mesmo a finalidade de obter qualquer vantagem com a revelação, que, se existir, poderá caracterizar outro crime, como corrupção passiva ou concussão.

Não se pune a modalidade culposa.

32.18.5 Consumação e tentativa

Consuma-se no momento em que terceiro não autorizado conhecer do segredo. Trata-se de crime formal, cuja caracterização independe de ocorrência de efetivo prejuízo, bastando à potencialidade de dano.

Não se admite a tentativa.

32.19 Violação do sigilo de proposta de concorrência – Art. 326

O presente dispositivo foi implicitamente revogado pelo art. 94 da Lei n. 8.666/1993, que institui normas para licitações e contratos da Administração Pública e dá outras providências. Tal artigo disciplina integralmente a matéria que constava do art. 326 do CP, nos seguintes termos: "Devassar o sigilo de proposta apresentada em procedimento licitatório, ou proporcionar a terceiro o ensejo de devassá-lo: Pena – detenção, de dois a três anos, e multa".

A consideração sobre essa revogação tácita mantém-se integralmente válida após a edição da nova Lei de Licitações (Lei n. 14.133/2021).

32.20 Funcionário público

Art. 327. Considera-se funcionário público, para os efeitos penais, quem, embora transitoriamente ou sem remuneração, exerce cargo, emprego ou função pública.

§ 1º Equipara-se a funcionário público quem exerce cargo, emprego ou função em entidade paraestatal, e quem trabalha para empresa prestadora de serviço contratada ou conveniada para a execução de atividade típica da Administração Pública.

§ 2º A pena será aumentada da terça parte quando os autores dos crimes previstos neste Capítulo forem ocupantes de cargos em comissão ou de função de direção ou assessoramento de órgão da administração direta, sociedade de economia mista, empresa pública ou fundação instituída pelo poder público.

Diversamente da conceituação conferida pelo Direito Administrativo, o Direito Penal considera funcionário público quem, embora

386   Direito Penal: Parte Especial – Vol. 2

transitoriamente ou sem remuneração, exerce cargo, emprego ou função pública.

Vale relembrar os conceitos já exauridos no início do presente Capítulo, quais sejam: *cargo público*, com denominação própria, atribuições específicas e estipêndio correspondente, para ser provido e exercido por um titular, na forma estabelecida em lei; *função* é a atribuição ou conjunto de atribuições que a Administração confere a cada categoria profissional, ou comete individualmente a determinados servidores para a execução de serviços eventuais; e o *emprego público*, por sua vez, é o serviço temporário, com contrato em regime especial ou de conformidade com o disposto na CLT. O conceito de funcionário público fornecido pelo art. 327, *caput*, do CP estende-se a toda a legislação penal extravagante.

Ademais, o CP, no art. 327, adotou a noção extensiva e deu maior elasticidade ao conceito de funcionário público. Isto é, não exige, para caracterização deste, o exercício profissional ou permanente da função pública. Basta o indivíduo exercer, ainda que temporariamente e sem remuneração, cargo, emprego ou função pública.

A Lei n. 9.983/2000 acrescentou o § 1º ao art. 327, que equipara a funcionário público quem exerce cargo, emprego ou função em entidade paraestatal, nos seguintes termos: "equipara-se a funcionário público quem exerce cargo, emprego ou função em entidade paraestatal, e quem trabalha para empresa prestadora de serviço contratada ou conveniada para a execução de atividade típica da Administração Pública". Esse dispositivo equiparou, igualmente, a funcionário público, para fins penais, quem trabalha para empresa prestadora de serviço contratada ou conveniada.

Vale consignar que há outra elementar típica no conceito de equiparação de funcionário público que exige a execução de atividade típica da Administração Pública. O § 1º do art. 327 não dá margem a dúvidas quanto à qualidade de funcionário público quando, por exemplo, determinado hospital, por meio de seus médicos ou administradores, atende pacientes pelo SUS, mediante convênio. Essa atividade, não se pode negar, é tratada como *atividade típica da Administração Pública*, consoante o disposto no art. 194 da CF, que pode ser gerida, complementarmente, pela iniciativa privada (art. 24, parágrafo único, da Lei n. 8.080/1990).

A causa de aumento no art. 327, § 2º, do CP que define funcionário público para efeitos penais, tem endereço certo: destina-se a funcionários públicos – próprios ou impróprios – que exerçam cargos em comissão ou função de direção ou assessoramento de órgão da administração direta, sociedade de economia mista, empresa pública ou fundação instituída pelo Poder Público.

33

Dos crimes praticados por particular contra a administração em geral

O presente capítulo elenca um rol de crimes praticados por qualquer pessoa, podendo ser particulares ou funcionários públicos – este último quando despidos da qualidade funcional – contra a administração em geral.

33.1 Usurpação de função pública – Art. 328

33.1.1 Considerações iniciais

Bem jurídico protegido é a Administração Pública, especialmente sua moralidade e probidade administrativa. Protege-se, na verdade, a probidade de função pública, sua respeitabilidade, bem como a integridade de seus funcionários. A atuação funcional do agente público pressupõe, por isso mesmo, a legitimidade de sua investidura no cargo e na função, sendo, portanto, incompatível com a conduta de quem exerce funções que não são suas.

A pena cominada no *caput* permite a transação penal e a suspensão condicional do processo. No entanto, se configurada a qualificadora do parágrafo único, nenhum benefício será admitido.

A ação será pública e incondicionada.

33.1.2 Sujeitos do delito

O sujeito ativo é o particular que desempenha, indevidamente, uma função pública, podendo contar com o auxílio de terceiros,

388 Direito Penal: Parte Especial – Vol. 2

até mesmo o funcionário público incompetente ou investido em outra função, ou, em outros termos, o funcionário que pratica atividade atribuída a outro agente público, absolutamente estranha àquela a que está investido.

O sujeito passivo é o Estado-administração (União, Estados-membros, Municípios e Distrito Federal), principal interessado na normalidade funcional, é o sujeito passivo do delito em comento. Em segundo plano, pode figurar como vítima pessoa lesada com a conduta do agente.

33.1.3 Tipo objetivo

A ação nuclear do tipo é representada pelo verbo *usurpar* (assumir ou exercer indevidamente) uma atividade pública, de natureza civil ou militar, gratuita ou remunerada, permanente ou temporária.

Usurpar é o mesmo que obter mediante fraude, tomar violentamente, gozar indevidamente. O agente, de forma ilegítima, executa ato relativo à função pública (vide o art. 327 do CP), de natureza gratuita ou remunerada, na qual não está legalmente investido. Usurpar, portanto, é assumir e exercitar, indevidamente, funções ou atribuições que não competem ao agente. Com a usurpação de função, há indevida e ilegítima intromissão no aparato legal da Administração Pública de um estranho ao quadro de servidores, que se incumbe das prerrogativas de funcionário, que não as tem, e prática atos de ofício, como se funcionário competente fosse.

Para a configuração do crime de usurpação de função pública não basta que o agente apenas se invista de função indevidamente, atribuindo a si mesmo a condição de funcionário público, mas deve também, e necessariamente, praticar ato de ofício privativo da função usurpada.

Há situações, porém, em que o particular, independentemente de investidura em cargo algum, está devidamente autorizado a exercer uma função pública ou praticar atos de ofício, assim, como a prisão em flagrante delito, que, segundo o art. 301 do CPP, *"qualquer do povo poderá e as autoridades policiais e seus agentes deverão prender"* quem quer que se encontre em situação de flagrância; sem se falar nas funções delegadas etc. Mas, nesses e em qualquer outro caso que haja autorização ou delegação, não existe usurpação e, portanto, não se pode falar em crime.

Entendeu-se como configurado o crime de usurpação nos seguintes casos: de médico particular que fornece atestado falso em papel timbrado de órgão público, sem que tenha qualquer vínculo estatutário, trabalhista ou civil de credenciamento (TRF4, AC 960418059-2, Vladimir, Primeira Turma, *DJ* 10.02.1999); ao particular que se apresenta como Policial Federal, exibindo carteira funcional falsificada, com seu nome e

Dos crimes praticados por particular contra a administração em geral **389**

fotografia, a fim de apreender mercadorias de comercialização (TRF3, AC 8752, Primeira Turma, *DJ* 05.10.1999); do árbitro que extrapola os limites da Lei n. 9.307/1996 e pratica atos privativos de magistrado, ao proferir decisões cautelares e coercitivas, envolvendo direitos indisponíveis (TRF1, AC 200439000085959, Ribeiro, Quarta Turma, *DJ* 23.08.2011).

No que se trata da forma qualificada do parágrafo único, o agente aufere vantagem com a usurpação, para si ou para outrem. O terceiro beneficiado que recebe a vantagem, concorrendo para a usurpação, responderá como partícipe do crime. Entendeu-se configurada em sua forma qualificada quando o particular pagou ao corréu determinada importância para que o atestado lhe fosse fornecido, presume-se que o médico que atestou a doença inexistente tenha auferido vantagem com seu ato, pois fere o bom senso imaginar que ele assim agiria sem nada receber (TRF4, AC 960418059-2, Vladimir, Primeira Turma, *DJ* 10.02.1999).

33.1.4 Tipo subjetivo

É o dolo, acrescido do ânimo de usurpar, ou seja, a realização deliberada e consciente de atos privativos do funcionário público. Inexistindo vontade livre e consciente de obter mediante fraude ou assumir indevidamente função de agente do Estado, não se caracteriza a usurpação de função pública. É indispensável que o sujeito ativo tenha consciência da ilegitimidade do exercício da função usurpada. A ausência dessa consciência acarreta erro de tipo, excluindo o dolo, e, por extensão, a própria atipicidade. Por isso, não comete o crime quem, de boa-fé, pensa ser legítima a ação que pratica que se encontra legalmente investido na função ou que é válida a delegação que recebeu, quando, na realidade, nada é verdadeiro.

Não se exige qualquer fim especial, caracterizador de elemento subjetivo especial do injusto. O motivo do agente, portanto, é irrelevante. Tampouco há previsão de modalidade culposa.

33.1.5 Consumação e tentativa

O presente delito se consuma com a prática de pelo menos um ato de ofício, indevidamente desempenhado, não se exigindo reiteração de condutas ou consequências danosas para a administração.

A tentativa se mostra possível, ocorrendo na hipótese de o agente ser impedido de executar ato de ofício por circunstâncias alheias à sua vontade.

Casos configurados:
"Comete o delito previsto no art. 328 do Código Penal (usurpação de função pública) aquele que pratica função própria da administração indevidamente, ou

390 Direito Penal: Parte Especial – Vol. 2

seja, sem estar legitimamente investido na função de que se trate. Não bastando, portanto, que o agente se arrogue na função, sendo imprescindível que este pratique atos de ofício como se legitimado fosse, com o ânimo de usurpar, consistente na vontade deliberada de praticá-lo (Precedente). O crime de usurpação de função pública, muito embora previsto no capítulo destinado aos crimes praticados por particular contra a Administração Pública, pode ser praticado por funcionário público, porquanto, quando o Código Penal se refere a particular é porque indica que os delitos ali (Capítulo II do Título XI), ao contrário do capítulo I, são crimes comuns e não especiais (próprios)" (STJ, RHC 20.818/AC, Rel. Min. Félix Fischer, julgamento: 22.05.2007).

"*Habeas corpus* com o objetivo de revogar prisão preventiva decretada em inquérito. Há fortes indícios da materialidade do art. 328 do CP, pois não requer a demonstração de que particular tenha sofrido prejuízo. O sujeito passivo da conduta descrita no art. 328 do CP é o Estado, titular da moralidade e prestígio necessários ao regular o funcionamento de suas atividades administrativas" (TRF – 3ª Região, HC 2002.03.00.018776-3, Rel. André Nabarrete, julgamento: 1º.10.2002).

33.2 Resistência – Art. 329

33.2.1 Considerações iniciais

Bem jurídico protegido é a Administração Pública, especialmente sua moralidade e probidade administrativa. O tipo penal protege a autoridade e o prestígio da função pública. Tutela-se, na verdade, a normalidade do funcionamento da Administração Pública, sua respeitabilidade, bem como a integridade de seus funcionários; a essência mesmo da tutela penal não é em relação ao funcionário, e sim ao próprio ato funcional que se quer prestigiar, partindo-se da presunção, logicamente, da legalidade do ato. Não tendo base legal o ato resistido, não se pode falar em crime, pois a ausência dessa elementar torna a sua resistência uma conduta atípica.

33.2.2 Sujeitos do delito

Sujeito ativo pode ser qualquer pessoa que, mediante violência ou ameaça, obstaculize a prática de ato legal, independentemente de qualidade ou condição especial. Pode, inclusive, ser pessoa diversa daquela contra a qual o funcionário executava o ato.

Sujeito passivo é o Estado (União, estado, Distrito Federal e municípios) e, ao lado dele, o funcionário competente ou quem lhe esteja prestando auxílio para a execução do ato legal.

33.2.3 Tipo objetivo

A conduta típica consiste em *opor-se* à execução de ato legal (a legalidade exigida é tanto a formal quanto a substancial), mediante

Dos crimes praticados por particular contra a administração em geral **391**

violência (emprego de força física) ou ameaça (prenunciando a prática de um mal grave à vítima) a funcionário competente para executá-lo ou a quem lhe esteja prestando auxílio. O crime de resistência, portanto, é composto dos seguintes elementos constitutivos: (a) oposição ativa, mediante violência ou ameaça; (b) a qualidade ou condição de funcionário competente do sujeito passivo ou seu assistente; (c) legalidade do ato a ser executado; e (d) elemento subjetivo informador da conduta.

Somente haverá o crime quando a oposição estiver consubstanciada em ameaça ou violência, como exemplo, nos casos em que há troca de tiros com a polícia para evitar a prisão (TRF3, AC 20006181002478-1).

Pois bem. A violência tem que ser física e real contra a pessoa que executa o ato ou quem lhe presta auxílio, não configurando o crime a violência contra a coisa, nem há falar em violência presumida, na falta de previsão legal. A violência pode constituir-se de meras vias de fato, ou seja, a ação física contra outrem não causar lesão, ou constituir-se de consequências com lesões corporais ou morte.

A resistência tem de se voltar contra o servidor, ou seja, tem de ser ativa. A posição passiva ou não violenta ao ato não configura crime de resistência, podendo caracterizar o crime de desobediência. Para configurar o crime de resistência, o ato do funcionário precisa ser legal.

Já o § 1º traz a resistência qualificada que somente será reconhecida quando impedir objetivamente a prática do ato e não se configura quando o funcionário desiste na primeira dificuldade, abandonando a execução do ato.

33.2.4 Concurso de crimes

Constata-se que a violência, além de integrar – como elementar – a descrição típica do crime de resistência, é punida autonomamente, quando constitui crime em si mesmo.

O § 2º determina, com efeito, que as penas são aplicáveis *"sem prejuízo das correspondentes à violência"*. De plano, convém destacar que a "violência" constitui elementar típica do crime de resistência; logo, a cumulação de penas determinada em dito preceito não pode estar referindo-se a todo e qualquer tipo de violência, sob pena de incorrer em *bis in idem*.

Cuida-se de uma forma de acumulação material das penas por determinação legal, muito embora a hipótese traduza, em regra, concurso formal. Assim, poderá haver concurso material conforme da resistência com lesão corporal ou homicídio.

392 Direito Penal: Parte Especial – Vol. 2

33.2.5 Tipo subjetivo

O elemento subjetivo geral é o dolo, constituído pela vontade livre e consciente de resistir a ato legal de autoridade competente. É necessário que o sujeito ativo tenha consciência da legalidade do ato e da competência de quem o executa — seja o funcionário ou seu auxiliar (o auxiliar só pode agir na presença e na companhia do funcionário).

O elemento subjetivo especial do tipo é representado pelo especial fim de agir para impedir a execução do ato legal. A ausência dessa finalidade especial – impedir a realização do ato funcional – descaracteriza a resistência, podendo surgir, residualmente, outra infração penal, como lesões corporais, constrangimento ilegal, ameaça etc.

33.2.6 Consumação e tentativa

Consuma-se o crime de resistência com a efetiva oposição à prática de ato legal, no momento e no lugar em que pratica a violência ou ameaça independentemente de onde o ato ilegal seria realizado. É irrelevante que o agente obtenha êxito em seu fim pretendido, qual seja o de impedir a realização do ato legal. Consuma-se com a simples prática da violência ou ameaça, independentemente da realização ou não do ato funcional. Aliás, a não realização do ato que, teoricamente, tratando-se de crime formal, representaria o simples exaurimento do crime é elemento qualificador do crime, elevando sua reprovação social.

A tentativa é, teoricamente, admissível, especialmente porque o ato de resistir pode, facilmente, ser objeto de fracionamento.

Casos configurados:

"Delito de Resistência. Art. 329, *caput*, do Código Penal. As provas demonstram a prática do delito de resistência, estando presentes todos os requisitos do tipo penal, tendo ocorrido oposição à execução de ato legal, com emprego de força física contra funcionário competente para executá-la, também presente o elemento subjetivo do tipo, consistente no especial fim de opor-se à execução de ato legal. Os depoimentos de policiais são válidos e eficientes para fundamentar juízo condenatório, pois, até prova em contrário, se trata de pessoas idôneas, cujas declarações retratam a verdade. Adequada a substituição da pena privativa de liberdade por multa, por atendidos os requisitos legais" (TJRS, Recurso Crime 71001554062, Rel. Ângela Maria Silveira, julgamento: 17.03.2008).

"Resistência. Art. 329 do CPB. Consunção. Delito não absorvido pelo crime de roubo qualificado. Condenação" (TJRS, Recurso Crime 71001557198, Rel. Nara Leonor Castro Garcia, julgamento: 11.02.2008). "Para a caracterização do crime de resistência, previsto no art. 329 do Código Penal, não basta ameaça ou violência contra o funcionário competente para a execução, sendo indispensável que o ato, cuja execução foi resistida, encontre apoio na legalidade, de modo que se a prisão em flagrante foi realizada fora das condições descritivas do art. 302, I a IV, do Código de Processo Penal, impossível a concretização do delito no mundo

Dos crimes praticados por particular contra a administração em geral   **393**

fenomênico" (TJMG, Apelação 1.0713.06.065422-3/001(1), Rel. Judimar Biber, julgamento: 07.08.2007). "O delito de lesão corporal leve é autônomo frente ao crime de resistência, ao teor do § 2º, do art. 329, do Código Penal" (STJ, HC 36.175/SP, Rel. Min. Paulo Medina, julgamento: 24.05.2005).

33.3 Desobediência – Art. 330

33.3.1 Considerações iniciais

Bem jurídico protegido é a Administração Pública, especialmente sua moralidade e probidade administrativa. Protege-se, na verdade, a probidade de função pública, sua respeitabilidade, bem como a integridade de seus funcionários. Objetiva-se, especificamente, garantir o prestígio e a dignidade da "máquina pública" relativamente ao cumprimento de determinações legais, expedidas por seus agentes.

As penas cominadas, cumulativamente, são de detenção, de quinze dias a seis meses, e multa. É admissível a transação penal e suspensão condicional do processo, nos termos da Lei n. 9.099/1995.

A ação penal é pública incondicionada.

33.3.2 Sujeitos do delito

Tem-se como sujeito ativo, já que se trata de crime comum, pode ser qualquer pessoa, inclusive funcionário público, desde que não se encontre no exercício de suas funções. Relacionando-se, porém, às suas próprias atribuições funcionais, a "desobediência" poderá configurar o crime de prevaricação, observada as demais elementares típicas.

Já o sujeito passivo é o Estado (União, Estado, Distrito Federal e municípios), como o verdadeiro titular do interesse atingido pela ação delituosa; secundariamente, pode-se considerar também como sujeito passivo o funcionário autor da ordem desobedecida.

33.3.3 Tipo objetivo

Pune-se a conduta do agente que deliberadamente desobedece (descumpre) ordem legal de funcionário público competente para cumpri-la. Trata-se de uma resistência pacífica.

Desobedecer é não acatar, não atender, não aceitar, não cumprir ordem legal de funcionário público. O delito pode ser cometido de forma omissa ou comissiva, dependendo do conteúdo da ordem emanada. A ordem deve emanar de funcionário competente para emiti-la, não sendo do funcionário competente, não se poderá falar em crime, por carecer de legalidade em seu aspecto formal.

394 Direito Penal: Parte Especial – Vol. 2

A desobediência não se dá em relação à lei, mas sim à ordem de funcionário com fundamento na lei, ou seja, um comando concreto. O mero desentendimento a uma regra, que é uma ordem abstrata, não é fato típico[1].

Consta destacar que não se considera crime a desobediência a pedido ou solicitação. Frente à negativa de um pedido também não há crime de desobediência. Supondo que a ordem judicial contenha os seguintes termos: "solicito que sejam fornecidos tais e tais documentos", o verbo de comando é *solicitar* que significa pedir, e não configura comando concreto exigido pelo tipo do art. 330 do CP. O comando só é desobedecido se houver uma ordem trazida pelo uso de imperativo: "determino que sejam fornecidos tais e tais documentos".

Em se tratando de ordem legal, é indispensável que se identifique com precisão qual é a ordem desobedecida e em que esta consiste, tratando-se de elementar típica implícita do tipo penal, sob pena de configurar-se inadequação típica. A desobediência relativa à decisão judicial sobre perda ou suspensão de direito caracteriza o crime do art. 359 do CP, onde referida conduta será examinada. Se o descumprimento da ordem emanada de funcionário público é acompanhado de violência ou ameaça, o delito é o do art. 329 do CP, como já visto.

Ressalta-se que não há crime se a ordem foi suspensa pela autoridade superior, de acordo com o entendimento do STJ[2].

Por outro lado, vale consignar que, quando a lei extrapenal comina sanção civil ou administrativa, e não prevê cumulação com o art. 330 do CP, inexiste crime de desobediência. Sempre que houver cominação específica para o eventual descumprimento de decisão judicial de determinada sanção, doutrina e jurisprudência têm entendido, com acerto, que se trata de conduta atípica, pois o ordenamento jurídico procura solucionar o eventual descumprimento de tal decisão no âmbito do próprio direito privado. Na verdade, a sanção administrativo-judicial afasta a natureza criminal de eventual descumprimento da ordem judicial. Com efeito, se pela desobediência for cominada, em lei específica, penalidade civil ou administrativa, não se pode falar em crime, a menos que tal norma ressalve expressamente a aplicação do art. 330 do CP. Essa interpretação é adequada ao princípio da intervenção mínima do direito penal, sempre invocado como *ultima ratio*.

Solução idêntica ocorre com as decisões judiciais que cominem suas próprias sanções no âmbito do direito privado, como sói acontecer

---

[1]   STF, ADI 2283.

[2]   STJ, RHC 9.099, 6ª T., u., *DJ* 14.02.2000.

Dos crimes praticados por particular contra a administração em geral **395**

nas antecipações de tutela, liminares ou ações civis públicas, com apenas uma diferença: o Judiciário, ao cominar sanções civis ou administrativas, nesses casos, não pode ressalvar a aplicação cumulativa da pena correspondente ao crime de desobediência, por faltar-lhe legitimidade legislativa. Essa sanção administrativo-judicial afasta a natureza criminal de eventual descumprimento da decisão referida, e a manutenção ou acréscimo do caráter penal a esse descumprimento não é atribuição do Poder Judiciário.

Por fim, tem-se que o descumprimento de transação penal, nos termos da Lei n. 9.099/1995, tem o efeito de submeter o agente ao processo que havia sido sobrestado, não sendo possível, por tal motivo, acusá-lo de desobediência.

33.3.4 Do não cabimento do direito de defesa

No que se refere ao exercício regular do direito de não autoincriminação, tem-se que a recusa em praticar ato de produção de prova que possa trazer prejuízo não configura o crime de desobediência porque ninguém é obrigado a produzir prova contra si mesmo.

No que tange à fuga, ante a ordem legal de funcionário público para parar, em razão de abordagem policial, há uma tese de inocorrência do crime de desobediência ao argumento de que está amparado ao exercício do direito de autodefesa (art. 23, III, do CP).

No entanto, o direito de defesa encontra limite justamente em atos tipificados penalmente, como exemplo, os delitos de suborno de testemunha (art. 343 do CP); coação no curso do processo (art. 344 do CP) e fraude processual (art. 347, CP).

Ora, aquele que diante de ordem legal do funcionário público dolosamente decide não obedecer pratica fato típico, não podendo se cogitar do exercício regular de direito, uma vez que a tipificação do ato como crime faz com que ele desborde do exercício regular do direito.

Situação essa, que guarda semelhança com aquele que apresenta documento falso a fim de evitar prisão, em relação à qual se vem firmando justamente a existência de limites à autodefesa, já tendo sido reconhecido pelo STF em repercussão geral na matéria[3].

Na mesma linha, está que o uso de algemas e outros instrumentos de contenção física, objeto do art. 29 da Resolução 14/94 do CNPCP, veiculando as Regras Mínimas para o Tratamento do Preso no Brasil, como a seguir destacado:

---

[3]   STF, RE 640139-RG, Rel. Min. Dias Toffoli, 22.09.2011.

Art. 29. Os meios de coerção, tais como algemas, e camisas-de-força, só poderão ser utilizados nos seguintes casos:

I – como medida de precaução contrafuga, durante o deslocamento do preso, devendo ser retirados quando do comparecimento em audiência perante autoridade judiciária ou administrativa;

II – por motivo de saúde, segundo recomendação médica;

III – em circunstâncias excepcionais, quando for indispensável utilizá-los em razão de perigo eminente para a vida do preso, de servidor, ou de terceiros.

Tais regras estão próximas daquelas previstas nas Regras Mínimas da ONU para o Tratamento de Prisioneiros, a seguir:

Instrumentos de coação

33. A sujeição a instrumentos tais como algemas, correntes, ferros e coletes de força nunca deve ser aplicada como sanção. Mais ainda, correntes e ferros não devem ser usados como instrumentos de coação. Quaisquer outros instrumentos de coação só podem ser utilizados nas seguintes circunstâncias:

a) Como medida de precaução contra uma evasão durante uma transferência, desde que sejam retirados logo que o recluso compareça perante uma autoridade judicial ou administrativa;

b) Por razões médicas sob indicação do médico;

c) Por ordem do diretor, depois de se terem esgotado todos os outros meios de dominar o recluso, a fim de o impedir de causar prejuízo a si próprio ou a outros ou de causar estragos materiais; nestes casos o diretor deve consultar o médico com urgência e apresentar relatório à autoridade administrativa superior.

Efetivamente, o uso de algemas é medida de exceção, adotada, quando necessário, de acordo com o princípio da proporcionalidade, para impedir, prevenir ou dificultar a fuga ou a resistência do preso, ou ainda a agressão contra policiais ou terceiros, e até mesmo a autolesão, desde que haja fundada suspeita ou justificado receio de que tanto venha a ocorrer.

Com isso, o STF dispôs na Súmula Vinculante 11:

Só é lícito o uso de algemas em casos de resistência e de fundado receio de fuga ou de perigo à integridade física própria ou alheia, por parte do preso ou de terceiros, justificada a excepcionalidade por escrito, sob pena de responsabilidade disciplinar, civil e penal do agente ou da autoridade e de nulidade da prisão ou do ato processual a que se refere, sem prejuízo da responsabilidade civil do Estado.

Tudo isso a fim de demonstrar que a ordem jurídica não reconhece a fuga como um direito, o que não é comprometido pelo fato de que o ato de fuga sem violência não seja um ilícito penal, por uma opção do legislador, dentro do espaço de conformação que lhe é dado pela Constituição.

Em suma, tem-se que a fuga diante de uma ordem legal de funcionário público de parada configura, em tese, crime de desobediência,

Dos crimes praticados por particular contra a administração em geral **397**

não havendo em se falar em direito à fuga ou exercício regular do direito de autodefesa.

33.3.5 Tipo subjetivo

Elemento subjetivo é o dolo, representado pela vontade consciente de desobedecer a ordem legal de funcionário público competente para emiti-la. Desnecessário enfatizar que o sujeito ativo deve ter conhecimento de que se trata de funcionário público e que a ordem que está a desobedecer é legal, sob pena de incorrer em erro de tipo. Não há necessidade de qualquer elemento subjetivo especial do injusto, sendo, ademais, irrelevante a motivação do agente.

Quando o agente atua na dúvida, caracteriza-se inquestionavelmente o dolo eventual, que é suficiente para a tipificação subjetiva. Não há previsão da modalidade culposa.

33.3.6 Consumação e tentativa

Consuma-se o crime de desobediência com a efetiva ação ou omissão do sujeito passivo, isto é, no momento e no lugar em que se concretiza o descumprimento da ordem legal. Tratando-se, contudo, da forma omissiva, consuma-se o crime após o decurso do prazo para o cumprimento da ordem, ou, mais precisamente, no exato momento de sua expiração.

A tentativa somente é possível na forma comissiva. O crime omissivo próprio não admite a forma tentada, conforme demonstramos quando examinamos os crimes omissivos.

Casos configurados:

"O crime de desobediência (art. 330 do CPB) sempre pressupõe a presença de ordem inequívoca emitida por Funcionário Público, comunicada ao seu destinatário de forma legal, e, uma vez caracterizado o delito, não se elide pelo ulterior cumprimento da determinação judicial (art. 219 do CPP)" (STJ, HC 86.429/SP, Rel. Min. Napoleão Nunes Maia Filho, julgamento: 13.09.2007).

"O art. 129, VIII, da Constituição de 88 não autoriza o Ministério Público quebrar, diretamente, o sigilo bancário das pessoas, físicas ou jurídicas. Não comete o crime de desobediência o gerente de instituição bancária que se recusa a fornecer ao Ministério Público dados bancários tidos por sigilosos" (TRF – 1ª Região, HC 2007.01.00.001710-0/MA, Rel. Min. Tourinho Neto, julgamento: 26.02.2007). "O Eg. Superior Tribunal de Justiça, notadamente a Col. Quinta Turma, contrariando parte da doutrina, assentou entendimento segundo o qual é possível a prática do crime de desobediência por funcionário público, no exercício de suas funções" (STJ, HC 30.390/AL, Rel. Min. José Arnaldo da Fonseca, julgamento: 03.02.2004).

398 Direito Penal: Parte Especial – Vol. 2

"I – A autoridade coatora, mormente quando destinatária específica e de atuação necessária, que deixa de cumprir ordem judicial proveniente de mandado de segurança pode ser sujeito ativo do delito de desobediência (art. 330 do CP). A determinação, aí, não guarda relação com a vinculação — interna — de cunho funcional-administrativo e o seu descumprimento ofende, de forma penalmente reprovável, o princípio da autoridade (objeto da tutela jurídica). II — A recusa da autoridade coatora em cumprir a ordem judicial pode, por força de atipia relativa (se restar entendido, como dedução evidente, a de satisfação de interesse ou sentimento pessoal), configurar, também, o delito de prevaricação (art. 319 do CP). Só a atipia absoluta, de plano detectável, é que ensejaria o reconhecimento da falta de justa causa" (STJ, HC 12.008/CE, Rel. Min. Félix Fischer, julgamento: 06.03.2001).

33.4 Desacato – Art. 331

33.4.1 Considerações iniciais

O presente dispositivo visa resguardar o respeito e prestígio da função pública. O desacato é interpretado como uma ofensa ao funcionário público assemelhando-se com a injúria da qual constitui forma especial.

O bem jurídico tutelado é a dignidade, o prestígio, o respeito devido à função pública. É o Estado diretamente interessado em que aquele seja protegido e tutelado, por ser indispensável à atividade e à dinâmica da administração pública.

O presente dispositivo tinha sofrido uma ineficácia em sua utilização, sob o argumento de atipicidade, frente ao fundamento do art. 13 da Convenção Americana de Direitos Humanos (Pacto de São José da Costa Rica), que versa sobre liberdade de pensamento e de expressão, e, como isso, a criminalização do desacato atentava contra a liberdade de expressão e o direito à informação.

Todavia, a 3ª Seção do STJ, responsável pela matéria penal, no julgamento do HC 379.269, decidiu, por maioria, que desacatar funcionário público no exercício da função ou em razão dela é crime de desacato. O entendimento predominante foi no sentido de que a tipificação do desacato como crime é uma proteção adicional ao agente público contra possíveis ofensas e que esse tipo penal não prejudica a liberdade de expressão; continuando esta intacta, sendo puníveis apenas os excessos. Com este entendimento, inclusive, foi publicado o Informativo 607 do STJ.

Portanto, enquanto o STF não declarar a não recepção do art. 331 do CP ou até que sobrevenha legislação revogando este tipo penal, tal conduta continua sendo punível.

Pois bem.

Dos crimes praticados por particular contra a administração em geral **399**

A pena cominada admite-se a transação penal e a suspensão condicional do processo, nos termos da Lei n. 9.099/1995.

A ação penal é pública incondicionada.

33.4.2 Sujeitos do delito

Sujeito ativo pode ser qualquer pessoa que desacata o funcionário, no exercício da função ou em razão dela; admite-se, inclusive, outro funcionário público, que exerça ou não a mesma função do ofendido, tenha ou não a mesma hierarquia, desde que não se encontre no exercício de suas funções. É irrelevante que o funcionário público se identifique ou não como tal; o decisivo é que, *in concreto*, não esteja agindo como funcionário, isto é, que não se encontre no exercício de suas funções nem em razão dela.

Os sujeitos passivos são o Estado (União, Estados-membros, Distrito Federal e Municípios), e, de modo secundário, o funcionário público desacatado.

33.4.3 Tipo objetivo

A ação tipificada consiste em *desacatar*, ou seja, desrespeitar, ofender, menosprezar funcionário público no exercício da função ou em razão dela, atentando contra a honra do funcionário ou da função pública.

Cuida-se de tipo aberto, que pode ser cometido de forma verbal, gestual ou simbólica, como rasgar um mandado na frente de um oficial de justiça, cuspir em um servidor, fazer um sinal obsceno ou mesmo proferir palavras de baixo calão.

O delito de desacato requer relação com o exercício das funções. O nexo poderá ser ocasional, quando o crime ocorre onde e quando o funcionário está trabalhando; ou causal, quando a ofensa, embora proferida quando o funcionário não está trabalhando, é decorrente do exercício das funções estatais. Portanto, faz-se necessário que seja investigada a motivação da conduta do agente, vez que, se a ofensa não guardar relação com as funções desempenhadas, não há o crime de desacato.

Consigna-se que a presença do funcionário público é indispensável para a configuração do presente delito. Assim, haverá injúria e não desacato, caso a ofensa seja praticada por escrito, e não na presença do servidor. É o caso, por exemplo, de ofensas ao Juiz ou ao Promotor de Justiça contidas em petições assinadas por advogados[4].

---

4   STJ, RHC 923, Toledo, Quinta Turma, *DJ* 04.02.1991.

400　Direito Penal: Parte Especial – Vol. 2

Ademais, admite-se a ocorrência do delito mesmo que o fato não seja presenciado por terceiros, já que a publicidade não é elemento tipo penal.

Não obstante, visa constar que o desacato, por exemplo, não se confunde com o crime de resistência, uma vez que nesta a violência ou ameaça endereçadas a funcionário público objetivam a não realização de ato legal, enquanto naquele a violência ou ameaça (eventuais, não são elementares desse crime) dirigidas a funcionário público, têm a finalidade de desprestigiá-lo, de depreciar a função pública.

Somente assim se poderá entender aquela parte da lição de Hungria (1942), segundo a qual "o elemento subjetivo do crime é a intenção ultrajante (dolo específico), propósito de depreciar ou vexar (o que distingue o desacato da resistência, ainda quando exercido mediante violência ou intimidação), sabendo o agente que o ofendido reveste a qualidade de funcionário público e que se acha no exercício da função".

Na verdade, convém destacar, "no exercício da função" deve ser apreciado sob o aspecto objetivo, numa relação existente entre a função exercida e a causa da ofensa, uma relação, diríamos, de causa e efeito entre o exercício da função e o descontentamento do ofensor com a forma com que o ofendido a exerce.

Vale registrar que o art. 142 do CP regula a imunidade judiciária, que configura modalidade específica de exercício regular de direito, a qual, porém, não se aplica ao desacato. Anote-se que o art. 7°, § 2°, do EOAB, estendia a imunidade para o crime de desacato, mas o STF suspendeu a eficácia da norma em relação a tal delito[5]. Referido dispositivo, porém, foi revogado pela Lei n. 14.365/2022.

Por fim, o crime de desacato prevalece sobre o crime de injúria, sobre as vias de fato, a lesão corporal leve, a ameaça, pela aplicação do princípio da consunção. Em se tratando, porém, de crime mais grave, como a lesão corporal de natureza grave ou a calúnia, há concurso formal.

33.4.4 Tipo subjetivo

Elemento subjetivo do crime de desacato é o dolo, representado pela vontade consciente de praticar a conduta descrita no tipo. É necessário que o sujeito ativo tenha consciência que está diante de funcionário público e que este se encontra no exercício de suas funções (ou em razão dela). O erro, portanto, tanto sobre a qualidade de funcionário público quanto sobre encontrar-se no exercício de sua função constitui

---

[5]　STF, ADI 1127-8.

Dos crimes praticados por particular contra a administração em geral **401**

erro de tipo, que afasta a tipificação do crime de desacato, podendo, dependendo das circunstâncias, caracterizar outra infração penal, nesse caso, contra a honra pessoal. Por isso, o particular que devolve a provocação de funcionário público, como mencionamos anteriormente, não comete desacato, posto que não pretende desprestigiá-lo ou à sua função pública, mas apenas responder à agressão, que considera injusta e indevida.

Portanto, o desacato requer além do dolo, o ânimo específico de ofender a honra do funcionário.

33.4.5 Consumação e tentativa

Consuma-se o crime de desacato com a prática efetiva, pelo sujeito ativo, da ofensa ou da manifestação ou exteriorização oral ofensiva (palavra). Em outras palavras, consuma-se o desacato no lugar e no momento em que o sujeito ativo pratica a ofensa ou profere as palavras injuriosas, na presença do ofendido. São irrelevantes, em princípio, as consequências da ação delituosa, isto é, que o funcionário se tenha sentido ofendido ou que tenha resultado abalado o prestígio ou o decoro da função exercida. Há, em hipóteses como essas, oportunidade para se aplicar seguramente o princípio da insignificância.

No entanto, caso o funcionário, e, por extensão, a própria função pública, tenha sido efetivamente depreciado ou menosprezado, no exercício da função, é irrelevante sua indiferença, pois se trata de crime de ação pública, que restara configurado. Ademais, não está em jogo somente a integridade moral do funcionário, mas também, e principalmente, a dignidade e o prestígio da função que desempenha.

A tentativa é, teoricamente, admissível, embora, por vezes, de difícil caracterização. Será inadmissível, contudo, quando o desacato for praticado oralmente, como ocorre, via de regra, nos crimes contra a honra.

Casos configurados:

"Ameaça e desacato. Arts. 331 e 147 do Código Penal. Concurso material. É dos Juizados Especiais Criminais a competência para os delitos de menor potencial ofensivo, independentemente de os crimes estarem ou não sujeitos a concurso material. Desacato. O fato do réu, emocionalmente alterado por ver o filho doente, e pela forma de abordagem reclamar e até ofender os policiais, que no caso atuavam como agentes de assistência social, por chamado de saúde, não configura o delito de desacato previsto no art. 331 do Código Penal, que pressupõe o ânimo e intenção de atingir e denegrir a autoridade pública. Ameaça. Provas insuficientes da ocorrência do delito, consagrando-se o princípio do in dubio pro reo. Condenação baseada em indícios, impondo-se a reforma pela absolvição" (TJRS, Recurso Crime 71001569532, Rel. Alberto Delgado Neto, julgamento: 31.03.2008).

402 Direito Penal: Parte Especial – Vol. 2

"Desacato. Art. 331, do Código Penal. Validade do depoimento de policiais. O conjunto probatório demonstra a efetiva prática do delito pelo acusado, que desacatou os policiais, no exercício de suas funções, utilizando-se de expressões depreciativas, sendo as palavras proferidas em demérito aos serviços da administração pública, restando caracterizado o delito, tornando impositiva a condenação. Os depoimentos de agentes policiais são válidos e suficientes para ensejar condenação" (TJRS, Recurso Crime 71001569326, Rel. Ângela Maria Silveira, julgamento: 17.03.2008).

"Desacato. Comete o delito previsto no art. 331 do Código Penal quem diz para policial militar, no exercício da função, que 'ninguém iria lhe prender, pois a polícia não prendia ninguém', pois vexa, humilha e desprestigia os funcionários públicos. Condenação mantida" (TJRS, Apelação Crime 70022340251, Rel. Constantino Lisbôa de Azevedo, julgamento: 21.02.2008).

"No crime de desacato, para a perfeita subsunção da conduta ao tipo, o que se perquire é se a agressão, ofensiva à honra e/ou dignidade do agente público, foi a ele dirigida em razão da função pública exercida, ou seja, busca-se a motivação, a causa da conduta reprovável, estabelecendo-se o nexo causal. Na hipótese dos autos, não houve desacato ao Magistrado em razão da função jurisdicional, tendo sido as ofensas a ele dirigidas em caráter pessoal, decorrentes de sua atitude como passageiro de companhia aérea, inexistindo, portanto, a subsunção da conduta descrita ao tipo insculpido no art. 331 do Código Penal, o que, evidentemente, não autoriza a persecução criminal" (STJ, HC 21.228/PI, Rel. Min. Laurita Vaz, julgamento: 20.02.2003).

33.5 Tráfico de influência – Art. 332

33.5.1 Considerações iniciais

O bem jurídico protegido é o prestígio ou a higidez do funcionamento da administração pública, no especial aspecto da imparcialidade de sua atuação.

De acordo com a pena cominada, não se admite a aplicação dos benefícios da Lei n. 9.099/1995.

A ação é pública e incondicionada.

33.5.2 Sujeitos do delito

O sujeito ativo pode ser qualquer pessoa, inclusive o funcionário público, desde que não esteja no exercício de suas funções normais, não o configurando, por exemplo, a influência exercida por superior hierárquico, afora o fato de que sua influência sobre o subalterno não é "pretextada", é real, ela existe.

No polo ativo, contudo, não pode deixar de ser considerada a participação decisiva de uma terceira pessoa, qual seja a beneficiária da "venda do prestígio", que é parte diretamente interessada no resultado

Dos crimes praticados por particular contra a administração em geral **403**

da ação, e, no mínimo, "concorre de qualquer modo para a sua prática" (art. 29 do CP).

O sujeito passivo é o Estado (União, Estado, Distrito Federal e Municípios), já que se tutela o interesse público *lato sensu*. Não incide nessa infração penal a equiparação prevista no art. 327, § 1º, do CP. O próprio funcionário público iludido ou ludibriado, que arcará, no mínimo, com o dano moral decorrente de sua propalada infidelidade funcional, também é, secundariamente, sujeito passivo dessa infração penal.

33.5.3 Tipo objetivo

Pratica esse crime o sujeito que, simulando prestígio com determinado servidor, solicita, exige, cobra ou obtém, para si ou para outrem, vantagem ou promessa de vantagem, de qualquer natureza, como preço da mediação.

O objeto do crime é a vantagem ou promessa de vantagem, sendo aquela a vantagem concreta, econômica ou não – podendo ser de natureza material, moral ou, inclusive, sexual, ainda que não patrimonial –, e esta o mero acerto para oferecimento de vantagem futura.

A expressão tráfico de influência é sem dúvida mais abrangente que a anterior – exploração de prestígio –, pois este consiste na superioridade pessoal baseada no bom êxito ou no valor individual. Agora, faz-se necessário, com efeito, que o agente exerça sua influência sobre ato praticado por funcionário público, e não sobre o *animus* deste, como outrora era sugerido pela redação anterior.

Nota-se que há um ato fraudulento, visto que, "*a pretexto de influir em ato praticado por funcionário público no exercício da função*", vem a ser o artifício utilizado para a obtenção da "*vantagem ou promessa de vantagem*". É, porém, imprescindível que o sujeito ativo se atribua prestígio junto a funcionário público, pois caso contrário o fato não ofende a Administração Pública, e poderá constituir apenas estelionato, ou, dependendo das circunstâncias, outro crime.

A vantagem ou promessa de vantagem é solicitada ou exigida (com a nova versão típica) "a pretexto de influir" em ato de funcionário público. Realmente, o crime de tráfico de influência pressupõe que a vantagem de que se cogita seja postulada a pretexto de influir. Pode também o delito ocorrer com o silêncio dele, como sói acontecer no caso em que, mal-informado, o pretendente a um fato dirigisse-lhe, supondo-o influente, e ele silencia, aceitando a vantagem ou sua promessa. Claro que o silêncio é ratificação do que aquele supõe.

404 Direito Penal: Parte Especial – Vol. 2

Tratando-se efetivamente de pretexto de influir, na verdade o funcionário público é o grande injustiçado da história, porque, desmerecidamente, passa por desonesto e corrupto.

No crime de tráfico de influência, o traço marcante é a expressão a *pretexto de*, que denota o fato de que o agente não detém, efetivamente, a influenciar o funcionário, fazendo uma verdadeira "venda de fumaça", agindo de forma fraudulenta[6].

O tráfico de influência, em qualquer de suas modalidades, absorve o crime de estelionato. Na hipótese de efetivo acordo entre o agente e o funcionário público, verifica-se o crime de corrupção (arts. 333 e 317 do CP). Com efeito, se eventualmente faltar alguma das elementares do crime especial ora em exame, subsiste o estelionato. No entanto, se resultar, ao final, configurado o crime de corrupção, este absorverá o tráfico de influência. Nessa hipótese, poderá, dependendo das demais elementares, o funcionário responder por corrupção passiva.

Vale consignar, que o crime não se confunde com a atividade de *lobby*, sendo atípico o oferecimento de serviços de divulgação e esclarecimento junto a parlamentares, sem exploração de prestígio ou propaganda de capacidade de influência por condições pessoais em relação ao agente público. O mesmo se aplica para outros casos de intermediação lícita, em que há pagamento pelo serviço de intermediação perante órgãos públicos, como é o caso de *despachante aduaneiro* ou de trânsito.

No que se refere à forma majorada do parágrafo único, o legislador preocupou-se sobremodo com a importância e integridade do bem jurídico protegido, qual seja com a Administração Pública em geral, e próprio funcionário, em particular. Por isso, havendo alegação ou insinuação de que a vantagem se destina também ao funcionário, aumenta a reprovação pessoal. Realmente, nessa hipótese, o desvalor da ação é bem superior ao da simples insinuação de influência junto a funcionário público, justificando-se, consequentemente, a causa especial de aumento de pena, prevista no parágrafo único.

33.5.4 Tipo subjetivo

O elemento subjetivo é o dolo, consistente na vontade consciente dirigida à obtenção de vantagem ou promessa de vantagem, a pretexto de influir em ato praticado por funcionário público no exercício da função.

O elemento subjetivo especial do tipo está representado pela finalidade especial de destinar-se a vantagem ou sua promessa para o

---

[6]   STJ, AP 510, Noronha, Corte Especial, j. 21.08.2013.

Dos crimes praticados por particular contra a administração em geral **405**

próprio agente ou para terceiro. Não é necessário que o agente tenha, como objetivo, atingir a Administração Pública ou o próprio funcionário, embora essa consequência seja inerente à ação incriminada.

33.5.5 Consumação e tentativa

Consuma-se o crime no lugar e no momento em que o agente solicita, exige ou cobra a vantagem ou promessa de vantagem para agir. Consuma-se, em outros termos, com a mera solicitação, exigência ou cobrança da vantagem ou promessa desta, para influir em funcionário público no exercício da função, independentemente de outro resultado. Acreditamos que nem mesmo na conduta de obter seja necessário o efetivo recebimento da "vantagem" para que o crime possa ser consumado, na medida em que o tipo penal se satisfaz com a simples promessa de vantagem, e, convenhamos, "obter promessa de vantagem" representa algo que estará por acontecer e não que tenha efetivamente ocorrido. O ato do funcionário não pode ser passado, pois é impossível influir em algo que já ocorreu, sendo irrelevante, contudo, que tal ato seja lícito ou ilícito, pois o texto legal não faz essa distinção e tampouco sugere que se possa fazê-la.

Não se admite a tentativa.

Casos configurados:

"O crime de tráfico de influência, previsto no art. 332 do Código Penal, com a redação dada pela Lei n. 9.127, de 1995, se caracteriza, para os fins cogitados, pela conduta de solicitar, para si, vantagem, a pretexto de influir em ato praticado por funcionário público no exercício da função. A conduta do Recorrido se limitou à proposta da quantia de R$ 250.000,00 (duzentos e cinquenta mil reais), como contraprestação dos seus serviços advocatícios. Tal fato, só por só, não caracteriza o ilícito penal previsto no art. 332 do Código Penal, que, para sua consumação, exige o dolo específico de influir, com especial fim de agir" (STJ, REsp 662.706/DF, Rel. Min. José Arnaldo da Fonseca, julgamento: 16.12.2004).

"Crime de tráfico de influência. Art. 332 do CP. Cometimento na esfera municipal. Na espécie, o delito foi praticado na seara municipal, não se inserindo a hipótese em nenhum dos incisos do art. 109 da Constituição Federal, para que a competência seja dirimida em favor do juízo federal. Conflito conhecido, declarando-se a competência do juízo estadual onde fora inicialmente proposta a ação" (STJ, Conflito de Competência 42.119/MT, Rel. Min. José Arnaldo da Fonseca, julgamento em: 09.06.2004).

33.6 Corrupção ativa – Art. 333

33.6.1 Considerações iniciais

O pagamento de propina ou suborno para os agentes público se constitui no crime do art. 333 do CP, que prevê o crime de corrupção ativa

406 Direito Penal: Parte Especial – Vol. 2

como a conduta de oferecer ou prometer vantagem indevida a funcionário público, para determiná-lo a praticar, omitir ou retardar ato de ofício.

A pena é de reclusão, de dois a doze anos, e multa, a mesma do peculato, corrupção passiva e concussão.

33.6.2 Bem jurídico

É a administração pública e a probidade administrativa.

33.6.3 Sujeitos do crime

A corrupção pode ser praticada por qualquer pessoa, pelo que se constitui em crime comum.

O sujeito passivo é o Estado, interessado na lisura do funcionamento de seus serviços públicos. Secundariamente, pode-se identificar a interesse geral da coletividade em defender o estado de funcionamento regular e a confiança legítima afetados pela corrupção.

Deve-se lembrar que a corrupção é uma exceção pluralista à teoria monista vez que particular que paga e funcionário público que recebe a propina não respondem pelo mesmo crime. Nesse caso, há dois delitos distintos: corrupção passiva (art. 317), de natureza funcional, inserida entre os crimes praticados por funcionário público contra a Administração em geral; e corrupção ativa (art. 333), versada no rol dos crimes praticados por particular contra a administração em geral.

33.6.4 Tipo objetivo

Há dois verbos no tipo. Oferecer tem sentido de propor, isto é, de dispor da vantagem indevida para o funcionário público no mesmo instante. Prometer equivale a obrigar-se a entregar futuramente a vantagem.

Prevalece que a vantagem indevida mencionada no tipo em estudo pode ser de qualquer espécie, patrimonial ou não, como vantagem sexual, prestígio político, vingança etc.

33.6.5 Tipo subjetivo

É o dolo, acrescido da finalidade especial consistente em determinar o funcionário público a praticar, omitir ou retardar ato de ofício.

33.6.6 Consumação e tentativa

A corrupção ativa se consuma no momento em que a pessoa oferece ou promete a vantagem indevida ao funcionário público,

Dos crimes praticados por particular contra a administração em geral **407**

independentemente de realmente ocorrer o retardamento ou omissão do ato de ofício ou a prática deste com infração do dever funcional. Aliás, a efetiva entrega da vantagem constitui apenas exaurimento do crime.

A tentativa é possível.

33.6.7 Forma majorada

O parágrafo único do art. 333 prevê que a pena é aumentada de um terço, se, em razão da vantagem ou promessa, o funcionário retarda ou omite ato de ofício, ou o pratica infringindo dever funcional.

Outros tipos semelhantes:

- Art. 309 do CPM;
- Art. 299 do CE;
- Art. 3°, II, da Lei n. 8137/1990;
- Art. 41-D do Estatuto do Torcedor.

33.7 Descaminho – Art. 334

33.7.1 Considerações iniciais

Conhecido como contrabando impróprio, o descaminho pressupõe uma fraude usada para sonegar impostos de importação ou exportação. O tipo penal prevê: "Iludir, no todo ou em parte, o pagamento de direito ou imposto devido pela entrada, pela saída ou pelo consumo de mercadoria". A pena é reclusão, de um a quatro anos.

Pode ser praticado quando a mercadoria ingressa ou deixa no Brasil, sempre mediante o não pagamento do tributo devido.

33.7.2 Bem jurídico

É a ordem tributária, mas não só. Como já afirmou o STJ, o descaminho "atinge a estabilidade das atividades comerciais dentro do país, dá ensejo ao comércio ilegal e à concorrência desleal, gerando uma série de prejuízos para a atividade empresarial brasileira" (RHC 43.558/SP, Rel. Min. Jorge Mussi, Quinta Turma, julgamento: 05.02.2015, noticiado no Informativo 555).

33.7.3 Sujeitos do crime

Qualquer pessoa pode ser sujeito ativo do descaminho crime. O funcionário público que, no exercício da função, colaborar com o crime, incide no art. 318 (facilitação de contrabando ou descaminho).

408 Direito Penal: Parte Especial – Vol. 2

O sujeito passivo é a União, ente federativo atingido pela sonegação dos tributos relacionados a importação ou exportação de mercadorias. Por isso é acertada a Súmula 151 do STJ, que prevê que o crime de descaminho deve ser julgado pela Justiça Federal da localidade onde forem apreendidas as mercadorias.

33.7.4 Tipo objetivo

O núcleo do tipo é iludir, ou seja, enganar, ludibriar, frustrar o pagamento de tributo devido pela entrada ou saída de mercadoria do território nacional.

Iludir tem a ideia de fraude, em que o agente engana as autoridades fiscais para recolher os tributos. Assim, caso o devedor simplesmente deixe de recolher os tributos devidos pela entrada ou saída de mercadoria permitida no território nacional, sem se valer de meio fraudulento, não comete o crime em tela, mas apenas um ilícito tributário.

33.7.5 Tipo subjetivo

É o dolo.

33.7.6 Consumação e tentativa

O crime se consuma com o ato de iludir o pagamento de imposto devido pela entrada ou saída de mercadoria do país. É crime formal, portanto, e por isso dispensa a exigência de procedimento administrativo e a prévia constituição definitiva do crédito tributário.

Admite-se a tentativa.

33.7.7 Figuras equiparadas: art. 334, § 1º

O § 1º do art. 334 prevê as chamadas de "descaminho por assimilação":

§ 1º Incorre na mesma pena quem:

I – pratica navegação de cabotagem, fora dos casos permitidos em lei;

II – pratica fato assimilado, em lei especial, a descaminho;

III – vende, expõe à venda, mantém em depósito ou, de qualquer forma, utiliza em proveito próprio ou alheio, no exercício de atividade comercial ou industrial, mercadoria de procedência estrangeira que introduziu clandestinamente no País ou importou fraudulentamente ou que sabe ser produto de introdução clandestina no território nacional ou de importação fraudulenta por parte de outrem;

IV – adquire, recebe ou oculta, em proveito próprio ou alheio, no exercício de atividade comercial ou industrial, mercadoria de procedência estrangeira, desa-

Dos crimes praticados por particular contra a administração em geral **409**

companhada de documentação legal ou acompanhada de documentos que sabe serem falsos.

§ 2º Equipara-se às atividades comerciais, para os efeitos deste artigo, qualquer forma de comércio irregular ou clandestino de mercadorias estrangeiras, inclusive o exercido em residências.

33.7.8 Figura majorada

O § 3º prevê que a pena é em dobro se o crime de descaminho é praticado em transporte aéreo, marítimo ou fluvial.

33.7.9 Pagamento do tributo devido e extinção da punibilidade

Atualmente, a jurisprudência tem se posicionado que o pagamento do tributo devido não funciona como causa extintiva da punibilidade no delito de descaminho uma vez que o art. 9.º da Lei n. 10.684/2003 prevê a extinção da punibilidade pelo pagamento dos débitos fiscais apenas no que se refere aos crimes contra a ordem tributária e de apropriação ou sonegação de contribuição previdenciária – arts. 1º e 2º da Lei n. 8.137/1990, 168-A e 337-A do CP. Ora, como o descaminho não se assemelha a esses crimes é inviável a aplicação analógica da Lei n. 10.684/2003.

33.7.10 Descaminho e princípio da insignificância

Para uma linha de entendimento, o descaminho é considerado um crime contra a ordem tributária, pelo que resta aplicável o princípio da insignificância se o montante do imposto que deixou de ser pago era igual ou inferior a 20 mil reais (STF. HC 120617, Rel. Min. Rosa Weber, julgamento em: 04.02.2014). Uma outra linha defende que o princípio não é aplicável. "O parâmetro monetário legalmente estabelecido é para a propositura judicial de execução fiscal, mas permanece a cobrança na esfera administrativa. Com efeito, a Lei n. 10.522/2002, nas condições postas nesta impetração, não dispensa a Fazenda Nacional de cobrar os seus créditos, não renuncia ao seu direito de executar, muito menos afirma que o crédito é inexpressivo (vide arts. 2º, 18, § 1º, e 20). 4. A consideração de que o expressivo montante de R$ 12.409,74 (doze mil, quatrocentos e nove reais e setenta e quatro centavos) não pode ser considerado irrelevante ou insignificante, aliada à efetiva ofensa a interesses caros ao Estado e à coletividade, impede o reconhecimento da atipicidade da conduta do agente. 5. Agravo regimental a que se nega provimento". (STF, HC 144.193, Primeira Turma, por maioria, Rel. Min. Alexandre de Moraes, julgamento: 15.04.2020, publicação: 04.09.2020).

410 Direito Penal: Parte Especial – Vol. 2

33.8 Contrabando – Art. 334-A

33.8.1 Considerações iniciais

O delito de contrabando consiste em importar ou exportar mercadorias proibidas. Tem pena de reclusão, de dois a cinco anos.

33.8.2 Bem jurídico

O bem juridicamente tutelado vai além do mero valor pecuniário do imposto elidido, alcançando também o interesse estatal de impedir a entrada e a comercialização de produtos proibidos em território nacional (STJ, AgRg no AREsp 342.598/PR, Quinta Turma, julgamento: 05.11.2013).

33.8.3 Sujeitos do crime

Trata-se de crime que pode ser praticado por qualquer pessoa. O estado é o sujeito passivo.

33.8.4 Tipo objetivo

Importar é trazer para o Brasil; exportar é o mesmo que enviar para fora do Brasil.

O objeto material é a mercadoria proibida, entendida como aquela que tenha sido proibida no país. Ex.: determinado suplemento alimentar ou implemento agrícola proibidos pelos órgãos competentes.

O crime tem natureza genérica ou residual. Somente será aplicado quando a importação ou exportação de mercadoria proibida não configurar outro crime mais específico. Assim, por exemplo, por força do princípio da especialidade, quando se tratar de drogas, aplica-se o art. 33 da Lei n. 11.343/2006 e, quando se tratar de armas, incide o art. 18 da Lei n. 10.826/2003.

33.8.5 Tipo subjetivo

É o dolo.

33.8.6 Consumação e tentativa

Trata-se de crime formal. Estará consumado no momento em que é ultrapassada a barreira fiscal, ou seja, no instante em que a mercadoria é liberada pela autoridade alfandegária. A consumação também pode ocorrer quando o sujeito se vale de meios clandestinos para importar ou

Dos crimes praticados por particular contra a administração em geral **411**

exportar a mercadoria proibida (exemplo: ingressa no Brasil pela Floresta Amazônica). Nesse caso, a consumação do delito se verifica no momento em que são transpostas as fronteiras do Brasil.

33.8.7 Figuras equiparadas

As figuras previstas no § 1º do art. 334-A do CP, conhecidas como "contrabando por assimilação" descrevem condutas em que o agente praticou uma conduta relacionada com a prática de contrabando:

§ 1º Incorre na mesma pena quem:

I – pratica fato assimilado, em lei especial, a contrabando;

II – importa ou exporta clandestinamente mercadoria que dependa de registro, análise ou autorização de órgão público competente;

III – reinsere no território nacional mercadoria brasileira destinada à exportação;

IV – vende, expõe à venda, mantém em depósito ou, de qualquer forma, utiliza em proveito próprio ou alheio, no exercício de atividade comercial ou industrial, mercadoria proibida pela lei brasileira;

V – adquire, recebe ou oculta, em proveito próprio ou alheio, no exercício de atividade comercial ou industrial, mercadoria proibida pela lei brasileira.

§ 2º – Equipara-se às atividades comerciais, para os efeitos deste artigo, qualquer forma de comércio irregular ou clandestino de mercadorias estrangeiras, inclusive o exercido em residências.

33.8.8 Figura majorada

O § 3º prevê que a pena se aplica em dobro se o crime de contrabando é praticado em transporte aéreo, marítimo ou fluvial.

33.8.9 Princípio da insignificância

Prevalece que não é admitida sua aplicação ao crime de contrabando, uma vez que, ao contrário do crime de descaminho, a lesão aos cofres públicos é efeito secundário e eventual do crime, sendo afetados primordialmente outros bem jurídicos, que não comportam a aplicação do princípio, como saúde pública.

33.9 Impedimento, perturbação ou fraude de concorrência – Art. 335

A descrição típica é impedir, perturbar ou fraudar concorrência pública ou venda em hasta pública, promovida pela administração federal, estadual ou municipal, ou por entidade paraestatal; afastar ou procurar afastar concorrente ou licitante, por meio de violência, grave ameaça, fraude ou oferecimento de vantagem. A pena é detenção, de seis meses a dois anos, ou multa, além da pena correspondente à violência.

412   Direito Penal: Parte Especial – Vol. 2

Há posição que defende que o dispositivo foi parcialmente revogado pela Lei de Licitações (vide art. 337-I do CP), situação que permanece após o advento da nova Lei de Licitações, remanescendo sua incidência no tocante ao impedimento, perturbação ou fraude em hasta pública, entendida como a alienação de bens por meio de determinação judicial.

Trata-se de crime comum. O Estado é o sujeito passivo.

O elemento subjetivo é o dolo, acrescido do especial fim de agir, que é a vontade de afastar o concorrente de participar desta hasta pública.

33.10 Inutilização de edital ou de sinal – Art. 336

33.10.1 Considerações iniciais

Este crime consiste em rasgar ou, de qualquer forma, inutilizar ou conspurcar edital afixado por ordem de funcionário público; violar ou inutilizar selo ou sinal empregado, por determinação legal ou por ordem de funcionário público, para identificar ou cerrar qualquer objeto.

Tem pena de detenção, de um mês a um ano, ou multa.

33.10.2 Bem jurídico

É a publicidade e a fé dos atos administrativos.

33.10.3 Sujeitos do crime

Qualquer pessoa pode ser sujeito ativo do crime. O sujeito passivo é entidade pública que emitiu o edital, selo ou sinal.

33.10.4 Tipo objetivo

Conspurcar significa sujar, que dificulta, mas não impede totalmente, a leitura do documento público. O objeto material do delito pode ser edital (documento que dá publicidade a ato judicial ou administrativo) e selo ou sinal (marcas colocadas em documentos para autenticá-los ou validá-los).

33.10.5 Tipo subjetivo

É o dolo.

33.10.6 Consumação e tentativa

O crime é formal.

Se o edital já foi inutilizado ou não tem mais utilidade, como o edital com prazo vencido, não haverá crime.

33.11 Subtração ou inutilização de livro ou documento – Art. 337

33.11.1 Considerações iniciais

É o crime de subtrair ou inutilizar total ou parcialmente, livro oficial, processo ou documento confiado à custódia de funcionário, em razão de ofício, ou de particular em serviço público.

33.11.2 Bem jurídico

É a fé pública, uma vez que a inutilização ou subtração de qualquer espécie de documento oficial prejudica a prova dos fatos nele constantes.

33.11.3 Sujeitos do crime

Qualquer pessoa pode ser sujeito ativo do crime. Se o sujeito ativo for advogado, que retirou o processo ou documento e não devolveu, o crime será do art. 356 do CP.

O sujeito passivo é o Estado.

33.11.4 Tipo objetivo

Subtrair é retirar da posse de quem de direito; inutilizar é retirar seu valor, total ou parcial.

O objeto material é o documento, público ou particular, confiado à custódia de funcionário, em razão de ofício ou função pública. As referências a livro oficial ou processo são meramente exemplificativas, uma vez que eles constituem espécies de documentos públicos.

33.11.5 Tipo subjetivo

É o dolo.

33.11.6 Consumação e tentativa

O crime é formal.

33.11.7 Outros pontos importantes

É crime expressamente subsidiário: somente se aplica o art. 337 do CP se não constituir elemento de crime mais grave, como a supressão de documento, prevista no art. 305 do CP.

414 Direito Penal: Parte Especial – Vol. 2

33.12 Sonegação de contribuição previdenciária – Art. 337-A

33.12.1 Considerações iniciais

Este tipo foi incluído no CP pela Lei n. 9.983/2000. Trata-se de mais um crime fiscal, previsto no CP.

33.12.2 Bem jurídico

É o patrimônio da previdência social.

33.12.3 Sujeitos do crime

O crime é próprio, pois somente pode praticá-lo o responsável pelo lançamento das informações que o tipo relaciona. Há decisão do STJ no sentido de considerá-lo comum, podendo figurar como autor qualquer pessoa, inclusive prefeitos.

O sujeito passivo é a previdência social.

33.12.4 Tipo objetivo

A tipificação exige um complemento editado pela Previdência Social que deverá indicar as fichas e papéis a serem preenchidos pelo sujeito ativo. Trata-se, assim, de norma penal em branco heterogênea.

Deve-se anotar a diferença quanto ao crime de apropriação indébita previdenciária (art. 168-A CP), também incluído pela Lei n. 9.983, de 2000. Nele, a conduta consiste em deixar de repassar à previdência social as contribuições recolhidas dos contribuintes, ou seja, as contribuições previdenciárias foram descontadas dos empregados, mas não remetidas à previdência social. No crime do art. 337-A, as contribuições nem chegam a ser descontadas dos empregados.

O delito em estudo, porém, exige que haja a supressão ou redução do pagamento de contribuição previdenciária ou de qualquer de seus acessórios, por meio das seguintes condutas:

a) omitir de folha de pagamento da empresa ou de documento de informações previsto pela legislação previdenciária segurados empregado, empresário, trabalhador avulso ou trabalhador autônomo ou a este equiparado que lhe prestem serviços;

b) deixar de lançar mensalmente nos títulos próprios da contabilidade da empresa as quantias descontadas dos segurados ou as devidas pelo empregador ou pelo tomador de serviços;

c) omitir, total ou parcialmente, receitas ou lucros auferidos, remunerações pagas ou creditadas e demais fatos geradores de contribuições sociais previdenciárias.

Dos crimes praticados por particular contra a administração em geral **415**

33.12.5 Tipo subjetivo

É o dolo, acrescido do elemento subjetivo especial de agir, que é a finalidade de fraudar a previdência social.

33.12.6 Consumação e tentativa

É crime material já que se exige a efetiva supressão ou redução do valor devido.

33.12.7 Extinção da punibilidade

A punibilidade é extinta se o agente:

- Espontaneamente confessa e presta as informações devidas antes do início da execução fiscal.
- Promove o pagamento do tributo ou da contribuição social antes do recebimento da denúncia.

33.12.8 Suspensão da pretensão punitiva

De acordo com o art. 83, § 1°, da Lei n. 9.430/1996, a pretensão punitiva do crime de sonegação de contribuição previdenciária é suspensa durante o período em que a pessoa física ou jurídica relacionada com o agente do crime estiver incluída em parcelamento do débito. A condição para isso é que o pedido de parcelamento tenha sido feito antes do recebimento da denúncia criminal. Durante o período de suspensão da pretensão punitiva, não é contado o prazo da prescrição criminal.

33.12.9 Perdão judicial ou diminuição da pena

O juiz pode deixar de aplicar a pena ou aplicar somente a de multa se o agente for primário e de bons antecedentes desde que o valor das contribuições devidas seja menor que o mínimo estabelecido pela previdência social para o ajuizamento de suas execuções fiscais.

33.12.10 Causa especial de diminuição de pena

O § 3° do art. 337-A prevê que a pena de reclusão pode ser reduzida de 1/3 (um terço) até a 1/2 (metade) ou mesmo substituída pela de multa se o empregador não é pessoa jurídica e sua folha de pagamento mensal não ultrapassa R$ 1.510,00.

O § 4°, por sua vez, determina que esse valor será reajustado de acordo com os mesmos índices e nas mesmas datas dos reajustes dos benefícios da previdência social.

416 Direito Penal: Parte Especial – Vol. 2

A competência é da Justiça Federal, exceto na hipótese do art. 149, § 1°, da CF.

33.13 Dos crimes praticados por particular contra a administração pública estrangeira

Este capítulo II-A do título dos crimes contra a administração pública estrangeira foi acrescido pela Lei n. 10.467, de 11 de junho de 2002, norma editada com o objetivo de dar efetividade à Convenção sobre o Combate da Corrupção de Funcionários Públicos Estrangeiros em Transações Comerciais Internacionais, concluída em Paris, em 17 de dezembro de 1997, e promulgada no território nacional pelo Decreto n. 3.678/2000.

33.13.1 Corrupção ativa em transação comercial internacional – Art. 337-B

33.13.1.1 Bem jurídico

É a regularidade das transações comerciais internacionais.

33.13.1.2 Sujeitos do crime

É crime comum e pode ser cometido por qualquer pessoa. O sujeito passivo é a entidade pública à qual pertence o funcionário público estrangeiro, e, secundariamente, a pessoa física ou jurídica prejudicada na transação comercial internacional.

33.13.1.3 Tipo objetivo

O crime consiste em prometer, oferecer ou dar, direta ou indiretamente, vantagem indevida a funcionário público estrangeiro, ou a terceira pessoa, para determiná-lo a praticar, omitir ou retardar ato de ofício relacionado à transação comercial internacional.

Não é necessário que a vantagem seja direta, podendo ser oferecida, prometida ou dada de maneira indireta, implícita.

33.13.1.4 Tipo subjetivo

É o dolo, acrescido da finalidade especial de agir, consistente na intenção de ver o ato ser praticado, omitido ou retardado.

33.13.1.5 Consumação e tentativa

É crime formal, nas modalidades "prometer" e "oferecer"; material, na modalidade "dar".

Dos crimes praticados por particular contra a administração em geral **417**

33.13.1.6 *Figura majorada*

O parágrafo único prevê a pena aumentada de 1/3, se, em razão da vantagem ou promessa, o funcionário público estrangeiro retarda ou omite o ato de ofício, ou o pratica infringindo dever funcional.

33.13.2 Tráfico de influência em transação comercial internacional – Art. 337-C

33.13.2.1 *Bem jurídico*

É a regularidade das transações comerciais internacionais.

33.13.2.2 *Sujeitos do crime*

Qualquer pessoa pode ser sujeito ativo do crime, inclusive o funcionário público. O sujeito passivo é a entidade pública à qual pertence o funcionário público estrangeiro.

33.13.2.3 *Tipo objetivo*

A descrição típica é solicitar, exigir, cobrar ou obter, para si ou para outrem, direta ou indiretamente, vantagem ou promessa de vantagem a pretexto de influir em ato praticado por funcionário público estrangeiro no exercício de suas funções, relacionado a transação comercial internacional.

33.13.2.4 *Tipo subjetivo*

É o dolo, com a finalidade especial de agir, consistente na intenção de obter a vantagem "para si ou para outrem".

33.13.2.5 *Consumação e tentativa*

É crime formal, que se consuma com a mera solicitação. Na modalidade "obter", o crime é material.

33.13.2.6 *Figura majorada*

O parágrafo único dispõe que a pena é aumentada da metade, se o agente alega ou insinua que a vantagem é também destinada a funcionário estrangeiro.

33.13.3 Funcionário público estrangeiro – Art. 337-D

Trata-se de norma explicativa que conceitua o funcionário público estrangeiro, para os efeitos penais, quem, ainda que transitoriamente ou sem remuneração, exerce cargo, emprego ou função pública em entidades estatais ou em representações diplomáticas de país estrangeiro.

Conforme o parágrafo único, equipara-se a funcionário público estrangeiro quem exerce cargo, emprego ou função em empresas controladas, diretamente ou indiretamente, pelo Poder Público de país estrangeiro ou em organizações públicas internacionais.

34

Dos crimes em licitações e contratos administrativos

A Lei n. 14.133/2021 revogou os arts. 89 a 99 – Seção III – Dos Crimes e das Penas da Lei n. 8.666/1993. Ademais, incluiu no CP os arts. 337-E a 337-P, Capítulo II-B do Título XI.

34.1 Contratação direta ilegal – Art. 337-E

34.1.1 Tipo análogo revogado:

Lei n. 8.666/1993:

Art. 89. Dispensar ou inexigir licitação fora das hipóteses previstas em lei, ou deixar de observar as formalidades pertinentes à dispensa ou à inexigibilidade: (Revogado pela Lei n. 14.133, de 2021)

Pena – detenção, de 3 (três) a 5 (cinco) anos, e multa. (Revogado pela Lei n. 14.133, de 2021).

Parágrafo único. Na mesma pena incorre aquele que, tendo comprovadamente concorrido para a consumação da ilegalidade, beneficiou-se da dispensa ou inexigibilidade ilegal, para celebrar contrato com o Poder Público.

34.1.2 Bem jurídico

De acordo com Cleber Masson (2021, p. 11): "é a Administração Pública, no tocante ao interesse público, à legalidade, à impessoalidade, à moralidade, à transparência e à publicidade que devem nortear as contratações diretas, bem como à probidade administrativa dos agentes públicos envolvidos na sua celebração".

34.1.3 Sujeitos do crime

Cuida-se de crime próprio, qual seja, que demanda do sujeito ativo uma qualidade especial, qual seja, ser o funcionário público responsável

420 Direito Penal: Parte Especial – Vol. 2

pela decisão sobre a necessidade, dispensa ou, ainda, inexigibilidade de licitação e, em seguida, celebração do respectivo contrato administrativo sem a prévia licitação. O sujeito ativo deve agir associado a outrem – o contratado – de modo a se configurar crime de concurso necessário.

É possível a corresponsabilidade do parecerista ou agente público equivalente que deu causa à dispensa ou a inexigibilidade indevida, desde que detectada dolosa atuação deficiente, seja em termos de embasamento jurídico (doutrinário, legal e jurisprudencial), com adoção de tese jurídica inaceitável ou teratológica, que implique distorção intencional do direito vigente, seja em razão da presença de flagrantes vícios de forma que deveriam ser apontados. Nesse sentido: "(...). Flagrante ilegalidade do ato. Correta responsabilidade conjunta dos acusados diante do nexo de causalidade. Parecer de natureza obrigatória, emitido com manifesta afronta à lei. Erro grosseiro. Por outro viés, crime de mera conduta. Tipo penal que prescinde de dolo específico de lesar a administração tampouco de comprovação de efetivo dano ao erário. Indubitável ofensa aos princípios licitatórios da legalidade, impessoalidade, moralidade e publicidade (...)" (TJSC, Processo: 2013.049860-7, Rel. Leopoldo Augusto Brüggemann, Terceira Câmara Criminal, julgamento em: 12.08.2014).

Por outro lado, ausentes referidas circunstâncias e, no caso de existir divergência doutrinária ou jurisprudencial sobre a matéria, não há que se falar em responsabilização do autor do parecer, quando opta, de forma fundamentada, por um dos entendimentos aceitáveis, ainda que conduza a uma contratação inadequada, sob pena da adoção da responsabilidade objetiva e violação à independência do profissional. Neste sentido, já decidiu o STJ em caso em que a imputação se baseava unicamente em parecer divergente da manifestação de outro colega. Aduziu-se que, além de apresentar motivação adequada para sua discordância, a denunciada não teve qualquer capacidade decisória sobre as manifestações apresentadas. Concluiu-se, portanto, que não se pode imputar à paciente a prática de conduta delituosa, apenas por ter emitido parecer opinativo discordante de outro Procurador. (HC 185.591-DF, Rel. Min. Adilson Vieira Macabu (Desembargador Convocado do TJ/RJ), julgamento: 20.10.2011).

Já o sujeito passivo deve ser a pessoa jurídica prejudicada pela ausência de licitação e, ainda, indireta ou mediatamente, o particular (pessoa física ou jurídica) prejudicado.

34.1.4 Tipo objetivo

As condutas típicas admitir (aceitar, aderir), possibilitar (permitir, consentir) ou dar causa (provocar, propiciar, acarretar). São verbos que

Dos crimes em licitações e contratos administrativos **421**

expressam condutas que contém a decisão pela contratação direta. Ano-te-se, contudo, que somente haverá crime se a contratação direta (isto é, a dispensa ou a inexigibilidade) forem indevidas, ou fora das hipóteses previstas em lei, expressão que se constitui como elemento normativo do tipo.

Observe que ficou sem tipificação a conduta de "deixar de observar" (desprezar) as formalidades legais, prevista antes no art. 89 da Lei n. 8.666/1993, pelo que, neste particular, pode-se afirmar ter havido *abolitio criminis*.

A contratação direta está prevista no art. 72 da Lei de Licitações, e ocorre quando a licitação é inexigível (art. 74 da Lei n. 14.133/2021 e 30 da Lei n. 13.303/2016) ou dispensada (art. 75 da Lei n. 14.133/2021 e 29 da Lei n. 13.303/2016).

34.1.5 Tipo subjetivo

O elemento subjetivo que compõe a estrutura do tipo penal do crime é o dolo, qual seja, a consciência e a vontade de realização da conduta descrita no tipo penal.

Com relação ao tipo do art. 89 da Lei 8.666/93, demandava o STJ "presença do dolo específico de causar dano ao erário e a caracterização do efetivo prejuízo" (AgRg no AREsp 1780487/MG, Rel. Min. Reynaldo Soares da Fonseca, Quinta Turma, julgamento: 08.06.2021, *DJe* 14.06.2021).

Não há modalidade culposa.

34.1.6 Consumação e tentativa

Consuma-se o delito quando o agente público profere a decisão de contratação direta, independentemente, porém, da realização do contrato administrativo. Trata-se assim, em qualquer de suas modalidades, de crime de mera conduta.

A execução pode também ser fracionada em vários atos (crime plurissubsistente). Com isso, a tentativa se mostra perfeitamente possível quando o resultado pretendido não sobrevém por circunstâncias alheias à vontade do agente.

34.2 Frustração do caráter competitivo de licitação – Art. 337-F

34.2.1 Tipo análogo revogado

Lei n. 8.666/1993:

Art. 90. Frustrar ou fraudar, mediante ajuste, combinação ou qualquer outro expediente, o caráter competitivo do procedimento licitatório, com o intuito de obter, para si ou para outrem, vantagem decorrente da adjudicação do objeto da licitação: (Revogado pela Lei n. 14.133, de 2021)

Pena – detenção, de 2 (dois) a 4 (quatro) anos, e multa. (Revogado pela Lei n. 14.133, de 2021)

34.2.2 Bem jurídico

É a Administração Pública, no tocante ao interesse público ao caráter competitivo do procedimento licitatório.

34.2.3 Sujeitos do crime

Cuida-se de crime comum, qual seja, que não demanda do sujeito ativo uma qualidade especial. É crime de concurso necessário nas modalidades de ajuste e combinação, mas não o é na utilização de qualquer outro expediente.

Já o sujeito passivo deve ser a pessoa jurídica prejudicada e, ainda, indireta ou mediatamente, o particular (pessoa física ou jurídica) prejudicado.

34.2.4 Tipo objetivo

As condutas típicas consistem em: "frustrar" (dar causa à não realização) ou "fraudar" (viciar, alterar da maneira fraudulenta).

Neste crime, há uma conduta que macula o caráter competitivo do procedimento licitatório, seja atingindo a isonomia, seja manipulando o número de interessados, seja beneficiando a proposta de um dos interessados no certame.

Qualquer tipo de ajuste, combinação ou outro malicioso expediente que atinja o real caráter competitivo da licitação pode caracterizar o delito em tela. Trata-se de crime de ação livre que admite, ante a redação final do tipo, interpretação extensiva.

34.2.5 Tipo subjetivo

O elemento subjetivo que compõe a estrutura do tipo penal do crime é o dolo, qual seja, a consciência e a vontade de realização da conduta descrita no tipo penal, aliada a presença "da finalidade específica (elemento subjetivo específico) de obter, para si ou para outrem, vantagem decorrente do objeto da adjudicação".

Entende-se como adjudicação o ato pelo qual a autoridade competente atribui ao licitante vencedor o objeto da licitação. Tem natureza constitutiva, isto é, por meio desse ato, a pessoa beneficiária passa a ter preferência na contratação. A adjudicação produz os seguintes efeitos:

1) coloca o adjudicatário em uma posição especial, pois cria para ele uma expectativa contratual;

Dos crimes em licitações e contratos administrativos **423**

2) impede a contratação de terceiros para executar o objeto adjudicado, salvo no caso de recusa do próprio adjudicatário; e
3) libera os demais licitantes dos compromissos assumidos.

Não se admite a forma culposa.

34.2.6 Consumação e tentativa

Cuida-se de crime formal, que se consuma com a prática da conduta apta a frustrar ou fraudar o caráter competitivo, sendo desnecessária a obtenção da vantagem decorrente da adjudicação do objeto da licitação. Ainda se referindo ao correspondente art. 90 da Lei n. 8.666/1993, entende o STJ que se trata de "crime de natureza formal, dispensando a efetiva ocorrência de prejuízo ao erário" (AgRg no REsp 1834390/RN, Rel. Min. Ribeiro Dantas, Quinta Turma, julgamento: 08.06.2021, *DJe* 11.06.2021).

Tentativa é admissível, quando o agente atua mediante ajuste, combinação ou outro expediente, mas, por circunstâncias alheias à sua vontade, não consegue frustrar ou fraudar o caráter competitivo do procedimento licitatório. Nesse caso, é necessário que o expediente seja idôneo a ludibriar o certame, pois, em caso contrário, deverá ser reconhecido o crime impossível (art. 17 do CP), em face da ineficácia absoluta do meio de execução.

34.3 Patrocínio de contratação indevida – Art. 337-G

34.3.1 Tipo análogo revogado

Lei n. 8.666/1993:

Art. 91. Patrocinar, direta ou indiretamente, interesse privado perante a Administração, dando causa à instauração de licitação ou à celebração de contrato, cuja invalidação vier a ser decretada pelo Poder Judiciário: (Revogado pela Lei n. 14.133, de 2021)

Pena – detenção, de 6 (seis) meses a 2 (dois) anos, e multa.

34.3.2 Bem jurídico

É a Administração Pública, no tocante à probidade na atuação de seus agentes.

34.3.3 Sujeitos do crime

Cuida-se de crime próprio, qual seja, que demanda do sujeito ativo uma qualidade especial, qual seja, ser o funcionário público que se utiliza de sua função para defender interesse privado. Em análise ao revogado tipo do art. 91 da Lei n. 8.888/93. O sujeito pode agir só ou associado a outrem (concurso eventual de agentes).

Já o sujeito passivo deve ser a pessoa jurídica prejudicada e, ainda, indireta ou mediatamente, o particular (pessoa física ou jurídica) prejudicado.

34.3.4 Tipo objetivo

A conduta típica consiste em patrocinar, isto é, defender, postular pretensão de particular perante a Administração Pública. Essa atuação é feita no interesse privado o que caracteriza o desvio de finalidade do servidor público.

Trata-se de crime especial de advocacia administrativa, previsto também no art. 321 do CP, art. 3º, III, Lei n. 8.137/1990 e art. 334 do Código Penal Militar.

Nesse tipo especial, porém, o legislador exigiu que o favorecimento ou proteção prestados pelo agente público resultem na instauração de processo licitatório ou celebração de contrato.

Além disso, o tipo contém um elemento acidental, que relaciona a punição do fato a evento futuro e incerto, a saber, que a licitação e o contrato sejam invalidados pelo Poder Judiciário.

34.3.5 Tipo subjetivo

O elemento subjetivo que compõe a estrutura do tipo penal do crime é o dolo, qual seja, a consciência e a vontade de realização da conduta descrita no tipo penal, aliado a finalidade específica, consistente em dar causa à instauração de licitação ou à celebração de contratos administrativo.

34.3.6 Consumação e tentativa

Consuma-se o delito quando da invalidação pelo Poder Judiciário (condição objetiva de punibilidade). Entendia o STJ que o art. 91 da Lei n. 8.666/1993 era crime formal. Entende ainda Masson (2021, p. 30) que se trata de **crime material.**

Não admite a forma tentada, uma vez que o tipo penal subordina a sua caracterização à invalidação pelo Poder Judiciário. Assim, caso o agente realize o patrocínio do interesse privado, mas, por circunstâncias alheias à sua vontade, sua atuação não resulte na instauração da licitação ou celebração do contrato, diante da falta de objeto a ser invalidado pelo Poder Judiciário, não haverá satisfação à condição objetiva de punibilidade e, portanto, não haverá crime tentado.

Dos crimes em licitações e contratos administrativos **425**

34.4 Modificação ou pagamento irregular em contrato administrativo – Art. 337-H

34.4.1 Tipo análogo revogado

> Lei n. 8.666/1993:
>
> Art. 92. Admitir, possibilitar ou dar causa a qualquer modificação ou vantagem, inclusive prorrogação contratual, em favor do adjudicatário, durante a execução dos contratos celebrados com o Poder Público, sem autorização em lei, no ato convocatório da licitação ou nos respectivos instrumentos contratuais, ou, ainda, pagar fatura com preterição da ordem cronológica de sua exigibilidade, observado o disposto no art. 121 desta Lei: (Redação dada pela Lei n. 8.883, de 1994) (Revogado pela Lei n. 14.133, de 2021)
>
> Pena – detenção, de dois a quatro anos, e multa. (Redação dada pela Lei n. 8.883, de 1994) (Revogado pela Lei n. 14.133, de 2021).
>
> Parágrafo único. Incide na mesma pena o contratado que, tendo comprovadamente concorrido para a consumação da ilegalidade, obtém vantagem indevida ou se beneficia, injustamente, das modificações ou prorrogações contratuais.

34.4.2 Bem jurídico

É a Administração Pública, no tocante à probidade na execução dos contratos.

34.4.3 Sujeitos do crime

Cuida-se de crime próprio, qual seja, que demanda do sujeito ativo uma qualidade especial, qual seja, ser o funcionário público responsável pelas decisões de relativas ao contrato indicadas no *caput*. O sujeito ativo pode agir só ou associado a outrem (concurso eventual de agentes).

Já o sujeito passivo deve ser a pessoa jurídica prejudicada e, ainda, indireta ou mediatamente, o particular (pessoa física ou jurídica) prejudicado.

34.4.4 Tipo objetivo

Na primeira parte, há descrição de condutas relacionadas à modificação irregular de contrato administrativo. É tipificado pelas condutas "admitir", "possibilitar" e "dar causa" a qualquer modificação ou vantagem, inclusive prorrogação contratual, em favor do contratado.

O que se pretende é impedir que ocorra indevida alteração no contrato, durante sua execução, para beneficiar o adjudicatário. Isso porque, depois de celebrado, vigora a chamada regra da imutabilidade do contrato que pressupõe que depois da adjudicação, o ajuste deve ser cumprido tal como negociado (art. 104, § 2º, da Lei n. 14.133/2021). Por isso que a alteração do contrato é medida excepcional e as causas legais de modificações e prorrogações dos contratos administrativos estão previstas, taxativamente, nos arts. 124 da Lei n. 14.133/2021 e 81 da Lei n. 13.303/2016.

É crime então: admitir (aceitar, acolher, concordar), possibilitar (permitir, dar condições) ou dar causa (causar, criar, realizar) alterar contrato sem autorização legal, desde que favoreçam o adjudicatário.

Não se admite, por óbvio, que, em caso de modificação, seja inserido objeto novo no contrato anteriormente pactuado. A contratação assim feita equivalerá à contratação sem licitação.

A segunda parte do artigo, "pagar fatura com preterição da ordem cronológica de sua exigibilidade", tipifica outra conduta que não guarda relação direta com a anterior. Nesse caso, em relação à primeira parte anteriormente estudada, o tipo penal é misto cumulativo.

A conduta é pagar (quitar, saldar) a fatura, entendida aqui como a dívida expressa por meio de documento que atesta uma dívida, sem obediência à ordem cronológica estabelecida pelo art. 141 da Lei n. 14.133/2021.

34.4.5 Tipo subjetivo

O elemento subjetivo que compõe a estrutura do tipo penal do crime é o dolo, qual seja, a consciência e a vontade de realização da conduta descrita no tipo penal. Não há exigência de elemento subjetivo específico do tipo.

Inexiste a forma culposa.

34.4.6 Consumação e tentativa

Consuma-se o delito quando da realização de uma ou mais das condutas descritas no tipo, **sendo desnecessária a efetiva produção de resultado naturalístico**. Cuida-se, portanto, de crime formal.

A execução pode também ser fracionada em vários atos (crime plurissubsistente). Com isso, a tentativa se mostra perfeitamente possível quando o resultado pretendido não sobrevém por circunstâncias alheias à vontade do agente.

34.5 Perturbação de processo licitatório – Art. 337-I

34.5.1 Tipo análogo revogado

Lei n. 8.666/1993:

Art. 93. Impedir, perturbar ou fraudar a realização de qualquer ato de procedimento licitatório: (Revogado pela Lei n. 14.133, de 2021)

Pena – detenção, de 6 (seis) meses a 2 (dois) anos, e multa. (Revogado pela Lei n. 14.133, de 2021)

34.5.2 Bem jurídico

É a Administração Pública, no tocante ao interesse público no caráter escorreito do procedimento licitatório.

34.5.3 Sujeitos do crime

Cuida-se de crime comum, qual seja, que não demanda do sujeito ativo uma qualidade especial. O sujeito ativo pode agir só ou associado a outrem (concurso eventual de agentes).

Já o sujeito passivo deve ser a pessoa jurídica prejudicada e, ainda, indireta ou mediatamente, o particular (pessoa física ou jurídica) prejudicado.

34.5.4 Tipo objetivo

As condutas típicas consistem em: "impedir", "perturbar" e "fraudar". Cuida-se de tipo misto alternativo que pune qualquer ato que prejudica o desenvolvimento de cada uma das etapas que compõe o procedimento licitatório.

O tipo protege atos parcelares do procedimento licitatório, desde os iniciais, ainda que internos, como a estimativa de preço, ou externos, como a abertura do edital, até os atos finais, como os de julgamento e adjudicação. Por isso que no HC 348414/RN, Rel. Min. Maria Thereza De Assis Moura, Sexta Turma, julgamento: 07.04.2016, *DJe* 19.04.2016 restou consolidado entendimento de que "O delito do art. 93 da Lei n. 8.666/1993 somente se tipifica se as condutas nele previstas forem praticadas no curso do procedimento licitatório".

Todavia, trata-se de crime eminentemente subsidiário, cedendo lugar sempre que o ato praticado que prejudica o desenvolvimento da licitação se subsuma a outro tipo penal, mais específico, como os dos arts. 337-J e 337-K do CP.

34.5.5 Tipo subjetivo

O elemento subjetivo que compõe a estrutura do tipo penal do crime é o dolo, qual seja, a consciência e a vontade de realização da conduta descrita no tipo penal. Não se exige elemento subjetivo específico do tipo.

428 Direito Penal: Parte Especial – Vol. 2

34.5.6 Consumação e tentativa

Consuma-se o delito quando do impedimento, perturbação e/ou fraude, **dispensada a efetiva produção de resultado naturalístico (causação de dano ao erário)**. Cuida-se, portanto, de crime formal.

A execução pode também ser fracionada em vários atos (crime plurissubsistente). Com isso, a tentativa se mostra perfeitamente possível quando o resultado pretendido não sobrevém por circunstâncias alheias à vontade do agente.

34.6 Violação de sigilo em licitação – Art. 337-J

34.6.1 Tipo análogo revogado

Lei n. 8.666/1993:

Art. 94. Devassar o sigilo de proposta apresentada em procedimento licitatório, ou proporcionar a terceiro o ensejo de devassá-lo: (Revogado pela Lei n. 14.133, de 2021)

Pena – detenção, de 2 (dois) a 3 (três) anos, e multa. (Revogado pela Lei n. 14.133, de 2021)

34.6.2 Bem jurídico

É a Administração Pública, no tocante ao interesse público na manutenção do caráter sigiloso da proposta no procedimento licitatório.

34.6.3 Sujeitos do crime

Cuida-se de crime comum, que não demanda do sujeito ativo uma qualidade especial. Entretanto, especificamente quanto a "proporcionar a terceiro o ensejo de devassá-lo", anota Masson (2021, p. 57), que "o crime é **próprio** ou **especial,** pois somente pode ser cometido pelo funcionário público encarregado de assegurar o sigilo das propostas apresentadas no procedimento licitatório". O sujeito ativo pode agir só ou associado a outrem (concurso eventual de agentes).

Já o sujeito passivo deve ser a pessoa jurídica prejudicada e, ainda, indireta ou mediatamente, o particular (pessoa física ou jurídica) prejudicado.

34.6.4 Tipo objetivo

As condutas típicas consistem em: "devassar" e "proporcionar a terceiro o ensejo de devassá-lo". As condutas típicas recaem sobre o sigilo da proposta apresentada em procedimento licitatório, que constitui o objeto material do delito. Qualquer ato que implique o conhecimento da proposta sigilosa antes do momento oportuno, geralmente, a fase

Dos crimes em licitações e contratos administrativos **429**

de abertura e julgamento, caracteriza o delito em estudo, desde que a proposta já esteja sob a guarda e responsabilidade do ente da Administração Pública.

Referindo-se ao crime do CP, mas aplicável ao caso, Nelson Hungria (1942, p. 396) ensina que "é bem de ver que o devassamento terá de ser praticado em tempo útil, isto é, antes de expirado o prazo do edital ou antes do momento seletivo, de modo a permitir ou possibilitar a insídia de substituições ou alterações, ou quebra de normalidade da concorrência".

A redação do artigo é um pouco confusa, mas a segunda parte deve ser entendida como a conduta daquele que permite a terceiro a oportunidade de devassar o sigilo da proposta, hipótese em que a conduta é omissiva. Caso o terceiro efetivamente devasse o sigilo, haverá concurso de pessoas, e ambos respondem pela primeira parte do tipo.

34.6.5 Tipo subjetivo

O elemento subjetivo que compõe a estrutura do tipo penal do crime é o dolo, qual seja, a consciência e a vontade de realização da conduta descrita no tipo penal. Não se exige elemento subjetivo específico do tipo.

34.6.6 Consumação e tentativa

Consuma-se o delito quando da efetiva devassa da proposta, com o conhecimento das informações ali contidas. Cuida-se, portanto, de crime material.

A execução pode também ser fracionada em vários atos (crime plurissubsistente). Com isso, a tentativa se mostra perfeitamente possível quando o resultado pretendido não sobrevém por circunstâncias alheias à vontade do agente.

34.7 Afastamento do licitante – Art. 337-K

34.7.1 Tipo análogo revogado:

Art. 95. Afastar ou procurar afastar licitante, por meio de violência, grave ameaça, fraude ou oferecimento de vantagem de qualquer tipo: (Revogado pela Lei n. 14.133, de 2021)

Pena – detenção, de 2 (dois) a 4 (quatro) anos, e multa, além da pena correspondente à violência. (Revogado pela Lei n. 14.133, de 2021)

Parágrafo único. Incorre na mesma pena quem se abstém ou desiste de licitar, em razão da vantagem oferecida

430   Direito Penal: Parte Especial – Vol. 2

34.7.2 Bem jurídico

É a Administração Pública, no tocante ao interesse público no caráter competitivo procedimento licitatório e na integridade física dos licitantes.

34.7.3 Sujeitos do crime

Cuida-se de crime comum, qual seja, que não demanda do sujeito ativo uma qualidade especial. O sujeito ativo pode agir só ou associado a outrem (concurso eventual de agentes).

Já o sujeito passivo deve ser a pessoa jurídica prejudicada e, ainda, indireta ou mediatamente, o particular (pessoa física ou jurídica) prejudicado.

34.7.4 Tipo objetivo

As condutas típicas consistem em afastar (eliminar, separar ou retirar) ou tentar afastar (tentar tirar do caminho). O ato de afastar o interessado em participar do certame poderá ocorrer em qualquer fase do processo licitatório. Configura o crime, por exemplo, oferecer vantagem para empresa concorrente retirar a sua proposta, afastando-se do processo logo no seu nascedouro, ou quando, regularmente convocada, não assine o contrato.

O modo de agir é bastante variável no tipo.

- A violência (*vis absoluta*) é o emprego da força física, seja vias de fato, seja lesão corporal.
- Grave ameaça (*vis relativa*) é a promessa de grave e iminente mal a ser provocado no licitante. Pode-se dar por promessa de morte, lesão ou prática de outro tipo de violência.
- Fraude é o artifício, simulação, ardil, engodo ou outro qualquer outro expediente que mantém outrem em erro.
- Oferecimento de vantagem é a disposição de pagamento em pecúnia ou outra vantagem como emprego, cargo, função, promoção ou apoio eleitoral diretamente a pessoa do licitante ou terceiro por ele indicado.

No parágrafo único, tem-se a figura apontada pela doutrina da corrupção passiva privada.

34.7.5 Tipo subjetivo

O elemento subjetivo que compõe a estrutura do tipo penal do crime é o dolo, qual seja, a consciência e a vontade de realização da conduta descrita no tipo penal. Não se exige elemento subjetivo específico do tipo.

Dos crimes em licitações e contratos administrativos **431**

34.7.6 Consumação e tentativa

Consuma-se o delito em momento distintos. Basta a realização das condutas descritas no *caput* porque, ali, tem-se crime formal. Na hipótese do parágrafo único, indispensável a produção de resultado naturalístico (crime material).

Para Masson (2021, p. 64), cuida-se de "crime de atentado ou de mero empreendimento, no qual o legislador equiparou as condutas de 'afastar' e 'tentar afastar'". Por isso, a tentativa mostra-se impossível de ocorrer.

A pena do crime é aplicada sem prejuízo daquela correspondente à violência.

34.8 Fraude em licitação ou contrato – Art. 337-L

34.8.1 Tipo análogo revogado

Lei n. 8.666/1993:

Art. 96. Fraudar, em prejuízo da Fazenda Pública, licitação instaurada para aquisição ou venda de bens ou mercadorias, ou contrato dela decorrente: (Revogado pela Lei n. 14.133, de 2021)

I – elevando arbitrariamente os preços; (Revogado pela Lei n. 14.133, de 2021)

II – vendendo, como verdadeira ou perfeita, mercadoria falsificada ou deteriorada; (Revogado pela Lei n. 14.133, de 2021)

III – entregando uma mercadoria por outra; (Revogado pela Lei n. 14.133, de 2021)

IV – alterando substância, qualidade ou quantidade da mercadoria fornecida; (Revogado pela Lei n. 14.133, de 2021)

V – tornando, por qualquer modo, injustamente, mais onerosa a proposta ou a execução do contrato: (Revogado pela Lei n. 14.133, de 2021)

Pena – detenção, de 3 (três) a 6 (seis) anos, e multa. (Revogado pela Lei n. 14.133, de 2021)

34.8.2 Bem jurídico

É a Administração Pública, no tocante à probidade na licitação e aos interesses patrimoniais da Fazenda Pública.

34.8.3 Sujeitos do crime

Cuida-se de crime próprio, qual seja, que demanda do sujeito ativo uma qualidade especial, qual seja, a pessoa física ou o responsável pela administração da pessoa jurídica contratada (contrato administrativo). O sujeito ativo pode agir só ou associado a outrem (concurso eventual de agentes).

432 Direito Penal: Parte Especial – Vol. 2

Já o sujeito passivo deve ser a pessoa jurídica prejudicada e, ainda, indireta ou mediatamente, o particular (pessoa física ou jurídica) prejudicado.

34.8.4 Tipo objetivo

A conduta típica consiste em "fraudar" (enganar, iludir ou trapacear), razão pela qual o crime pode ser chamado de "estelionato licitatório".

O *caput* do art. 337-L está ligado às circunstâncias descritas nos cinco incisos seguintes, que estabelecem a forma pela qual a fraude pode ser cometida:

a) na entrega de mercadoria ou prestação de serviços com qualidade ou em quantidades diversas das previstas no edital ou nos instrumentos contratuais;

b) no fornecimento, como verdadeira ou perfeita, de mercadoria falsificada, deteriorada, inservível para consumo ou com prazo de validade vencido;

c) na entrega de uma mercadoria por outra;

d) na alteração da substância, qualidade ou quantidade da mercadoria ou do serviço fornecido;

e) em qualquer meio fraudulento que torne injustamente mais onerosa para a Administração Pública a proposta ou a execução do contrato.

34.8.5 Tipo subjetivo

O elemento subjetivo que compõe a estrutura do tipo penal do crime é o dolo, qual seja, a consciência e a vontade de realização da conduta descrita no tipo penal. Há exigência de elemento subjetivo específico do tipo, qual seja, o desiderato de causar prejuízo à Administração Pública.

34.8.6 Consumação e tentativa

Consuma-se o delito quando **da efetiva produção de resultado naturalístico (causação de prejuízo à Fazenda Pública).** Cuida-se, portanto, de crime material.

A execução pode também ser fracionada em vários atos (crime plurissubsistente). Com isso, a tentativa se mostra perfeitamente possível quando o resultado pretendido não sobrevém por circunstâncias alheias à vontade do agente.

34.9 Contratação inidônea – Art. 337-M

34.9.1 Tipo análogo revogado

Lei n. 8.666/1993:

Art. 97. Admitir à licitação ou celebrar contrato com empresa ou profissional declarado inidôneo: (Revogado pela Lei n. 14.133, de 2021)

Pena – detenção, de 6 (seis) meses a 2 (dois) anos, e multa. (Revogado pela Lei n. 14.133, de 2021)

Parágrafo único. Incide na mesma pena aquele que, declarado inidôneo, venha a licitar ou a contratar com a Administração. (Revogado pela Lei n. 14.133, de 2021)

34.9.2 Bem jurídico

É a Administração Pública, no tocante ao caráter escorreito da licitação. Protege ainda a autoridade da decisão, administrativa ou judicial, que decretou a inidoneidade ou a suspensão de pessoas de participar de licitações ou celebrar contratos.

34.9.3 Sujeitos do crime

Cuida-se de crime próprio, qual seja, que demanda do sujeito ativo uma qualidade especial. Segundo Masson (2023, p. 837), na figura do *caput* e § 1°, "somente podem ser cometidos pelo membro da comissão de contratação ou pelo funcionário público com atribuições para admitir à licitação ou celebrar contrato". O sujeito ativo pode agir só ou associado a outrem (concurso eventual de agentes).

Já o sujeito passivo deve ser a pessoa jurídica prejudicada e, ainda, indireta ou mediatamente, o particular (pessoa física ou jurídica) prejudicado.

34.9.4 Tipo objetivo

As condutas típicas consistem em "admitir à licitação" ou "celebrar contrato", pessoa ou empresa declarados inidôneos.

Anote-se que a inidoneidade é o elemento normativo do tipo, que se refere a qualidade daquele que está impedido de contratar. Abrange declaração de inidoneidade dos entes licitantes (art. 156, IV, da Lei n. 14.133/2021 e art. 84, III, da Lei n. 13.303/2016), bem como as previstas nas leis dos Tribunais de Contas (ex.: art. 46 da Lei Orgânica do Tribunal de Contas da União (Lei n. 8.443/1992), bem como outros tipos de sanções administrativas e judiciais de suspensão temporária de participação em licitação ou impedimento de contratar com a administração.

A declaração de inidoneidade dura enquanto perdurarem os motivos determinantes da punição ou até que seja promovida a reabilitação,

434 Direito Penal: Parte Especial – Vol. 2

perante a própria autoridade que aplicou a penalidade, que será concedida sempre que o contratado ressarcir a Administração pelos prejuízos resultantes e após decorrido o prazo da sanção aplicada com base no inciso anterior.

34.9.5 Tipo subjetivo

O elemento subjetivo que compõe a estrutura do tipo penal do crime é o dolo, qual seja, a consciência e a vontade de realização da conduta descrita no tipo penal. Não há exigência de elemento subjetivo específico do tipo.

34.9.6 Consumação e tentativa

Consuma-se o delito quando da prática das condutas descritas no tipo, sendo dispensável a efetiva produção de resultado naturalístico. Cuida-se, portanto, de crime formal.

A execução pode também ser fracionada em vários atos (crime plurissubsistente). Com isso, a tentativa se mostra perfeitamente possível quando o resultado pretendido não sobrevém por circunstâncias alheias à vontade do agente.

34.10 Impedimento indevido – Art. 337-N

34.10.1 Tipo análogo revogado

Lei n. 8.666/1993:

Art. 98. Obstar, impedir ou dificultar, injustamente, a inscrição de qualquer interessado nos registros cadastrais ou promover indevidamente a alteração, suspensão ou cancelamento de registro do inscrito: (Revogado pela Lei n. 14.133, de 2021)

Pena – detenção, de 6 (seis) meses a 2 (dois) anos, e multa. (Revogado pela Lei n. 14.133, de 2021)

34.10.2 Bem jurídico

É a Administração Pública, no tocante ao caráter escorreito da licitação.

34.10.3 Sujeitos do crime

Cuida-se de crime próprio, qual seja, que demanda do sujeito ativo uma qualidade especial. O sujeito ativo pode agir só ou associado a outrem (concurso eventual de agentes).

Dos crimes em licitações e contratos administrativos **435**

Já o sujeito passivo deve ser a pessoa jurídica prejudicada e, ainda, indireta ou mediatamente, o particular (pessoa física ou jurídica) prejudicado.

34.10.4 Tipo objetivo

O tipo tem duas partes, que mantêm uma relação consequencial entre si (é tipo misto alternativo):

1ª) 3 verbos: "Obstar" (atrapalhar, confundir); "impedir" (opor óbices, negar, inviabilizar) ou "dificultar" (por empecilho), que se referem às condutas realizadas antes de efetivado o registro cadastral do interessado. Ex.: agente sonega o edital de divulgação, impedindo a habilitação tempestiva do interessado ao cadastro;

2ª) "promover" (criar, dar impulso) refere-se às condutas realizadas depois de efetivado o registro cadastral do interessado e que se destinam a alterar, suspender ou cancelar o registro do inscrito. Ex.: agente exclui interessado habilitado que não apresentava vício na documentação apresentada.

34.10.5 Tipo subjetivo

O elemento subjetivo que compõe a estrutura do tipo penal do crime é o dolo, qual seja, a consciência e a vontade de realização da conduta descrita no tipo penal. Não há exigência de elemento subjetivo específico do tipo.

34.10.6 Consumação e tentativa

Consuma-se o delito quando da prática das condutas descritas no tipo, sendo dispensável a efetiva produção de resultado naturalístico. Cuida-se, portanto, de crime formal.

A execução pode também ser fracionada em vários atos (crime plurissubsistente). Com isso, a tentativa se mostra perfeitamente possível quando o resultado pretendido não sobrevém por circunstâncias alheias à vontade do agente.

34.11 Omissão grave de dado ou de informação por projetista – Art. 337-O

Crime sem correspondência na Lei n. 8.666/1993.

34.11.1 Bem jurídico

É a Administração Pública, no tocante ao caráter escorreito da licitação.

436 Direito Penal: Parte Especial – Vol. 2

34.11.2 Sujeitos do crime

Cuida-se de crime próprio vez que o praticado por projetista ou responsável pela entrega, modificação ou omissão no levantamento cadastral ou condição de contorno (que pode ou não ser agente público). O sujeito ativo pode agir só ou associado a outrem (concurso eventual de agentes).

Já o sujeito passivo deve ser a pessoa jurídica prejudicada e, ainda, indireta ou mediatamente, o particular (pessoa física ou jurídica) prejudicado.

34.11.3 Tipo objetivo

As condutas típicas consistem em "omitir" (crime omissivo puro ou próprio), "modificar" e "entregar". Trata-se de tipo confuso, mas que pode ser entendido como uma falsidade ideológica especial em que o sujeito ativo elabora documento falso (irreal), que contém informações diferentes da realidade, que consequentemente altera a elaboração dos projetos da licitação, de modo a frustrar sua competitividade.

Essa falsidade atinge aspectos dos projetos e do preço, tais como das sondagens, topografia, estudos de demanda, condições ambientais e demais elementos ambientais impactantes.

A conduta visa atingir (i) a seleção da proposta mais vantajosa para a Administração Pública, (ii) a contratação para a elaboração de projeto básico, projeto executivo ou anteprojeto, (iii) o diálogo competitivo ou (iv) o procedimento de manifestação de interesse.

Exemplo: o agente faz o estudo do solo e de sua topografia e traz informação inverídica que compromete a competitividade, uma vez que nem todos os participantes teriam *know-how* para realizar a obra em virtude de não possuírem máquinas e equipamentos para aquele tipo de solo.

Como se vê, o legislador aqui tipificou autonomamente um ato preparatório. Assim, caso a fraude seja concretizada, em regra restará caracterizado o crime do art. 337-F do CP, mais abrangente do que a deste tipo em estudo.

34.11.4 Tipo subjetivo

O elemento subjetivo que compõe a estrutura do tipo penal do crime é o dolo, qual seja, a consciência e a vontade de realização da conduta descrita no tipo penal.

Há elementos subjetivos (alternativos) implícitos, consistentes em frustrar o caráter competitivo da licitação ou lesar a Administração Pública, no sentido de que não selecione a proposta mais vantajosa.

Dos crimes em licitações e contratos administrativos **437**

Por outro lado, há uma causa de aumento para o "fim de obter benefício, direto ou indireto, próprio ou de outrem", aplicando-se em dobro a pena prevista no *caput* (§ 2º).

34.11.5 Consumação e tentativa

Consuma-se o delito quando da efetiva entrega do levantamento cadastral ou condição de contorno à Administração ou, depois de entregue, quando eles são alterados. Cuida-se, portanto, de crime formal.

A execução pode também ser fracionada em vários atos (crime plurissubsistente) no que tange às figuras comissivas, apenas. Com isso, a tentativa se mostra perfeitamente possível para aquelas modalidades quando o resultado pretendido não sobrevém por circunstâncias alheias à vontade do agente.

34.12 Alteração da pena de multa – Art. 337-P

Previa o art. 99 da Lei n. 8.666/1993: "A pena de multa cominada nos arts. 89 a 98 desta Lei consiste no pagamento de quantia fixada na sentença e calculada em índices percentuais, cuja base corresponderá ao valor da vantagem efetivamente obtida ou potencialmente auferível pelo agente".

Passou a prever o art. 337-P do CP: "A pena de multa cominada aos crimes previstos neste Capítulo seguirá a metodologia de cálculo prevista neste Código e não poderá ser inferior a 2% (dois por cento) do valor do contrato licitado ou celebrado com contratação direta".

Como se vê, restou abandonada a regra antiga que destinava a multa às entidades lesadas e não ao fundo penitenciário. A nova sistemática voltou a seguir o modelo do CP, inclusive no tocante ao critério de fixação do dia-multa (art. 49 do CP), temperado pelo disposto no art. 337-P, que prevê a multa não pode ser inferior a dois por cento do valor do contrato licitado ou celebrado com contratação direta.

Dessa forma, se pela metodologia seguida na Parte Geral do Código o total da multa for menor do que o percentual determinado neste dispositivo, o juiz sentenciante deve fazer o ajuste baseado no valor do contrato administrativo celebrado irregularmente.

35

Dos crimes contra a administração da justiça

35.1 Considerações gerais

Aqui o CP incrimina comportamentos que afetam as atividades estatais relacionadas à aplicação do Direito em geral, notadamente no tocante à persecução administrativa, cível ou penal. Isso significa que a palavra justiça não foi empregada em sentido estrito, mas com significado mais amplo, abrangendo atos relacionados a atuação dos órgãos que atuem junto ao sistema de justiça como um todo.

35.2 Reingresso de estrangeiro expulso – Art. 338

35.2.1 Bem jurídico

É a soberania da decisão que decretou a expulsão do estrangeiro.

35.2.2 Sujeitos do crime

Somente o estrangeiro expulso pode cometer o crime, motivo pelo qual este é um exemplo de **crime de mão própria** (não admite coautoria, mas admite participação). O sujeito passivo é o Estado.

35.2.3 Tipo objetivo

O tipo penal incrimina a conduta de "reingressar no território nacional o estrangeiro que dele foi expulso". Tem pena de reclusão, de um a quatro anos, sem prejuízo de nova expulsão após o cumprimento da pena.

Dos crimes contra a administração da justiça **439**

O crime pressupõe que (1) o estrangeiro tenha sido expulso por ato do Presidente da República, (2) que ele tenha saído do Brasil e (3) que tenha retornado, sem autorização.

35.2.4 Tipo subjetivo

É o dolo.

35.2.5 Consumação e tentativa

Consuma-se no momento em que o estrangeiro expulso reingressa no país.

Admite-se a tentativa.

35.3 Denunciação caluniosa – Art. 339

35.3.1 Considerações iniciais

Com redação dada pela Lei n. 14.110, de 2020, é o crime de dar causa à instauração de inquérito policial, de procedimento investigatório criminal, de processo judicial, de processo administrativo disciplinar, de inquérito civil ou de ação de improbidade administrativa contra alguém, imputando-lhe crime, infração ético-disciplinar ou ato ímprobo de que o sabe inocente. A pena cominada é de reclusão, de dois a oito anos, e multa.

35.3.2 Bem jurídico

Além de proteger a administração da justiça, especialmente quanto à sua eficiência, o tipo protege, secundariamente, a honra da pessoa ofendida.

35.3.3 Sujeitos do crime

Qualquer pessoa pode cometer o crime, exceto agentes públicos, que ficam sujeitos ao crime previsto no art. 30 da Lei n. 13.869/2019.

O sujeito passivo é o Estado e a pessoa atingida pela denúncia. Prevalece que o menor de 18 anos também pode ser vítima do crime de denunciação caluniosa.

35.3.4 Tipo objetivo

Há o crime em estudo quando o agente mente e dá causa, isto é, de forma infundada, provoca a instauração de:

440 Direito Penal: Parte Especial – Vol. 2

a) inquérito policial;
b) procedimento investigatório criminal;
c) processo judicial;
d) processo administrativo disciplinar;
e) inquérito civil ou
f) ação de improbidade administrativa.

A instauração destes instrumentos decorre da imputação falsa de crime (ou contravenção penal – vide § 2º), infração ético-disciplinar ou ato ímprobo.

Prevalece que não está abrangido no tipo a imputação falsa de atos infracionais, cometidos por menores de 18 anos de idade.

A imputação falsa é aquela que se refere a fato inexistente ou a fato existente/verdadeiro, porém, praticado por outra pessoa.

35.3.5 Tipo subjetivo

É o dolo, não admitindo a forma culposa. Tendo em vista que o tipo penal fala que o agente deve saber que o ofendido é inocente, prevalece que não cabe o dolo eventual, mas apenas o dolo direto.

Assim, é necessário que o agente saiba que o denunciado é inocente, não bastando que ele tenha dúvidas.

35.3.6 Consumação e tentativa

Para a consumação do delito é necessário que a autoridade efetivamente instaure um dos procedimentos mencionados no tipo.

É possível a tentativa. Ex.: carta contendo a denunciação é interceptada.

―――――――――――――― **Atenção!** ――――――――――――――

A retratação do agente que praticou uma denunciação caluniosa extingue a punibilidade? Não, uma vez que, diferentemente dos crimes contra a honra, a conduta atinge interesses indisponíveis da administração da justiça que, devido à mentira do agente, foi movida inútil e criminosamente.

35.3.7 Anonimato – figura majorada

Conforme prevê o § 1º do art. 339, a pena é aumentada de sexta parte, se o agente se serve de anonimato ou de nome.

Dos crimes contra a administração da justiça **441**

35.3.8 Diferença para calúnia

Na calúnia, a imputação falsa é apenas da prática de um fato definido como crime. Na denunciação caluniosa (art. 339 do CP), o agente não só atribui à vítima, mentirosamente, a prática de um delito, como provoca a instauração de um procedimento estatal em face da pessoa inocente.

35.4 Comunicação falsa de crime ou de contravenção – Art. 340

35.4.1 Considerações iniciais

Constitui crime provocar a ação de autoridade, comunicando-lhe a ocorrência de crime ou de contravenção que sabe não se ter verificado. A pena é detenção, de um a seis meses, ou multa.

35.4.2 Bem jurídico

É a administração da justiça, especialmente quanto à sua eficiência.

35.4.3 Sujeitos do crime

Trata-se de crime comum. O sujeito passivo é o Estado.

35.4.4 Tipo objetivo

O verbo "provocar" indica a conduta de deflagrar a atuação das autoridades investidas em atribuições investigativas. Por isso, para alguns, não há crime quando a comunicação é feita para a polícia militar, que ordinariamente não tem função investigativa.

Observe-se que o tipo não exige a instauração formal de procedimentos investigatórios. Basta a prática de uma ação investigativa preliminar que, todavia, deve ser juridicamente relevante.

Neste crime, o agente comunica um crime que não ocorreu. A falsidade recai assim sobre a existência do fato e não quanto a sua autoria.

35.4.5 Tipo subjetivo

É o dolo. Prevalece que o tipo somente admite o dolo direto. A dúvida afasta o crime, sendo indispensável que o agente tenha certeza de que o fato comunicado realmente não ocorreu.

Não há modalidade culposa.

442 Direito Penal: Parte Especial – Vol. 2

35.4.6 Consumação e tentativa

Consuma-se no momento em que a autoridade, que recebeu a falsa informação, age em razão dela.

A tentativa é admissível.

35.4.7 Diferença para a denunciação caluniosa

No crime de comunicação falsa não há imputação de crime à alguém, mas o falso reporte à autoridade de uma infração penal. Comunica-se um crime que não ocorreu, sem individualização de um suposto infrator. Na denunciação caluniosa o agente imputa a prática de uma infração a alguém, sabendo tratar-se de pessoa inocente.

35.5 Autoacusação falsa – Art. 341

É a conduta de acusar-se, perante a autoridade, de crime inexistente ou praticado por outrem. Tem pena de detenção, de três meses a dois anos, ou multa.

35.5.1 Bem jurídico

É a administração da justiça, especialmente quanto à sua eficiência.

35.5.2 Sujeitos do crime

Pode ser praticado por qualquer pessoa. Sujeito passivo é o Estado.

35.5.3 Tipo objetivo

Há o crime em estudo quando a pessoa se autoacusa da prática de um crime, como a pessoa que, em sede de interrogatório (policial ou judicial), confessa um crime que não cometeu.

Só há o delito se a autoacusação for realizada livre e espontânea. Se decorrer de coação, ante a inexigibilidade de conduta diversa, resta excluída a culpabilidade, e portanto, não há crime.

Não há crime se a autoincriminação for de contravenção. Além disso, deve ser feita perante uma autoridade, presencialmente ou por escrito.

Há autoincriminação se satisfaz se o agente assume a prática de um crime que não aconteceu ou, mesmo tendo acontecido, não foi cometido por ele.

Dos crimes contra a administração da justiça **443**

35.5.4 Tipo subjetivo

É o dolo.

Não há modalidade culposa.

35.5.5 Consumação e tentativa

O delito se consuma no momento em que a autoridade toma conhecimento da autoacusação falsa, ainda que não tome providências.

A tentativa é admissível.

35.6 Falso testemunho – Art. 342

35.6.1 Considerações iniciais

O tipo é descrito como o ato de fazer afirmação falsa, ou negar ou calar a verdade como testemunha, perito, contador, tradutor ou intérprete em processo judicial, ou administrativo, inquérito policial, ou em juízo arbitral. Tem pena de reclusão, de dois a quatro anos, e multa.

35.6.2 Bem jurídico

O crime tutela a instrução processual e, portanto, resguarda o prestígio da justiça.

35.6.3 Sujeitos do crime

O delito em estudo é de mão própria vez que só pode ser praticado por testemunha, perito, contador, tradutor ou intérprete. Por ser de crime de mão própria, é inadmissível a coautoria no crime de falso testemunho. No tocante à participação, há duas orientações:

a) Como o CP pune, de forma autônoma, a conduta de quem dá, oferece ou promete dinheiro ou qualquer outra vantagem a testemunha ou perito, a intenção da lei foi a de não punir o partícipe do falso testemunho fora das hipóteses previstas no art. 343.

b) Prevalece o entendimento de que não há impedimento ao reconhecimento da participação no falso testemunho fora das hipóteses mencionadas no art. 343. É o caso, por exemplo, do sujeito que induz ou instiga a testemunha a mentir, mas sem o oferecimento de qualquer vantagem.

Os informantes (pessoas ouvidas em procedimentos/processos, mas que não prestam o compromisso de dizer a verdade) podem cometer crime de falso testemunho?

1ª Corrente: Sim, visto que o compromisso da testemunha não foi previsto como elementar do tipo penal. Ademais, toda pessoa tem o dever de colaborar com a administração da justiça.

2ª Corrente: Não há crime em tal hipótese porque a ausência do compromisso de dizer a verdade serve justamente para desonerar essas pessoas do crime de falso testemunho.

─────────────── **Atenção!** ───────────────

A vítima que mente em seu depoimento comete falso testemunho? Não. Pode, entretanto, cometer crime de denunciação caluniosa.

Sujeito passivo é o Estado e, secundariamente, a pessoa prejudicada pelo falso testemunho ou falsa perícia.

35.6.4 Tipo objetivo

São três as condutas típicas:

a) fazer afirmação falsa – agente distorce a verdade;
b) negar a verdade – agente nega saber a verdade;
c) calar a verdade – agente permanece em silêncio (conhecido como reticência).

A falsidade deve recair sobre fato juridicamente relevante, isto é, sobre fato que possa influir na convicção do julgador. Assim, a falsidade relacionada a fato acessório, não essencial, não tem potencialidade para prejudicar a administração da justiça.

35.6.5 Tipo subjetivo

O crime é punido a título de dolo. A forma culposa não é punida, de forma que o simples engano ou esquecimento é insuficiente para a configuração do crime.

35.6.6 Consumação e tentativa

É crime formal, que se consuma no momento que a testemunha, tradutor ou intérprete, termina seu depoimento, lavrando a sua assinatura.

No caso da falsa perícia (testemunho, tradução, contagem ou interpretação por escrito), consuma-se no instante da entrega do laudo à autoridade competente.

A tentativa é possível.

Dos crimes contra a administração da justiça **445**

35.6.7 Figura majorada

Segundo o § 1° do art. 342, as penas aumentam-se de um sexto a um terço, se o crime é praticado mediante suborno ou se cometido com o fim de obter prova destinada a produzir efeito em processo penal, ou em processo civil em que for parte entidade da administração pública direta ou indireta.

35.6.8 Retratação

O fato deixa de ser punível se, antes da sentença no processo em que ocorreu o ilícito, o agente se retrata ou declara a verdade. Caso o crime tenha sido praticado em concurso (participação ou coautoria), a retratação de um se estende aos demais, comunicando-se. Isso porque o fato deixa de ser punível, e não o autor.

35.6.9 Precatória

Caso o falso testemunho tenha sido prestado por uma testemunha ouvida por carta precatória, o órgão competente para processar e julgar será o juízo deprecado.

35.7 Falsa perícia – Art. 343

35.7.1 Considerações iniciais

Trata-se de verdadeira corrupção ativa especial, descrita como dar, oferecer ou prometer dinheiro ou qualquer outra vantagem a testemunha, perito, contador, tradutor ou intérprete, para fazer afirmação falsa, negar ou calar a verdade em depoimento, perícia, cálculos, tradução ou interpretação. A pena é de reclusão, de três a quatro anos, e multa.

35.7.2 Bem jurídico

É a administração da justiça.

35.7.3 Sujeitos do crime

Qualquer pessoa pode ser autora do crime. O sujeito passivo é o Estado; e, eventualmente, a pessoa prejudicada pela falsidade.

Cuidado porque, caso o perito subornado seja oficial, ou seja, funcionário público, o crime será de corrupção ativa do art. 333 do CP.

446 Direito Penal: Parte Especial – Vol. 2

35.7.4 Tipo objetivo

Os núcleos verbais são dar (entregar, ceder), prometer (asseverar, afirmar que fará) ou oferecer (propor, sugerir dádiva).

O objeto do suborno é dinheiro ou qualquer outra vantagem.

35.7.5 Tipo subjetivo

O elemento subjetivo é o dolo. Além disso, existe o especial fim de agir de obter dos sujeitos processuais um comportamento que se distancie da verdade, mentindo em juízo ou no processo.

35.7.6 Consumação e tentativa

O crime é formal, e se consuma com o oferecimento ou a promessa de vantagem. Não é necessário que a testemunha, perito ou intérprete minta. Na conduta de dar vantagem indevida, o crime é material.

35.7.7 Majorante

As penas aumentam-se de um sexto a um terço, se o crime é cometido com o fim de obter prova destinada a produzir efeito em processo penal ou em processo civil em que for parte entidade da administração pública direta ou indireta.

35.8 Coação no curso do processo – Art. 344

35.8.1 Considerações iniciais

Usar de violência ou grave ameaça, com o fim de favorecer interesse próprio ou alheio, contra autoridade, parte, ou qualquer outra pessoa que funciona ou é chamada a intervir em processo judicial, policial ou administrativo, ou em juízo arbitral. Tem pena de reclusão, de um a quatro anos, e multa, além da pena correspondente à violência.

35.8.2 Bem jurídico

É a administração da justiça.

35.8.3 Sujeitos do crime

É crime comum, podendo ser praticado por qualquer pessoa. Sujeito passivo é o Estado, titular do bem protegido, e a pessoa submetida à violência ou grave ameaça.

35.8.4 Tipo objetivo

O verbo "usar", implica o emprego de violência física (*vis corporalis*) ou grave ameaça (*vis compulsiva*).

A ameaça deve ser grave, ou seja, capaz de atemorizar, apreciada a partir das qualidades da pessoa da ameaça. Não importa se o mal ameaçado é justo.

A violência deve ser empregada em face de autoridades (juiz, promotor, delegado), parte, ou qualquer outra pessoa (testemunha, perito, contador, tradutor) que funcione em processo judicial, administrativo (inclui inquérito civil), inquérito policial ou juízo arbitral.

O emprego da violência ou grave ameaça contra aquelas pessoas deve ser realizado com o fim de favorecer interesse próprio ou alheio.

Para a caracterização do crime, é indispensável que já exista um procedimento em curso.

35.8.5 Tipo subjetivo

É o dolo, consubstanciado na vontade livre e consciente de praticar a violência ou grave ameaça contra as pessoas apontadas no tipo. Todavia, o dolo genérico é insuficiente, uma vez que se exige elemento subjetivo, que é o fim especial de favorecer interesse próprio ou alheio (ex.: obter prova favorável, impedir produção de prova etc.).

35.8.6 Consumação e tentativa

O crime consuma-se com o emprego da violência ou da grave ameaça, não se exigindo a obtenção do favorecimento visado, tratando-se, portanto, de crime formal. A tentativa é teoricamente admissível, quando o agente, com o fim de favorecer a interesse próprio ou alheio, tenta empregar a violência ou a grave ameaça, mas não o consegue por circunstâncias alheias à sua vontade.

35.8.7 Cúmulo material obrigatório

Se da violência resultar ferimentos, haverá o cúmulo material das penas.

35.8.8 Majorante – Lei Mariana Ferrer

Acrescentado pela Lei n. 14.245/2021, conhecida como Lei Mariana Ferrer, o parágrafo único prevê que a pena é aumentada de 1/3 até a metade se o processo envolver crime contra a dignidade sexual.

448   Direito Penal: Parte Especial – Vol. 2

35.9 Exercício arbitrário das próprias razões – Art. 345

35.9.1 Considerações iniciais

Fazer justiça pelas próprias mãos, para satisfazer pretensão, embora legítima, salvo quando a lei o permite, é a descrição do crime em estudo. Tem pena de detenção, de quinze dias a um mês, ou multa, além da pena correspondente à violência.

35.9.2 Bem jurídico

É a administração da justiça.

35.9.3 Sujeitos do crime

É crime comum. O sujeito passivo é o Estado, e, secundariamente, a pessoa contra a qual se volta a conduta.

35.9.4 Tipo objetivo

Fazer justiça com as próprias mãos é obter, por conta própria, a satisfação de um interesse legítimo, mas que deveria ser obtido por meio do acesso a um órgão estatal. O crime se assenta na ideia de que o monopólio da força pelo Estado impede o cidadão aja autonomamente para solucionar os conflitos de seu interesse, fazendo "justiça com as próprias mãos", pois essa situação causaria profunda insegurança jurídica, constituindo, na prática, a legitimação da vingança privada.

Deve-se, contudo, relembrar que, em situações excepcionais, o ordenamento permite que o agente defenda seus interesses violados sem recorrer ao Estado: são situações em que não há tempo hábil para requerer a tutela estatal, por exemplo, direito à retenção ou compensação (290 do CC) ou casos de desforço imediato em situação de esbulho possessório (legítima defesa da posse), previsto no art. 1.210, § 1°, do CC: "O possuidor turbado, ou esbulhado, poderá manter-se ou restituir-se por sua própria força, contanto que o faça logo; os atos de defesa, ou de desforço, não podem ir além do indispensável à manutenção, ou restituição da posse".

Perceba-se que, segundo a descrição típica, o resultado deve ser legítimo: o que torna a conduta criminosa é o meio utilizado para obtê-lo.

---------------------------------- **Atenção!** ----------------------------------

A prostituta maior de idade e não vulnerável que, considerando estar exercendo pretensão legítima, arranca o cordão do pescoço de seu cliente pelo fato de ele não ter pago pelo serviço sexual combinado e praticado consensualmente, pratica

Dos crimes contra a administração da justiça **449**

o crime de exercício arbitrário das próprias razões (art. 345 do CP) e não roubo (art. 157 do CP). (STJ, HC 211.888/TO, Sexta Turma, Rel. Min. Rogerio Schietti Cruz, julgamento: 17.05.2016 – Info 584).

35.9.5 Tipo subjetivo

O crime é doloso e exige-se finalidade especial "para satisfazer pretensão, embora legítima".

Caso a pretensão seja ilegítima, mas o agente acredite, sinceramente, que seja legítima, não haverá crime.

35.9.6 Consumação e tentativa

A consumação ocorre no momento em que o agente atua para satisfazer sua pretensão. Ex.: no momento em que o agente subtrai de seu devedor o valor devido.

35.9.7 Ação penal

Se o crime for praticado mediante violência, a ação penal é pública incondicionada. Caso contrário, a ação é privada. Trata-se do único crime contra a administração pública que pode ser processado mediante queixa.

35.10 Subtração ou dano de coisa própria em poder de terceiro – Art. 346

35.10.1 Considerações iniciais

Descrito como tirar, suprimir, destruir ou danificar coisa própria, que se acha em poder de terceiro por determinação judicial ou convenção, o delito em análise, tem pena de detenção, de seis meses a dois anos, e multa.

35.10.2 Bem jurídico

É a administração da justiça.

35.10.3 Sujeitos do crime

O sujeito ativo do crime é o proprietário da coisa. O sujeito passivo é o Estado, e, secundariamente, a pessoa prejudicada pela conduta.

35.10.4 Tipo objetivo

É uma espécie de exercício arbitrário das próprias razões, com descrição típica mais detalhada.

Comete o crime o agente que tira (retira), suprime (faz desaparecer), destrói (elimina) ou danifica (causa dano em) coisa própria, que se acha em poder de terceiro por determinação judicial (como o bem penhorado judicialmente) ou convenção (como o bem objeto de empréstimo).

Ao contrário do tipo anterior, não é necessário que o agente acredite estar no exercício de uma pretensão legítima.

35.10.5 Tipo subjetivo

É o dolo.

35.10.6 Consumação e tentativa

A consumação ocorre quando a coisa é retirada da esfera de terceiro sem o seu consentimento. Caso o terceiro entregue a coisa, não haverá crime.

35.11 Fraude processual – Art. 347

35.11.1 Considerações iniciais

Inovar artificiosamente, na pendência de processo civil ou administrativo, o estado de lugar, de coisa ou de pessoa, com o fim de induzir a erro o juiz ou o perito:

Pena – detenção, de três meses a dois anos, e multa.

35.11.2 Bem jurídico

O dispositivo visa coibir o falseamento de provas, tutelando-se, portanto, a administração da justiça.

35.11.3 Sujeitos do crime

Trata-se de crime comum, que pode ser praticado por qualquer pessoa, que tenha ou não interesse no processo.

Se o sujeito ativo for funcionário público poderá caracterizar crimes da Lei de Abuso de Autoridade (arts. 24 e 25 da Lei n. 13.869/2019). Se o funcionário receber alguma vantagem para inovar artificiosamente no processo, poderá responder por corrupção passiva.

Sujeito passivo é o Estado e também a pessoa prejudicada com a inovação.

35.11.4 Tipo objetivo

Inovar artificiosamente é realizar qualquer tipo de alteração. Essa modificação deve ser feita na pendência de processo civil ou administrativo ou processo penal (caso em que é aplicado o parágrafo único).

A alteração pode ser quanto ao estado de lugar (ex.: reforma de imóvel), de coisa (ex.: pintar um objeto para que não seja reconhecido ou limpar manchas de sangue do corpo da vítima ou do local do crime) ou de pessoa (ex.: por meio de cirurgia plástica), tudo feito com o fim de induzir a erro o juiz ou o perito.

Observe-se que a fraude processual é uma forma de litigância de má-fé, que sempre constitui ilícito processual.

35.11.5 Tipo subjetivo

É o dolo, com a finalidade específica de induzir a erro o juiz ou o perito.

Não há modalidade culposa.

35.11.6 Consumação e tentativa

Trata-se de crime formal, consumando-se com a realização da fraude, isto é, com a inovação artificiosa, ainda que o juiz ou o perito seja enganado. Haverá o crime ainda que o processo não chegue à fase de julgamento ou não se realize a perícia, uma vez que, se o artifício era idôneo para enganar, o crime já se reputa consumado. A tentativa é perfeitamente possível.

35.11.7 Tipos análogos

Vide art. 312 do CTB, arts. 23 e 24 da Lei n. 13.869/2019.

35.11.8 Privilégio contra a incriminação

O direito de não ser obrigado a produzir provas contra si mesmo (CF, art. 5º, LXIII) não permite que o agente pratique fraude processual para defender-se.

35.12 Favorecimento pessoal – Art. 348

35.12.1 Considerações iniciais

É descrito como: auxiliar a subtrair-se à ação de autoridade pública autor de crime a que é cominada pena de reclusão. Tem pena de detenção, de um a seis meses, e multa.

35.12.2 Bem jurídico

Administração da justiça.

35.12.3 Sujeitos do crime

Pode ser praticado por qualquer pessoa, inclusive pela vítima do crime e pelo advogado. Sujeito passivo é o Estado, e, secundariamente, a pessoa prejudicada pela inovação.

35.12.4 Tipo objetivo

O favorecimento consiste no auxílio do autor de um crime para escapar da ação da autoridade. Anote-se que somente há crime se houve crime anterior, de maneira que é atípico o auxílio prestado a autor de contravenção penal. Exemplo de cometimento do crime é emprestar o carro para evadir-se ou a casa para o criminoso esconder-se ou ainda prestar informações falsas à autoridade para não perseguir o autor do crime.

O crime pressupõe a prática de uma conduta comissiva, pelo que a mera omissão é insuficiente.

Importa destacar que o auxílio deve ser posterior à consumação do crime. Se prestado antes ou durante a consumação, haverá coautoria ou participação no crime anterior.

O tipo exige, ainda, que o autor do crime esteja solto. Se estiver preso, o crime será o de facilitação de fuga de pessoa presa (art. 351 do CP).

O favorecimento pessoal é crime acessório, que tem por pressuposto a existência de um crime anterior. É possível, porém, o reconhecimento do favorecimento pessoal, ainda que desconhecido ou isento de pena o autor do crime anterior.

35.12.5 Tipo subjetivo

É o dolo.

35.12.6 Consumação e tentativa

O crime é material e se consuma quando o criminoso consegue furtar-se à ação da autoridade, ainda que por poucos instantes.

A tentativa é admissível.

35.12.7 Escusa absolutória

O § 2º prevê que se quem presta o auxílio é ascendente, descendente, cônjuge ou irmão do criminoso, fica isento de pena.

35.13 Favorecimento real – Art. 349

35.13.1 Considerações iniciais

É o delito de prestar a criminoso, fora dos casos de coautoria ou de receptação, auxílio destinado a tornar seguro o proveito do crime. A pena é de detenção, de um a seis meses, e multa.

35.13.2 Bem jurídico

É a administração da justiça.

35.13.3 Sujeitos do crime

Qualquer pessoa pode ser sujeito ativo do crime. O sujeito passivo é o Estado, e, secundariamente, a vítima do crime antecedente.

35.13.4 Tipo objetivo

É outro crime acessório, que depende da ocorrência de um crime anterior. Mas aqui, o auxílio é destinado a tornar seguro o proveito daquele crime, ou seja, a ajuda é prestada na fase de exaurimento do crime anterior, após a sua consumação. Por isso a lei exige que o auxílio seja realizado fora dos casos de coautoria. Exemplo: pessoa esconde o veículo roubado para que o autor da subtração fique impune.

O que é proveito do crime? É a vantagem de natureza material ou moral obtida com a prática do crime antecedente, não necessitando, portanto, ser patrimonial. Abrange tanto o preço do crime – é o exemplo do pagamento obtido pelo mandante para praticar um homicídio, como o produto do crime – é o próprio objeto obtido com o crime, ou proveniente de modificação (venda do objeto ou compra de veículo com o dinheiro furtado etc.).

Relembre-se que os instrumentos do crime não integram o tipo do favorecimento real. Por isso que guardar a faca do homicida, com o fim de atrapalhar as investigações policiais e impedir a perseguição do delinquente, poderá configurar favorecimento pessoal, mas não real.

35.13.5 Tipo subjetivo

É o dolo.

35.13.6 Consumação e tentativa

A consumação ocorre com a efetiva prestação do auxílio, independentemente de tornar seguro o proveito do crime.

454 Direito Penal: Parte Especial – Vol. 2

35.13.7 Diferenças entre o crime de favorecimento pessoal (art. 348) e o de favorecimento real (art. 349)

a) o primeiro tem a finalidade de ocultar a pessoa do criminoso, enquanto o segundo objetiva tornar seguro o proveito do crime (vantagem auferida com a prática do delito);
b) do segundo tipo, são excluídos os casos em que há finalidade lucrativa, classificados como crime de receptação (art. 180); e
c) apenas no crime de favorecimento pessoal é prevista a existência de escusa absolutória.

35.13.8 Diferença entre favorecimento real e receptação

No primeiro, o agente beneficia o próprio autor do crime anterior. Na receptação, o beneficiado é o próprio receptador ou terceiro, porque ele passa a usufruir do objeto recebido.

35.13.9 Diferença entre favorecimento real e lavagem de capitais

O auxílio prestado pelo autor do crime de favorecimento real visa, apenas, tornar seguro o proveito do crime. Na lavagem de dinheiro, o autor do crime pratica atos mais qualificados, voltados ao mascaramento e reciclagem desses ativos, por meio de operações financeiras e comerciais que servem para reinseri-los na economia formal.

35.14 Ingresso de celular em prisão – Art. 349-A

35.14.1 Considerações iniciais

Crime introduzido no CP pela Lei n. 12.012/2009, como espécie de favorecimento real impróprio, é descrito como ingressar, promover, intermediar, auxiliar ou facilitar a entrada de aparelho telefônico de comunicação móvel, de rádio ou similar, sem autorização legal, em estabelecimento prisional. Tem pena de detenção, de três meses a um ano.

Anote-se que a conduta contida neste crime também é infração administrativa, se cometida pelo condenado, conforme o art. 50, VII, da Lei de Execução Penal: "Comete falta grave o condenado à pena privativa de liberdade que: (...) tiver em sua posse, utilizar ou fornecer aparelho telefônico, de rádio ou similar, que permita a comunicação com outros presos ou com o ambiente externo".

35.14.2 Bem jurídico

O objeto jurídico é a administração da justiça.

35.14.3 Sujeitos do crime

Qualquer pessoa pode ser sujeito ativo do crime, exceto o funcionário público, que é alcançado pelo crime do art. 319-A do CP (trata-se de exceção a teoria monista). O sujeito passivo é o Estado.

35.14.4 Tipo objetivo

A conduta incrimina o ato de entrar ou facilitar a entrada de "aparelho telefônico de comunicação móvel, de rádio ou similar", que são os objetos materiais do delito.

Os verbos promover, intermediar ou facilitar são desnecessários vez que expressam condutas de uma participação, prevista no art. 29 do CP.

Observe-se que não configura o crime o porte ou a utilização do aparelho telefônico pelo preso.

Embora o Superior Tribunal de Justiça já tenha decidido que posse de chip de aparelho celular configura o ilícito administrativo do art. 50, VII, da LEP, ainda que ele não esteja portando o aparelho (STJ, HC 260.122-RS, Quinta Turma, Rel. Min. Marco Aurélio Bellizze, julgamento: 21.03.2013), há precedente do mesmo Tribunal que "A conduta de ingressar em estabelecimento prisional com chip de celular não se subsome ao tipo penal previsto no art. 349-A do Código Penal" (STJ, HC 619.776/DF, Quinta Turma Rel. Min. Ribeiro Dantas, julgado em 20.04.2021 (Info 693)).

35.14.5 Tipo subjetivo

É o dolo. Não há modalidade culposa.

35.14.6 Consumação e tentativa

A consumação ocorre com o ingresso de aparelho telefônico em estabelecimento prisional. É possível a figura tentada.

35.15 Fuga de pessoa presa ou submetida a medida de segurança – Art. 351

35.15.1 Considerações iniciais

A conduta descrita é promover ou facilitar a fuga de pessoa legalmente presa ou submetida a medida de segurança detentiva. A pena é de detenção, de seis meses a dois anos.

Relembre-se que aos agentes públicos responsáveis pela custódia é assegurado o emprego de força indispensável no caso de resistência ou

456 Direito Penal: Parte Especial – Vol. 2

de tentativa de fuga do preso (CPP, art. 284), o que indica a inexistência de um eventual direito à fuga, erroneamente disseminado por alguns.

35.15.2 Bem jurídico

É a administração da justiça.

35.15.3 Sujeitos do crime

Qualquer pessoa pode ser sujeito ativo do crime. Na forma culposa e na qualificada do § 3°, porém, somente pode ser o funcionário do sistema carcerário. A pessoa detida que foge não comete crime, embora esta conduta ilícita configure falta grave (art. 39, IV, da LEP).

O sujeito passivo é o Estado.

35.15.4 Tipo objetivo

Aqui o agente promove ou facilita a fuga de pessoa privada de sua liberdade. É punido assim o terceiro que, de algum modo, facilita a escapada do detido, por exemplo, aquele que fornece chaves, serras, disfarces ou até informações para tanto.

O tipo penal exige que a restrição à liberdade seja legal. Assim, não há crime se a facilitação foi para a pessoa submetida ilegalmente à prisão ou à medida de segurança.

35.15.5 Tipo subjetivo

É o dolo.

O § 4° tem a previsão da forma culposa, imputável ao funcionário incumbido da custódia ou guarda. Nesse caso, aplica-se a pena de detenção, de três meses a um ano, ou multa.

35.15.6 Consumação e tentativa

A consumação exige a fuga do preso ou submetido à medida de segurança.

35.15.7 Figuras qualificadas

O § 1° prevê que se o crime é praticado a mão armada, ou por mais de uma pessoa, ou mediante arrombamento, a pena é de reclusão, de dois a seis anos.

Já o § 3° dispõe que a pena é de reclusão, de um a quatro anos, se o crime é praticado por pessoa sob cuja custódia ou guarda está o preso ou o internado.

Dos crimes contra a administração da justiça **457**

35.15.8 Cúmulo obrigatório

Se há emprego de violência contra pessoa, aplica-se também a pena correspondente à violência.

35.16 Evasão mediante violência contra a pessoa – Art. 352

35.16.1 Considerações iniciais

Tem a seguinte redação: evadir-se ou tentar evadir-se o preso ou o indivíduo submetido a medida de segurança detentiva, usando de violência contra a pessoa. A pena é detenção, de três meses a um ano, além da pena correspondente à violência.

A fuga do preso tipificada aqui é aquela realizada mediante violência contra a pessoa.

35.16.2 Bem jurídico

É a administração da justiça.

35.16.3 Sujeitos do crime

O sujeito ativo somente pode ser o preso ou o submetido à medida de segurança detentiva.

O sujeito passivo é o Estado. A pessoa vítima da violência será sujeito passivo da infração penal relativa a essa agressão (homicídio, lesão corporal ou vias de fato).

35.16.4 Tipo objetivo

O crime alcança as condutas de, mediante violência, escapar ou tentar escapar do estabelecimento em que se encontra recolhido.

Caso o sujeito pratique violência contra funcionário público para evadir de uma prisão em flagrante recém efetuada, haverá crime de resistência (CP, art. 329).

Para alguns somente constitui crime a fuga de preso quando há violência contra pessoa.

35.16.5 Tipo subjetivo

É o dolo.

35.16.6 Consumação e tentativa

Consuma-se com a prática do ato de violência tendente à fuga, ainda que ela não ocorra. O crime é de atentado, pois se pune a tentativa da mesma forma que o crime consumado.

458 Direito Penal: Parte Especial – Vol. 2

35.17 Arrebatamento de preso – Art. 353

35.17.1 Considerações iniciais

Configura-se com o ato de arrebatar preso, a fim de maltratá-lo, do poder de quem o tenha sob custódia ou guarda. A pena é reclusão, de um a quatro anos, além da pena correspondente à violência.

35.17.2 Bem jurídico

É a administração da justiça.

35.17.3 Sujeitos do crime

É crime comum. O sujeito passivo é o Estado, e, secundariamente, o preso arrebatado.

35.17.4 Tipo objetivo

Arrebatar é sinônimo de retirar com violência. Assim, comete este crime a pessoa que, com a finalidade de agredir o preso, tira-o do poder da autoridade pública a que ele estava submetido. Exemplo é a multidão enfurecida que retira o preso da cadeia com o objetivo de linchá-lo.

Por falta de previsão no tipo, o arrebatamento de pessoa submetida a medida de segurança detentiva ou adolescente internado não constitui, em si, o crime em estudo. Haverá crime resultante da violência cometida contra a vítima, naturalmente.

35.17.5 Tipo subjetivo

É o dolo.

35.17.6 Consumação e tentativa

O crime se consuma no momento em que o preso custodiado é arrebatado. É formal, pois não se exige que o preso efetivamente seja maltratado.

A tentativa é admissível.

35.18 Motim de presos – Art. 354

35.18.1 Considerações iniciais

É a infração amotinarem-se presos, perturbando a ordem ou disciplina da prisão. A pena é detenção, de seis meses a dois anos, além da pena correspondente à violência.

Dos crimes contra a administração da justiça **459**

35.18.2 Bem jurídico

É a administração da justiça.

35.18.3 Sujeitos do crime

É crime próprio, porque só pode ser cometido por preso. Não há crime se o motim for provocado por pessoa submetida a medida de segurança detentiva.

Pressupõe a participação de vários presos. É caso de crime de concurso necessário, delito coletivo ou multitudinário.

O sujeito passivo é o Estado.

35.18.4 Tipo objetivo

O motim é entendido como uma revolta de presos que, utilizando-se ou não de violência, promove a desobediência das regras do estabelecimento prisional. Além de crime, é também infração administrativa, conforme dispõe o art. 50, I, da Lei de Execução Penal: "Comete falta grave o condenado à pena privativa de liberdade que: (...) incitar ou participar de movimento para subverter a ordem ou a disciplina".

O tipo não compreende a perturbação da ordem ocorrida em hospitais de custódia.

35.18.5 Tipo subjetivo

É o dolo.

35.18.6 Consumação e tentativa

É crime permanente, consumando-se enquanto os presos estiverem amotinados.

35.19 Patrocínio infiel – Art. 355

35.19.1 Considerações iniciais

Os arts. 355 e 356 tratam de três crimes praticados por advogados e procuradores que, devido à indispensabilidade para o sistema de justiça, devem guardar dever de boa-fé relacionados a uma qualificada obrigação de representar seus clientes em juízo da melhor forma possível.

460 Direito Penal: Parte Especial – Vol. 2

Configura o crime em estudo, trair, na qualidade de advogado ou procurador, o dever profissional, prejudicando interesse, cujo patrocínio, em juízo, lhe é confiado. A pena é de detenção, de seis meses a três anos, e multa.

35.19.2 Bem jurídico

É a administração da justiça.

35.19.3 Sujeitos do crime

O sujeito ativo do crime é o advogado ou procurador, ambos representantes legais de outrem, em juízo ou fora dele.

O estagiário pode praticar o crime na condição de procurador e não de advogado.

O sujeito passivo é a pessoa prejudicada, e, secundariamente, o Estado.

35.19.4 Tipo objetivo

É a conduta do advogado que, em juízo, age de forma contrária aos interesses de seu cliente (por exemplo, deixando de utilizar prova favorável a este).

35.19.5 Tipo subjetivo

É o dolo.

35.19.6 Consumação e tentativa

Consuma-se no momento em que o advogado ou procurador realiza ato contrário aos interesses do cliente.

35.19.7 Patrocínio simultâneo ou tergiversação – Parágrafo único

Incorre na pena deste artigo o advogado ou procurador judicial que defende na mesma causa, simultânea ou sucessivamente, partes contrárias. Aqui o advogado ou procurador judicial defende na mesma causa, simultânea ou sucessivamente, partes contrárias. Há na verdade, duas condutas: patrocínio simultâneo – o advogado ou procurador defende, ao mesmo tempo, partes adversas (como o autor e o réu) de um processo; patrocínio sucessivo – o advogado ou procurador defende, em fases distintas do mesmo processo, partes adversas.

Dos crimes contra a administração da justiça **461**

35.20 Sonegação de papel ou objeto de valor probatório – Art. 356

35.20.1 Considerações iniciais

É o crime de inutilizar, total ou parcialmente, ou deixar de restituir autos, documento ou objeto de valor probatório, que recebeu na qualidade de advogado ou procurador. A pena é de detenção, de seis meses a três anos, e multa.

35.20.2 Bem jurídico

É a administração da justiça.

35.20.3 Sujeitos do crime

É crime próprio que só pode ser praticado por advogado ou procurador.

O sujeito passivo é o Estado, e, secundariamente, a pessoa prejudicada pela sonegação de papel ou documento de valor probatório dos autos.

35.20.4 Tipo objetivo

Inutilizar significa destruir, praticado por meio de uma conduta ativa. Deixar de restituir e não devolver, pressupõe uma omissão.

35.20.5 Tipo subjetivo

É o dolo.

35.20.6 Consumação e tentativa

Na modalidade comissiva, a consumação ocorre com a inutilização de autos, documentos ou objetos de valor probatório. Na forma omissiva, o crime é de mera conduta.

35.21 Exploração de prestígio – Art. 357

35.21.1 Considerações iniciais

É a conduta de solicitar ou receber dinheiro ou qualquer outra utilidade, a pretexto de influir em juiz, jurado, órgão do Ministério Público, funcionário de justiça, perito, tradutor, intérprete ou testemunha. A pena é de reclusão, de um a cinco anos, e multa.

462 Direito Penal: Parte Especial – Vol. 2

35.21.2 Bem jurídico

É a administração da justiça.

35.21.3 Sujeitos do crime

Trata-se de crime comum. A condição especial do servidor é o que diferencia o crime de exploração de prestígio do crime de tráfico de influência, pois este último exige a condição especial de servidor público.

35.21.4 Tipo objetivo

Trata-se de uma forma específica de tráfico de influência (art. 332), diferenciando-se deste em razão de a pretensa influência incidir sobre pessoas específicas, todas com atuação processual.

É irrelevante se o autor do crime tinha ou não influência sobre as pessoas mencionadas no tipo penal. Se o agente efetivamente estiver em conluio com o servidor público, o crime poderá ser o de corrupção passiva.

35.21.5 Tipo subjetivo

É o dolo.

35.21.6 Consumação e tentativa

Consuma-se no momento em que é solicitado ou recebido o dinheiro ou qualquer outra utilidade.

35.21.7 Majorante

As penas aumentam-se de um terço, se o agente alega ou insinua que o dinheiro ou utilidade também se destina a qualquer das pessoas referidas neste artigo.

35.22 Violência ou fraude em arrematação judicial – Art. 358

35.22.1 Considerações iniciais

Configura o crime impedir, perturbar ou fraudar arrematação judicial; afastar ou procurar afastar concorrente ou licitante, por meio de violência, grave ameaça, fraude ou oferecimento de vantagem. A pena é detenção, de dois meses a um ano, ou multa, além da pena correspondente à violência.

Dos crimes contra a administração da justiça **463**

35.22.2 Bem jurídico

É a administração da justiça.

35.22.3 Sujeitos do crime

Crime comum. O sujeito passivo é o Estado, e, secundariamente, a pessoa prejudicada pela conduta.

35.22.4 Tipo objetivo

As condutas incriminadas são relacionadas à arrematação judicial, ou seja, à venda de bens penhorados judicialmente. O agente pode cometer o delito quando impede, perturba ou frauda ou ainda afasta ou procura afastar concorrente ou licitante, ou ainda por meio de violência, grave ameaça, fraude ou oferecimento de vantagem.

35.22.5 Tipo subjetivo

É o dolo.

35.22.6 Consumação e tentativa

Consuma-se, na primeira modalidade, no momento em que a arrematação judicial é impedida, perturbada ou fraudada, sendo crime material.

Já na segunda forma, afastar ou procurar afastar concorrente, o delito é formal.

35.23 Desobediência a decisão judicial sobre perda ou suspensão de direito – Art. 359

35.23.1 Considerações iniciais

É crime de exercer função, atividade, direito, autoridade ou múnus, de que foi suspenso ou privado por decisão judicial.

A pena é detenção, de três meses a dois anos, ou multa.

35.23.2 Bem jurídico

É a administração da justiça.

35.23.3 Sujeitos do crime

O crime só pode ser cometido por pessoa suspensa ou privada de direito por decisão judicial. O sujeito passivo é o Estado.

35.23.4 Tipo objetivo

Trata-se de uma desobediência especial. Aqui a pessoa exerce função, atividade, direito, autoridade ou múnus, de que foi suspenso ou privado por decisão judicial.

Considerando a existência do crime previsto no art. 205 do CP, por exclusão, deve-se entender que este delito se refere às decisões de natureza penal e caráter definitivo, ou seja, transitadas em julgado. Trata-se de tipo relacionado ao art. 92 do CP, que trata dos efeitos da condenação.

35.23.5 Tipo subjetivo

É o dolo.

35.23.6 Consumação e tentativa

A consumação se dá com o mero exercício da função proibida antes pela decisão.

36

Dos crimes contra as finanças públicas

36.1 Noções gerais

O capítulo IV foi acrescentado pela Lei n. 10.028/2000, contemplando-o com oito tipos penais, quais sejam dos arts. 359-A a 359-H, a serem a seguir analisados.

O presente capítulo incrimina condutas reguladas, do ponto administrativo ou financeiro, pela Lei de Responsabilidade Fiscal (LC n. 101/2000), e também por meio dos mandamentos constitucionais previstos nos arts. 37 e 165.

De acordo com o que trazem Luiz Flávio Gomes e Alice Bianchini (2001, p. 37), o sentido último desses crimes muito provavelmente poderia ser resumido em duas afirmações (ou admoestações ao administrador público): (1ª) é proibido gastar mais do que se arrecada; (2ª) é proibido comprometer o orçamento mais do que está permitido pelo (controle do) Poder Legislativo.

Trata-se de crimes próprios de **funcionário público**, sendo que todos os tipos penais deste capítulo têm como característica comum a exigência de **DOLO** para a tipificação das condutas, inexistindo forma culposa nesses delitos. Não se exige, tampouco, que o agente público tenha intenção de proveito pessoal.

Cumpre destacar que o bem jurídico tutelado são as **finanças públicas**, no sentido de proibir gastar mais do que se arrecada e comprometer o orçamento, conforme inteligência do art. 165 da Constituição Federal.

Pois bem.

Passamos para análise dos dispositivos.

466 Direito Penal: Parte Especial – Vol. 2

36.2 Contratação de operação de crédito – Art. 359-A

36.2.1 Considerações iniciais

O bem jurídico tutelado é a regular administração das finanças públicas, em especial o devido controle legislativo do orçamento e das contas públicas.

Conforme o *quantum* da pena admite-se a transação penal e a suspensão condicional do processo, conforme a Lei n. 9.099/1995.

Ademais, deve-se consignar que pode ser que o comportamento do agente esteja amparado por alguma causa de excludente de ilicitude, como no caso de comprometimento do erário para os casos de estado de calamidade pública, conforme art. 24 do CP, situação essa que deve ser excepcional.

A ação penal é de iniciativa pública e incondicionada.

36.2.2 Sujeitos do delito

O **sujeito ativo** será o agente público, tanto pode ser o agente político que determina a realização de determinada operação quanto o subordinado que a concretiza.

O **sujeito passivo** será a União, os Estados, o Distrito Federal, ou os municípios.

36.2.3 Tipo objetivo do art. 359-A, *caput*, do CP

Pune-se, no *caput*, a conduta de quem *ordena, autoriza* ou *realiza* operação de crédito sem que haja autorização legislativa. Trata-se de **tipo misto alternativo**, em que a prática de mais de uma conduta importará em infração penal única.

Os comportamentos devem ser dirigidos à operação de crédito, cujo conceito se encontra prevista no art. 29, III, da Lei Complementar n. 101/2000, nos seguintes termos *"compromisso financeiro assumido em razão de mútuo, abertura de crédito, emissão e aceite de título, aquisição financiada de bens, recebimento antecipado de valores provenientes da venda a termo de bens e serviços, arrendamento mercantil e outras operações assemelhadas, inclusive com o uso de derivativos financeiros"*.

Deve ser ressaltado, ainda, que o § 1º do art. 29 da Lei de Responsabilidade Fiscal dispõe que *"equipara-se à operação de crédito a assunção, o reconhecimento ou a confissão de dívidas pelo ente da Federação, sem prejuízo do cumprimento das exigências dos arts. 15 e 16"*.

Dos crimes contra as finanças públicas **467**

A operação de crédito será *interna* quando tiver como contraparte instituição financeira, órgão ou entidade nacional e *externa* quando for contratada com organismo internacional. A contratação de operação de crédito *externa* requer autorização do Senado Federal, conforma disposição do art. 52, V, CF.

As condutas de "ordenar, autorizar e realizar" operação de crédito, interno ou externo, somente poderão ser consideradas como **típicas** se não houver a necessária e prévia autorização legislativa.

Conforme assevera Cezar Roberto Bitencourt (2017, p. 607):

(...) esse elemento normativo – autorização legislativa anterior – constitui uma espécie de condição de procedimento administrativo do agente público, sem o qual sua conduta não pode ser realizada, sob pena de cometer crime. Em outros termos, a existência de autorização legislativa torna o fato atípico. Autorização legislativa não se confunde com autorização legal. Alguns órgãos públicos não têm seus atos condicionados a autorização legislativa, como autarquias, empresas públicas ou o Poder Judiciário, o Ministério Público etc. Essas instituições, órgãos ou entidades públicas, em regra, têm suas atividades, atos e ações disciplinados em lei e não apenas em autorização legislativa.

Vale ressaltar que a *autorização legislativa* mencionada nesse artigo consiste em autorização específica do Poder Legislativo para a realização da operação e não deve ser confundida com *autorização legal*, que também é exigida, em decorrência da previsão do art. 32, § 1º, I, da LRF, a qual subordina a contratação da operação de crédito à existência de prévia e expressa de autorização para a contratação, no texto da lei orçamentária, em créditos adicionais ou em leis específicas.

No entanto, o STF, em sentido contrário, entendeu no **Inquérito 2.591**[1] que a existência de autorização legal afasta o crime, ou seja, não haveria a necessidade de submeter à aprovação do Poder Legislativo, se já houver lei disciplinando, como se segue ementa:

Penal. Processo penal. **Crime contra as finanças públicas. Crime de responsabilidade de prefeito.** Programa RELUZ. **Atipicidade da conduta. Precedentes da Corte.**

1. O pedido de arquivamento formulado pelo Ministério Público, quando tem por fundamento a prescrição ou a atipicidade da conduta, não vincula o Magistrado.

2. A Lei nº 11.131/05 alterou a Medida Provisória nº 2.185-31 para admitir que as operações de crédito relativas ao Programa RELUZ não se submetam aos limites ordinários de refinanciamento das dívidas dos municípios.

3. **A disposição legal está a indicar que referidas operações são autorizadas**

---

[1] Disponível em: http://portal.stf.jus.br/processos/detalhe.asp?incidente=2544422. Acesso em: 21 out. 2019.

468 Direito Penal: Parte Especial – Vol. 2

por lei, afastando-se, assim, o elemento normativo do tipo *"sem autorização legislativa"* mencionado no *caput* do art. 359 do Código Penal.

4. A previsão contida na Lei n. 11.131/2005 autoriza descaracterizar qualquer violação em torno dos incisos VIII, XVII e XX do art. 1º da Lei de Responsabilidade Fiscal.

5. Inquérito arquivado. (grifos próprios)

36.2.4 Tipo objetivo do art. 359-A, parágrafo único, I, do CP

Conforme art. 52, da CF, atribui ao Senado Federal a competência para dispor sobre limites globais e condições para as operações de crédito externo e interno da União, dos Estados, do Distrito Federal e dos Municípios, de suas autarquias e demais entidades controladas pelo Poder Público Federal.

Além disso, devem ser obedecidos os limites estabelecidos pelo art. 32 da LRF, a seguir explanado:

Art. 32. O Ministério da Fazenda verificará o cumprimento dos limites e condições relativos à realização de operações de crédito de cada ente da Federação, inclusive das empresas por eles controladas, direta ou indiretamente. § 1º O ente interessado formalizará seu pleito fundamentando-o em parecer de seus órgãos técnicos e jurídicos, demonstrando a relação custo-benefício, o interesse econômico e social da operação e o atendimento das seguintes condições: I – **existência de prévia e expressa autorização para a contratação, no texto da lei orçamentária, em créditos adicionais ou lei específica**; II – inclusão no orçamento ou em créditos adicionais dos recursos provenientes da operação, exceto no caso de operações por antecipação de receita; III – **observância dos limites e condições fixados pelo Senado Federal; IV – autorização específica do Senado Federal, quando se tratar de operação de crédito externo; V – atendimento do disposto no inciso III do art. 167 da Constituição;** VI – observância das demais restrições estabelecidas nesta Lei Complementar. (grifos próprios).

Ademais, há uma vedação constitucional no art. 167, III, que é uma barreira para que os gastos públicos não excedam o montante autorizado. Com isso, **a Constituição veda a realização de operações de créditos que excedam o montante das despesas de capital**, ressalvadas as autorizadas mediante créditos suplementares ou especiais com finalidade precisa, aprovados pelo Poder Legislativo por maioria absoluta.

Por fim, a realização de condutas com inobservância de limite, condição ou limite estabelecido em lei, configurará o crime em comento.

36.2.5 Tipo objetivo do art. 359-A, parágrafo único, II, do CP

Compete ao Senado Federal fixar, por proposta do Presidente da República, limites globais para o montante da dívida consolidada da

Dos crimes contra as finanças públicas **469**

União, dos Estados, do Distrito Federal e dos Municípios, bem como estabelecer limites globais e condições para o montante da dívida mobiliária dos Estados, do Distrito Federal e dos Municípios, inteligência do art. 52, VI e IX, da CF.

Em relação à LRF, no art. 29, I, traz que a dívida pública consolidada é constituída pelo montante total, apurado sem duplicidade, das obrigações financeiras do ente da Federação, assumidas em virtude de leis, contratos, convênios ou tratados e da realização de operações de crédito, para amortização em prazo superior a doze meses.

Com isso, quando o montante da dívida consolidada ultrapassar esses limites, restará configurado o crime analisado anteriormente.

36.2.6 Consumação e tentativa

O delito se consuma quando o agente, efetivamente, ordena, autoriza ou realiza operação de crédito, interno ou externo, sem prévia autorização legislativa, ou com inobservância de limite, condição ou montante estabelecido em lei ou em resolução do Senado Federal, ou quando o montante da dívida consolidada ultrapassa o limite máximo autorizado por lei.

A tentativa é admissível somente quando se referir ao núcleo penal "realizar", constante no *caput*, já que esse depende de efetiva execução, sendo, portanto, a única ação compatível com a tentativa.

36.2.7 Tipo subjetivo

O dolo é o elemento subjetivo exigido pelo tipo penal em estudo, não havendo previsão para a modalidade de natureza culposa.

36.3 Inscrição de despesas não empenhadas em restos a pagar – Art. 359-B

36.3.1 Considerações iniciais

O bem jurídico, no caso, é a **regularidade da administração**, mais especificamente no que tange às finanças públicas, como o **controle da execução orçamentária**, de forma a impedir que gestões futuras herdem dificuldades transmitidas em razão de atitudes ímprobas dos seus antecedentes.

Conforme pena cominada, compete ao Juizado Especial Criminal o processo e julgamento do delito e admite-se a transação penal e a suspensão condicional do processo, conforme a Lei n. 9.099/1995.

A ação penal é de iniciativa pública incondicionada.

470 Direito Penal: Parte Especial – Vol. 2

36.3.2 Sujeitos do delito

Trata-se de crime próprio, sendo o sujeito ativo o funcionário público com atribuição para determinar pagamentos por conta do órgão público, o chamado *ordenador de despesas*. Tal pessoa tem atribuição para ordenar ou autorizar a inscrição de despesa pública em restos a pagar.

O **sujeito passivo** será a União, os Estados, o Distrito Federal, ou os Municípios.

36.3.3 Tipo objetivo do art. 359-B do CP

Pune-se o administrador que ordenar ou autorizar a inscrição em restos a pagar de despesas que não tenha sido previamente empenhada ou exceda aos limites estabelecidos em lei.

Por razões de controle e responsabilização, a realização de despesa pública atende a um procedimento composto por várias fases, entre as quais o **empenho** (art. 58 da Lei n. 4.320/1964) e a **liquidação**.

O empenho é um ato administrativo que corresponde a uma reserva dos valores atinentes a um determinado contrato ou fornecimento, a ser liquidado e pago após a efetiva prestação do serviço ou fornecimento do bem.

De acordo com o art. 36 da Lei n. 4.320/1964, consideram-se restos a pagar as despesas empenhadas, mas não pagas até o dia 31 de dezembro distinguindo-se as processadas das não processadas.

A figura do *caput* do artigo consiste justamente em ordenar ou autorizar a inscrição em restos a pagar de despesas que não tenham sido previamente empenhadas ou que exceda limite estabelecido em lei.

Logo, evita-se deixar para o ano seguinte e, principalmente, para outro administrador, despesas que já não constem expressamente como devidas e cujo pagamento há de se estender no tempo, especialmente se não houver recursos para o pagamento.

Tal dispositivo surge a fim de moralizar a passagem do funcionário por determinado cargo, a fim de que gaste aquilo que pode e está autorizado em lei. Trata-se do equilíbrio fiscal que uma gestão deve ter.

36.3.4 Consumação e tentativa

A doutrina majoritária entende que o delito se consuma quando o agente, efetivamente, ordena ou autoriza a inscrição em restos a pagar, de despesa que não tenha sido previamente empenhada ou que exceda limite estabelecido em lei.

A possibilidade de tentativa é um tanto controvertida. De um lado parte da doutrina entende pela impossibilidade de fracionamento da execução, de outro lado parte entende que a tentativa é admissível quando o agente autoriza a inscrição em restos a pagar da despesa que não tenha sido empenhada ou quando, por circunstâncias alheias à sua vontade, a ordem não é cumprida.

36.3.5 Tipo subjetivo

O dolo é o elemento subjetivo exigido pelo tipo penal em estudo, não havendo previsão para a modalidade de natureza culposa.

36.4 Assunção de obrigação no último ano do mandato ou legislatura – Art. 359-C

36.4.1 Considerações iniciais

No referido dispositivo, o que se protege é a regularidade administrativa, mais precisamente o das finanças públicas.

Trata-se de crime mais grave do que o previsto nos artigos anteriores desse capítulo. A conduta é tratada de forma mais séria, já que o administrador ou parlamentar, valendo-se de mandato ou legislatura (não podendo ser qualquer funcionário) termina atuando no sentido de empurrar a terceiros despesas e comprometimentos financeiros que outrora assumira, mas sabendo que não conseguiria pagar.

O tipo concretiza a proibição constante no art. 42 da LRF, como se destaca:

> Art. 42. **É vedado ao titular de Poder ou órgão referido no art. 20, nos últimos dois quadrimestres do seu mandato, contrair obrigação de despesa que não possa ser cumprida integralmente dentro dele**, ou que tenha parcelas a serem pagas no exercício seguinte sem que haja suficiente disponibilidade de caixa para este efeito. (grifos próprios).

Tal proibição atende ao princípio da moralidade administrativa e, no âmbito da responsabilidade fiscal, ao eixo da responsabilização, de modo que o gestor público não se valha de cômodo recurso de legar os pagamentos aos sucessores.

Vale ressaltar que a pena cominada a esse delito admite apenas a suspensão condicional do processo, conforme a Lei n. 9.099/1995.

A ação penal é de iniciativa pública incondicionada.

472 Direito Penal: Parte Especial – Vol. 2

36.4.2 Sujeitos do delito

Tal dispositivo delimita quem deverá ser o **sujeito ativo** do fato, trata-se de crime próprio, não podendo ser todo funcionário público, mas **apenas o agente que detenha atribuições para assumir obrigações em nome do ente ou órgão, desempenhando mandato ou legislatura,** como expressamente referido no tipo.

Com isso, **exige-se que o agente tenha poder de decisão,** tais como Presidente da República, Governador de Estado, Prefeito Municipal, Procuradores-Gerais, entre outros, bem como seus substitutos legais.

O **sujeito passivo** será a União, os Estados, o Distrito Federal, ou os Municípios.

36.4.3 Tipo objetivo do art. 359-C, do CP

O presente dispositivo, de acordo com a redação da LRF, tipifica a conduta de *ordenar* ou *autorizar* a assunção de obrigação, com o intuito de evitar que na transferência de mandato ou legislatura haja dívidas que inviabilizem ou dificultem a gestão futura.

O lapso temporal determinado visa limitar a atuação desses gestores nos dois últimos quadrimestres de sua gestão, ou seja, nos últimos oito meses. Ressalta-se que, se a dívida for assumida em momento anterior ao disposto no referido artigo, o fato será atípico, pois faltará o elemento temporal do tipo.

Por fim, a parte final desse artigo tipifica que se nos últimos oito meses do mandato ou da legislatura o gestor ordenar ou autorizar parcela a ser paga no exercício seguinte, sem contrapartida suficiente de disponibilidade de caixa, também incorrerá nas mesmas penas.

Não basta somente não contrair dívidas no final da gestão, deve-se também evitar parcelamento de dívidas que atinjam a gestão futura sejam superiores a capacidade de adimplência.

36.4.4 Consumação e tentativa

Para a maioria da doutrina, o delito se consuma quando o agente, efetivamente, ordena ou autoriza a assunção de obrigação, dentro do período proibido. Não é importante se da ordem ou autorização, a obrigação é assumida.

Em sentido contrário, Cezar Roberto Bitencourt (2017, p. 479) entende que é o crime do art. 359-C, do CP, se consuma no momento em que a obrigação é efetivamente assumida dentro do período proibido, já que somente após assumir essa obrigação é que haverá real lesividade ao patrimônio público, o como se destaca a seguir:

Dos crimes contra as finanças públicas **473**

Consuma-se o crime quando a ordem ou autorização é efetivamente executada, ou seja, quando a obrigação é realmente assumida dentro do período proibido. Enquanto não é cumprida a ordem ou autorização não se produz qualquer efeito, isto é, não há qualquer lesividade ao patrimônio público, e sem lesividade não se pode falar em crime.

Por fim, a maioria da doutrina entende ser o instituto incompatível com a tentativa.

36.4.5 Tipo subjetivo

O crime é doloso consubstanciado na vontade consciente de ordenar ou autorizar assunção de obrigação em período vedado pela lei, sabendo da impossibilidade de honrar o pagamento até o final do mandato ou, havendo restos a pagar, age sabendo da falta de disponibilidade de recursos para o próximo exercício financeiro.

36.5 Ordenação de despesa não autorizada – Art. 359-D

36.5.1 Considerações iniciais

De acordo com o anteriormente disposto, o legislador quer ver respeitado o império da estrita legalidade, evitando, desse modo, o tumulto nas finanças públicas, muitas vezes causado pelo gasto descontrolado do administrador.

36.5.2 Sujeitos do delito

Trata-se de crime próprio, que somente poderá ser praticado pelo agente público que tenha atribuição para ordenar a despesa. Ao contrário do que consta no art. 359-A, não será sujeito ativo aquele que **realiza** a conduta, mas somente quem a **ordena**.

Vale consignar que o funcionário que executa a ordem deverá ter sua conduta examinada à luz do art. 22, segunda parte, do CP, ou seja, à luz do princípio da obediência hierárquica.

O sujeito ativo vai depender de qual órgão provém a ordem. Na Prefeitura, o ordenador de despesa é o Prefeito; na Câmara, o Presidente da Mesa; nas entidades descentralizadas, se não delegado o mister, são ordenadores de despesa os titulares de autarquias, fundações e empresas públicas.

O **sujeito passivo** será a União, os Estados, o Distrito Federal, ou os municípios.

36.5.3 Tipo objetivo do art. 359-D, do CP

A ação nuclear desse delito é *ordenar* (determinar que se faça) despesa não autorizada por lei. Tal norma, mais aberta que os demais tipos do presente Capítulo, concretiza as vedações constantes dos arts. 15 a 17 da LRF.

Cuida-se de **norma penal em branco**, já que a definição de despesas não autorizadas deve ser encontrada em outra norma legal, entendimento esse, defendido pelo STJ, na **Ação Penal 398**, nos seguintes termos:

> O complemento legal necessário do tipo inserto no art. 359-D do Código Penal, por força de sua própria letra, há de dizer direta e imediatamente da despesa proibida, em nada se identificando com norma jurídica outra, mesmo se referente a ato mediato que possa ser relacionado com a despesa pública, como seu antecedente, ainda que necessário. Requisita, por sem dúvida, o tipo penal norma legal complementar de proibição expressa da despesa, afastando interpretações constitutivas e ampliadoras da tutela penal, que desenganadamente violam o princípio da legalidade, garantia constitucional do direito fundamental à liberdade, enquanto limite intransponível do *ius puniendi* do Estado.[2]

No mesmo sentido, o STJ na **Ação Penal 389**, entendeu que além de se tratar de norma penal em branco, necessitando de outro dispositivo para a tipificação, também que para criminalizar a conduta há de se verificar a existência de lesão, **não justificada**, ao bem jurídico, qual seja as finanças públicas, como a seguir destacado:

> Ação penal originária. Ordenação de despesa não autorizada por lei. Princípio da irretroatividade (aplicação). Art. 359-D do Cód. Penal (**norma penal em branco**). Norma integradora (falta). **Crime (não-ocorrência)**. Denúncia (rejeição).

> 1. A lei penal incriminadora não tem efeito retroativo. Assim, porque, à data da prática dos atos por um dos acusados, não existia lei que tipificasse sua conduta como crime, nem deveria ter sido oferecida denúncia em relação a ele.

> 2. O art. 359-D, segundo o qual é crime "ordenar despesa não autorizada por lei", consiste em norma penal em branco, uma vez que o rol das despesas permitidas e das não-autorizadas haverá de constar de outros textos legais, entre os quais, por exemplo, o da Lei de Responsabilidade Fiscal (Lei Complementar nº 101/00).

> 3. Se, na peça acusatória, inexiste referência à norma integradora, falha é a denúncia.

> 4. Ademais, **quando devidamente explicável a despesa, deslegitima-se a possibilidade de punição da conduta ao menos no âmbito penal. A inexistência de autorização de despesa em lei constitui, tão-somente, indício de**

---

[2] Disponível em: https://ww2.stj.jus.br/processo/revista/documento/mediado/?componente=ATC&sequencial=2716017&num_registro=200401801883&data=20070409&tipo=5&formato=PDF. Acesso em: 22 out. 2019.

Dos crimes contra as finanças públicas **475**

irregularidade. Para se criminalizar a conduta, é necessária a existência de lesão não-justificada ao bem jurídico, isto é, às finanças públicas, o que, no caso, não ocorreu. O fato narrado evidentemente não constitui crime.
5. Denúncia rejeitada.[3] (grifos próprios).

Diante do exposto, tanto a doutrina como a jurisprudência tratam o art. 359-D como norma penal em branco e devendo ser indispensável à demonstração de lesão ao bem ao jurídico.

36.5.4 Consumação e tentativa

O crime é de *resultado*, segundo o STJ, na já citada AP 389, defende que quando devidamente explicável a despesa, deslegitima-se a possibilidade de punição da conduta, ao menos no âmbito penal. A inexistência de autorização de despesa em lei constitui, tão somente, indício de irregularidade. Para se criminalizar a conduta, é necessária a existência de lesão não justificada ao bem jurídico.

A tentativa é admissível logo que o agente ordena despesa não autorizada e por circunstâncias alheias à sua vontade a ordem não é cumprida, respondendo pelo crime em sua forma tentada.

36.5.5 Concurso de crimes

Vale ressaltar que o crime em comento é absorvido pelo crime de peculato se a finalidade é a apropriação dos valores. Entendimento esse, exarado pelo STJ, na Ação Penal 702, conforme ementa a seguir:

Penal e processo penal. Recebimento de denúncia. **Peculato (art. 312 do CP), ordenação de despesas não autorizadas em lei (art. 359-D do CP)** e associação criminosa (art. 288 do CP). Cheques emitidos pela direção do tribunal de contas e sacados em espécie por conselheiros e servidores ou utilizados para pagamentos indevidos. Pagamentos de verbas ilegais a conselheiros e reembolso de despesas médicas inidôneas e para tratamentos estéticos. Concerto dos envolvidos de modo comissivo e omissivo. **Indícios suficientes de autoria e materialidade. Presente a justa causa para abertura de ação penal.**

1. A denúncia deve ser recebida quando o Ministério Público narra fatos subsumíveis aos tipos penais do peculato, da ordenação de despesas não autorizadas e da associação criminosa. Além disso, as condutas devem ser suficientemente individualizadas a fim permitir o pleno exercício do direito de defesa.

2. A descrição de conduta de conselheiro de tribunal de contas que, no exercício da presidência, em conjunto com servidores, saca e se apropria de vultosas

---

[3] Disponível em: https://ww2.stj.jus.br/processo/revista/documento/mediado/?componente=ATC&sequencial=2335746&num_registro=200400293173&data=20060821&tipo=5&formato=PDF. Acesso em: 22 out. 2019.

476 Direito Penal: Parte Especial – Vol. 2

quantias em espécie oriundas do próprio tribunal preenche o tipo do peculato-apropriação (art. 312, *caput*, 1ª parte, do CP).

3. Tipifica, em tese, o crime de peculato-desvio (art. 312, *caput*, 2ª parte do CP) utilizar-se do mesmo expediente para pagar ajuda de custo, estruturação de gabinete, segurança pessoal, despesas médicas e estéticas em proveito de conselheiros, passagens aéreas e verbas em favor de servidores inexistentes ou "fantasmas", entre outras despesas sem amparo legal.

4. A prática atribuída a conselheiros e membro do Ministério Público atuante no tribunal de contas que, de maneira comissiva ou omissiva, organizam-se para reforçar rubrica orçamentária genérica e dela subtrair quantias expressivas ou desviá-las sem destinação pública tem aptidão para caracterizar associação criminosa.

5. **Ordenação de despesa não autorizada é, em princípio, crime meio para o peculato. Pelo princípio da consunção, ele é absorvido pelo peculato mais gravoso se o dolo é de assenhoramento de valores públicos.** A certificação do elemento subjetivo – o dolo – exige, no entanto, o exaurimento da instrução criminal, sendo prematuro atestá-lo ou afastá-lo em fase de recebimento de denúncia.

6. Denúncia recebida integralmente.[4] (grifos próprios).

Pelo exposto, tem-se que o art. 359-D será absorvido quando for crime meio para outro delito mais gravoso.

36.5.6 Tipo subjetivo

O dolo é representado pela vontade consciente de ordenar despesa não autorizada em lei e que tal despesa cause dano injustificável ao erário.

36.6 Prestação de garantia graciosa – Art. 359-E

36.6.1 Considerações iniciais

Tutela-se a regularidade das finanças públicas, evitando que por falta de contragarantia, o erário venha a perder a garantia dada.

A definição de concessão de garantia se encontra no art. 29, IV, da LRF, que dispõe como sendo o compromisso de adimplência de obrigação financeira ou contratual assumida pelo ente da Federação ou entidade a ele vinculada.

---

[4] Disponível em: https://ww2.stj.jus.br/processo/revista/documento/mediado/?componente=ATC&sequencial=48827468&num_registro=201100118247&data=20150701&tipo=5&formato=PDF. Acesso em: 22 out. 2019.

Dos crimes contra as finanças públicas **477**

Com isso, o bem jurídico a ser protegido por essa norma, quando exige contragarantia, passa a ser o do **equilíbrio orçamentário** e das **contas públicas**.

36.6.2 Sujeitos do delito

O sujeito ativo será o gestor com competência para realizar operações de créditos com terceiros.

O sujeito passivo será a União, os Estados, o Distrito Federal, ou os Municípios.

36.6.3 Tipo objetivo do art. 359-E

O referido artigo visa punir o gestor que prestar (conceder) garantia em operação de crédito sem que tenha sido constituída contragarantia em valor igual ou superior ao valor da garantia prestada, na forma da lei.

O presente dispositivo tutela penalmente o disposto no art. 40 da LRF, que determina ao gestor, que ao realizar qualquer operação de crédito em que seja exigida garantia a ser prestada pelo Poder Público (art. 29, IV, da LRF), deve determinar que o beneficiário daquela preste contragarantia, resguardando-se o patrimônio público.

Posto isso, pune-se o gestor que descumprir o preceito existente na Lei de Responsabilidade Fiscal.

36.6.4 Consumação e tentativa

Consuma-se o delito no momento em que o gestor presta a garantia sem que tenha sido constituída a contragarantia legalmente exigida, gerando, portanto, concreto perigo de lesão às finanças.

Parte da doutrina defende ser possível a tentativa.

36.6.5 Tipo subjetivo

O dolo é representado pela vontade consciente de prestar garantia sem exigência da contragarantia, sabendo da ilegalidade da ação.

36.7 Não cancelamento de restos a pagar – Art. 359-F

36.7.1 Considerações iniciais

Busca-se tutelar a regular gestão do erário público, mantendo, com isso, o equilíbrio das contas públicas.

O bem jurídico a ser resguardado é a lisura administrativa, de forma que o agente público ao perceber que o valor inscrito em restos a

478 Direito Penal: Parte Especial – Vol. 2

pagar é superior ao permitido em lei, deve imediatamente providenciar para que ocorra o cancelamento. Se não o fizer, incorre no tipo penal ora examinado.

Importante destacar que cuida-se crime progressivo em relação ao delito do art. 359-B do CP.

36.7.2 Sujeitos do delito

Trata-se de crime próprio, somente podendo ser **sujeito ativo** quem tenha atribuição legal para ordenar, autorizar ou promover o cancelamento da inscrição de restos a pagar.

Consigna-se que a obrigação de cancelamento de inscrição irregular deve, necessariamente, recair em pessoa diversa daquela que ordenou ou autorizou a inscrição indevida.

O **sujeito passivo** será a União, os Estados, o Distrito Federal, ou os municípios.

36.7.3 Tipo objetivo do art. 359-F, do CP

Os núcleos do referido artigo são: deixar de *ordenar*, de *autorizar* ou de *promover* o cancelamento de restos a pagar (que são despesas empenhadas que não foram pagas até o dia 31 de dezembro – conforme art. 36, *caput*, da Lei n. 4.320/1964) inscritos além do limite legalmente permitido.

Trata-se de crime omissivo próprio, que ocorre no momento em que o agente passa a estar obrigado a ordenar, autorizar ou promover o cancelamento do montante de restos a pagar inscrito com ilegalidade.

Será atípico o fato se o valor da dívida inscrita não for superior ao determinado em lei.

36.7.4 Consumação e tentativa

Consuma-se o delito quando se esgota para o administrador o prazo para o cancelamento dos restos a pagar.

Por se tratar de crime omissivo, é inadmissível a tentativa.

36.7.5 Tipo subjetivo

O tipo penal é doloso consubstanciado na vontade de praticar um dos núcleos do tipo. É indispensável, no entanto, que o administrador tenha consciência da inscrição irregular de restos a pagar.

Dos crimes contra as finanças públicas **479**

36.8 Aumento de despesa total com pessoal no último ano do mandato ou legislatura – Art. 359-G

36.8.1 Considerações iniciais

Busca-se tutelar a regularidade da gestão das contas públicas, evitando que o administrador, com fins eleitoreiros, no final de seu mandato ou legislatura, aumente as despesas com pessoal, transferindo, muitas vezes, a seu sucessor os ônus de sua administração irresponsável.

Evita-se que o agente valha da repercussão de sua conduta de contratação de pessoal ou mesmo aumento salarial geral, venha a se beneficiar político-eleitoralmente nas próximas eleições ou favorecer determinado candidato.

A norma posta está direcionada para algo mais que a moralidade, vez que o equilíbrio das contas públicas é que está em jogo. É de se prever que tal ato acarreta aumento de despesa total com pessoal, desestabilizando ou podendo colocar em risco a harmonia das finanças públicas, comprometendo a gestão que está em curso ou até mesmo a futura.

Por outro lado, não menos importante, o aumento de despesa antecedendo a um certame eleitoral, desequilibra o jogo democrático, na medida em que um (o que se encontra no cargo) pode se valer de um instrumento que deixa a si ou a protegido seu em mais vantagens que o outro candidato que pleiteia o mandato.

36.8.2 Sujeitos do delito

Trata-se de crime próprio, o sujeito ativo deve ser aquele que exerce mandato ou legislatura com atribuição para aumentar gastos. Tais como: chefes do Poder Executivo da União, dos Estados, do Distrito Federal ou dos Municípios; dirigentes dos respectivos parlamentares, presidentes de Tribunais de Contas, Tribunais Judiciais e chefes do Ministério Público; além dos presidentes de autarquias, fundações e empresas instituídas pelo Poder Público.

O sujeito passivo será a União, os Estados, o Distrito Federal, ou os municípios.

36.8.3 Tipo objetivo do art. 359-G, do CP

A Constituição Federal em seu art. 169 estabelece que a despesa com pessoal da União, dos Estados, do Distrito Federal e dos Municípios não poderá ultrapassar os limites definidos em lei complementar, o que foi regulamentado pelo art. 19 da LRF em 50% da receita corrente líquida para a União e 60% para Estados, Distrito Federal e Municípios.

480 Direito Penal: Parte Especial – Vol. 2

Por receita **corrente líquida se entende o "somatório das receitas tributárias, de contribuições, patrimoniais, industriais, agropecuárias, de serviços, transferências correntes e outras receitas também correntes" (art. 2°, IV, da LRF).**

O art. 359-G do CP tipificou como crime o parágrafo único do art. 21 da LRF, que considera nulo o ato gerador de aumento de despesas com pessoal nos últimos cento e oitenta dias do mandato.

Trata-se de crime de ação múltipla, prevendo três ações nucleares, quais sejam: *ordenar, autorizar* ou *executar* aumento de despesa com pessoal nos cento e oitenta dias anteriores ao fim da gestão.

Em todas essas formas, exige-se a presença do elemento temporal determinado pelo dispositivo.

36.8.4 Consumação e tentativa

Parte majoritária da doutrina entende se tratar de crime formal nas duas primeiras modalidades (*ordenar e autorizar*), consumando-se no momento em que o gestor simplesmente determina ou permite o aumento da despesa.

No entanto, Cezar Roberto Bitencourt (2017, p. 504) explica que em atenção ao princípio da lesividade, inexiste a figura típica do art. 359-G do CP enquanto não cumprida a *ordem* ou *autorização*, reconhecendo, ainda que teoricamente, a possibilidade de tentativa.

No que se trata da última forma (executar o ato que acarrete a despesa) tem-se um crime material, necessitando de efetivo aumento da despesa.

36.8.5 Tipo subjetivo

É o dolo representado pela vontade de ordenar, autorizar ou executar ato que acarrete aumento de despesa com pessoal nos últimos cento e oitenta dias do mandato, bem como é necessário que o agente tenha consciência de que está realizando a conduta típica dentro do período proibido por lei.

36.9 Oferta pública ou colocação de títulos no mercado – Art. 359-H

36.9.1 Considerações iniciais

Tutela-se, mais uma vez, a regularidade das finanças públicas, coibindo a emissão de títulos da dívida pública sem o devido controle que conduza a administração no caminho do endividamento excessivo.

Dos crimes contra as finanças públicas **481**

O tipo penal surge no intuito de se ter um controle legislativo do orçamento e das contas públicas, visto que a colocação de títulos da dívida pública exige prévia criação legal e posterior registro no sistema centralizado de liquidação e custódia.

O que se pretende é evitar que a colocação no mercado dos títulos da dívida pública cause prejuízo ao erário e/ou desequilibre futuros orçamentos.

36.9.2 Sujeitos do delito

Trata-se de crime próprio, sendo o **sujeito ativo** alguém que tenha atribuição para ordenar, autorizar ou promover a introdução do título no mercado financeiro.

Serão **sujeitos passivos** a União, os Estados, o Distrito Federal e os Municípios. Podem, ainda, figurar no polo passivo os eventuais terceiros adquirentes dos títulos sobre os quais recai a ilegalidade.

36.9.3 Tipo objetivo do art. 359-H, do CP

O delito consiste em ordenar, autorizar ou promover a oferta pública ou a colocação no mercado financeiro de títulos da dívida pública sem que tenham sido criados por lei ou sem que estejam registrados no sistema centralizado de liquidação e custódia.

Títulos da dívida pública são aqueles emitidos pelo Estado para a captação de recursos em empréstimos, geralmente de longo prazo, tais como letras ou notas do tesouro.

Há duas formas de se cometer o delito ora analisado. A primeira se dá quando o título é inserido no mercado financeiro sem prévia autorização legal; a segunda ocorre quando embora cumprido o requisito de prévia autorização por meio de lei, a colocação desse título se dá sem que haja registro em sistema centralizado de liquidação ou de custódia.

Ressalta-se que a finalidade de registro prévio à emissão é a verificação da regularidade formal dos títulos antes do seu ingresso no mercado.

Por fim, o que se pretende com a tipificação desse crime é exercer um controle legislativo do orçamento e das contas públicas, evitando que a emissão indiscriminada de títulos provoque óbices administrativos, especialmente em relação às futuras gestões.

36.9.4 Consumação e tentativa

Tem-se a mesma discussão travada no tipo penal anterior (art. 359-G). Para Mirabete (2006, p. 467) trata-se de crime formal nas

482 Direito Penal: Parte Especial – Vol. 2

duas primeiras modalidades (**ordenar** e **autorizar**), consumando-se no momento em que o agente determina ou permite a oferta ou colocação, independentemente, da efetiva circulação do título no mercado financeiro, não reconhecendo, desse modo, campo para a tentativa.

Já Cezar Roberto Bitencourt (2017, p. 504) entende imprescindível o cumprimento da ordem ou autorização (efetiva circulação do título), reconhecendo, ainda que teoricamente, a possibilidade de tentativa.

Na modalidade promover tem-se um crime material, necessitando para a consumação da efetiva introdução do título no mercado financeiro.

36.9.5 Tipo subjetivo

O tipo é doloso representado pela vontade de ordenar, autorizar ou promover a **introdução de títulos da dívida pública no mercado financeiro, ciente de que não foram eles criados por lei ou de que não estejam registrados regularmente.**

PARTE XII

DOS CRIMES CONTRA O ESTADO DEMOCRÁTICO DE DIREITO

37

Introdução aos crimes contra o Estado Democrático de Direito

A Lei n. 14.197/2021 promoveu mais uma alteração no CP e nele introduziu o título XII, nominado como "Dos Crimes contra o Estado Democrático de Direito".

Destinada à defesa penal da ordem constitucional e do Estado Democrático, a nova lei promoveu a revogação da Lei n. 7.170/1983, conhecida como Lei de Segurança Nacional, que era considerada por alguns como recepcionada pela Constituição Federal de 1988.

As normas entraram em vigor no dia 1º de dezembro de 2021 visto que ela tinha uma *vacatio legis* de noventa dias contados de sua publicação oficial, conforme previa o art. 5º da Lei n. 14.197/2021.

De um modo geral, o bem jurídico tutelado são os princípios fundamentais do Estado brasileiro, dentre os quais a soberania nacional, o regime democrático, os direitos de cidadania e o pluralismo político.

Há intenso debate na doutrina sobre a caracterização dos tipos penais em estudo como crimes políticos. Extrai-se de decisões do Supremo Tribunal Federal (*v. g.*, RC n. 1473-SP, Rel. Min. Luiz Fux, Primeira Turma, *DJ* 18.12.2017), que "crimes políticos, para os fins do art. 102, II, "b", da Constituição Federal, são aqueles dirigidos, subjetiva e objetivamente, de modo imediato, contra o Estado como unidade orgânica das instituições políticas e sociais e, por conseguinte, definidos na Lei de Segurança Nacional, presentes as disposições gerais estabelecidas nos arts. 1º e 2º do mesmo diploma legal. 2. "Da conjugação dos arts. 1º e 2º da Lei nº 7.170/83, extraem-se dois requisitos, de ordem subjetiva e objetiva: i) motivação e objetivos políticos do agente, e ii) lesão real ou potencial à integridade territorial, à soberania nacional, ao regime representativo e democrático, à Federação ou ao Estado de Direito. Precedentes"

(RC 1472, Tribunal Pleno, Rel. Min. Dias Toffoli, Rev. Ministro Luiz Fux, unânime, julgamento: 25.05.2016).

Para alguns, porque atentam contra a higidez do regime democrático, todos tipos criados pela Lei n. 14.197/2021 são crimes políticos.

Para Rogério Sanches Cunha e Ricardo Silvares (2021, p. 30), não há se falar em crimes políticos vez que as condutas descritas indicam que o agente não busca reestabelecer valores democráticos, mas alvejá-los, devendo ser tratado como um criminoso comum, portanto.

38

Dos crimes contra a soberania nacional

38.1 Atentado à soberania – Art. 359-I

38.1.1 Sujeitos do crime

Trata-se de crime comum. A expressão contida no tipo "grupo estrangeiro ou seus agentes" indica que qualquer pessoa pode cometer o crime.

O sujeito passivo é o Estado.

38.1.2 Tipo objetivo: adequação típica

"Negociar" é tratar, ajustar. O tipo pune a realização de, ainda que prévia, negociação com outras pessoas que tenham potencial para deflagrar uma guerra.

Deve-se lembrar que segundo a CF de 1988, o Brasil somente pode declarar guerra no caso de agressão armada estrangeira.

É crime que protege a soberania nacional, que é a independência e autonomia plena para decidir sobre os rumos da nação, sem interferência de outros países.

38.1.3 Tipo subjetivo

Trata-se de crime doloso. O tipo possui ainda uma finalidade específica: o agente realiza a negociação visando ato de guerra. Assim, negociações sem essa finalidade são irrelevantes para a caracterização deste crime.

488 Direito Penal: Parte Especial – Vol. 2

38.1.4 Consumação e tentativa

Trata-se de crime formal e, portanto, se consuma com a mera negociação de que possa resultar atos de guerra. Imprescindível, contudo, que essa discussão preliminar tenha potencial objetivo para tanto. Não há crime no caso de promessas objetivamente inviáveis como a negociação para a derrubada de um meteoro sobre o país.

38.1.5 Causa de aumento no § 1º

A pena é aumentada da metade até o dobro se, em razão dos atos praticados antes, é declarada a guerra. A figura exige a conexão entre a conduta e a declaração de guerra.

38.1.6 Forma qualificada no § 2º

Ocorre se o agente participa da operação bélica, isto é, se pratica algum ato agressivo ou participa de algum ato combativo.

38.2 Atentado à integridade nacional – Art. 359-J

38.2.1 Sujeitos do crime

O sujeito ativo pode ser qualquer pessoa.

O sujeito passivo é o Estado.

38.2.2 Tipo objetivo: adequação típica

Pratica o presente crime aquele que, por exemplo, participa de movimentos separatistas e realiza determinados atos violentos destinados a violar a integridade nacional.

Anote-se que só há crime se houver prática de violência ou grave ameaça. Assim, não há crime se alguém divulgar ideias de divisão territorial ou participar de movimentos separatistas pacíficos.

Trata-se de *novatio legis in mellius* visto que anteriormente esta conduta era tipificada no art. 11 da Lei n. 7.170/1983, com pena de reclusão de 4 a 12 anos.

38.2.3 Tipo subjetivo

O crime é doloso, mas possui a finalidade específica de desmembrar parte do território nacional para constituir país independente.

Dos crimes contra a soberania nacional **489**

38.2.4 Consumação e tentativa

Trata-se de crime formal. Se consuma com a prática da violência ou da grave ameaça, com a finalidade de desmembrar parte do território nacional ou de constituir país autônomo, independente de se alcançar esse objetivo.

38.2.5 Tipo semelhante

O art. 142, inciso II, do CPM, consistente em tentar desmembrar, por meio de movimento armado ou tumultos planejados, o território nacional, desde que o fato atente contra a segurança externa do Brasil ou a sua soberania.

38.2.6 Cláusula de cúmulo material obrigatório de penas

O preceito secundário prevê a soma das penas correspondente à violência.

38.3 Espionagem – Art. 359-K

38.3.1 Sujeitos do crime

É crime comum, que pode ser praticado por qualquer pessoa. Ex.: *hacker* que invade sistema eletrônico e banco de dados sigilosos e pratica a conduta contida no tipo.

O sujeito passivo é o Estado.

38.3.2 Tipo objetivo: adequação típica

Pune-se a entrega, à governo estrangeiro, seus agentes, ou organização criminosa estrangeira, documento ou informação classificados como secretos ou ultrassecretos nos termos da lei, cuja revelação possa colocar em perigo a preservação da ordem constitucional ou a soberania nacional.

O objeto material são os documentos ou informações classificadas como secretos ou ultrassecretos. Se esses documentos ou informações forem classificadas com o grau reservado, o fato é atípico. Para compreender o sentido legal destas classificações, faz-se necessário consultar os arts. 23 e 24 da Lei de Acesso às Informações (Lei n. 12.527/2011), que por sua vez, atualmente, é complementado pelo Decreto n. 7.724/2012. Por necessitar de dois complementos normativos se diz que essa é uma norma penal em branco ao quadrado.

490 Direito Penal: Parte Especial – Vol. 2

Este crime estava previsto no antigo art. 13 da Lei n. 7.170/1983, o que resulta na aplicação da continuidade típico-normativa já que o legislador manteve o caráter criminoso do fato devidamente tipificado.

38.3.3 Tipo subjetivo

O crime é doloso. Não há modalidade culposa.

38.3.4 Consumação e tentativa

O crime se consuma no instante em que o documento ou informação chega aos destinatários. Basta o potencial de risco para o delito se consumar, motivo pelo qual é crime formal. Exige-se, todavia, potencial danoso para colocar em perigo a ordem constitucional ou a preservação da soberania. Sem essa capacidade, poderá haver desclassificação para crime menos grave.

38.3.5 Figura equiparada

O § 1º pune aquele que auxilia o espião para subtraí-lo à ação da autoridade pública. Há aqui uma espécie de favorecimento pessoal.

38.3.6 Figura qualificada do § 2º

Difere na figura simples porque aqui o documento, dado ou informação é transmitido ou revelado com violação do dever de sigilo.

38.3.7 Figura qualificada do § 3º

Há tipificação de uma conduta meio, em que o agente apenas facilitar a prática do crime previsto no artigo porque confere algum acesso ao espião aos sistemas de informações secretas ou ultrassecretas.

38.3.8 Causa de atipicidade do § 4º

O legislador exclui a tipicidade da conduta daquele que divulga informações, sigilosas ou não, sobre crimes ou violação a direitos humanos.

38.3.9 Diferença para crime de divulgação de segredo (art. 153, § 1º-A, CP)

No crime em estudo, a revelação é feita para destinatário específico (governo estrangeiro, seus agentes ou organização criminosa estrangeira) e a informação revelada é capaz de colocar em perigo a preservação da ordem constitucional e da soberania nacional. No crime do art. 153 não possui estas exigências.

39

Dos crimes contra as instituições democráticas

39.1 Abolição violenta do Estado Democrático de Direito – Art. 359-L

39.1.1 Sujeitos do crime

Crime comum porque pode ser cometido por qualquer pessoa.

O sujeito passivo é o Estado.

39.1.2 Tipo objetivo: adequação típica

Haverá este crime quando o agente praticar atos violentos voltados a abolição do Estado Democrático de Direito. Só haverá crime se as agressões tiverem eficácia objetiva para alcançar o fim almejado, sob pena de restar caracterizado o crime impossível.

Além disso, para a caracterização do crime, deve a conduta impedir ou restringir o exercício dos poderes constitucionais de instituições como executivo, legislativo, judiciários, forças armadas, ministério público etc.

O verbo principal é tentar, razão pela qual este é exemplo de crime de atentado ou de empreendimento, em que o legislador prevê expressamente em sua descrição típica a conduta de tentar o resultado, o que afasta a incidência da previsão contida no art. 14, II, do CP.

Trata-se de *novatio legis in pejus* vez que a conduta típica estava anteriormente prevista no art. 18 da Lei n. 7.170/1983, com pena de reclusão de 2 a 6 anos.

492 Direito Penal: Parte Especial – Vol. 2

39.1.3 Tipo subjetivo

Trata-se de crime doloso. Não há figura culposa.

39.1.4 Consumação e tentativa

O delito se consuma com início da execução vez tratar-se de crime de atentado em que a tentativa é punida com a mesma pena do crime consumado, sem a diminuição legal.

39.1.5 Cláusula de cúmulo material obrigatório de penas

O preceito secundário prevê a soma das penas correspondente à violência.

39.2 Golpe de Estado – Art. 359-M

39.2.1 Sujeitos do crime

Crime comum porque pode ser cometido por qualquer pessoa.

O sujeito passivo é o Estado.

39.2.2 Tipo objetivo: adequação típica

O crime de golpe de estado ocorre quando o agente tenta depor o governo legitimamente constituído. Essa elementar do tipo engloba o exercício de mandatos ou funções por pessoas e o funcionamento de determinadas instituições em qualquer uma das esferas de Poder, seja municipal, estadual, distrital ou federal.

Observe que somente há crime se a tentativa de deposição for realizada mediante violência ou grave ameaça. Não há crime se o governo for destituído por mecanismos desvestidos de violência ou grave ameaça, como no caso de perda do cargo por meio de uma decisão judicial ou um *impeachment*.

Este tipo penal difere do anterior porque aqui a insurreição atinge apenas um órgão governamental e não todo o Estado. Ex.: sujeito depõe apenas o presidente da república; prende apenas os parlamentares, sem atingir os demais órgãos e instituições.

39.2.3 Tipo subjetivo

Trata-se de crime doloso. Não há figura culposa.

39.2.4 Consumação e tentativa

O delito se consuma com início da execução vez tratar-se de crime de atentado em que a tentativa é punida com a mesma pena do crime consumado, sem a diminuição legal.

39.2.5 Cláusula de cúmulo material obrigatório de penas

O preceito secundário prevê a soma das penas correspondente à violência.

40

Dos crimes contra o funcionamento das instituições democráticas no processo eleitoral

40.1 Interrupção do processo eleitoral – Art. 359-N

40.1.1 Sujeitos do crime

Crime comum porque pode ser cometido por qualquer pessoa.

O sujeito passivo é o Estado.

40.1.2 Tipo objetivo: adequação típica

"Impedir" é fazer parar de funcionar e "perturbar" é atrapalhar o funcionamento.

O crime em estudo pode ser cometido de duas maneiras: A primeira o autor impede a eleição, que não se realiza; na segunda modalidade, a eleição se realiza, mas o criminoso perturba de alguma forma o bom andamento do evento democrático.

Observe-se que há um elemento normativo no tipo, que se refere a violação indevida de mecanismos de segurança, isto é, realizada sem qualquer autorização para tanto. Excepcionalmente pode haver violação aos mecanismos de segurança do sistema eletrônico de votação nos chamados "testes de validação", quando então não haverá o crime do art. 359-N em estudo.

Dos crimes contra o funcionamento das instituições democráticas no processo eleitoral **495**

Trata-se de crime eleitoral previsto no CP já que o tipo tutela um serviço eleitoral: a veracidade das informações relevantes para higidez do processo eleitoral e a liberdade no exercício dos direitos políticos.

Assemelha-se aos crimes já previstos do CE, promover desordem que prejudique os trabalhos eleitorais (art. 296) e impedir ou embaraçar o exercício do sufrágio (art. 297). Difere porque o delito do art. 296 do CE parece mais geral, enquanto o novo art. 359-N do CP é especial; já o crime do 297 do CE protege o direito do eleitor individual, enquanto o art. 359-N ora em análise, tutela o processo eleitoral todo.

40.1.3 Tipo subjetivo

Trata-se de crime doloso. Não há figura culposa.

40.1.4 Consumação e tentativa

No momento em que é gerado o perigo concreto, ou seja, a eleição ou a aferição de seu resultado.

A tentativa é possível, embora de difícil ocorrência prática.

40.2 Violência política – Art. 359-P

40.2.1 Sujeitos do crime

Crime comum porque pode ser cometido por qualquer pessoa.

O sujeito passivo é o Estado.

40.2.2 Tipo objetivo: adequação típica

"Restringir" é diminuir; "impedir" é fazer parar e "dificultar" é atrapalhar. O agente pratica atos que turbam os direitos políticos alheios, motivado por racismo, machismo e preconceitos.

Conflito típico: Há uma parcial coincidência descritiva com o art. 326-B do CE, que prevê o crime de violência política contra a mulher, acrescentado pela Lei n. 14.192/2021. O delito consiste em assediar, constranger, humilhar, perseguir ou ameaçar, por qualquer meio, candidata a cargo eletivo ou detentora de mandato eletivo, utilizando-se de menosprezo ou discriminação à condição de mulher ou à sua cor, raça ou etnia, com a finalidade de impedir ou de dificultar a sua campanha eleitoral ou o desempenho de seu mandato eletivo. É apenado com reclusão, de um a quatro anos, e multa, e tem figura majorada (aumento de pena em 1/3), se o crime for cometido contra mulher gestante, maior de 60 anos ou com deficiência.

496 Direito Penal: Parte Especial – Vol. 2

40.2.3 Tipo subjetivo

Trata-se de crime doloso. Não há figura culposa. Há motivação especial prevista no tipo: o agente pratica as condutas típicas em razão do sexo, raça, cor, etnia, religião ou procedência nacional da vítima.

40.2.4 Consumação e tentativa

No momento em que é gerado o perigo concreto, ou seja, no instante em que os direitos políticos são turbados.

A tentativa é possível, embora de difícil ocorrência prática.

41

Dos crimes contra o funcionamento dos serviços essenciais

41.1 Sabotagem – Art. 359-R

41.1.1 Sujeitos do crime

Crime comum porque pode ser cometido por qualquer pessoa. O sujeito passivo é o Estado.

41.1.2 Tipo objetivo: adequação típica

Aqui o agente aniquila o funcionamento dos serviços essenciais como meios de comunicação ao público, estabelecimentos, instalações ou serviços destinados à defesa nacional, com o fim de abolir o Estado Democrático de Direito.

O tipo então proíbe a destruição (estragar em caráter de definitividade) com a inutilização (quebrar, danificar) meio de comunicação (antenas, rádios) estabelecimentos (casas, apartamentos, complexos funcionais), instalações (bases, centros de comunicações, centros de pesquisa) ou serviços utilizados para defesa nacional.

Perceba-se que o bem ou o serviço deve ser utilizado para defesa nacional, limite importante já que nem todo aparato público, mesmo militar, tem essa destinação.

41.1.3 Tipo subjetivo

Trata-se de crime doloso. Não há figura culposa. Exige finalidade específica de buscar abolir o Estado Democrático de Direito.

41.1.4 Consumação e tentativa

O crime se concretiza no instante em que o agente pratica a destruição ou a inutilização.

42

Disposições comuns

Art. 359-T. Não constitui crime previsto neste Título a manifestação crítica aos poderes constitucionais nem a atividade jornalística ou a reivindicação de direitos e garantias constitucionais por meio de passeatas, de reuniões, de greves, de aglomerações ou de qualquer outra forma de manifestação política com propósitos sociais.

42.1 Causa de exclusão da tipicidade

De modo a conferir proteção à liberdade de manifestação e expressão, pedra angular do regime democrático, o art. 359-T do CP, serve para afastar a tipicidade de legítimas manifestações críticas e políticas em geral, desde que realizadas com propósitos sociais. Observe-se que a norma somente afastará o crime se, além de voltada aos propósitos sociais, a conduta não for praticada mediante violência ou grave ameaça, ou seja, sem abusos aos limites de exercício daquela liberdade.

Referências

AZEVEDO, Marcelo André de; SALIM, Alexandre. *Direito Penal*. Parte Especial. 9. ed. Salvador: JusPodivm, 2020, v. 2. (Coleção Sinopses para concursos)

BALTAZAR JUNIOR, José Paulo. *Crimes Federais*. 11. ed. São Paulo: Saraiva, 2017.

BITENCOURT, Cezar Roberto. *Crimes contra as Finanças Públicas e Crimes de Responsabilidade de Prefeitos*. Anotações à Lei n. 10.028, de 19-10-2000. São Paulo: Saraiva, 2002.

BITENCOURT, Cezar Roberto. *Tratado de Direito Penal*. Parte Especial. 17. ed. São Paulo: SaraivaJur, 2017.

BUSATO, Paulo César. *Direito penal*. Parte especial. São Paulo: Atlas, 2014.

CUNHA, Rogério Sanches. *Manual de direito penal*. Parte Especial. 12. ed. Salvador: JusPodivm, 2020. volume único.

CUNHA, Rogério Sanches. *Manual de direito penal*. Parte especial. 10 ed. rev., ampl. e atual. Salvador: JusPodivm, 2018.

CUNHA, Rogério Sanches; SILVARES, Ricardo. *Crimes contra o Estado Democrático de Direito*. Salvador: JusPodivm, 2021.

FRANCO, Alberto Silva; STOCO, Rui (coord.). *Código Penal e sua interpretação*. 8. ed. São Paulo: Revista dos Tribunais, 2007.

FRAGOSO, Heleno Cláudio. *Lições de Direito Penal*. Parte Especial. Rio de Janeiro: Forense, 1989. v. II.

GOMES, Luiz Flávio; BIANCHINI, Alice. *Crimes de Responsabilidade Fiscal*. São Paulo: Revista dos Tribunais, 2001.

GRECO, Rogério. *Código Penal*: comentado. 11. ed. Niterói: Impetus, 2017.

HUNGRIA, Nelson. *Comentários ao Código Penal*. Rio de Janeiro: Forense, 1942. v. 5.

HUNGRIA, Nelson. *Comentários ao Código Penal*. 2. ed. Rio de Janeiro: Forense, 1959. v. 10.

HUNGRIA, Nelson. *Comentários ao Código Penal*. 5. ed. Rio de Janeiro: Forense, 1979. v. 5.

JESUS, Damásio E. *Parte especial*: crimes contra a propriedade imaterial a crimes contra a paz pública – arts. 184 a 288-A do CP. Atualização André Estefam. 24. ed. São Paulo: Saraiva Educação, 2020. (Direito penal, v. 3)

JESUS, Damásio E. *Direito Penal*. Parte Especial. São Paulo: Saraiva, 1999. v. 2.

MASSON, Cleber. *Crimes em licitações e contratos administrativos*. Rio de Janeiro: Forense; Método, 2021.

MASSON, Cleber. *Direito Penal*: parte especial (arts. 213 a 359-T). 13. ed. Rio de Janeiro: Método, 2023. v. 3.

MASSON, Cleber. *Direito penal*: parte especial: arts. 121 a 212. 11. ed. Rio de Janeiro: Forense; São Paulo: Método, 2018.

MIRABETE, Julio Fabbrini. *Manual de direito penal*. Atualizado por Renato N. Fabbrini. 31. ed. São Paulo: Atlas, 2014. (Parte especial, v. 2)

MIRABETE, Julio Fabbrini. *Manual de direito penal*: parte especial. São Paulo: Atlas, 2006. v. 3.

PRADO, Luiz Regis. *Tratado de Direito Penal*. Parte especial. arts. 121 a 249 do CP. 3. ed. Rio de Janeiro: Forense, 2019. v. 3.

SOUZA, Luciano Anderson de. *Direito penal*. Parte especial: arts. 155 a 234-B do CP. São Paulo: Thomson Reuters Brasil, 2020. v. 3.

TAVAREZ, Juarez. *Teoria do injusto penal*. Belo Horizonte: Del Rey, 2000.